长江设计文库

三峡水库移民可持续发展规划

回顾性研究

尹忠武 江进辉 杨荣华 冯秋生 万成炎 等 著

长江出版社
CHANGJIANG PRESS

编委会

主　　编　尹忠武

副主编　江进辉　杨荣华　冯秋生　万成炎

撰写人员

第一章　杨荣华　潘　惠

第二章　王　凯　陈　章

第三章　杨荣华　潘　惠

第四章　潘菲菲　陆　非　冯秋生　闫慧玉　江进辉

第五章　潘晓洁　邹　曦　潘　惠　李　波

第六章　石　纲　包雄斌　江进辉

第七章　黄邦炜　王鄂豫　曾　晶　江进辉

第八章　王汉花　冯秋生

第九章　袁　泉　杨荣华

第十章　冯秋生

PREFACE

序

三峡工程是治理、保护和开发长江的关键性骨干工程，具有巨大的防洪、发电、航运、水资源利用和生态环境保护等综合效益。三峡工程控制流域面积约100万km^2，正常蓄水位以下库容393亿m^3，其中防洪库容221.5亿m^3，工程总装机容量2250万kW，年发电量近1000亿kW·h。三峡工程是一个多目标、多效益的系统工程，在发挥其巨大综合效益的同时，水库蓄水运行也对库区经济社会发展和生态环境产生了一定影响。三峡水库淹没涉及湖北省、重庆市19个区县和重庆主城7区，淹没2座城市、10座县城、114个集镇，淹没陆域面积632km^2，移民人数和淹没实物量之大，在世界水利水电工程建设史上前所未有。历经17年移民搬迁，三峡工程移民安置规划任务全面完成，累计搬迁安置城乡移民131.03万人，复建各类房屋5054.76万m^2，完成农村移民生产安置55.52万人。

通过移民安置科学规划、移民资金投入、政府有序组织实施，财政、金融、教育、医疗等优惠政策大力支持，以及全国对口支援三峡库区，2009年如期完成了三峡工程移民搬迁安置任务，搬迁后的移民总体稳定。通过移民安置，优化、完善了三峡库区城集镇和基础设施总体布局，提高了库区城镇化水平，促进了库区产业结构调整和经济发展、社会转型。三峡工程百万移民安置成就斐然，向全世界展现了中国智慧和中国道路的优越性。

移民安置任务完成后，三峡库区仍然面临严峻形势。一是库区经济基础薄弱，人多地少的基础性矛盾仍然存在。移民安置主要是恢复重建性质，库区经济发展水平整体偏低的状况没有得到根本改变，与全国经济社会同步发展差距较大。二是三峡库区生态环境脆弱，是水环境敏感区、气象灾害多发区和水土流失重点防治区，水库运行初期存在消落区生态系统结构和功能不完整，自我修复和调控能力低、周期长，易发生水华等问题。三是三峡库区地形地质条件复杂，暴雨集中，人类活动频繁，历来是地质灾害多发地区，三峡水库蓄水运行后，水位抬升，涨落频率和幅度加大，改变了水库岸坡的水文地质条件，库岸边坡面临着一个较长时期的再造过程，滑坡、塌岸等地质灾害防治任务依旧繁重。

党和国家历来高度重视三峡工程移民安置和库区环境保护、地质安全工作。三峡工程建设期间，对论证和初设阶段已预见、需要在建设期解决的问题，已采取措施基本解决，取得了显著成绩。针对需要在运行期内解决的问题，坚持科学发展，按照全面建成小康社会、构建和谐社会、建设生态文明的总体要求，围绕维护水库优良水质，改善和保护库区生态环境，促进库区移民安稳致富和经济社会可持续发展等方面问题，在国务院三峡工程建设委员会及其办公室的组织指导下，由长江水利委员会牵头，2006 年开展了三峡水库可持续利用综合规划研究；2009 年移民安置任务完成后，选择湖北省和重庆市部分区县，开展三峡后续工作规划编制试点工作，2010 年 11 月，完成了三峡后续工作规划编制，2011 年 6 月，国务院批准实施该规划。

纵观三峡移民工作历程，无论是在论证、规划设计和实施过程中，还是在后续工作规划中，始终遵循“江山就是人民，人民就是江山”理念，坚持以人为本，将移民工作摆在重要位置。本书编撰者以三峡移民工作长期实践为基础，对三峡工程论证、规划、实施和后续工作规划阶段的三峡水库移民可持续发展规划研究成果进行了全面梳理、分析，厘清了为什么要开展三峡水库移民可持续发展规划、如何开展三峡水库移民可持续发展规划、三峡水库移民可持续发展规划包括哪些内容、三峡水库移民可持续发展规划与三峡后续工作规划是什么关系、三峡水库移民可持续发展规划对以后的水库移民工作有何启示等关键内容。

本书具有较强的创新性、指导性、实用性，对水库移民后续帮扶和可持续发展具有理论指引和实践指导作用。

是为序。

罗元华

水利部三峡工程管理司原司长

2023 年 11 月

FOREWORD

前　言

2020年11月1日，水利部、国家发展和改革委员会（以下简称“国家发展改革委”）公布，三峡工程完成整体竣工验收全部程序，主要验收结论为：三峡工程建设任务全面完成，工程质量满足规程规范和设计要求、总体优良，运行持续保持良好状态，防洪、发电、航运、水资源利用等综合效益全面发挥；三峡工程搬迁安置城乡移民131.03万人，移民生产生活状况显著改善，库区基础设施、公共服务设施实现跨越式发展，移民迁建区地质环境总体安全，库区生态环境质量总体良好。

在三峡工程完成整体竣工验收之际，我们共同回顾三峡工程移民安置的论证、决策、规划和实施等主要历程，以便更好地理解三峡水库移民可持续发展研究的背景。

长期以来，党和国家十分重视三峡工程、南水北调工程等重大水利水电工程移民安置、可持续发展工作。早在1983年，时任国家计划委员会副主任宋平同志在长江三峡水利枢纽工程可行性研究报告审查会议上的总结发言中指出：“移民安置总的要求应该是要使移民的生产、生活不低于原有水平。应根据库区城乡的不同情况，因地制宜地发展山区种植业、矿业和为三峡工程服务的建材等行业，特别要大力发展柑橘林以及桐油、茶叶等经济林木，开展多种经营，不要大量增加非农业人口。移民安置应作为移民工程处理，同主体工程一样重视，要有正式的规划设计。移民工作有些还要先行一步，进行试点。移民补偿费和发展生产建设的资金要加以区分。”

1985—1993年，为探索如何将水库移民安置从以往单纯的补偿模式中解脱出来，为三峡工程大规模移民安置积累经验，在三峡库区启动了开发性移民试点工作。

1993年1月，国务院决定成立国务院三峡工程建设委员会（以下简称“三峡建委”），明确三峡建委是三峡工程高层次的决策机构，直接领导三峡工程的建设工作。下设三峡建委办公室（以下简称“三峡办”），负责日常工作；下设三峡建委移民开发局（以下简称“三峡建委移民局”，2001年并入三峡办），负责移民安置相关工作。1993年6月，国务院发布《长江三峡工程建设移民条例》（国务院第126号令），提出了“国家在三峡工程建设中实行开发性移民方针，由有关人民政府组织领导移民安置工作，统筹使用移民经费，合理开发资源，以农业为基础，农工商相结合，通过多渠道、多产业、多形式、多方法妥善安置移民，使移民的生活水平达到或者超过原有水平，并为三峡库区长远的经济发展和移民生活水平的提高创造条件……三峡工程移民安置应当与三峡库区建设、沿江地区对外开放、水土保持和环境保护相结合，以促进三峡库区经济发展和生态环境改善，并为三峡库区创造良好的投资环境……”等指导方针和原则。

2001年3月，国务院发布了修订的《长江三峡工程建设移民条例》（国务院第299号令），在国务院第126号令的基础上，丰富和完善了移民安置方案、指导思想和原则，提出了移民安置与生态保护、实施山水林田路综合规划等安置方案方面的要求，包括“三峡工程建设，实行开发性移民方针，统筹使用移民资金，合理开发资源，保护生态环境，妥善安置移民，使移民的生产、生活达到或者超过原有水平，为三峡库区经济和社会发展创造条件。三峡工程建设移民工作应当与三峡库区建设、沿江地区对外开放、水土保持和环境保护相结合。移民首先在本县、区安置；本县、区安置不了的，由湖北省、重庆市人民政府在本行政区域内其他市、县、区安置；湖北省、重庆市安置不了的，在其他省、自治区、直辖市安置。安置移民生产，严禁开垦25°以上的坡地；已经开垦的，应当按照规划退耕还林还草。对已经开垦的25°以下的坡地，应当因地制宜，采取‘坡改梯’措施，实行山水林田路综合规划治理”等内容。

2004年4月，国务院办公厅印发了《关于加强三峡工程建设期三峡水库管理的通知》（国办发〔2004〕32号），要求“三峡办要组织湖北省、重庆市和有关部门编制三峡水库可持续综合利用规划”。此后，三峡办委托水利部长江水利委员会（以下简称“长江委”）组织相关单位开展三峡水库可持续综合利用规划研究工作。2008年3

月，长江委在湖北省、重庆市相关部门的大力支持下，经大量调查分析与研究、广泛征求各方意见、多次论证和修改完善后，编制完成《三峡水库可持续利用综合规划研究报告》。该报告在全面总结三峡工程初步设计任务和目标完成情况的基础上，根据新时期的新要求，通过对三峡库区和长江中下游面临的挑战和重大问题深入分析，三峡水库可持续发展必要性系列论证，提出了规划指导思想、原则和目标，开展了库区生态环境保护、地质灾害防治、移民安稳致富与库区经济社会发展保障、长江中下游影响的对策措施和水库管理能力建设等方面的研究工作，初步估算了所需投资，并分轻重缓急，提出了分期实施意见，为全面开展三峡水库可持续利用综合规划工作奠定了基础。

三峡工程建成运行后，水库的水文条件、地质环境、生态环境等随之发生变化，一些新情况、新问题逐步显现。有的是在三峡工程论证和设计中预见到需要在运行后加以解决的，有的是在工程建设期已经认识到但当时难以有效解决的，有的是当前经济社会发展对三峡工程运行管理提出的新要求。2007 年，时任中共中央总书记胡锦涛指出："三峡移民工作要努力使库区群众基本生活有保障、劳动就业有着落、脱贫致富有盼头，同心同德建设和谐稳定的新库区。"2008 年，时任国务院总理温家宝也强调，需要解决库区生态环境、地质灾害防治、移民安稳致富三个重大问题。为落实党中央和国务院相关指示要求，2008 年 9 月，三峡建委第十六次全体会议决定由三峡办会同国家发展改革委、财政部等有关部门抓紧研究提出三峡工程后续工作方案，报国务院审批。据此，三峡办会同国家发展改革委、财政部等有关部委和相关省(直辖市)成立了三峡后续工作规划编制领导小组，并下设规划领导小组办公室。规划领导小组办公室委托长江委承担三峡后续工作规划编制的总成工作。长江委及多家科研院所、规划设计研究单位自 2008 年 5 月始，历时 3 年，数十次讨论、咨询、审议，先后编制完成了《三峡后续工作规划大纲》、《三峡后续工作总体规划》及 6 个分项规划、39 个专题规划、22 个专题研究。2011 年 6 月，国务院批复了《三峡后续工作规划》。

三峡后续工作规划，是在特定时期、具有特定目标、解决特定问题的一项综合规划，主要目标一是移民总体生活水平达到湖北省、重庆市同期平均水平，覆盖城乡居民的社会保障体系建立，库区经济结构战略性调整取得重大进展，交通、水利及城镇等基础设施进一步完善，移民安置区社会公共服务均等化基本实现；二是生态环境恶化趋势得到有效遏制，库区长江干流总体水质保持Ⅱ类标准，支流水环境质量明显提高，生态屏障区森林覆盖率达到50％以上；三是地质灾害防治长效机制进一步健全，防灾减灾体系基本建立。与目标体系对应，主要规划内容包括库区经济社会发展与移民安稳致富、库区生态环境建设与保护、库区地质灾害防治等。

为贯彻落实党的十八大以来以习近平同志为核心的党中央一系列治国理政新理念新思想新战略要求，2014年12月，国务院批准《三峡后续工作规划优化完善意见》（以下简称《优化完善意见》），重点支持“三带一区”，即库区水污染防治和库周生态安全保护带、城镇功能完善和城镇安全防护带、重大地质灾害治理和地质安全防护带建设，集中开展城镇移民小区综合帮扶，兼顾加强优势特色产业发展扶持，推进建设与现代化三峡枢纽工程相匹配的现代化库区。

三峡后续工作规划作为全国第一个综合性的特大型水库移民后续发展扶持规划，全面贯彻了党和国家各项方针政策，落实了党中央指示，在规划理念、理论、内容及措施体系方面进行了全方位创新性探索。长江勘测规划设计研究院（现长江设计集团有限公司）作为三峡后续工作规划的主要技术支撑单位，全程参与了前期策划、调研、编制、咨询评估、修改完善、报审报批及协调工作。本书通过还原历史，全面深入回顾规划缘起、理念、方法等，简述了规划指导思想与原则、理论与技术、内容及措施、资金筹措与实施保障等方面研究和创新性成果，侧重于阐述三峡工程实现175m正常蓄水位运行后库区面临的主要问题是什么、为什么要开展三峡水库可持续发展研究及后续工作规划、为什么要重点考虑库区移民安稳致富、库区生态修复与环境保护、库区地质灾害防治等，以期为国内外其他水库移民后续发展扶持规划编制提供借鉴。

本书分为十章，第一章绪论，包括研究背景，主要研究范围、内容及方法和主要研究结论；第二章三峡工程及移民安置概况，包括三峡工程概况、三峡库区概况和三峡水库移民安置规划及实施情况；第三章三峡水库移民可持续发展目标体系研究，主要为从现状切入，分析存在的问题，确定研究思路、发展目标和规划体系等内容；

第四章移民安稳致富和促进库区经济社会发展研究，分析移民及库区经济社会发展面临的可持续发展问题，提出移民及经济社会发展目标、思路，以及采取的措施与建议；第五章库区生态修复与环境保护研究，分析保护现状及面临的问题，提出保护范围、目标、思路，以及采取的措施与建议；第六章库区地质灾害防治研究，分析库区地质灾害防治现状及存在的问题，提出防治范围、原则、方法，以及治理措施与建议；第七章资金需求估算及筹措方案研究，主要包括资金需求规模测算、筹措方案及使用计划等内容；第八章保障机制研究，主要包括组织保障、实施保障和制度保障等内容；第九章实施验证，主要包括2011年以来实施组织、完成情况及实施效果等内容；第十章展望，分析三峡库区发展新机遇，对未来的可持续发展进行宏观预测，并提出建议。

作　者

2023年11月

CONTENTS

目　录

第一章　绪　论

三峡工程是功在当代、利在千秋的国之重器。历经 17 年建设，到 2009 年，三峡枢纽工程、输变电工程、移民工程建设任务全面完成，2010 年 10 月 26 日，三峡工程首次成功蓄水至 175m（资用吴淞高程，下同）水位，防洪、发电、航运、水资源利用等综合效益开始全面发挥。三峡工程累计搬迁安置移民 131.03 万人，取得了搬得出、初步稳得住的阶段性成果。但是，移民安置任务完成后，三峡库区可持续发展过程中仍面临着诸多问题。本章分析了库区及移民安置存在的突出问题和开展可持续发展规划研究的必要性，梳理了社会各界开展的相关研究成果，介绍了研究范围、内容及方法，叙述了主要研究结论。

第一节　规划研究背景

一、三峡工程建设成就

三峡工程在长江流域乃至全国经济社会发展中具有重要地位，是长江中下游防洪体系中不可替代的骨干工程，是全国最大的防洪减灾工程，也是最大的节能减排工程。三峡工程建设取得了巨大的综合效益。

（一）防洪

三峡水库正常蓄水位以下库容 393 亿 m^3，其中防洪库容 221.5 亿 m^3。工程建成运行极大缓解了长江中下游的洪水威胁，减少了遇大洪水长江中下游蓄滞洪区使用范围和概率，特别是荆江河段防洪能力从 10 年一遇提高到了 100 年一遇。2010 年汛期三峡水库多次发挥了拦蓄洪作用，累计拦蓄洪水 266 亿 m^3，其中 7 月，最大入库洪峰流量达 70000m^3/s，通过控制下泄流量，为下游防洪削峰 30000m^3/s，保证了下游安全度汛。

（二）发电

三峡电站总装机容量 2250 万 kW，是迄今为止世界上装机容量最大的水电站，在我国能源布局中具有极其重要的战略地位。其发电能力巨大，技术经济指标优越。主要供电区华中、华东地区和广东省能源资源缺乏，且经济发达、负荷增长迅速，三峡电站对于促进上述地区乃至全国的经济社会发展，具有十分重要的作用。

（三）航运

长江是沟通我国东南沿海和西南腹地的交通大动脉。三峡工程建成前，重庆至宜昌的川江河道航行条件极为复杂，年单向通过能力只有 1000 万 t。三峡工程建成运行后，重庆以下川江航道得到了显著改善，增加了宜昌下游的枯水流量，结合整治工程改善了中游浅滩河段的航道条件，提高了通航能力，降低了船舶运输成本，对发挥长江航运优势，促进长江经济带发展做出了重大贡献。

（四）移民安置

恢复重建了大量受淹的城集镇、居民点和交通、电力、通信、广播电视等专项设施，有效保护了受淹文物古迹，库区基础设施、公共服务设施和人居环境显著改善，移民生活水平明显提高，城乡面貌发生了巨大变化。移民安置促进了三峡库区产业结构调整和经济快速发展，库区 19 区县（不含重庆主城 7 区）2008 年地区生产总值 2104 亿元，是 1992 年的 5.66 倍，城乡居民在移民安置中普遍受益，收入水平不断提高。

（五）水资源综合利用

三峡水库蓄水至 175m 后，具有兴利调节库容 165 亿 m^3，成为我国重要的淡水资源战略储备库。可发挥保障长江流域供水安全、改善长江中下游枯水季水质、有利于南水北调输水等方面的水资源配置作用；当长江下游河段遇干旱灾害、重大水污染事件、重大海损事件时，还可发挥应急调度作用。国务院批准的《三峡水库优化调度方案》明确，水资源综合利用也是三峡水库调度任务之一。

（六）生态与环境保护

三峡工程还在防灾减灾、绿色能源、生态补水等方面发挥了有益的作用。“万里长江险在荆江”，三峡工程运行后可有效避免洪水泛滥，对保障荆江两岸 1500 多万人民生命财产安全具有十分重要的作用。三峡工程的节能减排效益也十分可观，有效缓解了发电及用电地区的环境压力。三峡工程运用后，大坝下游枯水期流量增加，水质改善。

二、三峡库区的战略地位

三峡工程及库区在长江治理开发和我国现代化建设中具有极其重要的战略地位（图 1-1）。三峡工程论证中，国家确定了三峡工程防洪、发电、航运等三大目标；三峡工程建设中，进一步将三峡库区确定为长江流域的重要生态屏障、和谐稳定新库区和城乡统筹改革试验区；三峡工程运行后，三峡水库成为国家最大的战略性淡水资源库，其在长江流域和国家重要资源战略配置中的作用更加突出。围绕三峡工程及库区的战略地位，需要进一步深化对三峡库区在国家战略层面地位的认识，采取有效措施，保障库区及其移民的长期和谐稳定和可持续发展。

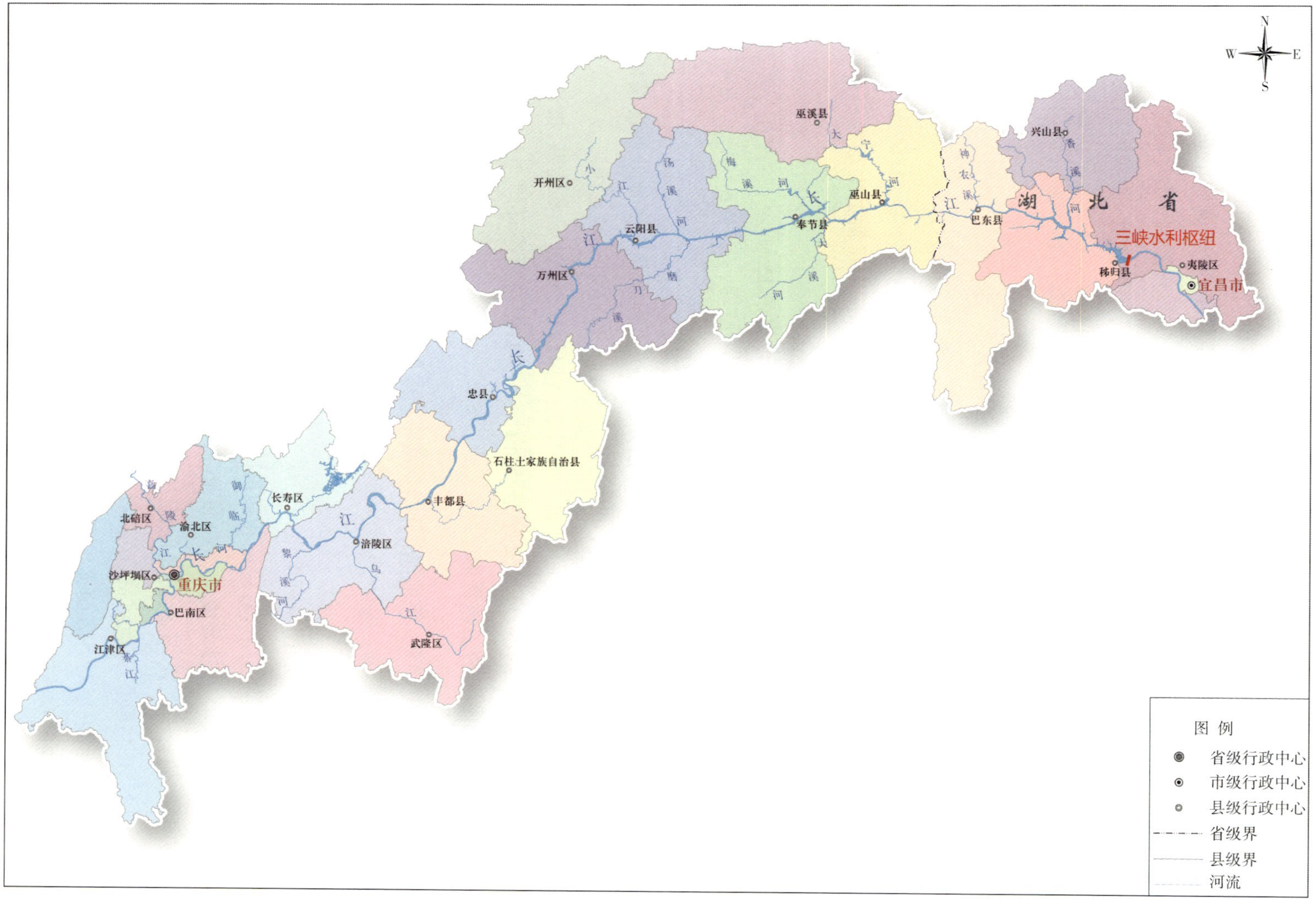

图1-1　三峡库区范围示意图

(一)三峡库区是长江流域的重要生态屏障

三峡库区位于长江流域腹心地带,是全国重要的生态功能区之一,对保障国家生态安全具有重要意义。三峡水库回水末端紧邻长江上游珍稀特有鱼类国家级自然保护区,下接中下游江湖复合生态系统,是流域生态环境保护和修复的主控节点,对于流域生态环境变化和江湖关系演变具有重要调控作用。三峡工程对下泄流量的调节和控制,可大幅减少洞庭湖泥沙淤积并延长其寿命,枯水期可在一定程度上降低长江口高盐期盐度,冲淡河口咸潮。建立完善生态环境保护体系,建设三峡库区生态屏障区,对保障长江流域生态安全意义重大。

(二)三峡水库是国家战略性淡水资源库

三峡水库是流域控制性水库,是我国重要的淡水资源库。水库蓄水容量 393 亿 m^3,控制流域面积约 100 万 km^2,多年平均径流量 4500 亿 m^3,对提高库区和长江中下游饮水安全保障能力、优化我国水资源配置、缓解北方干旱缺水具有重要战略意义。因此,库区发展必须以水库淡水资源保护为重点,贯彻生态环境保护优先的原则,构建新型生态经济区,满足国家战略需求。

(三)三峡库区是百万移民安稳致富、和谐发展的重点区

2007 年,时任中共中央总书记胡锦涛提出,要将三峡库区建设成为和谐稳定的新型库区。三峡库区百万移民安置主要在重庆,重庆市是国家确定的城乡统筹改革试验区,面临着在西部率先实现全面建成小康社会目标的艰巨任务。三峡工程湖北库区地处西部贫困落后地区,是湖北中部崛起的难点。三峡库区可持续发展规划工作必须与城乡统筹改革试验、中部崛起有机结合,移民安稳致富与全面建成小康社会目标衔接,通过城乡统筹,推进库区人口和产业转移,建设资源节约型、环境友好型经济社会结构,保持生态环境与经济社会协调发展,实现和谐稳定新库区的工作目标。

三、移民可持续发展面临的形势及开展规划研究的必要性

(一)面临的形势

三峡工程建设期间,党和国家高度重视三峡工程的环境保护和移民安置工作,在众多部门、地方人民政府的共同努力下,对论证和初设阶段原已预见、需要在建设期解决的问题,已采取措施基本解决,取得了显著成绩。2009 年三峡工程由工程建设期进入正常运行期,作为治理开发长江的骨干工程,不仅需要保证三峡工程安全运行,还需要保证水库水质优良、生态与环境良好、库区移民安稳致富、经济社会全面发展。三峡工程进入正常运行期后,因经济社会协调可持续发展对各方面提出了更高要求,三峡工程在发挥巨大效益的同时,还面临生态环境保护、移民安稳致富、经济社会发展等方面的问题,这些问题如果解决不好,可能影响三峡工程综合效益充分发挥和水库可持续利用,并将影响三峡库区和长江中下游相关区域的可持续发展。三峡水库移民可持续发展存在的主要问题体现在以下三个方面。

(1)百万移民安稳致富问题

三峡库区是国家连片贫困区，移民安置虽然实现了搬得出、初步稳定的目标，但是，目前库区经济发展整体水平不高，人口资源环境与经济发展矛盾突出，相当部分移民稳定就业缺乏保障，直接影响社会稳定。同时，在国家保护淡水资源库战略需求的新形势下，生态环境保护对库区经济发展形成了更多的约束，城乡统筹试验对移民安稳致富提出了更高的要求，加大了移民安稳致富的艰巨性和复杂性。

(2)生态环境保护问题

三峡工程运行面临着艰巨的生态环境保护任务。三峡库区是生态脆弱区，在工程运行后水库次级河流水质呈现下降趋势，消落区生态与环境问题十分突出，农村存在人多地少的基础性矛盾，农业面源污染和上游入库污染负荷总量尚未得到有效控制，城镇点源污染处理存在薄弱环节。因此，目前水库生态系统的结构和功能难以适应保护国家战略淡水资源的需求。此外，三峡水库蓄水运行还将改变洞庭湖、鄱阳湖及长江河口的生态水文条件。

(3)库区地质灾害防治问题

随着三峡水库蓄水运行，水位抬升达几十米，水位涨落频度加大，将在较长时期内改变库岸水文地质条件和自然平衡，滑坡、塌岸等地质灾害风险增加，库区工程建设中形成的高切坡等影响人居安全。由于三峡库区地质灾害防治具有复杂性、阶段性、长期性的特点，加之认识上的局限性，部分工程设计理论和防护技术尚需经过长期实践考验。蓄水以来，个别城镇库岸工程已出现较大变形，同时，经济发展和社会进步对三峡库区地质灾害防治提出了更高要求，需要进一步开展地质灾害防治工作。

(二)研究的必要性

三峡工程作为治理开发和保护长江的关键工程，三峡水库作为长江中下游水源地和我国南水北调水资源战略储备库，三峡库区作为长江中下游的生态屏障区，不仅面临着保证三峡工程长期安全运行的任务，还面临着保证水库水质优良、生态环境良好、库区移民安稳致富和经济社会全面发展，减缓对长江中下游不利影响等艰巨任务。因此，开展三峡水库移民可持续发展研究，解决发展中存在的问题，是非常必要的。

一是深入贯彻落实科学发展观、建设生态文明的需要。建设一流水利枢纽工程，创造良好生态环境，需要协调处理好三峡工程运行期社会效益、生态环境效益、经济效益之间的关系，基本形成节约能源资源和保护生态环境的产业结构、增长方式、消费模式，不断改善生态环境质量，努力建设生态文明，促进三峡库区乃至整个长江流域的可持续发展。

二是确保三峡工程长期安全运行、综合效益充分发挥和可持续利用的需要。三峡工程“千年大计，国运所系”，要实现三峡工程的可持续利用，还应统筹规划，继续采取有力措施，做好水库库容保护、生态环境保护、资源保护(包括土地资源、岸线资源、水资源、渔业资源、旅游资源等)、库区经济社会发展等工作。

三是确保三峡库区生态环境优良、水库可持续利用的需要。实现三峡水库可持续利用，需要对水污染防治、地质灾害治理、水土流失防治、土地利用与保护、生物多样性保护、景观保护等进行综合规划，制定切实可行的对策措施，将可能产生的不利影响降到最低。

四是确保移民安稳致富、库区经济社会可持续发展的需要。水库移民是三峡工程成败的关键。三峡水库移民迁建任务完成后，需要继续采取有力措施，加强社会事业和基础设施建设，优化产业结构，完善社会保障体系，开展职业教育和技能培训，促进移民安稳致富和经济社会可持续发展。

五是有效防治地质灾害、保障库区居民群众生命财产安全的需要。三峡库区地质灾害防治是一项长期而艰巨的任务。库区地质灾害涉及范围广、突发性强，对地质灾害的认知还存在局限性。在水库蓄水、人类活动与地质环境达到新的平衡之前，必须加强地质灾害防治工作，按照预防为主、监测为要、避险搬迁为先、工程治理突出城镇和人口密集区的原则，采取防治结合的综合措施，完善地质灾害防治长效机制，协调开发利用与保护的关系，从根本上保障库区人居安全和水库运行安全。

第二节　已有研究成果简述

三峡库区历来是社会各界关注的焦点，三峡库区及其移民的可持续发展也是广大学者、政府机构及科研部门研究探讨的重点。

一、学术研究情况

1990 年，傅秀堂在《人民长江》发表论文《移民安置与生态和环境保护可以耦合相容》，通过三峡、葛洲坝、丹江口等水库移民工程实例，论述了移民安置如何和生态与环境保护耦合相容，指出移民安置只要全面兼顾，精心做好规划，加强科学管理，以水土保持和环境保护制约和指导移民安置规划，以移民安置促进生态建设，就可以使移民安置区获得经济发展和环境保护的双重效益。

2002 年，邹家祥在《水电站设计》发表论文《三峡库区可持续发展的环境保护对策》，论述了三峡库区可持续发展面临的机遇和挑战，认为实现可持续发展的环境对策是推行可持续发展的农业，妥善安置农村移民，结合城镇建设，改善城市环境，加强生物多样性保护，综合防治库区水污染。

2004 年，梁福庆在《水利经济》发表论文《浅谈三峡库区农村移民安置可持续发展》，提出了三峡库区农村移民安置可持续发展的对策：要有计划地加大农村移民外迁工作力度，努力扩大库区农村移民安置环境容量和改善安置条件，促进人与自然的和谐相处。其后，他在 2005 年中国水利学会年会发表论文《三峡库区移民安置可持续发展探讨》，提出三峡库区移民安置可持续发展的含义是：以人为本，深入贯彻落实科学发展观和开发性移民方针，顺利实现移民“搬得出、稳得住、逐步能致富”的安置目标，并使移民、社区、经济、资源与环境可持续发展。为推进三峡库区移民安置可持续发展，提出了七条对策：一是改善库区移民环境容量和安置条件，促进人与自然和谐相处；二是加快库区产业发展，注意发展农村循环经济；三是加快实施移民后期扶持工作，确保移民安置稳定和社会安定；四是大力加强移民劳动技能培训工作，努力提高移民人口素质；五是努力创造条件，改革移民社会保障工作；六是大力推动库区城镇化建设，努力提高移民安置容量和安置水平；七是加大依法移民、依法行政力度，切实维护移民合法权益。

2005 年，何贤举在其硕士论文《三峡移民可持续发展研究》中结合三峡移民的特点，分析三峡移民生产生活状况、三峡移民可持续发展面临的问题和具有的优势，并针对问题和优势提出了可持续发展的十条思路，包括加强移民后期扶持、加快经济发展、加强基础设施建设、提高城镇化水平、加大招商引资和对口支援力度、大力发展社会事业、完善社会保障体系、构建三峡生态经济特区、加强统一领导等。

2006 年，梁福庆、段耀芳、朱艳群在《重庆三峡学院学报》发表论文《运用循环经济促进三峡库区可持续发展》，指出实现库区移民安置和生态环境安全及可持续发展，必须大力运用和发展循环经济，调整库区产业结构，优化资源配置，改变库区粗放型的经济增长方式，采用循环利用的"新理念、新工艺、新技术、新方法、新流程"改造库区传统产业，大力发展"节地、节能、节水、节材"，资源综合利用、再生资源回收利用的新经济，走生态化、精细化和集约化发展的道路，促进库区经济跨越式发展，促进移民安置和生态环境安全及可持续发展，建设资源节约型、环境友好型的新型库区。

2008 年，黄玲在《安徽农业科学》发表论文《三峡库区农村移民安置带可持续发展研究》，提出三峡库区因为三峡工程的论证和建设，承载了众多的贫困人口，担负起百万移民的沉重包袱。经济实力有限、资金短缺、技术落后，贫困与发展的矛盾十分突出，资源与环境的压力长期存在。在此基础上，提出了包括利用资源优势，培育优势产业，注重生态环保建设；控制人口数量，加快发展教育，提升库区农村移民安置带的"软实力"；加大基础设施建设力度，促进农村移民安置带经济迅速发展等建议和对策。

2009 年，魏昕在《现代商贸工业》发表论文《三峡水库移民可持续发展探讨》，从三峡水库移民的现状出发，分析了三峡水库移民可持续发展面临的主要问题，并提出了三峡水库移民可持续发展的若干建议；着重指出水库移民可持续发展不仅是一个人口迁移问题，而且是涉及地域、环境、文化的一种社会整体搬迁行为，更是"人—自然—社会—经济"的和谐调整和整合，从而实现水库移民"搬得出、稳得住、能致富"的宏伟目标。其基本内涵是：①生态系统的持续性，要求移民开发建设和移民安置应在生态系统的承载力之内；②移民与环境保护以及经济社会发展的整体协调，要求移民工作与经济社会活动的整体运动、物质文明和精神文明的同步增长，城市和乡村的统筹发展；③移民个体发展可持续性，要求在"搬得出、稳得住、能致富"的目标体系中，既能使移民逐步实现经济富裕，又能促进移民自身的全面发展和文化进步。

综上，针对三峡库区的持续发展，学者们主要分析了库区社会各方面面临的问题和困难，并结合库区实际情况，分别从移民、生态、经济社会等角度提出了政策措施和建议。

二、建设期开展的环境保护与地质灾害防治工作

（一）环境保护规划

三峡库区移民安置生态环境保护工作，将移民规划环境保护措施与国家制定出台的“两个调整”“两个防治”等重大政策有机结合、统筹实施。

（1）土地资源开发利用环境保护

结合天然林保护、长江防护林建设、长江上游水土保持、退耕还林、库周绿化带建设等工程统筹实施。库区共完成经果林164.89万亩、水保林2206.23万亩，种草18.76万亩，封山育林663.41万亩，25°以下耕地坡改梯111.34万亩，并配套建设各类小型水利水保工程。城镇迁建、公路复建等工程建设的水土保持措施已实施。

（2）城镇迁建环境保护

结合三峡库区及其上游水污染防治规划和其他专项规划实施。迁建城镇128个集中供水水源地均划定保护区，开展规范化建设，达到生活饮用水卫生标准。12座县城（城市）迁建区排水系统采用雨污分流制，其中4座半淹县城（城市）老城区结合旧城改造，实现雨污分流。完成迁建县城（城市）污水处理厂18座，重点集镇污水处理工程78个，配套污水管网842.19km，污水处理设计能力122.64万t/d。完成迁建县城（城市）垃圾填埋场12座，重点集镇垃圾处理工程81个，垃圾处理设计能力0.5万t/d，配套建设垃圾收集、转运等设施；完成危险废物处置场5座，年处置能力58万t。迁建县城（城市）生活燃气普及率达92%以上，迁建集镇生活能源结构已由燃煤为主转变为燃气为主。

（3）工矿企业迁建与新建二、三产业污染防治

依法破产关闭和一次性补偿销号淹没搬迁工矿企业1244家，消除了污染源，迁建工矿企业基本落实环境影响评价制度和环保“三同时”制度，实行排污申报登记和排污许可证制度，对主要污染物排放按要求进行防控，配套建设工业废水处理设施73套、工业废气治理设施35套，危险废物均委托有资质的单位进行处理。实施水污染防治规划中工业污染治理项目66个；对重点污染源实施在线监测，为有效监管提供依据。

（4）人群健康保护

由区县卫生计生部门组织实施，规划任务全部完成。自2001年实施移民安置专项监测以来，库区监测虫媒和自然疫源性疾病15.42万人次，预防接种1152.94万人次，定期开展卫生防疫人员培训和公共卫生宣传；采集生活饮用水卫生监测样品1.16万份，收集人群健康基础资料17.99万份，报告法定传染病11.26万例，放置鼠夹70.77万个，监测人房和畜圈蚊密度3.69万间。人群健康监测体系有效运行。

（5）生态建设

完成城镇迁建绿化项目59个、面积2.54万亩，完成303个农村移民集中居民点绿化。实施生态屏障区综合整治，完成农村移民生态富民示范村项目34个，农村居民沼气池6.48万口，畜禽养殖污染治理项目40个。完成消落区生态修复研究和试点示范项目6个。建设省级以上自然保护区15个、森林公园54个，形成覆盖多种保护对象的生态系统监测保护网络，抢救性保护疏花水柏枝、荷叶铁线蕨、丰都车前、宜昌黄杨、鄂西鼠李等珍稀特有植物以及古树名木5795株。建立经济鱼类水产种质资源保护区，开展长江珍稀特有鱼类和主要经济鱼类增殖放流。生态建设规划任务全部完成。

（6）生态环境监测与管理

生态环境监测由区县环保部门组织实施，重点监测水环境质量。按照规划及相关监测规范要求，定期开展水库回水区、县城（城市）及重点集镇集中供水水源保护区等重点区域265个断面的水质监测，其中每年完成重点水质监测断面12次、回水区水质和富营养化状况监测断面8～12次、集中供水水源保护区水质监测断面3～12次。监测任务全部完成，积累了系列数据，为库区水环境保护提供了技术支撑。

（二）水污染防治规划

三峡移民安置规划实施期间，三峡库区所处的重庆市和湖北省经济发展速度不断加快，污水排放量增加，库区水质开始下降，库区环境保护形势严峻。2001年11月，国务院批复原国家环保总局牵头编制的《三峡库区及其上游水污染防治规划》。该规划提出，统筹库区、影响区和上游区的水污染防治和生态保护工作，确保三峡库区水环境质量安全。库区应在大规模削减现有污染的基础上，合理控制人口规模，严格控制不合理的开发活动，禁止新建污染严重的企业。影响区应以水质改善为重点，加大污染防治和工业结构调整力度。上游区在控制水体污染的同时，重点加强生态环境保护工作，减少泥沙入河量。到2010年，三峡库区及其上游主要控制断面水质整体上基本达到国家地表水环境质量Ⅱ类标准，库区生态环境得到明显改善。

根据《三峡库区及其上游水污染防治规划》（2001年）及2008年1月修订本，三峡库区水污染防治实施包括污水处理、垃圾处理、工业污染防治、库区支流综合治理及船舶流动源污染防治等5个方面的任务。

（三）地质灾害防治规划

三峡库区地形地质条件复杂，暴雨集中，加之频繁的人类活动影响，历来是地质灾害易发多发地区。国家高度重视三峡库区地质灾害防治工作，在三峡工程论证、可行性研究阶段和三峡工程建设过程中，有关部门做了大量工作。2000年11月，长江委编制了《长江三峡工程库区淹没处理及移民安置崩滑体处理总体规划报告》，在此基础上，原国土资源部于2001年10月编制完成了《三峡库区地质灾害防治总体规划》（以下简称《地灾防治总体规划》），以指导三峡库区地质灾害防治工作。2002 年 2 月，国务院批准了《地灾防治总体规划》。根据《地灾防治总体规划》，原国土资源部先后组织编制库区二期、三期地质灾害防治规划，三峡库区实施了崩塌滑坡治理（包括移民安置规划的滑坡处理）、塌岸防护、搬迁避让和监测预警系统建设等规划任务。各项防治措施有效，监测预警系统运行正常。

（1）崩塌滑坡治理和塌岸防护

规划二期、三期地质灾害防治崩塌滑坡治理 570 处，塌岸防护 446 段 253.35km。实施过程中，湖北省、重庆市根据实际情况对工程治理项目进行必要调整，完成崩塌滑坡治理 435 处，塌岸防护 254 段 168km。移民安置规划崩塌滑坡治理 13 处、边坡治理 62 处，已全部完成。工程治理措施达到设计要求，项目竣工验收质量合格，经受住了三峡水库蓄水检验。

（2）搬迁避让

规划二期、三期地质灾害防治搬迁避让 646 处（段）6.99 万人。按照尊重群众意愿、分轻重缓急、有序推进、适时搬迁、确保安全的原则，实行国家补助、政府组织、群众自建的方式组织实施。完成搬迁避让 568 处（段）6.89 万人，对其余尚未发现明显变形的崩塌滑坡和塌岸，实施监测预警和适时搬迁的风险管理，落实了应急避险预案。

（3）监测预警系统建设

规划二期、三期地质灾害防治的专业监测崩塌滑坡 255 处，群测群防监测 3180 处（段）。已建成专业监测 255 处（段）、群测群防监测 3098 处（段）。专业监测已形成库区三级 GPS 控制网、综合立体监测网和遥感监测系统；群测群防形成县（区）、乡镇、村组三级监测体系；完成 20 个县（区）监测站能力建设。自 2003 年以来，监测预警系统运行使用正常，成功预警重大滑坡险情 74 处，取得了显著的防灾减灾效果。

（4）2008 年试验性蓄水安全受影响处理

对受损和存在安全隐患的房屋、居住人口和受损设施，及时采取措施进行安置和处理。完成搬迁安置 5110 人，周转过渡 142 人、原址监测居住 524 人；修复或重建设施 339 处，采取临时措施恢复功能 24 处。试验性蓄水期间无重大安全事故和人员伤亡，长江航运畅通，试验性蓄水顺利进行。

三、三峡水库可持续利用综合规划研究

2004 年，国务院办公厅发布了《关于加强三峡工程建设期三峡水库管理的通知》（国办发〔2004〕32 号），要求“三峡办要组织湖北省、重庆市和有关部门编制三峡水库可持续综合利用规划，制定相应的资源管理办法，报三峡建委批准”。2006 年，三峡工程实现三期截流，水库蓄水至 156m 水位后，三峡办开始布置研究三峡库区可持续发展工作，提出了《三峡水库可持续综合利用规划研究任务书》。2007 年 7 月，长江委承担了三峡水库可持续利用综合规划研究工作，经过大量调查分析与研究，广泛征求各方意见，于 2008 年 3 月编制完成了

《三峡水库可持续综合利用规划研究报告》。

报告明确了规划指导思想、原则和目标，开展了库区生态环境保护、库区地质灾害防治、移民安稳致富与库区经济社会发展、长江中下游影响的对策措施研究和水库管理能力建设研究等方面的现状、必要性、主要内容和重点措施研究，初步估算了投资，提出了实施意见和建议。

四、22 项专题研究

针对三峡工程建设完成后库区还存在的移民安稳致富、生态环境保护和地质灾害防治等关键性问题，2008 年，三峡办委托国务院发展研究中心市场经济研究所、国家发展改革委宏观经济研究院国土开发与地区经济研究所、人力资源和社会保障部劳动科学研究所、长江委、南京大学文化与自然遗产研究所等 10 多家单位围绕三峡水库蓄水运行后的库区经济社会发展、移民就业增收、库区地质安全、三峡工程运行管理等方面开展了 22 项专题研究，目的是针对三峡库区可持续发展提出政策性和技术性的意见和建议，为规划提供科学支撑。研究课题见表 1-1。

表 1-1　　22 项专题研究

序号	研究内容	承担单位
1	三峡工程运行管理体制研究	国务院发展研究中心市场经济研究所
2	三峡库区经济发展现状、区域功能和未来经济发展定位研究	国家发展改革委宏观经济研究院国土开发与地区经济研究所
3	三峡库区产业发展布局研究	国家发展改革委宏观经济研究院产业经济与技术经济研究所
4	三峡库区移民劳动力就业问题研究	人力资源和社会保障部劳动科学研究所
5	三峡库区移民与生态迁移人口社会保障政策研究	人力资源和社会保障部社会保障研究所
6	三峡库区超前发展教育促进移民就业研究	教育部职业技术教育中心研究所
7	三峡水库滑坡监控关键技术研究	中国科学院武汉岩土力学研究所
8	三峡库区地质灾害治理新方法和新技术研究	重庆市地质灾害防治工程技术研究中心
9	三峡库区移民安稳致富指标体系研究	长江委长江工程监理咨询有限公司
10	三峡工程后续工作资金筹措方案研究	中华财务咨询有限公司
11	三峡水库向北方干旱区供水方案深化研究	长江技术经济学会
12	以三峡工程为骨干的长江上游水库群联合调度研究	长江科学院水资源综合利用研究所
13	三峡水库生态屏障区土地承载能力研究	中国农业科学院农业资源与农业区划研究所
14	三峡库区移民与生态迁移人口安置社区管理与公共服务建设研究	中国社会科学院社会学研究所
15	三峡水库对长江中下游枯水期补水研究	长江委长江勘测规划设计研究院

续表

序号	研究内容	承担单位
16	三峡库区地域文化遗产保护研究	南京大学文化与自然遗产研究所
17	三峡库区复杂动水条件下岸坡变形规律研究	长江委长江科学院
18	三峡工程航运效益拓展研究	交通运输部水运科学研究院
19	三峡库区发展模式研究	综合开发研究院(中国·深圳)
20	三峡工程运行对长江中下游生态环境影响研究	水利部中国科学院水工程生态研究所
21	三峡水库岸线利用规划研究	长江委扬子江工程咨询有限公司
22	三峡库区及长江中下游影响区生态环境管理及补偿政策研究	中国农业科学院农业资源与农业区划研究所

上述22项专题研究可分为三类：

一是直接为规划编制提供政策支持、科技支撑的研究项目，包括三峡库区经济发展现状、区域功能和未来经济发展定位研究，三峡库区产业发展布局研究，三峡库区移民劳动力就业问题研究，三峡库区移民与生态迁移人口社会保障政策研究，三峡库区超前发展教育促进移民就业研究，三峡库区移民安稳致富指标体系研究，三峡工程后续工作资金筹措方案研究，三峡水库生态屏障区土地承载能力研究，三峡库区发展模式研究，三峡水库岸线利用规划研究，三峡库区及长江中下游影响区生态环境管理及补偿政策研究等11项。

二是影响大、公众关注程度高、关键性重大问题研究项目，包括三峡水库滑坡监控关键技术研究、三峡库区地质灾害治理新方法和新技术研究、三峡库区复杂动水条件下岸坡变形规律研究、三峡库区地域文化遗产保护研究等4项。

三是深化拓展三峡工程综合效益的研究项目，主要包括三峡水库向北方干旱区供水方案深化研究、以三峡工程为骨干的长江上游水库群联合调度研究、三峡库区移民与生态迁移人口安置社区管理与公共服务建设研究、三峡水库对长江中下游枯水期补水研究、三峡工程航运拓展研究、三峡工程运行对长江中下游生态环境影响研究、三峡工程运行管理体制研究等7项。

五、三峡工程生态环境建设与保护试点示范“7+1”项目

三峡库区的生态环境建设关系到库区居民生活质量和库区经济的可持续发展，是三峡工程正常运行、实现全国可持续发展战略的重要保障。鉴于三峡水库试验性蓄水以来三峡工程生态环境建设与保护的长期性、复杂性和艰巨性，考虑到随着三峡工程将从建设期向运行期过渡，针对生态环境变化将会日益显现的情况，2008年三峡办组织湖北省、重庆市、国家相关部门，长江勘测规划设计研究院以及有关科研院所等有关方面编制并印发了《三峡工程生态环境建设与保护试点示范专项计划方案》(国三峡委发办字〔2008〕18号)，确定开展“7+1”专项的试点示范，包括消落区生态环境治理、支流水环境治理、支流饮用水水源保障、

库岸生态屏障建设、农村截污、城镇截污、生物多样性保护等 7 类生态环境建设与保护试点示范项目，以及 1 个生态环境监测系统效能评估项目，试点示范项目共 39 个。通过上述项目的实施，构建一系列生态环境建设与保护的治理模式、技术措施、政策体系和管理机制，为三峡工程正常运行后的工作积累经验。

第三节　研究范围、内容及方法

一、研究范围

三峡工程虽然完成了初步设计阶段的任务，移民安置实现了搬得出、初步稳得住的阶段性目标，但是库区移民安稳致富、生态环境保护、地质灾害防治与该地区自然条件、经济发展方式，以及历史原因形成的矛盾和问题相互交织，直接影响到库区社会和谐稳定、三峡工程长期安全运行和综合效益的可持续发挥，必须妥善解决。

围绕解决上述重大问题，一是立足解决百万移民的安稳致富问题，按照与三峡移民的相关性，确定以三峡库区为重点，兼顾其他移民安置区域；二是考虑与三峡水库强相关区域，重点界定为三峡水库消落区和生态屏障区；三是从尽可能保安全出发，突出与三峡工程 175m 水位蓄水影响的相关性和确保迁建城镇和地质安全两个方面，与二期、三期地质灾害防治规划衔接，将三峡库区作为研究范围。鉴于此，确定重点研究范围包括三峡库区及其范围外的移民安置区、三峡水库水域（含消落区）和生态屏障区。

三峡库区为淹没涉及的湖北省夷陵区、秭归县、兴山县、巴东县，重庆市巫山县、巫溪县、奉节县、云阳县、万县（1997 年撤销万县，设立万州区）、开县（2016 年撤销开县，设立开州区）、忠县、石柱县、丰都县、涪陵区、武隆县（2016 年撤销武隆县，设立武隆区）、长寿区、渝北区、巴南区、江津区等 19 个区县（以下简称“库区 19 区县”）和渝中区、南岸区、江北区、沙坪坝区、北碚区、大渡口区、九龙坡区等重庆主城区（以下简称“重庆主城 7 区”）。

三峡移民库区安置区，是指三峡水库移民在三峡库区范围内安置和迁建区域，包括农村移民后靠安置村组、水库淹没城集镇迁建区和镇外企事业单位迁建区。三峡移民外迁安置区，是指政府组织的三峡工程库区农村移民外迁进行农业生产和生活安置的区域，包括上海、江苏、浙江、安徽、福建、江西、山东、湖南、广东、四川等 10 个省（直辖市），以及湖北省、重庆市的外迁移民安置区。

三峡水库水域，是指坝前正常蓄水位 175m 以下的区域（含消落区）。

三峡库区生态屏障区，指三峡水库土地征用线（坝前正常蓄水位 175m 接 5 年一遇洪水和 11 月 5 年一遇来水的回水水面线）至库周第一道山脊线之间的区域。

二、研究内容

研究内容主要包括移民安稳致富和促进库区经济社会发展、库区生态环境保护、库区地质灾害防治等可持续发展方面。

(1)移民安稳致富和促进库区经济社会发展

促进产业结构优化调整,提高产业竞争力;支持库区社会事业及水利、交通等基础设施建设;开展文明生态村建设和移民劳动力职业教育技能培训,促进移民安稳致富,实现库区经济社会可持续发展。

(2)库区生态环境保护

水域生态环境保护,包括水环境保护、水生态保护等;消落区治理与保护,包括库容保护与土地资源管理、生态系统保护与建设、植被恢复与景观建设、污染防治、疾病预防等;陆域生态环境保护,包括土地资源管理与保护、生态屏障区建设、面源污染控制、水土保持、自然与历史文化遗产保护、孤岛生态与景观保护等;生物多样性保护,包括陆生生物多样性、水生生物多样性保护等。

(3)库区地质灾害防治

采取工程和非工程措施,进行高边坡防护、滑坡和崩塌防治、库岸防护等,开展重点区域潜在工程地质灾害问题研究,完善库区地质灾害防治体系建设。

三、研究方法

主要研究方法包括文献研究法、调研调查法、定量分析法、定性分析法、系统分析法、专家咨询法等。

(1)文献研究法

收集、整理、分析三峡库区经济社会、生态环境、地质监测和有关统计年鉴资料、相关规划及其他相关文献,全面了解三峡库区、三峡水库的现状情况及问题。

(2)调研调查法

通过访谈、典型调查的方式,在库区重点区域与地方人民政府、移民单位、移民个人就移民安置、稳定和致富、库区生态环境、安全等相关情况进行座谈、调研,对各方面情况进行充分了解。

(3)定量分析法

通过对收集的数据进行量化分析,可以使人们对三峡库区各方面的认识进一步精确化,以便更加科学地揭示规律,把握本质,理清关系,预测库区的发展趋势。

(4)定性分析法

定性分析法就是对研究对象进行“质”的方面的分析。具体是运用归纳和演绎、分析与综合以及抽象与概括等方法，对获得的各种数据资料进行思维加工，从而能去粗取精、去伪存真、由此及彼、由表及里，达到认识事物本质、揭示内在规律的目的。

(5)系统分析法

三峡库区的经济、社会、生态和地质之间，不同移民群体之间，移民群体与非移民群体之间及库区各区县之间都是相互影响的，各自都构成了整体，影响和制约其他不同整体的水平。因此，应该用系统分析方法综合分析整体的各个部分，从而全面和深入地分析三峡库区的现状及实现可持续发展的目标水平。

(6)专家咨询法

三峡库区可持续发展研究涵盖经济、历史、地理、环境、文化、生态、地质等多方面的内容，需要聘请各相关领域专家进行咨询把关，以提高研究的水平。

第四节 主要研究结论

围绕三峡水库移民搬迁安置之后存在的移民安稳致富、库区生态环境及地质安全等问题，建立移民可持续发展的目标体系，从移民安稳致富和促进库区经济社会发展、库区生态环境建设与保护、库区地质灾害防治三个方面开展深入研究，提出研究措施和资金需求，建立保障机制，并从实施层面对研究结论进行验证。

一、三峡水库移民可持续发展的目标

(1)移民安稳致富和促进库区经济社会发展

支持库区调整产业结构，扶持生态产业园建设，发展特色优势产业，提升现代物流、特色旅游、商贸服务、农村服务等服务业发展水平；为库区提供就业岗位 40 万个以上。加强职业教育和技能培训，使移民平均受教育年限适度超过全国平均水平，显著提高移民群众就业技能和创业能力，基本实现移民和生态屏障区转移人口稳定就业，移民收入达到湖北省和重庆市同期平均水平。将移民和相关转移人口纳入当地社会保障体系，补助其个人缴费，应保尽保，实现移民群众基本生活有保障。解决移民群众出行不畅、供水设施缺乏、库区交通路网功能恢复不足和移民迁建城集镇基础设施不够完善等问题，使库区交通、水利等基础设施得到进一步完善。完善移民安置社区文化、教育、卫生、体育等社会服务设施建设，基本实现社会公共服务城乡均等化。进一步加强库区自然与历史文化遗产保护，提高库区文化向心力和凝聚力。

(2)库区生态环境建设与保护

以建设库区生态屏障区和削减库区面源污染负荷为重点，采取综合措施，着力解决影响库区水质及损害库区居民健康的空气、土壤污染等环境问题，健全库区生态环境保护体系。

加强库区点源、面源、流动源污染防治，使污染物排放总量控制在国家规定的限排总量以内；在长江上游干流和嘉陵江、乌江入库水质达到Ⅱ类的情况下，库区干流总体水质保持Ⅱ类标准；加强重要支流综合整治和水华控制，使支流水环境质量明显改善；加强消落区生态环境保护，使其生态功能与整体景观得到改善；加强生态屏障区土地生态功能建设，使森林覆盖率达到50%以上；改善农村居民点环境，降低人类活动对生态环境的压力；加强陆生生态、水生生态、生物栖息地及珍稀特有物种的保护，建设和完善自然保护区，有效保护库区生态与生物多样性。

(3)库区地质灾害防治

在二期、三期已实施防治工程的基础上，加强地质灾害调查评价，完善地质灾害防治体系，重点实施地质灾害影响人群避险搬迁，加强城镇和人口密集区地质灾害工程治理，完善群测群防与专业监测相结合的监测预警系统和应急体系，制定库区重点城镇地质灾害防治与建设控制管理措施。通过不断完善地质灾害防治长效机制，有效防治地质灾害，保障人民群众生命财产安全、工程安全和航运安全。

二、三峡水库移民可持续发展主要措施

为妥善解决三峡库区及其移民存在的安稳致富、生态环境保护、地质灾害等三大问题，促进三峡水库移民可持续发展，主要采取的措施包括三个方面，即移民安稳致富和促进库区经济社会发展、库区生态环境建设与保护、库区地质灾害防治。

(1)移民安稳致富和促进库区经济社会发展

围绕促进三峡库区经济发展、民生改善和社会稳定，确定了“两调、一保、三完善”的扶持措施。通过发展生态农业园、生态工业园和现代服务业等，促进库区产业结构战略调整；通过职业教育、技能培训和就业帮扶等，促进劳动力就业结构战略调整。通过补助基本养老保险、医疗保险个人缴费等，实现移民群众基本生活有保障。完善库区基础设施、社区公共服务设施以及自然与历史文化遗产保护。

(2)库区生态环境建设与保护

围绕保护三峡水库水质、维护库区生态环境可持续的目标，确定了“控污、提载、抓重点”的综合措施。采取源头控制、系统过滤、生态降解、末端治理相结合的措施，控制入库污染负荷；通过采取生态屏障区人口转移、植被恢复、水土保持、岸线利用控制、消落区保留保护等措施，提升生态环境承载力；抓住削减库区面源污染负荷、建设库区生态屏障区这两个重点，打造污染入库前的最后一道生态防线。

(3)库区地质灾害防治

围绕完善地质灾害防治长效机制，确定了“预防为主、监测为要、避险搬迁为先、工程治理突出重点”的综合措施。建立完善的监测预警系统和应急机制，实施地质灾害风险管理；

对受地质灾害威胁影响的农村人口，优先采取避险搬迁方式；工程治理突出迁建城镇和人口密集区以及影响重大的地质灾害体，对已经实施工程治理的地质灾害体，严格控制其开发利用，对位于地质灾害易发区的城集镇，严格控制建成区规模，最大限度保障库周人居安全和水库运行安全。

三、三峡水库移民可持续发展资金筹措及保障措施

经过多轮的项目筛选、单价分析、测算方法确定，最终测算出三峡水库移民可持续发展需求资金。研究认为三峡水库移民可持续发展涉及库区多区县、多部门和多行业，与其他规划有交叉，为了确保发展目标的实现，要与国家和地方相关经济社会发展规划、行业规划、专项规划相衔接，建立项目共建、投资分摊、多渠道筹资的途径；要按照国家投入为主、地方积极配套的思路，充分发挥中央、地方、企业及移民群众的积极性，建立健全组织保障、实施管理、政策保障等层面的体制机制。

第二章　三峡工程及移民安置概况

三峡工程是迄今唯一经全国人大审议通过的基本建设项目，其规模之大、涉及范围之广、移民之多、影响之深远、公众关注程度之高是国内外其他工程难以比拟的。三峡工程及库区在长江治理开发和我国现代化建设中具有极其重要的战略地位。在三峡工程论证过程中，国家确定了防洪、发电、航运等三大功能目标；在三峡工程建设过程中，进一步将三峡库区确定为长江流域的生态屏障、和谐稳定新库区和城乡统筹改革试验区；三峡工程运行后，三峡水库成为国家最大的战略性淡水资源库，其在长江流域和国家重要资源战略配置中的作用更加突出。

第一节　三峡工程综述

长江是我国第一大江，流域面积 180 万 km^2，养育着全国 1/3 的人口，创造了约 40％的国内生产总值，在我国经济社会发展中占有极其重要的地位。自古以来，长江中下游地区，特别是江汉平原地区水患频发，成为制约经济社会发展，影响人民安居乐业的心腹之患。长江水系的现状，是伴随着地质构造运动以及人类活动逐渐演变形成的。随着青藏高原的崛起，古长江水系和古金沙江水系在三峡地区贯通，形成了东流的现代长江。与古长江相比，现代长江的长度增加两倍，流域面积增加一倍多，成为名列世界第三的大江。长江出三峡后，首先进入云梦泽。云梦泽在秦汉以前，江河湖不分，湖沼湿地调蓄洪水。随着泥沙沉积和土地围垦开发，形成江汉平原，至明朝形成连续的荆江大堤，云梦泽萎缩为荆江河道和南岸的洞庭湖。1860 年和 1870 年的两次长江特大洪水，荆江南堤的两次决口，冲出了长江洪水进入洞庭湖的两大通道，破坏了持续三百年的江湖平衡关系，下荆江河段形成了九曲回肠的河势，洞庭湖快速地淤积和萎缩。解决长江中下游的防洪问题，需要有效控制川江洪水，关键性的工程措施，就是兴建三峡工程。长江中下游水系见图 2-1。

三峡工程坝址位于长江干流西陵峡中段，地处湖北省宜昌市夷陵区三斗坪镇，控制流域面积约 100 万 km^2，占长江总流域面积的 55.6％，多年平均流量 14300m^3/s，多年平均年径流量 4510 亿 m^3。工程开发任务主要是防洪、发电、航运，第一位的任务是防洪，它是长江中下游防洪体系中的龙头和关键性工程，具有不可替代的作用。三峡工程建设采取“一级开发，一次建成，分期蓄水，连续移民”的建设方案。

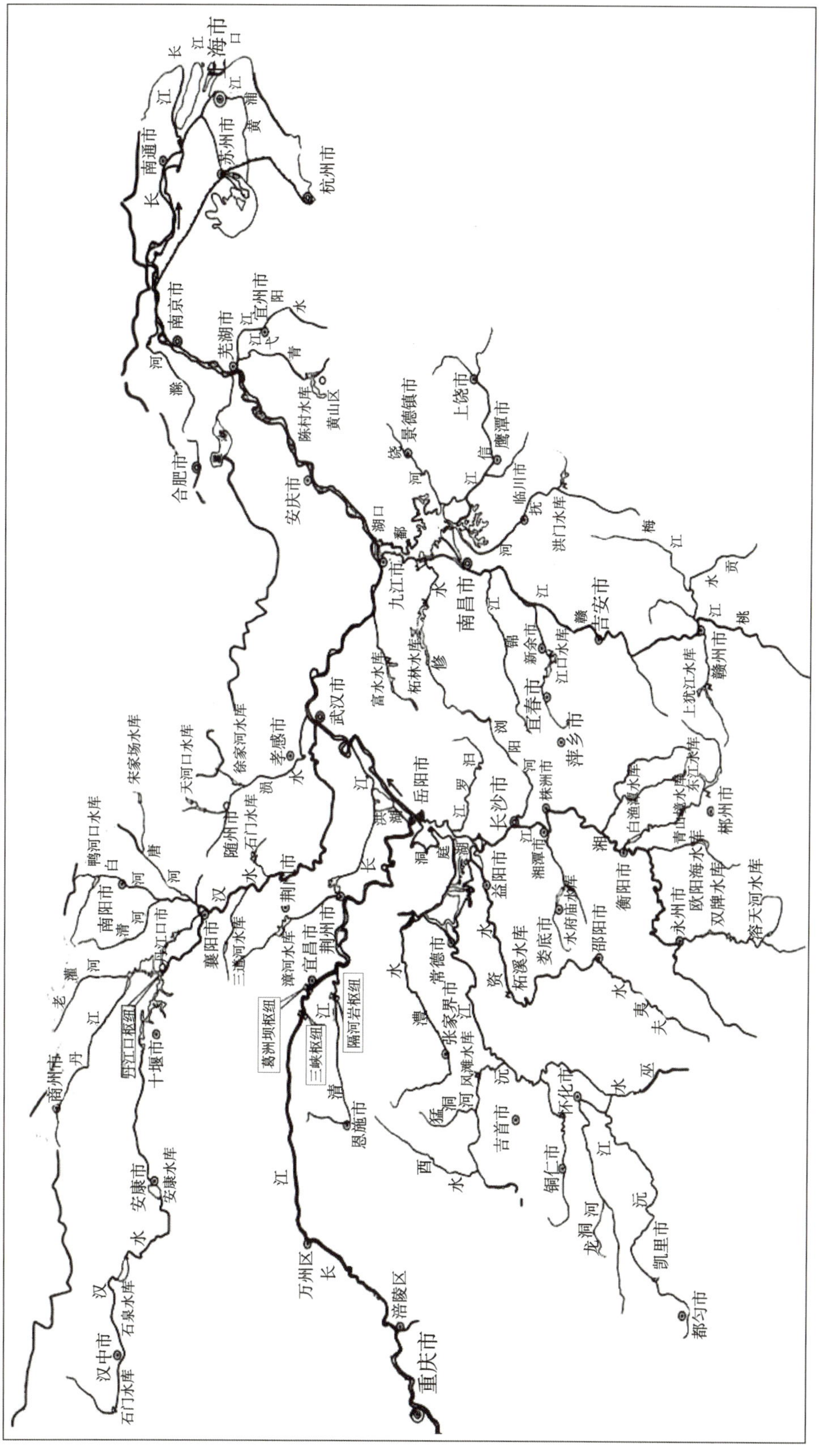
上海市
南通市
苏州市
杭州市
南京市
芜湖市
宣州市
合肥市
安庆市
陈村水库
黄山区
景德镇市
上饶市
鹰潭市
临川市
洪门水库
九江市
南昌市
柘林水库
富水水库
江口水库
新余市
宜春市
萍乡市
吉安市
赣州市
上犹江水库
武汉市
孝感市
徐家河水库
天河口水库
宋家场水库
随州市
石门水库
鸭河口水库
南阳市
丹江口市
襄阳市
三道河水库
荆门市
宜昌市
荆州市
漳河水库
葛洲坝枢纽
三峡枢纽
隔河岩枢纽
丹江口枢纽
十堰市
商州市
安康市
安康水库
石泉水库
汉中市
石门水库
万州区
涪陵区
重庆市
恩施市
岳阳市
长沙市
株洲市
湘潭市
益阳市
常德市
张家界市
风滩水库
吉首市
怀化市
铜仁市
凯里市
都匀市
娄底市
水府庙水库
邵阳市
衡阳市
柘溪水库
白渔潭水库
东江水库
郴州市
青山垅水库
欧阳海水库
永州市
双牌水库
涔天河水库
洞庭湖
鄱阳湖

图2-1 长江中下游水系

一、三峡工程论证

1919 年孙中山先生在《建国方略》之《实业计划》中提出修建三峡大坝的设想，20 世纪 40 年代，当时的国民政府和美国垦务局合作，对三峡工程做过一些初步的勘测设计工作。

1949 年新中国成立后，三峡工程进入了全面研究和规划论证的新阶段。1950 年，国务院成立了长江委。1956 年 10 月，国务院批准长江委更名为长江流域规划办公室（以下简称"长办"，1989 年更名为长江委），开始对长江流域进行系统的规划工作。1956 年 6 月，毛泽东主席在武汉畅游长江后，写下了"更立西江石壁，截断巫山云雨，高峡出平湖"的壮丽诗篇，奏响了兴建三峡工程的新乐章。

1958 年 1 月、3 月和 4 月，在中共中央南宁会议、成都会议和政治局会议上先后都把三峡工程的兴建列入了会议的议程，并通过了《中共中央关于三峡水利枢纽和长江流域规划的意见》。1958 年 4 月，国家科学技术委员会和中国科学院成立了三峡枢纽科学技术研究工作领导小组，全国有 360 多个单位参加了三峡工程科研工作，历时 3 年，累计完成科研报告 1376 篇，为三峡工程论证提供了有力支撑。

党和国家几代领导人都十分关心三峡工程，注重听取各方面的不同意见和建议，特别重视质疑和反对意见。经过反复比较和论证，20 世纪 70 年代初，决定先建设与三峡工程配套的葛洲坝水利枢纽工程，以解决华中地区的缺电问题，并为三峡工程作实战准备。

1983 年，随着葛洲坝工程的顺利建设，三峡工程的兴建提上议事日程。邓小平同志指示由国家计划委员会负责，集中大批专家对三峡工程的设计方案进行审查。当时推荐方案的水库正常蓄水位为 150m，后重庆市委、市政府建议抬高正常蓄水位至 180m 高程，以增加通航效益，少数政协委员也提出不同意见。为慎重决策，1986 年，党中央和国务院下达了《关于长江三峡工程论证工作有关问题的通知》（中发〔1986〕15 号），责成原水利电力部组织各方面专家，在广泛征求意见、深入研究论证的基础上，重新提出三峡工程的可行性报告供中央决策。

1986 年，原水利电力部根据中央的指示，组织了 412 位专家，聘请了 21 位特邀顾问，划分 10 个专题，成立了 14 个专家组，对三峡工程进行重新论证。专家组从 1986—1989 年，历经 3 年，对三峡工程的综合规划与水位、防洪、水文、泥沙、地质地震、生态与环境、航运、枢纽建筑物、施工、机电设备、电力系统、移民及投资估算与综合经济评价等问题进行了详细的重新论证。论证中充分发扬民主，特别是充分尊重、听取和吸纳不同的意见和建议。同时，国家科委为配合论证，组织全国 300 多个单位，对 45 个专题进行科技攻关，取得了 400 多项科研成果。

在三峡工程的论证过程中，还得到了国际水电专家的指导和帮助，并开展了广泛的国际合作。如 1955—1960 年，苏联政府派遣专家来华协助长江流域规划和三峡工程研究工作；

1980—1984 年，中美两国政府就三峡工程综合利用开发技术开展合作，美方还派遣垦务局专家来华进行技术咨询；1985—1988 年，由加拿大政府提供赠款，加拿大国际项目管理集团长江联营公司编制了《长江三峡水利枢纽可行性研究报告》，世界银行对该报告进行了复核，其结论是："三峡水利枢纽工程是一个解决防洪和改善长江航运的具有吸引力的项目，并将是一个新的重要的水力可再生能源基地。没有一个现实可行的替代方案能对长江中下游起到同等的防洪作用，建议应该早日兴建。"此外，意大利、瑞典、巴西、法国、德国等国家也都先后就三峡工程与我国进行过技术合作。因而可以说，三峡工程是世界瞩目的工程，建设三峡工程不仅是中华民族的百年梦想，也是国际水利电力界同仁的共同愿望。

1989 年，长江委根据论证成果重新编制了三峡工程可行性研究报告，并于 1991 年 8 月通过了国务院三峡工程审查委员会的审查。1992 年 1 月，国务院第 95 次常务会议讨论了国务院三峡工程审查委员会的审查意见，原则同意建设三峡工程，并提请党中央和全国人民代表大会审议。1992 年 4 月 3 日，第七届全国人民代表大会第五次会议审议通过了《关于兴建长江三峡工程的决议》。

二、三峡工程建设

1993 年 1 月，国务院决定成立三峡建委，作为三峡工程高层次的决策机构，直接领导三峡工程的建设工作。1993 年 7 月，三峡建委批准了《长江三峡水利枢纽初步设计报告(枢纽工程)》。1993 年 9 月，国务院批准成立中国长江三峡工程开发总公司(简称"三峡总公司"；2009 年更名为中国长江三峡集团公司，简称"三峡集团公司")，作为三峡工程建设的项目法人，全面负责三峡工程建设和经营。从此，三峡工程进入了建设阶段。

三峡工程于 1993 年开始施工准备，1994 年 12 月 14 日正式开工。在党中央、国务院的正确领导和全国人民的大力支持下，在三峡建委的直接领导下，经过广大工程建设者、百万库区移民和重庆市、湖北省以及对口支援的有关省(直辖市)各级人民政府的共同努力，三峡工程建设进展顺利。

1997 年 11 月 8 日，实现大江截流。2003 年三峡水库水位蓄至 135m，工程开始发挥发电、航运效益；2006 年比初步设计进度提前一年进入 156m 初期运行期；2008 年开始正常蓄水位 175m 试验性蓄水，其中 2010—2020 年连续 11 年蓄水至正常蓄水位 175m，工程开始全面发挥综合效益。2020 年，三峡电站年发电量 1118 亿 kW・h，创世界新纪录；三峡船闸年通过货运量达到 1.09 亿 t，再次刷新历史最高纪录，是三峡水库蓄水前该河段年最高货运量 1800 万 t 的 6 倍。2021 年 11 月，国家发展改革委宣布通过竣工验收，由此工程进入正常运行阶段。

三、三峡工程概况

三峡工程由枢纽工程、输变电工程和移民工程组成。三峡工程水库正常蓄水位 175m、相应库容 393 亿 m^3。

(一)枢纽工程

枢纽工程为Ⅰ等工程，由拦河大坝、电站建筑物、通航建筑物、茅坪溪防护工程等组成(图 2-2)。挡水、泄水建筑物按千年一遇洪水设计，洪峰流量 98800m^3/s；按万年一遇加大10%洪水校核，洪峰流量 124300m^3/s。主要建筑物地震设计烈度为Ⅶ度。

拦河大坝为混凝土重力坝，坝轴线全长 2309.5m，坝顶高程 185m，最大坝高 181m，主要由泄洪坝段、左右岸厂房坝段和非溢流坝段等组成。水库正常蓄水位 175m、相应库容 393 亿 m^3。汛期防洪限制水位 145m，防洪库容 221.5 亿 m^3。

电站建筑物由坝后式电站、地下电站和电源电站组成，总装机容量为 2250 万 kW，多年平均发电量 882 亿 kW·h。其中，坝后式电站安装 26 台 70 万 kW 水轮发电机组，地下电站安装 6 台 70 万 kW 水轮发电机组，电源电站安装 2 台 5 万 kW 水轮发电机组。

通航建筑物由船闸和垂直升船机组成。船闸为双线连续五级船闸，主体结构段总长1621m，单个闸室有效尺寸为长 280m、宽 34m、最小槛上水深 5m，年单向设计通过能力5000 万 t。升船机最大提升高度 113m，承船厢有效尺寸长 120m、宽 18m、水深 3.5m，设计过船规模为 3000 吨级。

茅坪溪防护工程包括茅坪溪防护坝和泄水建筑物。茅坪溪防护坝为沥青混凝土心墙土石坝，坝轴线长 889m，坝顶高程 185m，最大坝高 104m。泄水建筑物由泄水隧洞和泄水箱涵组成，全长 3104m。

图 2-2　三峡工程全貌

(二)输变电工程

输变电工程承担着三峡电站全部机组满发 2250 万 kW 电力送出的重要任务，具有向华中、华东和广东电网送电的能力(图 2-3)。最终建成的规模为：500kV 交流变电总容量 2275 万 kVA，交流输电线路 7280km(折合成单回路长度)；±500kV 直流换流总容量 2400 万 kW，直流输电线路 4913km(折合成单回路长度)；以及相应的调度自动化系统和通信系统。

图 2-3　三峡工程输变电工程

(三)移民工程

三峡工程移民涉及湖北省、重庆市的 19 个区县和重庆主城 7 区，城乡移民 131.03 万人(库区移民 129.64 万人，坝区征地移民 1.39 万人)。库区复建各类房屋 5054.76 万 m^2，迁建城市 2 座、县城 10 座、集镇 106 座，搬迁工矿企业 1632 家，以及专业项目复建、文物保护、生态环境保护、库底清理和地质灾害防治、高切坡防护等。外迁移民 19.6 万人，主要安置到上海、江苏、浙江、安徽、福建、江西、山东、湖北、湖南、广东、重庆、四川等 12 个省(直辖市)。见图 2-4、图 2-5。

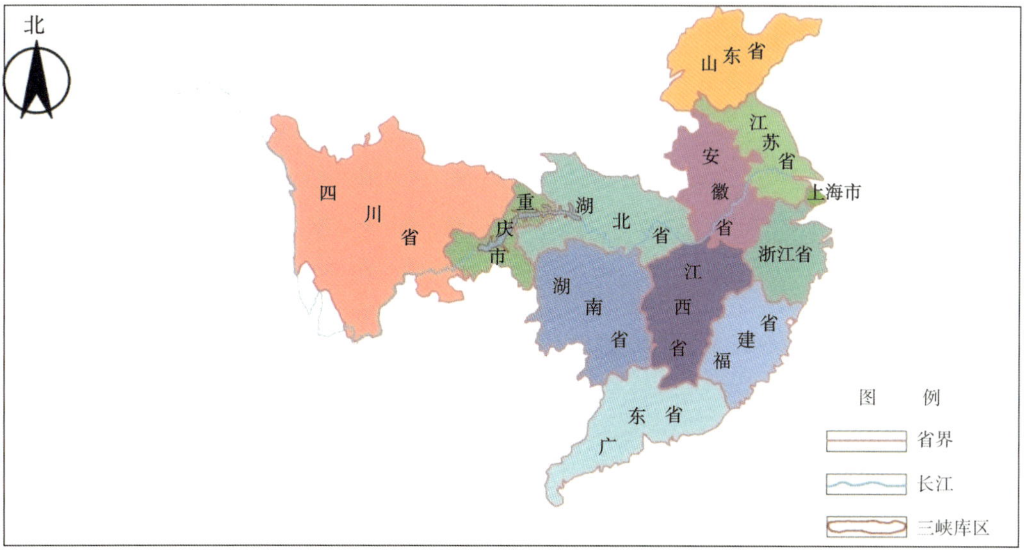

图 2-4　三峡工程外迁移民主要安置范围示意图

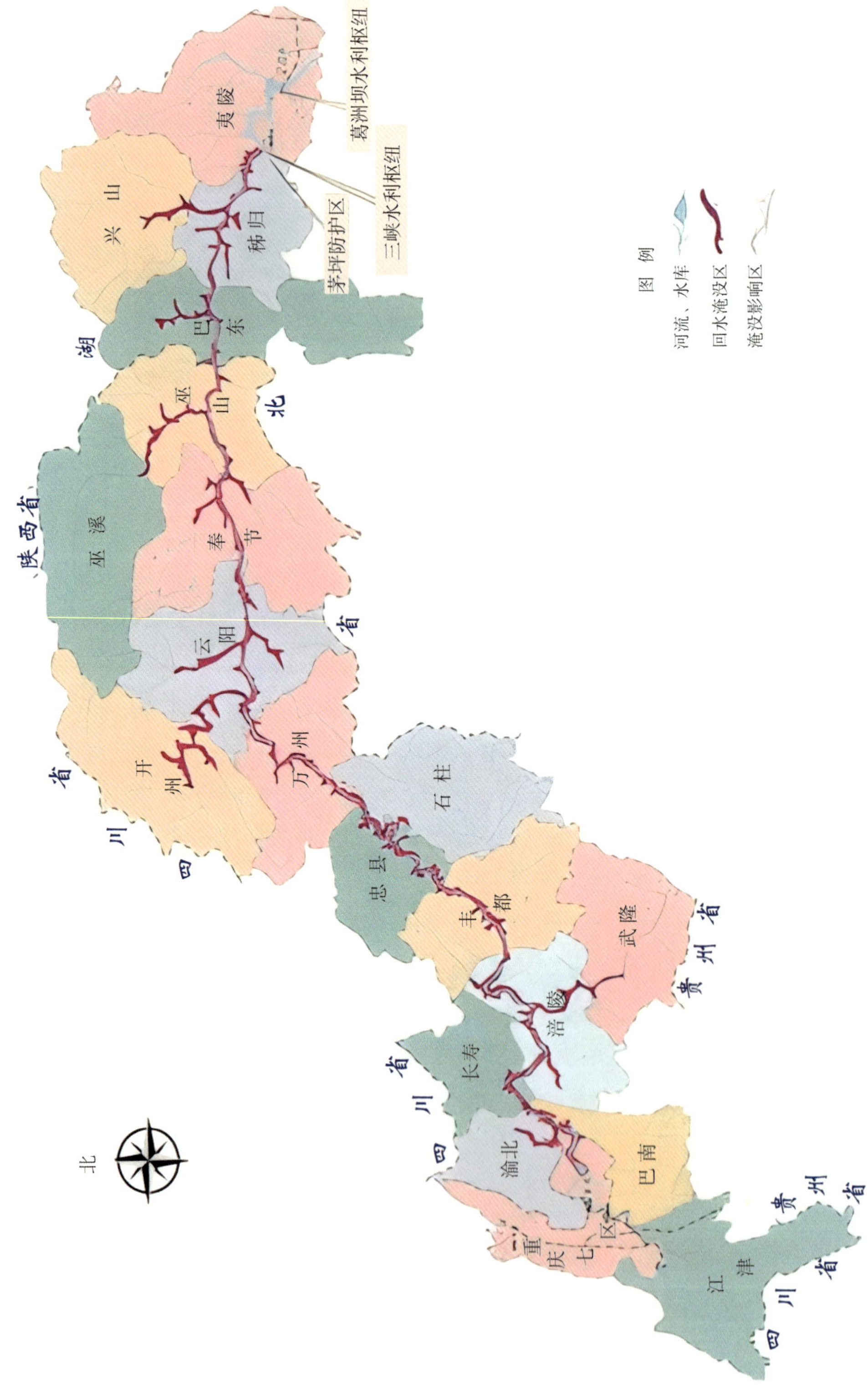

图2-5 三峡工程库区淹没处理及移民安置规划示意图

四、三峡工程战略定位

(一)三峡工程是长江中下游防洪保障体系中的关键性控制工程

三峡工程建成后，以三峡工程为骨干的长江流域防洪工程体系基本形成，长江中下游防洪形势得到了较大改善，荆江河段由仅防御十年一遇洪水提高到可防御百年一遇洪水；遭遇千年一遇(如 1870 年)特大洪水时，通过三峡水库调节，在运用规划设置的蓄滞洪区后，可避免荆江两岸发生毁灭性灾害。

三峡工程防洪效益还具有较大拓展空间。三峡工程正常运行后，通过优化三峡水库调度方式，以及三峡水库与长江上游水库群联合调度，可进一步发挥其在长江中下游防洪体系中的控制性作用。

(二)三峡工程是当今世界最大的可再生清洁能源生产基地

三峡工程已经具备初步设计确定的发电能力，随着地下电站于 2012 年投入运行，其总装机容量达 2250 万 kW，年发电量近 1000 亿 kW·h，是当今世界上最大的水力发电站。三峡的电力对于华中和华东、广东等经济发达地区经济社会发展具有重要保障作用。三峡工程投入运行还促进了全国电力联网，有效维护电网安全运行。三峡工程是可再生清洁能源生产基地，对提高可再生能源比重，实现节能减排，兑现我国在国际上的减排承诺有重要意义，对促进我国能源结构战略性调整具有重要作用。

三峡工程的可再生清洁能源生产能力还具有较大拓展空间。通过优化调度、逐步推进洪水资源化，以及加大汛期调峰等措施，将最大限度地拓展三峡工程的发电生产能力，发挥其在我国现代化建设中的重要作用。

(三)三峡工程是促进长江航运发展的关键性工程

三峡水库建成后，使滩险众多的宜昌至重庆段 660km 航道得到根本改善，航道通过能力由建库前的 1000 万 t 提高到 6000 万 t 以上，万吨级船队可由上海、武汉直达重庆，单位能耗下降 46%。通过三峡水库调节，还可改善长江中游枯水期部分浅滩河段的航运条件，提升航道通过能力和标准，促进长江航运事业的发展，提高船舶运输的安全性。

三峡工程航运效益还有拓展空间。通过船型标准化、翻坝运输、改善库区干支流河段航运条件、建设物流基地、发展集装箱运输，优化铁水联运、陆水联运等综合运输体系，进一步增强三峡工程在长江黄金水道东西部交通大动脉中的枢纽作用，有力地促进西南地区经济社会快速发展。

第二节　三峡库区概况

一、自然环境

(一)地理位置

三峡库区位于东经105°44′~111°39′,北纬28°32′~31°44′的长江流域腹心地带,地跨湖北省西部和重庆市中东部,总面积约5.8万km^2。三峡库区范围见图2-6。

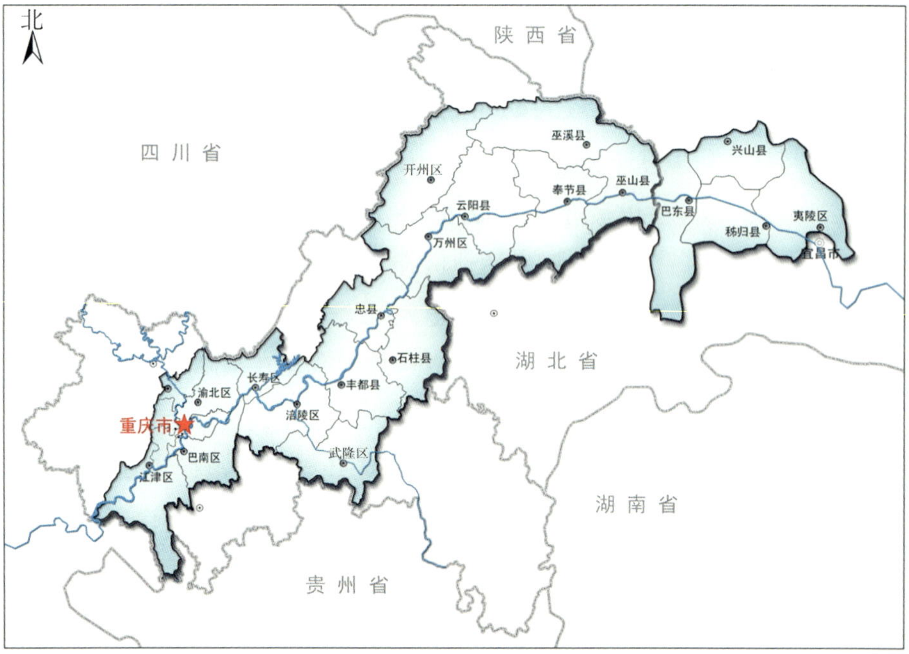

图2-6　三峡库区范围示意图

(二)自然和旅游资源

三峡库区位于长江上游段东端,辖区内江南属武陵山区、江北跨秦巴山区,全区地貌区划为板内隆升蚀余中低山地,地处我国第二阶梯的东缘,总体地势西高东低,地形复杂,大部分地区山高谷深,岭谷相间。主要地貌类型有中山、低山、丘陵、台地、平坝,山地、丘陵分别占库区总面积的74.0%和21.7%,河谷平原占4.3%。东西部海拔高程一般为500~900m,中部海拔高程一般为1000~2500m,平均海拔780.7m。高于1000 m的地区主要分布在库区东部的巫溪、兴山、巫山、巴东、秭归、奉节和中部的武隆、丰都、石柱一带。

三峡库区土壤类型多样,主要类型有黄壤、黄棕壤、紫色土、水稻土、石灰土等。库区农业用地约2843万亩,占库区土地总面积的32.8%;林业用地约4242万亩,占49%;其他用地约 1571 万亩，占 18.2%。在农业用地中约有耕地 2217 万亩，占农业用地面积的 78%，多分布在长江干、支流两岸。

三峡库区地形复杂，大部分地区山高谷深，岭谷相间。陡坡和急陡坡面积（≥25°）占 12.9%，主要分布在巫溪、巫山、巴东、兴山、秭归等东部地区和武隆一带；15°～25°占 24.3%，主要分布在中部的武隆区、石柱县和东部地区；小于 15°的坡度占全区的 62.8%，主要分布在西南部地区。三峡库区坡耕地分布广泛，水土流失严重，库区水土流失面积达 82.9%以上，且以较强度侵蚀为主，库区土壤侵蚀模数为 $713t/(km^2 \cdot a)$。

三峡库区历史文化悠久，山川景色秀丽，尤以山、水、峡、洞著名。区内有闻名遐迩的三峡风景、九畹溪、香溪河、神农溪、小三峡、仙女山等自然风光，亦有秭归屈原祠、兴山昭君故里、奉节白帝城、云阳张飞庙、忠县石宝寨、涪陵白鹤梁、丰都鬼城等人文景观，更有体现三峡地区人与自然关系的峡江文化。三峡水库蓄水后，改变了库周风貌和旅游资源的分布格局，为旅游资源的开发利用带来了更广阔的空间。

（三）地质地貌

三峡库区处于我国地势第二级阶梯的东缘，全国地貌区划为板内隆升蚀余中低山地。库区地层除缺失志留系上统、泥盆系下统、石炭系上统和第三系以外，自前震旦系至第四系均有出露。第四系堆积物零星分布于河流阶地、剥夷面及斜坡地带。分布比较集中、体积较大的第四系堆积体大都是崩塌、滑坡体。库区地形地貌与岸坡地质结构复杂，雨量丰沛且暴雨集中，历来是地质灾害多发地区。

库区全部位于扬子准地台区，北与秦岭地槽相邻。主要经历了三次较强的构造运动，即震旦纪前的晋宁运动、侏罗纪末的燕山运动和老第三纪末的喜山运动。库区新构造运动属于三峡鄂西南隆升区之三峡鄂西南隆升亚区，表现为大面积的间歇性整体隆起和局部地段的差异性断裂活动。隆起中心为奉节—巫山一带，最大上升幅度达 2000m。其特点是隆起的不均匀性、掀斜性和间歇性，地壳上升速度加剧，河流强烈下切，形成了长江三峡段高陡岸坡和诸多崩滑体。

在地形地貌上，三峡库区大体上以奉节、南津关为界，分为西、中、东三段不同的地貌单元。

奉节以西，属于四川盆地，盆地东部主要为侏罗系碎屑岩为主组成的低山丘陵宽谷地形。长江总体流向大致与褶皱走向相吻合，大部分河段蜿蜒于向斜谷地，形成开阔平缓的宽谷，局部地段横切背斜时，常形成短小峡谷。

奉节以东～南津关以西为中段，主要为震旦系至三叠系碳酸盐岩组成的川鄂褶皱山地。长江河谷深切入山地之中，两岸山峰耸立，河谷狭窄，水流湍急，形成著名的长江三峡。

三峡出口南津关以东的东段为白垩系至第三系砂岩、黏土岩组成的低缓丘陵，地势开阔，沿江阶地发育。董市以下，为地势平坦的江汉平原，河网交织，湖泊密布。

三峡库区大地构造属扬子准地台。基底主要由早元古界～晚元古代变质火山～碎屑岩及侵入其间的岩浆岩组成。沉积盖层出露齐全，从震旦系～第四系均有出露。震旦系至三叠系中统为浅海～滨海相碳酸盐岩和碎屑岩，厚近万米，广泛分布黄陵地块周围及川鄂褶皱山地；三叠系上统至第三系为陆相碎屑岩、厚度变化较大，为5000～12000m，分布于大型凹陷盆地及山间盆地中。如四川盆地、江汉盆地、秭归盆地等。

三峡库区新构造运动较微弱，以大面积间歇性抬升均衡调整为主，抬升坳陷掀斜并存。区域内差异活动不明显，没有控制第四纪沉积的大断裂，也没有发现证据确凿的第四纪断层。另外，对老构造具有继承性，一方面表现在新构造运动继承燕山晚期以来所形成的隆起区和坳陷区的升降运动，另一方面表现在早期形成的断裂的继承性活动。

据国家地震总局1990年版中国地震烈度区划图，本区属于弱震区，地震基本烈度为Ⅵ度。坝址以上17～30km和50～110km处，有秭归～渔洋关和黔江～兴山两个小地震带穿越库区。

(四)水文水系

三峡库区水系发育，江河纵横，三峡工程坝址以上控制流域面积100万km^2，占流域总面积的56%。库区除长江干流和嘉陵江、乌江外，区域内还有流域面积100km^2以上的支流152条，其中重庆121条，湖北31条。流域面积1000km^2以上的支流有19条，其中重庆境内16条，湖北境内3条，主要有香溪河、大宁河、梅溪河、汤溪河、磨刀溪、小江(又名澎溪河)、龙河、龙溪河、御临河等。东南边缘山区、北部大巴山地多年平均径流深为753mm，而西部丘陵地区仅360mm，相差达1倍多。地表径流年际变化也很大，最多年为最少年的1.5～4.2倍。三峡库区年均入境地表径流总量为4005亿m^3，出境地表径流总量为4292亿m^3。据2007年《长江泥沙公报》，在不考虑区间来沙的情况下，2007年三峡库区淤积泥沙约1.70亿t。

根据有关数据显示，三峡水库蓄水运行以来，上游来沙量大幅度减少，水库泥沙淤积与可行性论证时相比明显减缓，约为论证阶段预测值的40%。库尾重庆主城区河段，总体为冲刷下切，未出现原预计的累积性淤积，未对重庆洪水位产生影响。随着上游水库群的建成和运用，三峡水库入库沙量在相当长时间将处于较低的水平，三峡水库的泥沙淤积总体上会进一步减缓，水库的有效库容可以长期保持。同时，由于受入库和出库泥沙减少及河道采砂等影响，长江中下游河道发生长距离冲刷，目前冲刷已发展至湖口以下，河道冲刷主要发生在宜昌至城陵矶河段，宜昌庙嘴站同流量下枯水位下降，2013年汛后，5500m^3/s流量时水位为39.01m，已接近葛洲坝枢纽设计最低通航水位39.0m。坝下游河势出现一定的调整，但总体稳定，荆江大堤和干堤护岸险工段基本安全稳定。

(五)气象气候

三峡库区属湿润亚热带季风气候，具有四季分明，冬暖春早，夏热伏旱，秋雨多，湿度大、云雾多和风力小等特征。三峡库区年有雾日达30～40天，年平均气温14.9～18.5℃，无霜期300～340天，年度平均气温西部高于东部。海拔500m以下的河谷地带大于10℃年积温为5000～6000℃，气候具有冬暖、夏热、春早、秋凉、多雨、霜少、湿度大、云雾多、风力小等特点，水热条件优越，垂直气候带特征明显。三峡库区雨量充沛，库区各站年平均降水量一般在1045～1140mm，年平均降水量以万州最大，达1228.0mm；秭归最小，为1001.3mm。空间分布相对均匀，时间分布不均，主要集中在4—10月，约占全年降水量的80%，且5—9月常有暴雨出现。库区水热条件的垂直差异比水平差异更明显。自中部河谷向两侧外围山地，地面高程每上升100m，年降水量增加约55mm，气温下降0.4～0.6℃。

国家气候中心监测显示，蓄水后（2010—2016年）较蓄水前（1997—2003年），呈升温趋势，增加0.2℃；降水年代际变化特征明显，21世纪以来降水少。也有学者研究表明，根据1962—2017年三峡水库及其周边区域24个站点的气象数据进行分析，三峡水库蓄水对水库及其周边区域的气温具有稳定作用，对气温的突变可能有一定程度的影响。三峡水库蓄水对水库及其周边区域的降水有微弱的增强影响，但并未造成周边区域降水的突变。三峡水库蓄水引起的土地利用改变和周边复杂的地域山势，导致研究区域的水汽垂直运动不协调，蓄水后降水量较蓄水前的变化存在明显的地理分布规律。蓄水前后的降水均无具有显著变化趋势的站点；但蓄水前降水变化趋势主要为不显著下降趋势，蓄水后主要为不显著上升趋势。综合分析认为，三峡库区年平均气温、降水变化均与长江上游乃至整个长江流域的变化趋势一致。这意味着，库区气候主要受大气候环境影响，影响范围在近水库区，水库对气温影响表现为夏季有弱降温效应、冬季有弱增温效应，全年以增温效应为主，其影响幅度小于自然变率。

二、生态环境

三峡水库蓄水后，库区干流水质总体以Ⅱ、Ⅲ类为主，水质状况良好，但局部存在总磷、总氮、石油类、铅等指标超标现象，部分支流、支流回水区和库湾水质下降，局部水域水华频发，部分干支流饮用水水源地面临污染威胁。

三峡库区植物种类繁多，林果种类齐全，据统计，经济植物超过2000种，其中药用植物1000余种。区内植物垂直分异明显，海拔800m以下阔叶林占优势，800～1800m以针叶林为主，1800m以上灌草分布较广。阔叶树以栎树、栲类、枫香、桦木、樟、梓、杨、槐为主；针叶树以马尾松、杉树、柏木占优势；经济林以油桐、油茶、茶叶、乌桕、漆树、柑橘和竹类为主；灌木中悬钩子、山苍子、盐肤木、马桑、荆条较普遍，草本以蕨类、火棘、芭茅、黄茅、蓑草较多，此外还有各种药用植物以及银杏、水杉、珙桐等古老珍稀树种。库区农、林、土特产资源丰富，其中柑橘、榨菜、桐油、生漆、茶叶、中药材等在国内外享有盛名。

三峡库区生物多样性丰富，是流域乃至全国生物多样性保护备受关注的地区之一。库区维管束植物种类约占全国的 20%，列为国家一级保护植物 9 种、国家二级保护植物 10 种；脊椎动物中，哺乳动物 139 种、鸟类 402 种、爬行类 60 种、两栖类 50 种，列为国家一级保护动物 8 种、二级保护动物 16 种；三峡库区江段分布鱼类约 127 种，包括 47 种长江上游特有种，列为国家一级保护野生动物的有中华鲟、白鲟、达氏鲟，国家二级保护野生动物的有胭脂鱼、大鲵、水獭等。

国家在三峡库区实施退耕还林还草工程、天然林保护工程、长江上中游水土流失重点防治工程、长江防护林工程等，促进了库区生态环境建设，逐步恢复了森林植被，且在一定程度上控制了水土流失。由于没有直接受第四纪大陆冰川的破坏，该地区除在植物区系上和植被类型上显示其丰富性和多样性外，同时还保存着许多珍稀和我国特有的属种，成为我国珍贵稀有植物的避难所和三个特有属植物分布中心区之一。

据多级环境监测网的监测，三峡工程建设以来，工程施工区和移民安置区环境质量总体良好，水土流失逐步得到治理；库区长江干流水质总体稳定，总体以Ⅱ、Ⅲ类为主；水库诱发地震维持在论证预期的低强度水平；库区生物多样性保护取得一定成效。

三、经济社会背景

党中央、国务院高度重视三峡水库移民可持续发展。为解决库区生态环境、地质灾害防治、移民安稳致富三个重大问题，从 2008 年开始编制三峡后续工作规划，以下以规划基准年 2008 年简要介绍三峡库区相关经济社会背景。

(一)经济总量和产业结构

2008 年，库区 19 区县和重庆主城 7 区地区生产总值 3875.99 亿元，按产业分，第一产业增加值 350.62 亿元；第二产业增加值 1924.65 亿元；第三产业增加值 1600.72 亿元，见表 2-1。三次产业结构比为 9.0∶49.7∶41.3。

其中，库区 19 区县地区生产总值合计达到 2104 亿元，约为 1992 年三峡工程动工前的 5.66 倍，比三峡库区移民工作正式开展前一年 1997 年的 583.5 亿元增长了 2.5 倍，1997—2008 年，三峡库区生产总值及其增长速度见表 2-2。按产业分，第一产业增加值 324.57 亿元，第二产业增加值 1062.75 亿元，第三产业增加值 716.77 亿元。产业结构不断优化，2008 年三次产业结构比为 15.4∶50.5∶34.1，与 1992 年相比，第一产业比重大幅下降了 23.8 个百分点，第二产业比重大幅上升 17 个百分点，第三产业比重上升 6.8 个百分点，产业结构由“一二三”调整为“二三一”。第一产业依然比重偏高，比重庆市、湖北省和全国平均水平分别高 4.1、－0.3 和 4.1 个百分点；第三产业比重偏低，比重庆市、湖北省和全国平均水平分别低 6.9、6.4 和 6.0 个百分点。

表 2-1　　**2008 年三峡库区生产总值情况**　　单位:亿元

地区		地区生产总值	第一产业	第二产业	第三产业
夷陵区		111.23	19.97	51.84	39.42
秭归县		36.97	8.34	9.79	18.84
兴山县		31.47	5.68	16.17	9.62
巴东县		35.68	10.94	12.49	12.25
巫山县		33.71	9.51	8.67	15.53
巫溪县		23.55	7.52	5.80	10.23
奉节县		75.34	17.48	29.66	28.20
云阳县		66.48	18.76	23.35	24.37
万州区		256.06	28.20	126.70	101.16
开县		110.68	25.33	49.03	36.32
忠县		77.80	17.91	32.88	27.01
石柱县		43.94	10.84	16.99	16.11
丰都县		57.47	14.07	21.62	21.78
涪陵区		253.47	24.93	148.47	80.07
武隆县		49.81	8.69	24.06	17.06
长寿区		143.82	18.74	82.28	42.80
渝北区		301.81	16.46	189.41	95.94
巴南区		175.56	23.10	101.74	50.72
重庆主城 7 区	渝中区	326.21		28.33	297.88
	南岸区	225.80	3.31	151.56	70.93
	江北区	219.13	2.62	102.33	114.18
	沙坪坝区	271.17	4.27	142.72	124.18
	北碚区	155.86	8.00	102.50	45.36
	大渡口区	142.43	1.59	118.30	22.54
	九龙坡区	431.30	6.26	216.16	208.88
江津区		219.24	38.10	111.80	69.34
合计		3875.99	350.62	1924.65	1600.72

表 2-2　　**库区 19 区县历年生产总值(当年价格)及其增长速度**

年份	生产总值/亿元	增长速度/%
1997	587.01	—
1998	583.5	−0.60
1999	603.56	3.44

续表

年份	生产总值/亿元	增长速度/%
2000	655.33	8.58
2001	713.82	8.93
2002	800.03	12.08
2003	899.09	12.38
2004	1043.8	16.10
2005	1189.63	13.97
2006	1359.73	14.30
2007	1681.6	23.67
2008	2104	25.12

(二)人口与城镇化

在我国,由于受城乡二元结构的影响,在人口统计上存在两种口径:常住人口和户籍人口。其中常住人口是依据《1999 年城乡划分口径》确定的,不包括离开户籍所在地半年以上的人口,但包括在居住地工作半年以上的非本地户籍的人口。2008 年,库区 19 区县和重庆主城 7 区户籍人口 2068 万人、常住人口 1905 万人(表 2-3),即户籍人口比常住人口多出 163 万,这说明三峡库区是人口净迁出地区,占户籍人口的 7.88%。

库区 19 区县和重庆主城 7 区是我国西部人口相对密集的地区之一,2008 年人口密度达到 335 人/km^2。库区 19 区县,其中 7 个区县常住人口规模达到 700 万,占整个库区的 50%,江津、涪陵、万州、云阳、开县、奉节均是百万人口大县。从人口密度看,自上而下呈现由密至疏的趋势,人口密度较大的区域集中于重庆主城附近的长寿、涪陵及库区中部的万州、开县、云阳,而库区下段的奉节、巫山、巴东、兴山、秭归等地,由于地处大巴山及巫山山区,人口密度相对较低(表 2-4)。这种人口分布的趋势,在库区各区县内部也十分明显,即沿江沿路地区人口密度相对其他区域更高(表 2-5)。

三峡库区人口分布的特征,反映在交通运输上是沿江地区水陆交通运输密集,而山区腹地交通相对闭塞,由于复杂的山地地形条件,公路、铁路建设难度大,仍有一些乡村成为现代机动交通难以到达的地方,是各地扶贫的重点地区。三峡库区有 11 个区县为国家级扶贫重点县,是我国连片贫困区之一。随着三峡工程建设移民资金和对口支援资金在库区的大量投入,以及库区人民群众自力更生、艰苦奋斗,近年来库区经济社会得到较快发展,城镇化进程加快,产业结构不断优化,初步形成资源开采及加工、轻工制造、高新技术、农产品深加工等四大主导产业,人民生活水平不断提高,缩小了与全国平均水平的差距。

表 2-3　　**2008 年三峡库区人口总量情况**　　单位:万人

<table>
<tr><th colspan="2">地区</th><th>户籍人口</th><th>常住人口</th></tr>
<tr><td colspan="2">夷陵区</td><td>51.96</td><td>52</td></tr>
<tr><td colspan="2">秭归县</td><td>38.54</td><td>37.6</td></tr>
<tr><td colspan="2">兴山县</td><td>18.1</td><td>17.5</td></tr>
<tr><td colspan="2">巴东县</td><td>49.09</td><td>43.6</td></tr>
<tr><td colspan="2">巫山县</td><td>62.35</td><td>49.53</td></tr>
<tr><td colspan="2">巫溪县</td><td>53.52</td><td>43.78</td></tr>
<tr><td colspan="2">奉节县</td><td>104.76</td><td>85.09</td></tr>
<tr><td colspan="2">云阳县</td><td>133.58</td><td>101.09</td></tr>
<tr><td colspan="2">万州区</td><td>172.54</td><td>153.32</td></tr>
<tr><td colspan="2">开县</td><td>159.72</td><td>115.16</td></tr>
<tr><td colspan="2">忠县</td><td>99.22</td><td>74.01</td></tr>
<tr><td colspan="2">石柱县</td><td>53.34</td><td>42.86</td></tr>
<tr><td colspan="2">丰都县</td><td>82.44</td><td>64.02</td></tr>
<tr><td colspan="2">涪陵区</td><td>113.8</td><td>102.55</td></tr>
<tr><td colspan="2">武隆县</td><td>41.01</td><td>34.34</td></tr>
<tr><td colspan="2">长寿区</td><td>89.87</td><td>76.29</td></tr>
<tr><td colspan="2">渝北区</td><td>95.49</td><td>95.8</td></tr>
<tr><td colspan="2">巴南区</td><td>87.23</td><td>89.54</td></tr>
<tr><td rowspan="7">重庆主城 7 区</td><td>渝中区</td><td>59.56</td><td>71.16</td></tr>
<tr><td>南岸区</td><td>57.59</td><td>70.37</td></tr>
<tr><td>江北区</td><td>52.65</td><td>68.68</td></tr>
<tr><td>沙坪坝区</td><td>76.14</td><td>90.21</td></tr>
<tr><td>北碚区</td><td>64.02</td><td>71.9</td></tr>
<tr><td>大渡口区</td><td>22.89</td><td>27.22</td></tr>
<tr><td>九龙坡区</td><td>79.91</td><td>99.53</td></tr>
<tr><td colspan="2">江津区</td><td>148.65</td><td>127.51</td></tr>
<tr><td colspan="2">合计</td><td>2067.97</td><td>1904.66</td></tr>
</table>

资料来源:《湖北统计年鉴—2009》《重庆统计年鉴(2009)》。

表 2-4　　**2008 年三峡库区各区县人口密度**

地区	土地面积/km^2	人口密度/(人/km^2)
夷陵区	3424	152
秭归县	2427	155
兴山县	2327	75
巴东县	3353	130

续表

地区		土地面积/km^2	人口密度/(人/km^2)
巫山县		2958	167
巫溪县		4026	109
奉节县		4099	208
云阳县		3649	277
万州区		3443	445
开县		3959	291
忠县		2187	338
石柱县		3012	142
丰都县		2901	221
涪陵区		2946	348
武隆县		2901	118
长寿区		1243	614
渝北区		1452	640
巴南区		1825	477
重庆主城7区	渝中区	43.32	16427
	南岸区	262.43	2681
	江北区	220.80	3111
	沙坪坝区	396.20	2277
	北碚区	58.31	12331
	大渡口区	102.82	2647
	九龙坡区	432.00	2304
江津区		3200	398
合计		56848	335

资料来源:《湖北统计年鉴—2009》《重庆统计年鉴(2009)》。

表 2-5　　三峡库区部分区县人口分布特征

地区	人口分布特征
秭归	人口主要分布于长江、香溪、吒溪河、茅坪河两岸及秭归至宜昌、兴山等公路沿线,低山、高山区人口分布极少
兴山	人口主要分布于香溪河谷及国道209线、宜昌至兴山公路沿线,低山、高山区人口分布极少
巴东	人口主要分布于长江、清江、沿渡河两岸及巴东至建始、兴山国道209沿线,低山、高山区人口分布极少
巫山	人口分布不均匀,长江沿岸及大宁河的河谷平坝区人口密度较大

续表

地区	人口分布特征
巫溪	大宁河干流、支流及巫溪至奉节、云阳、巫山、陕西、湖北公路沿线人口密集，丘陵区人口密度大于低山、中山区
奉节	以县城为中心，人口密度由密而疏呈辐射状分布，但竹园镇、吐祥镇、公平镇人口相对密集；中西部平坝缓丘地带人口稠密，县境东南、东北部山地分布区人口较少；其人口分布与地势高低的走势正好相反；沿主要干线公路地带人口稠密，其余地区相对稀少；经济发展条件较好的北部人口较为稠密，而南部贫困地区较为稀少
云阳	长江、澎溪河、汤溪河沿线及云阳至万州、奉节、开县公路沿线密集；人口密度长江北部区域大于南部区域、丘陵区大于低山区
万州	以万州主城为中心、人口相对集中于主城及几个骨干城镇；沿长江、318 国道、万忠路、万开路、万云路人口稠密，其他地区稀疏；区域中部、地势平缓地带、沿江地区人口密集，山区人口稀疏
开县	澎溪河、南河、东河流域平坝区及开县至万州、云阳、奉节；开江、达川公路沿线人口密集
忠县	以县城为中心、人口相对集中于几个骨干城镇；沿长江、忠垫路、忠万路人口稠密，其他地区稀疏；谷坝、沿江地区人口密集，山地人口稀疏
石柱	人口主要分布于长江及南宾河(龙河)沿线，以及忠县至石柱、丰都至石柱公路沿线
丰都	长江、渠溪河、龙河沿线及丰都至涪陵、忠县、垫江、武隆、石柱公路沿线人口密集
涪陵	城区附近人口密度最大达 1136 人/km^2，大木乡人口密度最低仅 41 人/km^2；人口密度沿长江沿线分布较密，东、西部山区密度较低
武隆	人口密度从乌江向县域纵深递减、沿江及沿路地区人口稠密、贫困地区人口稀少；平坝丘陵人口稠密，山地人口较少
长寿	人口密度在库区最高，相当于全国平均水平的 4.8 倍，其人口分布特点以长寿主城为中心，由密而疏呈辐射状分布；经济发达地区人口稠密；贫困地区人口稀少；沿主要公路线人口稠密，其他地区相对较稀；平坝丘陵人口稠密，山地人口较稀

2008 年，三峡库区城镇化水平 55.11%，其中重庆主城 7 区及重庆 6 区的城镇化水平明显要高于其他地区。除重庆主城 7 区外，巴南区城镇化水平在整个库区最高，达到 69.39%；秭归城镇化水平最低，2008 年仅为 17.60%，两者相差 50 多个百分点。值得注意的是，在库区 1049.63 万城镇人口中，重庆主城 7 区、渝北、巴南、江津、万州、涪陵、长寿六区的城镇人口合计达到 843.42 万人，集聚了整个库区 80.35%的城镇人口(表 2-6)。

表 2-6　　2008 年三峡库区各区县城镇发展情况

地区	城镇人口/万人	城镇化水平/%	中心镇
夷陵区	12.11	23.30	龙泉镇、太平溪镇
秭归县	6.64	17.60	归州镇、郭家坝镇、沙镇溪镇
兴山县	4.26	24.30	高阳镇、峡口镇、水月寺镇

续表

地区		城镇人口/万人	城镇化水平/%	中心镇
巴东县		12.45	28.50	野三关镇、沿渡河镇
巫山县		12.64	25.52	大昌镇、官渡镇
巫溪县		8.80	20.10	城厢镇、文峰镇
奉节县		23.96	28.16	兴隆镇、吐祥镇、竹园镇
云阳县		28.71	28.40	江口镇、高阳镇、南溪镇
万州区		78.22	51.02	分水镇、龙沙镇、余家镇、龙驹镇、武陵镇
开县		36.85	32.00	临江镇、长沙镇、郭家镇、铁桥镇
忠县		21.39	28.90	石宝镇、汝溪镇、拔山镇
石柱县		9.87	23.03	西沱镇、黄水镇
丰都县		18.25	28.51	高家镇、社坛镇、龙河镇
涪陵区		55.28	53.91	白涛镇、珍溪镇、新妙镇、龙潭镇
武隆县		10.28	29.94	江口镇、白马镇
长寿区		37.15	48.70	葛兰镇、长寿湖镇、云台镇
渝北区		63.65	66.44	统景镇、茨竹镇、古路镇
巴南区		62.13	69.39	花溪镇、南泉镇、木洞镇
重庆主城区	渝中区	71.16	100.00	
	南岸区	70.37	100.00	
	江北区	68.68	100.00	
	沙坪坝区	90.21	100.00	
	北碚区	51.22	71.24	
	大渡口区	27.22	100.00	
	九龙坡区	99.53	100.00	
江津区		68.60	53.80	白沙镇、珞璜镇、油溪镇、石蟆镇、李市镇
合计		1049.63	55.11	

资料来源:《湖北统计年鉴—2009》《重庆统计年鉴(2009)》。

三峡库区上自重庆,下至宜昌,在长达640km的长江沿途,目前分布了1个特大城市(重庆主城区)、4个大中城市(宜昌、万州、涪陵、江津)、10余个县级城市以及数百个小城市,城镇体系规模特征呈不规则的金字塔结构(表2-7)。

除重庆主城区外的库区19区县现状城镇人口共571万人,其中城市人口(包括县城)381万人,占城镇总人口的2/3;镇(除县城外)人口190万人,占城镇总人口的1/3。另外,伴随着库区经济社会的发展,库区每个县均发展起来了几个中心镇。但中心镇人口规模偏小,一些城镇镇区人口不到3000人。

表 2-7 三峡库区城市等级规模结构表

等级	人口规模/万人	数量/个	城市名称
特大城市	＞100	1	重庆主城区(渝北 36 万人、巴南 44 万人)
大城市	50～100	2	宜昌(其中夷陵 11 万人)、万州(62 万人)
中等城市	20～50	2	涪陵(46 万人)、江津(30 万人)
小城市	＜20	13	长寿(17 万)、开县(19 万)、云阳(18 万)、奉节(14 万)、丰都(12 万)、忠县(16 万)、巫山(7 万)、秭归(7 万)、兴山(3.5 万)、巴东(7.5 万)、巫溪(6 万)、武隆(10 万)、石柱(7 万)

(三)地方财政

2008 年,三峡库区地方一般预算财政收入为 108 亿元,是 1998 年的 4.7 倍,年均增长率为 16.6%。固定资产投资增长迅猛,2008 年全社会固定资产投资为 1775 亿元。1998—2008 年,三峡库区全社会固定资产投资一直保持着两位数的高增长,11 年中有 7 年增速显著高于全国平均水平,有 3 年基本相当,只有 2002 年低于全国平均水平。

(四)居民收入

2008 年,三峡库区城镇居民人均可支配收入为 12336 元,比同期重庆市城镇居民人均可支配收入 14368 元低 1032 元,比同期湖北省城镇居民人均可支配收入 13153 元低 817 元。12 个重点区县中,2008 年城镇居民人均可支配收入为 10914 元,仅为重庆市平均水平的 76%,湖北省平均水平的 83%,全国平均水平的 66%。三峡库区,特别是重点区县的城镇居民收入与重庆、湖北和全国平均水平的差距与 2007 年相比有进一步扩大的趋势。

(五)基础设施

三峡工程实施、移民迁建的十多年里,三峡库区高速公路、铁路、机场从无到有,过去长期主要依靠水运的交通格局发生了深刻变化;库区农业综合开发、农田水利建设、农村电网改造成效明显,城乡电网基本实现同网同价,库区能源保障和供排水能力得到较大提高;信息基础设施有了较大的发展。农村移民安置区的生产生活环境大大改善,基础设施服务于地区经济社会发展的能力不断增强。

三峡库区特殊的地形地貌,使得“蜀道难”成为千百年来文人墨客吟咏的主题。在相当长的一段时间内,由于受地理条件的制约,三峡库区的交通主要依赖于航道条件极为艰险的川江航运。但是,自从三峡工程实施以来,随着国家和重庆、湖北两省(直辖市)不断的投入以及三峡水库蓄水通航,库区交通基础设施发生了日新月异的变化,目前已基本搭建起“公铁水空”的综合交通体系框架,为畅通库区对内对外的人流、物流、资金流和信息流,促进区域经济加快发展奠定了坚实的基础。

(1)公路

多层次发展的公路网络初步形成。国家和重庆、湖北两省(直辖市)都高度重视三峡库区公路建设，在加快淹没公路复建的同时，按照全省（市）公路网络建设规划，以新建与改造一批通往库区腹地的高速公路、县际高等级公路为重点，初步形成了以高速公路为骨架、等级公路连通库区主要区县、农村公路通达库区各乡镇及主要行政村的区域公路网络体系。2008年，库区公路总里程达到80122km，其中高速公路里程728km，占总里程的0.9%；等级公路41120km，占总里程的51.3%，见表2-8。当时在建的高速公路有渝宜高速公路云阳至巫山段、沪渝高速公路石柱至湖北段、奉节至巫山、涪陵至丰都、丰都至石柱、涪陵至南川。水运条件大大改善，通航航道总里程达到2162km。宜万铁路（万州—利川—宜昌）2010年12月建成投运。

表2-8　三峡库区及其各区县公路发展现状(截至2008年底)

区域		公路总里程/km	等级公路比例/%	高速公路比例/%	行政村通畅率/%
夷陵区		3628	47.3	0	34.2
秭归县		2660	73.5	0	25.1
兴山县		1530	71.9	0	23.4
巴东县		3438	69.8	1	16.7
巫山县		3538	59.2	0	14
巫溪县		2934	71.3	0	13.8
奉节县		8430	31	0	24
云阳县		6701	37.2	0.3	12
万州区		5114	37.1	1.9	26.2
开县		8547	37.7	0.2	12.4
忠县		3828	47.5	1.1	30.2
石柱县		2845	64.9	0	23
丰都县		3869	32.9	0	31.4
涪陵区		3667	43.2	0.5	35
武隆县		3511	52	0	20.2
长寿区		2736	88	2.7	45.3
渝北区		2443	69.5	4.2	18.2
巴南区		2491	60.8	3.6	32.9
重庆主城区	渝中区	—	—	—	—
	南岸区	563	73.5	3.2	—
	江北区	440	100.0	8.4	—
	沙坪坝区	994	43.7	5.5	—
	北碚区	1133	62.0	4.1	—
	大渡口区	195	94.9	2.1	—
	九龙坡区	812	89.2	4.3	—

续表

区　域	公路总里程/km	等级公路比例/%	高速公路比例/%	行政村通畅率/%
江津区	4075	65.8	0.2	18.9
三峡库区	80122	51.3	0.9	22.5

数据来源：1.《湖北统计年鉴—2009》，中国统计出版社，2009年；2.《重庆统计年鉴（2009）》，中国统计出版社，2009年；3.《三峡库区经济社会发展现状、区域功能和未来发展定位研究》，国家发展改革委宏观经济研究院国土开发与地区经济研究所，2009年。

（2）水运

三峡工程蓄水后至2008年底，库区支流航道通航里程大幅增加，航道网的连通性、覆盖率和辐射能力大幅提升，仅重庆库区就新增小型通航河流106条，新增通航里程约2000km，升级航道1760km，长江干线宜昌至重庆660km航道从三级航道升级为一级航道；重庆和湖北先后启动了大宁河航道整治利用工程以及奉节梅溪河、云阳小江、汤溪河等175m蓄水后航道清障抢险工作，相关支流航运安全得到有效保证；同时，随着三峡库区经济社会发展对航运的需求，库区初步建成了以重庆主城寸滩一期、万州江南一期、巴东港等为代表的一批大型化、专业化的港口码头，基本形成了枢纽性港区、重点港区和一般港区协调发展的专业化运输系统，港口通过能力得到大幅提升。三峡库区主要港区统计情况见表2-9。

表2-9　三峡库区主要港区统计情况

港区类型	港区名称
枢纽性港区	重庆主城、万州、涪陵、宜昌港区（含宜昌主城、秭归、兴山港区）
重点港区	江津、奉节、武隆、巴东港区
一般港区	丰都、忠县、云阳、巫山、开县、巫溪等港区

（3）机场

大中小层次分明的机场格局初步形成。2008年底，三峡库区拥有重庆江北国际机场、万州机场和宜昌三峡机场，初步形成了以库首、库腹和库尾地区为依托，大中小协调发展的机场格局。其中，重庆江北国际机场为4E级民用机场，处于渝北区两路镇，是西南地区三大航空枢纽之一，率先在西部地区开通直飞欧洲的航线，可满足年旅客吞吐量1500万人次、货邮吞吐量30万t的生产需要；万州机场处于库区腹心，按4D级标准规划，4C级标准建设，已开通至重庆、北京、上海、广州、成都、昆明等航线；宜昌三峡机场按4E级标准规划，一期工程按4D级标准建设，已开通国内航线24条、国外和地区临时航线4条，见表2-10。此外，选址在三峡库区腹心地带的重庆巫山机场，2015年10月17日正式开工建设，2019年8月16日正式通航。

表 2-10　　　　三峡库区主要机场建设及运营情况

机场名称	所在区县	建设标准	2008 年旅客吞吐量/万人次	航线开通情况
重庆江北国际机场	重庆市渝北区	4E 级	1108	实现与全国所有省会城市直航，已开通国际和地区航线 11 条，通达名古屋、悉尼、温哥华、孟买、新加坡、仁川、巴黎、墨尔本、德里、洛杉矶等城市
万州五桥机场	重庆市万州区	4C 级	2.7	已开通万州至北京、成都、西安、重庆、广州、宜昌等 6 条航线
宜昌三峡机场	宜昌市猇亭区	4D 级	52.3	已开通国内航线 24 条，国外和地区临时航线 4 条，通达北京、上海、广州、海口、成都、重庆、昆明、深圳、珠海、恩施、长沙、张家界、武汉、南京、西安、杭州、青岛、济南、郑州、温州、南宁、厦门、汕头、黄山、香港和日本富山、名古屋、新泻等城市

(4)水利

三峡库区坚持以完善水资源供给体系、防洪减灾工程体系和水资源安全管理体系为重点，大力进行骨干水源工程、农田水利设施工程、城乡居民饮水工程及防洪工程建设，区域防洪安全及城乡居民用水安全的保障能力不断增强。

水资源供给体系进一步完善。骨干水源工程方面，到 2008 年底，三峡库区建成各类工程 14.9 万处，其中：大型(发电)水库 8 座、中型水库 37 座，水库总库容 32.6 亿 m^3。目前，建设的开州鲤鱼塘大型水库枢纽已建成并下闸蓄水；“泽渝”一期中型水库中涪陵龙潭、长寿范家桥、武隆接龙、石柱万胜坝 4 座水库主体工程基本完工；渝北观音洞、云阳梅峰等中型水库正在加紧建设，巴南观景口大型水库项目建议书已经通过水利部审查并报国家发展改革委。城乡居民饮水工程方面，解决了库区农村 400 余万人饮水困难，农村饮水安全得到保障的人数约占库区 19 区县农村总人口的 32%。

农业水利设施建设有序推进。先后建成了万州五桥、开州兴隆、巴南石南等 3 个中型灌区，启动了万州大灌区、龙溪河大灌区长寿片区、渝北东大灌区 3 个片区(奉节、巫山、巫溪)，三峡库区中部(武隆、丰都、忠县)、夷陵东风渠大灌区等大型灌区续建配套工程，相继开展了节水增效示范项目建设，库区工程蓄引提水能力达到 33 亿 m^3，有效灌溉面积 454 万亩，占常用耕地面积的 26.5%。

防洪工程建设取得一定成效。启动了巫溪、武隆、石柱、巴南、巴东、兴山等区县的城市和重点集镇防洪工程建设，累计建成各类堤防护岸工程 311km，完成了近 1300 座病险水库的除险加固工程，建立了 14 个区县的长江上游滑坡、泥石流预警系统。

(5)电力、通信、邮政、广电

三峡库区电力装机容量达到 562 万 kW，建成 500kV 变电站 4 座，220kV 变电站 12 座，

110kV 变电站 50 座，城乡电网基本实现同网同价。截至 2008 年，三峡库区固定电话普及率达 39.8%，移动电话普及率达 36%，宽带覆盖率达到 50.6%。数据 DDN 网络已经延伸到库区乡镇各个角落，数据 ATM 网络到达了库区的每个县城。

邮政干线实物网络体系形成。以汽车邮路为主，水路邮路为辅的邮运网络不断发展。邮政营销投递网络遍布城乡，农村基本投递到每个乡镇，邮政储蓄网点不断增多。邮政综合计算机网初步形成，建成了全国三级邮区中心局——万州邮区中心和万州特快专递跟踪查询系统并与全国联网。

2008 年，与全国同步的广播电视网基本建立。库区区县广播电视 HFC(光纤同轴电缆混合网)网络通过市级干线 SDH(同步数字复用)传输网络与城域传输网络有效相连，基本形成以光纤传输为主、卫星和微波通信为辅的广播电视网络；县城初步建成广播电视宽带数据平台，城乡骨干网基本建成，广播综合人口覆盖率达到 94.46%，电视综合人口覆盖率达到 96.64%，绝大部分区县实现村村通广播电视，有线电视网遍布城乡，成为库区入户率最高的信息工具(表 2-11)。

表 2-11　　2008 年三峡库区各区县广播电视覆盖率　　单位：%

地区	广播覆盖率	电视覆盖率
夷陵区	98	95
秭归县	93	97
兴山县	87	94
巴东县	98	97
巫山县	86	95
巫溪县	88	93
奉节县	89	97
云阳县	95	98
万州区	95	96
开县	95	97
忠县	98	98
石柱县	66	83
丰都县	91	95
涪陵区	98	96
武隆县	86	94
长寿区	99	97
渝北区	99	96
巴南区	95	98

续表

地区		广播覆盖率	电视覆盖率
重庆主城7区	渝中区	100	100
	南岸区	100	100
	江北区	100	100
	沙坪坝区	100	100
	北碚区	99	98
	大渡口区	100	100
	九龙坡区	100	100
江津区		98	99

数据来源:1.《湖北统计年鉴—2009》,中国统计出版社,2009年;2.《重庆统计年鉴(2009)》,中国统计出版社,2009年;3.《三峡库区经济社会发展现状、区域功能和未来发展定位研究》,国家发展改革委宏观经济研究院国土开发与地区经济研究所,2009年。

(六)基本公共服务设施

三峡工程建设以来,在党中央、国务院的关心和全国各省(自治区、直辖市)的大力支持下,受益于财政资金向库区倾斜投入,通过库区各区县广大干部群众的扎实工作和艰苦努力,库区社会发展和公共服务水平得到了较快提升。

(1)教育

三峡工程开建以来,经过移民迁校重建,农村中小学危房改造、农村寄宿制教育、农村职业教育中心及优质高中建设等中央专项资金也加大了向库区的倾斜力度,使库区校办学条件得到较大改善,教育布局进一步优化,基本满足移民子女接受教育的需求。2008年,三峡库区共有各级各类学校6626所;其中,重庆库区15个区县市共6310所,占重庆全市学校总数的45%;湖北库区316所,占湖北省学校总数(1.93万所)的1.6%。三峡库区在校学生总数达到267.1万人;重庆在校学生总数达到249.3万人,其中普通中、小学在校学生分别为88.7万人、107.6万人,占全市普通中小学在校生总数47.3%;湖北库区在校学生总数达到17.77万人,其中普通中、小学在校学生总数分别为7.8万人、7.6万人,占全省普通中小学在校学生总数的2.04%。2008年三峡库区专任教师12.99万人,其中中小学专任教师11.25万人,每万名中小学生拥有专任教师581人;重庆库区中小学专任教师10.04万人,平均每20个学生拥有1位老师;湖北库区中小学专任教师1.21万人,平均每15个学生拥有1位老师。2008年,三峡库区19区县小学学龄儿童入学率达到99%以上,普通初中入学率在98.5%以上,目前三峡库区19区县先后实现了普及九年义务教育、基本扫除青壮年文盲的“两基本”目标,库区高等院校从三峡工程建设之初的2所增至2008年的11所。

(2)医疗卫生

随着库区区域性中心血站、疾病预防控制体系、医疗救治体系、农村基层医疗卫生体系建设项目的相继实施，初步完善了库区区域性和农村基层公共卫生服务体系，库区整体医药卫生水平提高，就医条件改善。一是卫生布局得到优化，区域性卫生体系已基本形成。截至2008年底，三峡库区19区县医院、卫生院已达到700个左右，卫生机构床位数达到34260张，库区每千人拥有病床分别达到2.1张，其中重庆库区、湖北库区分别达到2.1张、2.2张。二是城乡公共卫生服务水平及突发公共卫生事件防控能力持续提高，艾滋病、结核病、血吸虫病等重大传染病，以及高致病性禽流感等重大疫病得到有效防治，急性传染病发病率控制在3‰左右。三是开展了农村新型合作医疗制度的试点，2009年底库区19区县新型农村合作医疗参合率均达到90%以上，库区居民健康状况得到改善，"看病难、看病贵"的矛盾得到一定缓解。四是加大了公共卫生管理力度，药品、食品、卫生监督得到进一步加强。五是卫生系统队伍得到发展壮大，库区卫生技术人员数达到3.7万人，执业(助理)医师、注册护士分别达到1.7万人、1.02万人，每千人拥有卫生技术人员数增加到2.2人，其中重庆库区、湖北库区每千人拥有卫生技术人员分别为2.2人、2.7人。

(3)文化体育

库区19区县均实现了每个区县拥有一所公共图书馆、文化馆的目标，至2008年末，三峡库区公共图书馆藏书310多万册，2008年50户以上自然村已实现了村村通广播电视，除奉节、巫山、巫溪、武隆、石柱等县外，其他县的广播和电视人口综合覆盖率均达到90%以上。库区各区县原生态民族文化项目正在陆续开展对地区原生态民族文化资源的收集、保护工作。库区19区县公益性体育场馆总建筑面积约为60万m^2，体育场地总面积约为860万m^2(其中重庆库区为783万m^2)，库区人均体育场地约0.5m^2。

(4)科技

在"科技兴库"战略思想指导下，库区科技水平逐步提高，科学技术在果品、水产、草食牲畜及中药材等高效生态农业和绿色食品加工、现代中药及生物医药加工、天然气化工及盐气化工等库区特色产业中的含量加大，农业科技创新与应用体系逐步建立，科技投入逐年加大，科技创新体系逐步完善。至2007年末，三峡库区拥有专业技术人员52.12万人。其中，重庆市库区31.86万人，其中高职技术人员1.59万人；湖北省库区拥有专业技术人员20.26万人。重庆库区15个区县科学研究与试验发展经费支出为0.55亿元，达到库区生产总值的0.82%。

(5)就业和再就业

库区各级人民政府全面落实中央机关、省级党委政府有关就业和再就业的各项扶持政策，多渠道开发就业岗位，失业人数显著减少，就业再就业工作取得了较大成效。2008年三峡库区共有全部就业人员810万人，其中重庆库区、湖北库区分别为716万人、94万人。库区城镇"零就业家庭"和农村移民"零转移就业家庭"基本消除，库区城镇调查失业率从2005年底的高于12%下降到2007年底的9%左右。2008年库区城镇登记失业率为4.20%。社会保障得到较大增强，库区各级人民政府依法扩大了社会保险覆盖面，不断推进养老、失业、工伤、医疗、生育保险制度，提高救助水平。尤其是完善城镇低保制度，2008年三峡库区城镇居民最低生活保障人数达到 49.79 万人，其中重庆库区、湖北库区分别为 43.12 万人、6.67 万人。

(七)主要指标与全国、西部地区、重庆市、湖北省比较

2008 年，库区 19 区县主要指标与全国、西部地区、重庆市、湖北省对比情况见表 2-12。

表 2-12　　2008 年库区 19 区县主要指标与全国、西部地区、重庆市、湖北省比较

项目	三峡库区	全国	西部地区	重庆市	湖北省
人口/万人	1405	132802	36522	2839	5711
地区生产总值/亿元	2104	300670	58257	5097	11330
1998—2008 年均经济增长速度/%	12.6	9.7	11	11.2	10.9
三次产业结构	15.4∶50.5∶34.1	11.3∶48.6∶40.1	15.6∶48.1∶36.3	11.3∶47.7∶41	15.7∶43.8∶40.5
人均地区生产总值/元	14945	22698	16000	18025	19860
地方财政收入/亿元	108	28650	5159	578	711
1998—2008 年地方财政收入年均增长速度/%	16.6	19.1	18.5	23.3	15.5
人均地方财政收入/元	764	2163	1413	2043	1246
城镇居民人均可支配收入/元	12745	15781	12971	14368	13153
1998—2008 年城镇居民人均可支配收入年均增长速度/%	—	11.3	10.1	10.1	10.5
农村居民人均纯收入/元	3905	4761	3518	4126	4656
1998—2008 年农村居民人均纯收入年均增长速度/%	8.5	8.2	8.1	9.1	7.9
城镇化率/%	40.2	45.7	38.3	50.0	45.2

第三节　三峡移民安置规划及实施

据 1991—1992 年调查复核，水库淹没涉及万县、涪陵两座城市，11 座县城，116 座集镇，淹没线下居住人口 84.75 万人，房屋 3473 万 m^2，淹没耕地 25.26 万亩，河滩地 5.74 万亩，园地 10.83 万亩，林地 4.80 万亩。1998 年初步设计规划动迁人口 110.56 万人，2007 年，经规划调整，规划动迁人口 124.55 万人，实际搬迁 129.64 万人(均不含枢纽工程区)。

三峡工程移民安置是工程建设的重要组成部分，是工程建设成败的关键，也是社会关注的焦点。在三峡工程论证、规划和实施过程中，对移民工作重要性认识逐步提升，移民安置方针、移民规划设计理论和方法逐步完善，移民安置成效显著，但受时代局限也存在一定问题。

一、三峡移民安置规划

(一)移民安置规划主要工作过程

移民安置规划论证主要经历了前期移民调查研究(1919—1985 年)、移民专题论证及可行性研究(1986—1991 年),初步设计阶段移民安置规划(1991—1998 年)、移民安置规划调整(1999—2007 年)等 4 个阶段,过程较长,且与实施相互交织。

(1)前期移民调查研究

主要是配合工程不同正常蓄水位论证(120～210m;1983 年,原则确定 150m 方案),初步调查实物指标,按扩大指标法匡算水库淹没损失,提出粗线条移民安置方案和移民安置去向。

1919 年孙中山先生的《实业计划》及 1924 年的《民生主义》提出了建设三峡工程的构想,1932 年当时的中国政府编制的《扬子江水力发电勘测报告》、1944 年美国顾问潘绥编写的《利用美贷款筹建中国水力发电厂与清偿贷款方法的报告》及同年美国垦务局总工程师萨凡奇提出的《扬子江三峡计划初步报告》均提出了三峡工程的建设方案,但都未对三峡水库的淹没问题进行研究。

1946 年 5—12 月,当时的中国政府资源委员会组建的三峡水力发电计划技术委员会,对湖北的宜昌、秭归、兴山、巴东,四川的巫山、奉节、云阳、开县、万县、石柱、忠县、武隆、涪陵、长寿、北碚、江北、重庆、巴县、江津、永川等 20 个县市进行了调查,调查水位为 120～200m,并于 1947 年编制了《三峡水库库区经济调查报告》。扬子江工程总局也于 1946—1947 年对三峡工程水库进行了 150m、180m、200m 方案的平水调查。上述两次调查虽为匡算三峡工程投资提供了基础资料,但尚未进行移民安置方面的研究工作。

1956 年,长办经济调查队对库区重庆市、万县、涪陵、长寿、江津、合川、合江、巴县部分城镇进行了重点调查,同时对开县、巫山、武隆、万县、秭归、云阳等区县的农村进行了抽样调查。

1958 年 8—10 月,长办会同四川、湖北两省,对三峡库区进行了 160m、170m、180m、190m、200m、210m 方案的分级调查,1959 年 9 月又对重点城镇、工矿企业进行了补充调查,各方案直接淹没人口 28.45 万～133.21 万人,淹没耕地 14.33 万～88.52 万亩,淹没房屋 16.67 万～72.03 万间。

20 世纪 60 年代后期,70 年代前期,三峡工程的前期工作基本处于停顿状态。1975 年底,长办会同湖北、四川两省在 1958 年分级普查资料的基础上,查清 160～200m 分四级蓄水位的淹没指标,各方案直接淹没人口 20.40 万～119.40 万人,淹没房屋 17.94 万～64.48 万间,淹没耕地 13.70 万～65.10 万亩。

为了进一步论证三峡水利枢纽规模,选择合理蓄水位,并研究移民安置方案,1980 年,长办对云阳县进行了 140m、160m、180m、202m 方案的分级普查,以验证和校核 1975 年的调查数据，各方案直接淹没人口0.98万～10.41万人，淹没房屋1.08万～10.51万间，淹没耕地1.45万～6.31万亩。1981年11月，长办编制上报了《长江三峡水利枢纽论证报告》。

20世纪80年代以前，水库移民理论尚处于探索阶段，水库移民工作处于单纯补偿状态。三峡工程水库移民工作，主要是根据淹没实物指标的数量按扩大指标法匡算水库淹没损失，提出粗线条移民安置方案和移民安置去向。

(2)移民专题论证及可行性研究

本阶段主要是复核淹没实物指标，分析移民环境容量，提出移民安置规划意见、政策措施、投资估算等，最终确定正常蓄水位175m方案。

1982年12月底，长办开始了三峡工程150m蓄水位方案的研究工作，并于1983年3月编报了《150米方案三峡水利枢纽可行性研究报告》。1983年10月至1984年7月，长办会同四川、湖北两省有关部门对150m水位百年一遇回水线以下地区进行分级测量和淹没实物指标调查(含20%、5%、1%标准)。

1985年3月，长办完成了150m方案《三峡水库淹没处理及移民安置初步规划报告》，较为系统地进行了移民安置规划工作，内容包括农业移民安置初步规划、县城迁建规划、集镇迁建规划、工厂迁建及社队企业补偿、专业项目迁建及库底清理、补偿投资及建材估算等。

1986—1987年，国家组织对三峡工程的蓄水位进行重新论证，在论证领导小组和移民专题主持人的直接领导下，在国家计委、国家科委水库淹没与移民工作组工作的基础上，于1987年底完成了《长江三峡移民专题论证报告》，确定175m水位方案为三峡工程的代表方案，并于1988年2月审议通过。

1989年5月，长江委编制完成了《长江三峡水利枢纽可行性研究专题报告(第九分册：水库淹没及移民安置)》。

1991年三峡工程审查委员会和国务院常务会议审议通过了《长江三峡水利枢纽可行性研究报告》。

1992年4月3日，七届全国人大五次会议通过了《关于兴建长江三峡工程的决议》。

1985—1992年，在移民工程正式实施之前，库区开展了为期八年的移民试点，为探索开发性移民道路做出有益的实践，同时也为三峡工程论证提供了可靠的依据。

(3)初步设计阶段移民安置规划

主要是全面调查实物指标，编制移民安置规划大纲及试点规划，测算移民补偿投资，实行限额规划、分省包干，编制移民安置规划和移民迁建进度及分年投资规划等。

1)实物指标调查

1991年10月，长江委编制完成《长江三峡工程初步设计水库淹没实物指标调查大纲》《长江三峡工程初步设计水库淹没实物指标调查细则》，并会同四川、湖北两省有关部门，开展正常蓄水位175m方案的水库淹没实物指标调查工作。1992年4月4日，印发《国务院办公厅关于严格控制三峡工程坝区和库区淹没线以下区域人口增长和基本建设的通知》(国办发〔1992〕17号),对三峡工程区域的人口增长和基本建设进行严格控制。

1991年10月至1992年1月,第一批调查湖北省宜昌、秭归、兴山、巴东和四川省巫山、巫溪、奉节、云阳8县;1992年3—6月,第二批调查四川省万县、万县市、开县、忠县、石柱、丰都、涪陵、武隆、长寿、江北、巴县、重庆市、江津等13个县(市)。调查成果均经两省及各县正式文件认可。1992年6月,库区实物指标调查工作全面结束。

2)编制移民安置规划大纲

1992年2月初,长江委开始编制《长江三峡工程初步设计阶段水库淹没处理及移民安置规划大纲》(以下简称《规划大纲》)。1992年6月提出了《规划大纲》(第五稿),三峡工程领导小组和国务院三峡工程移民试点领导小组对此进行了审查。为进一步编制《规划大纲》积累经验,三峡工程领导小组1992年8月决定在湖北省秭归县进行规划试点。1993年6月,三峡办批准《规划大纲》在库区试行(国三峡办发计字〔1993〕013号),同时决定依据《规划大纲》(试行)开展湖北宜昌、秭归、兴山、巴东四县移民安置规划工作。

1993年8月,国务院颁布批准《长江三峡工程建设移民条例》(以下简称《移民条例》)。1993年10月,长江委完成了湖北省秭归县、巴东县、兴山县、宜昌县(现为宜昌市夷陵区)四县规划报告初稿,并按照三峡建委的部署,在总结湖北4县规划经验的基础上对《规划大纲》进行了修订。1994年7月,三峡办批准实施《规划大纲》。

3)移民补偿投资测算

1994年7月,三峡办要求长江委以可行性研究报告及其初步估算的移民补偿投资为基础,考虑1990—1993年实物指标增长、物价上涨、国家新政策出台、项目调整等因素,测算移民补偿投资。1994年11月,三峡建委第4次会议原则上采纳了推荐方案。1994年12月,三峡建委以国三峡委发办字〔1995〕1号文《关于批准三峡工程水库移民补偿投资概算总额及切块包干方案的通知》下达湖北、四川两省和通知有关部门。

4)移民安置规划编制

1994年6月18日以前,移民安置规划由长江委会同湖北省、四川省人民政府组织编制。该阶段完成了库区各县(市、区)淹没实物指标调查,取得了移民安置区的地形、地质勘测和土地资源及环境容量等基础资料;完成了2座城市、11座县城、114个集镇迁建选址、详勘和总体规划,以及部分迁建区的详规;完成了部分专业设施的复建、改建规划,并委托有关专业部门开展工作。单项移民工程设计已进行400余项,组织专家评估71项,有的已交付实施。完成了湖北库区宜昌、秭归、兴山、巴东等四县的分县移民安置规划(送审稿)和四川库区部分县(市)农村移民安置规划的外业工作。

1994年6月18日以后,移民安置规划的编制以分省(市)编制为主、长江委参与。为了保持规划工作的连续性,确保移民规划的进度和质量,根据三峡建委移民局颁发的《长江三峡工程库区移民规划管理规定》(国峡移发〔1995〕7号)、《长江三峡工程库区移民工程设计管理办法》(国峡移发〔1995〕8号)和《长江三峡工程水库淹没处理及移民安置规划评估办法》(国峡移发〔1995〕9号),全库性地规划工作,继续由长江委会同有关部门完成;跨省(市)和中央直属专业项目复建规划,由有关主管部门会同有关省(市)在长江委协助下完成;分省(市)和分县(市、区)的移民安置规划,以地方人民政府为主,长江委参与;库区地形、地质测绘等基础资料工作,由长江委负责按规划工作需要和进度安排,及时向有关方面提供。

1997年3月,八届全国人大五次会议批准成立重庆直辖市。为保证移民安置规划编制的连续性,重庆市移民局委托四川省移民办继续完成全部规划成果之后交重庆市移民局上报审批。四川省移民办在长江委和几十家设计单位的共同努力下,于1997年8月底完成了重庆市库区分县移民安置规划报告报批稿(分县规划主报告16份、附件报告145份、专项规划报告290份以及数百份单项报告)。

1997年10月完成湖北省、重庆市分省(市)淹没处理及移民安置规划报告,分别通过了湖北省移民局、四川省移民局组织的初审。1998年12月,长江委汇总编制完成了《长江三峡工程水库淹没处理及移民安置规划报告》。

(4)移民安置实施规划设计

三峡工程移民安置规划是一项庞大的系统工程。按时序分四期实施,1997年汛前,完成坝前90m高程以下移民任务;2003年6月汛前,完成坝前水位135m回水线以下的移民任务;2006年6月汛前完成坝前水位156m回水线以下的移民任务;2009年8月汛前完成坝前水位175m回水线以下的移民任务。按区域分,包括分县、分省和全库3个层次;按涉及的行业分,包括农业、工业、水利、林业、交通、电力、通信、广播电视等;按工作内容分,包括实物指标调查、农村移民(含外迁)安置规划、县城(城市)迁建详细规划、集镇迁建建设规划、城(集)镇新址地质详勘、专项复建规划、工矿企业迁建规划及补偿投资核算、移民安置区环境保护规划、淹没处理及移民安置补偿投资概算等。

移民安置规划编制涉及区域广、行业多,内容庞大。在规划过程中,长江委以实物指标为基础,完成了分省市、分区县补偿投资测算,作为限额规划依据。报告编制过程中,长江委做了大量的平衡、协调工作,对不同设计单位提交的单项规划成果、分类规划成果进行初步审查,按限额规划要求提出修改意见,修改后的规划成果纳入分县规划报告初稿。经征求地方意见、专家咨询评估、再平衡再调整,前后历时八年,最终完成分项(类)及分县规划报告。分县规划报告完成后,编制分省及全库规划报告。

1)编制分县移民安置规划

1993年4月,三峡建委第一次会议确定,长江委为三峡工程设计的总成单位,是移民安置规划的技术牵头单位。1993年6月15日,根据三峡工程库区移民工作的需要,长江委成立三峡工程库区移民规划领导小组,下设三峡工程库区移民规划项目组。1996年又成立三峡工程库区移民规划协调工作组。

湖北库区：长江委牵头编制，单项规划由长江委委托，技术把关。1992 年，开展秭归县规划试点。1993 年全面铺开，评审单项规划，完成分县规划报告（初稿）。1994 年根据批准的规划大纲及移民补偿测算报告完善，完成送评稿。1995 年 5 月，三峡移民咨询中心在湖北省蒲圻市（今湖北省赤壁市）组织咨询评估，1996 年 3 月湖北省人民政府予以审批。

重庆（四川）库区：1992 年启动（主要是城集镇选址、地质稳定复核及地形测量，安置区经济社会资料收集及土地成果解译等）。1993 年 8 月，分县规划工作协调，长江委牵头，地方配合。1994 年 6 月，规划体制转变，由地方委托单位编制规划，长江委配合，负责“一头一尾”，即规划工作技术总牵头和规划成果、报告的编制汇总。1995 年，长江委承担的分县农村移民安置规划全面展开。1996 年长江委采取边作单项规划、边审查、边协调修改、边汇总、边签合同，平行作业，于 5 月完成了分县移民规划报告草稿，7 月提出初稿，12 月底完成送评稿。1997 年 3—4 月，三峡移民咨询中心分三批组织咨询评估。

1997 年 4 月 12—13 日，三峡办、三峡建委移民局共同在北京召开三峡工程重庆库区分县移民安置规划协调会，统一了认识，解决了工作中急需解决的若干问题。1997 年 7 月四川省移民办组织审查，1997 年 10 月重庆市人民政府予以审批。

2)开展外迁移民安置规划

三峡库区农村移民安置规划经历了全部县内安置，可以出县外迁，鼓励、扩大外迁的过程。这是对移民安置认识逐步深化的结果，也是对移民安置规划的优化和完善。

在三峡工程的论证和可行性研究阶段，三峡库区移民安置“在稳定发展农业的基础上，积极发展乡镇企业和二、三产业。就全库而言，大体农业安置占 60%，非农业安置（乡镇企业和二、三产业）占 40%。”“根据当地政府和移民自身的意愿，移民可就近安置，不出县，绝大部分不出乡。”

1992 年 7 月编制的三峡水库农村移民安置规划纲要提出：“如果本县安置确有困难，可由上级统筹在邻近县安置，也可由中央统筹，在外省安置。”1993 年 6 月，三峡办批准的《规划大纲》（试行）提出，尽可能在本组、本村、本乡、本县安置，本县确有困难，需出县安置的要在上级统筹安排下，研究落实外迁安置方案。1994 年 7 月，三峡办批准的《规划大纲》提出：“本县（市、区）确有困难，需出县（市、区）安置的要在上级统筹安排下，按经济、合理的原则，研究落实外迁安置方案。”随后编制的《三峡水库农村移民安置规划工作细则》提出，农村移民尽可能在本组、本村、本乡（镇）、本县（市、区）实行就地、就近安置，如本县（市、区）安置确有困难，要在上级统筹下，按经济、合理的原则，研究落实外迁方案。1998 年，初设规划报告提出全库出县外迁安置 8.25 万人（其中湖北省秭归县 1.16 万人，重庆市 7.09 万人）。

1999 年，国务院提出了两个调整，其中之一便是“鼓励外迁”。至 2009 年底，库区共完成 19.6 万农村移民外迁工作。

3)编制湖北省、重庆市移民安置规划报告

湖北省、重庆市分省(市)移民安置规划报告是在库区分县(市、区)移民安置规划报告和非县属专业设施复建单项规划的基础上汇总编制的。

1997年9月,长江三峡工程库区20个县(市、区)分县移民安置规划报告已全部完成,分别送湖北省、重庆市人民政府审批。每个县(市、区)的规划报告,包括主报告和淹没指标,农村移民安置、城(集)镇、工矿企业迁建、公路、港口码头、广播电视、电力等专项设施复建、环境保护、地质详勘、图集、防护规划等11个附件,全库区共计204册,约4000万字。三峡移民咨询中心,会同湖北省、四川省、重庆市移民主管部门,组织移民专家,分四批对规划报告及其附件进行了评估。移民专家一致认为,分县规划报告基本符合《长江三峡工程建设移民条例》和《规划大纲》的规定,符合"投资包干、限额规划"的原则,也基本符合库区实际,规划方案可行。专家们对不足之处也提出了修改意见和建议。长江委根据专家评估意见,对三峡库区20个县(市、区)规划报告进行了补充、修改、完善,于9月全部完成了20个县(市、区)分县移民安置规划报告。在此基础上,长江委又连续作战,完成了湖北省、重庆市分省(市)移民规划的汇总编制工作。

四川省移民办,会同重庆市移民局9月24—26日对汇总规划报告组织了初审。长江委根据初审意见,进行了补充,修改工作,于10月上旬完成定稿付印。

湖北省移民局于10月15—17日,对湖北省库区汇总规划报告组织了评审,于10月底三峡工程大江截流前,定稿付印报送湖北省人民政府审批。

4)编制三峡库区移民安置规划总报告

在湖北、重庆两省市库区20个分县规划的基础上,纳入了境内中央各部委直属项目的淹没处理规划和跨县、跨省市专业项目复建规划,按照三峡建委确定的分省投资包干、限额规划的原则,于1998年12月,长江委汇总编制完成《长江三峡工程水库淹没处理及移民安置规划报告》。

(5)移民安置规划调整

1)政策调整

为保护库区生态环境,改善移民群众的生产生活安置质量,根据库区的实际情况,1999年5月,国务院三峡移民工作会议决定对三峡工程开发性移民政策实行"两个调整",一个是农村移民安置政策的调整,另一个是工矿企业迁建政策的调整。1999年,国家对《中华人民共和国土地管理法》进行了修订,提高了征地移民补偿标准。2001年6月,三峡办及三峡建委移民局委托长江委编制《长江三峡工程库区淹没土地新增补偿投资测算报告》,并于2004年9月以国三峡委发办字〔2004〕31号文同意新增三峡工程库区农村移民安置补偿包干投资。

2)规划及概算调整

2006 年 5 月三峡建委在第十五次全体会议上做出调整三峡移民安置规划和概算的决定,明确提出对三峡库区移民迁建中存在的突出问题逐个研究,提出处理方案。受三峡办委托,长江委整体承担了三峡工程库区农村移民人数复核及移民安置规划调整、孤岛处理规划、农村库周交通调整规划、学校迁建、医院迁建等 8 个专题的概算调整工作。

3)实施中对特殊问题的处理

在移民安置实施过程中,对规划中淹没实物指标的重大遗漏、规划未能恢复原功能等个案问题,按照有关规定和程序实事求是地予以解决。同时,对半淹城镇旧城功能恢复、巴东、巫山、奉节新县城基础设施建设难度大、城镇新址占地人口等重大问题,及时通过专题研究的方式进行解决。

(二)水库淹没影响处理范围及主要实物指标

(1)水库淹没影响处理范围

根据三峡水库调度运行、水库淹没对象分布的特点和原水利电力部颁布的《水利水电工程水库淹没处理设计规范(试行)》(SD 130—84)的有关规定,并经国务院三峡工程审查委员会审查同意,确定了三峡水库初步设计的淹没处理标准和范围。

1)土地

淹没调查上线为坝前正常蓄水位 175m 接相应的 5 年一遇洪水和 11 月 5 年一遇来水的设计回水水面线;下线为河滩地垦殖线;葛洲坝库区土地淹没线下的土地已征用,不再调查。

2)人口、房屋、工矿企业、专业设施等

坝前 177m 高程(正常蓄水位 175m 加 2m 风浪浸没影响)接相应的 20 年一遇洪水和 11 月 20 年一遇来水的设计回水水面线(移民迁移线)。

3)大型工厂主要车间

坝前 177m 高程水平接干流和支流嘉陵江、乌江相应的 100 年一遇洪水的设计回水水面线。

4)施工期分级水位淹没线

施工期分级水位的各项淹没实物指标淹没线、按坝前 90m、135m、156m 水位各自接 20 年一遇洪水的设计回水水面线,与移民迁移线一起分别简称为Ⅰ线、Ⅱ线、Ⅲ线和Ⅳ线。

5)滑坡、坍岸影响线

经长江委地质部门鉴定确认的因水库淹没影响产生的滑坡、坍岸范围。

6)设计水面线回水末端位置

设计洪水回水末端位置按不高于同频率天然洪水位 0.3m 处确定。汛后 11 月设计来水回水末端位置按不高于同期同频率天然来水 0.3m 处确定。最终设计水位淹没线设永久性固定界桩。

7)回水计算成果

三峡水库回水包括长江干流和香溪、大宁河、梅溪河、磨刀溪、汤溪河、小江、龙河、渠溪河、乌江、御临河、嘉陵江等11条主要支流,其他支流以河口处水位平推。初设阶段除按坝址洪水静库容复核可研阶段回水成果外,还按缓变流的原理和分段稳定流的方法,进行了坝址洪水静库容调洪回水水面线计算,在考虑了特定频率下各种可能出现的水位、流量组合情况后,取其上包线作为各频率洪水的回水曲线。

8)汛后河滩地调查和建筑物影响处理

长江干流从弹子田(距坝址579.6km)至花红堡(距坝址667.0km),嘉陵江从河口至麻柳坪(距河口70.7km),涉及重庆市7区、巴南、江津、渝北等区;乌江从白马镇(距河口44.8km)至汛后终点(距河口92.0km,江口以上),涉及武隆区。

(2)主要淹没实物指标

三峡水库20年一遇回水水面面积1084km^2,其中淹没陆地面积632km^2,涉及湖北省宜昌、秭归、兴山、巴东4个县,重庆市(原属四川省,1997年6月设直辖市)巫山、巫溪、奉节、云阳、万县市三区、开县、忠县、石柱、丰都、涪陵市二区、武隆、长寿、渝北区、巴南区、重庆市近郊七区和江津市16个县,共277个乡镇1680个村,移民迁移线下居住人口84.75万人、房屋3473.15万m^2,淹没耕园地39.4万亩,淹没城市2座、县城11座、集镇116座、工矿企业1629家,以及大量的交通、电力、邮电通信、广播电视等设施和文物古迹。

(三)坝区移民安置规划

1985年,受三峡总公司委托,长办对三峡坝区征地涉及的宜昌、秭归两县四镇,按150m红黄线方案,按初步设计深度要求进行全面实物调查。1992年,长江委按175m方案初步征地范围,按初设深度进行调查,同年10月完成《三峡工程初步设计坝区施工征地移民安置规划报告(送审稿)》。1993年,因征地范围变化,三峡总公司再次委托长江委会同有关部门在原初设报告的基础上,核定实物指标,补充完善生产安置、搬迁安置规划方案,于同年12月完成移民安置规划修编工作。1994年3月,湖北省人民政府和三峡总公司联合主持在宜昌市召开评审会,审查通过修编报告。1994年10月,三峡总公司委托长江委编制分县包干投资。1995年3月,长江委完成《长江三峡工程坝区施工征地移民投资包干概算报告》。1995年9月,三峡总公司与地方人民政府签订投资包干协议。2006—2007年,开展坝区移民安置方案完善工作。

坝区征地范围15.28km^2,涉及宜昌、秭归两县四镇(宜昌县太平溪镇、乐天溪镇、三斗坪镇和秭归县茅坪镇),2个居委会,18个村,83个村民小组。征地线内人口1.1万人,房屋53.21万m^2,耕园地1.05万亩。

(四)移民安置规划主要成果

规划库区搬迁安置移民124.55万人(其中农村移民55.07万人、县城(城市)移民55.83

万人、集镇移民 12.92 万人、中央直属企业和香溪河矿务局 0.73 万人);复建各类房屋 4398.83 万 m^2;农村移民生产安置 55.52 万人;规划迁建城市 2 座、县城 10 座、集镇 114 座;规划搬迁工矿企业 1632 家;规划专业项目复建、文物保护、环境保护、滑坡处理等任务。

(五)地质灾害防治和水污染防治规划

2001 年,国务院决定实施加强水污染防治和地质灾害防治"两个防治"的重大政策。在有关部门编制相关专项规划的基础上,国务院批准《三峡库区地质灾害防治总体规划》和《三峡库区及其上游水污染防治规划(2001—2010 年)》及 2008 年 1 月修订本。

根据《三峡库区地质灾害防治总体规划》,原国土资源部先后组织编制库区二期、三期地质灾害防治规划,防治任务包括工程治理崩塌滑坡 570 处,防护塌岸 446 段 253.35km,搬迁避让 6.99 万人;专业监测 255 处,群测群防 3082 处,以及相关科研任务。三峡建委移民局组织编制二期湖北省巴东县、重庆市巫山县和奉节县 3 座新县城道路内侧高切坡防护方案,规划防护项目 214 处;三峡办组织编制库区 19 区县移民安置区三期高切坡防护规划,规划防护项目 1198 处、已治理高切坡项目安全评估 1462 处,以及群测群防与专业监测相结合的监测预警建设等任务。

根据《三峡库区及其上游水污染防治规划(2001—2010 年)》及 2008 年 1 月修订本,三峡库区水污染防治任务包括污水处理、垃圾处理、工业污染防治、库区支流综合治理和船舶流动源污染防治等 5 个方面。

二、三峡移民安置规划实施及成效

(一)三峡移民实施情况

三峡工程移民规模大、政策性强、涉及面广、情况复杂、搬迁周期长、安置难度大,在党中央、国务院的正确领导下,三峡办、湖北省、重庆市以及接受外迁移民安置任务的省(直辖市),认真贯彻开发性移民方针,严格执行国家有关移民政策,因地制宜,研究解决新问题,精心谋划、精心组织、精心实施,有序推动了三峡移民搬迁任务的顺利进行。

三峡水库移民搬迁安置从 1993 年大规模搬迁安置,分四期实施。第一期主要为 90m 高程以下移民,1997 年 9 月完成并通过验收,满足了大江截流需要;第二期主要为 90～135m 高程移民,2003 年 4 月完成并通过验收,满足了三峡工程 135m 蓄水、通航和首批机组发电需要;第三期主要为 135～156m 高程移民,2006 年 8 月完成并通过验收,满足了三峡工程 156m 蓄水需要;第四期主要为 156～175m 高程移民,2008 年 8 月通过四期移民阶段性验收,满足了 2008 年三峡工程试验性蓄水的需要。2009 年底,初步设计阶段的移民搬迁安置规划任务如期完成。

三峡库区累计搬迁安置城乡移民 129.64 万人,其中农村移民 55.07 万人、县城(城市)移民 58.16 万人、集镇移民 15.68 万人、中央直属企业和香溪河矿务局 0.73 万人(非中央直属企业户口在厂人口计入城镇移民);复建各类房屋 5054.76 万 m^2,是规划任务的 114.91%。完成农村移民生产安置 55.52 万人。完成迁建城市 2 座、县城 10 座、集镇 106 座(其中合并迁建 8 座),搬迁工矿企业 1632 家。专业项目复建、文物保护、生态环境保护、库底清理,以及地质灾害防治、高切坡防护等规划任务全部完成。完成各类移民工程 2.21 万个,已通过项目竣工验收,运行使用正常,经受了试验性蓄水检验和自然灾害考验。移民生产生活总体达到或超过当地平均水平,移民安置规划目标已经实现。

(二)移民安置实施成效

百万移民搬迁安置任务的全面完成,有力地促进了库区经济社会全面快速发展,整体上改变了库区贫穷落后的状况,正逐步赶上全国人民全面建成小康社会的步伐,呈现出良好的可持续发展态势。具体体现在以下方面:

一是移民民生状况显著改善。城乡居民在移民搬迁中普遍受益,收入水平不断提高。2008 年,农村居民人均纯收入 3283 元,年均增长 12.3%;城镇居民人均可支配收入 12957 元,年均增长 7.8%。

二是库区综合经济实力得到较快提升。2008 年,库区 19 区县地区生产总值 2104 亿元,是三峡工程开工前的 1992 年的 5.66 倍,高于同期全国和湖北省、重庆市平均增长速度。产业结构不断优化,第一、第二、第三产业结构比例为 15∶51∶34。

三是库区城乡面貌焕然一新。城镇化进程明显加快,基础设施和公共服务设施建设实现跨越式发展,产业结构优化提升,经济实力显著增强,社会总体和谐稳定。

四是迁建区地质环境总体安全,地质灾害防治和高切坡防护成效显著,人民群众生命财产安全和水库运行安全得到有效保障。

五是库区生态环境质量总体良好,干流水质蓄水前后无明显变化,总体满足地表水环境质量Ⅲ类标准,森林覆盖率大幅提高,水土流失得到有效控制,人群健康状况良好。

六是教育、卫生、文化等社会事业蓬勃发展,文物得到有效保护、合理利用,移民档案收集齐全、管理规范。

三、移民安置存在的主要问题

三峡库区移民工作取得了阶段性成果,实现了搬得出、初步稳定的阶段性目标。但三峡库区是国家连片贫困区,经济基础较差,库区经济总体欠发达的状态还未根本改变,库区经济社会恢复重建过程还未完成,移民安稳致富的任务仍十分艰巨。当前还存在以下主要问题:

(1)百万移民安稳致富问题

三峡库区是国家连片贫困区,移民安置虽然实现了搬得出、初步稳定的目标,但是,目前库区经济发展整体水平不高,人口资源环境与经济发展矛盾突出,相当部分移民稳定就业缺乏保障，直接影响社会稳定。同时，在国家保护淡水资源库战略需求的新形势下，生态环境保护对库区经济发展形成了更多的约束，城乡统筹试验对移民安稳致富提出了更高的要求，加大了移民安稳致富的艰巨性和复杂性，需要开展后续工作，促进移民安稳致富。

(2)库区生态环境保护问题

三峡库区是生态脆弱区，在工程运行初期水库生态系统处于重建过程中，生态敏感性高，次级河流水质呈现下降趋势，消落区生态与环境问题突出，农村存在人多地少的基础性矛盾，农业面源污染和上游入库污染负荷总量尚未得到有效控制，城镇点源污染处理存在薄弱环节。因此，目前水库生态系统的结构和功能难以适应保护国家战略淡水资源的需求。需要研究措施持续开展生态环境保护工作，以维持三峡工程生态效益的可持续性。

(3)库区地质灾害防治问题

水库蓄水及周期性涨落，将在较长时期内改变库岸水文地质条件和自然平衡，滑坡、塌岸等地质灾害风险增加，库区工程建设中形成的高切坡等影响人居安全，需要进一步开展地质灾害治理工作，确保人居安全。

第三章　三峡水库移民可持续发展目标体系研究

通过深入分析三峡库区及水库移民所处的发展阶段、发展中存在的问题和面临的新形势，阐明可持续发展目标内涵，梳理目标体系建立思路，构建近远期目标及具体指标。三峡水库移民可持续发展包括移民安稳致富与促进库区经济社会发展、库区生态环境建设与保护、库区地质灾害防治三个方面，分别涉及库区以及移民经济社会安全、生态环境安全和地质环境安全，三者相辅相成，互为基础和保障。

第一节　三峡水库移民可持续发展内涵

一、可持续发展的基本内涵

可持续发展理论由环境问题而产生，最早由 1972 年斯德哥尔摩世界环境大会提出。1987 年世界环境与发展委员会在《我们共同的未来》报告中第一次阐述了可持续发展的概念，“既满足当代人的需要，又不对后代人满足他们需要的能力构成危害的发展，就是可持续发展。”1989 年 5 月联合国环境署第 15 届理事会关于“可持续发展”的声明明确提出，可持续发展，指既满足现代人的需求也不损害后代人满足需求的能力。可持续发展还意味着合理维护、使用并提高自然资源的基础，这种基础会对生态抗压力和经济增长起到强大的支撑力。可持续发展已经成为各国的共识。该定义表明：①人类要发展，这里的发展不仅指经济的发展，还应涵盖社会的发展、环境的发展、人的发展等诸多方面；②发展是有条件的、有限度的，一方面发展不能超过环境阈值，另一方面当代发展不能危害后代人的发展。因此，可持续发展的基本内涵可以概括为：以人的全面发展为目标，以生态环境的可持续发展为基础，以科学技术进步为动力，以经济发展为核心的发展战略和发展模式。具体包括经济可持续、自然资源与环境可持续和社会可持续，也就是通常所说的人口、资源、环境和经济的协调发展。国际生物科学联合会（IUBS）与国际生态学联合会（INTECOL）都认为保护并加强环境系统生产及更新能力才是可持续发展。在《世界无末日》一书中，英国环境经济学家沃福德和皮尔斯用经济学语言提出了表达可持续发展的定义：“当发展能够保证当代人福祉增加的同时，也不应该造成后代人福祉的减少。”

“可持续发展”包括可持续性和发展两个概念。可持续性可理解为在对人类有意义的时间和空间尺度上，在支配这一生存空间的生物、物理、化学定律所规定的限度内，环境资源对人类需求的可承受能力或可承载力。发展是指人类物质财富的增长、人们福利和生活质量的提高。

换句话说，可持续发展就是指经济、社会、资源和环境保护协调发展，它们是一个密不可分的系统，既要达到发展经济的目的，又要保护好人类赖以生存的大气、淡水、海洋、土地和森林等自然资源和环境，使子孙后代能够永续发展和安居乐业。

可持续发展战略必须遵循公平性、持续性、共同性的原则来协调发展经济、人口、资源、环境等内容。在具体内容方面包括：一是经济可持续发展。经济发展是国家财富增长的核心，但传统无节制、粗放地发展经济导致全球各地区出现异常气候、环境恶化、温室效应等。我们在发展经济的同时，应减少环境污染、节约资源。二是生态可持续发展。生态可持续发展重点强调环境保护，必须改变以前的发展模式，从根本上解决共性的环境问题。共同保护我们的家园——地球，生态环境的影响势必会遏制经济、社会的发展。三是社会可持续发展。社会可持续发展在可持续发展系统中是最终目的，只有以经济可持续发展为基础，生态可持续发展为条件，才能保持可持续发展的本质，产生可持续发展的社会效应。改善人类生活质量和健康水平，创造一个平等、自由、和谐的社会。

二、三峡水库移民可持续发展内涵

（一）移民安置规划及实施阶段

20 世纪 80 年代中期，国家对 1949 年以来我国水库移民存在的问题及其原因进行了深刻分析，改变过去单纯补偿的传统做法，提出了“开发性移民方针”。1993 年 6 月，国务院以第 126 号令发布了《长江三峡工程建设移民条例》，规定：“国家在三峡工程建设中实行开发性移民方针……为三峡库区长远的经济发展和移民生活的提高创造条件。”条例还规定：“三峡工程移民安置应当与三峡库区建设、沿江地区对外开放、水土保持和环境保护相结合，促进三峡库区经济发展和生态环境改善。”开发性移民方针为三峡工程移民搬迁安置提供了理论方向。

三峡移民安置规划用科学的态度，不断进行探索，通过 20 余年与三峡工程大规模移民实践相结合，对开发性移民理论进行深度研究拓展，改变以往单纯安置补偿的传统做法，率先将可持续发展理念融入开发性移民理论，丰富和发展了开发性移民方针的科学内涵，形成了比较完整的基本思路、基本原则。坚持以人为本，把移民安置摆在与枢纽工程建设同等重要的位置，纳入库区经济社会发展规划，与生态环境保护、经济社会发展统筹实施，充分调动中央、地方、移民群众等各方面积极性，注重整合社会资源，充分发挥市场机制作用，创新完善移民安置方式，多途径、多形式安置移民，千方百计促进移民安稳致富、库区经济社会可持续发展与库区环境治理改善。

（二）移民安稳致富阶段

三峡工程初步设计任务如期完成后，三峡移民可持续发展也进入新的阶段。结合三峡库区和三峡移民的新情况、新问题，三峡水库移民可持续发展不仅要实现三峡移民“搬得出、稳得住、能致富”，而且要涉及统筹移民个人、区域生态与地质安全的协调发展模式。其基本内涵是：①移民自身要具备可持续发展能力，且不仅仅是经济方面的富裕，应该与教育、技能、社会文明等方面协调发展；②生态系统要有可持续性，同时也要求与移民自身、区域经济社会发展相互协调与促进；③可持续性的地质安全保障，要求地质环境达到与移民群众长久安稳生活、库区经济社会可持续发展的相互协调与保障。从内容上，具体体现在三个方面，即移民安稳致富与促进库区经济社会发展、库区生态环境建设与保护、库区地质灾害防治。其中，移民安稳致富和库区经济社会发展是根本目的或主体，库区生态环境建设与保护和地质灾害防治是可持续发展的两翼，涉及生态安全和地质安全，为移民安稳致富提供基础保障；移民安稳致富和促进库区经济社会发展可促进生态环境建设与保护、地质灾害防治。

第二节　三峡水库移民可持续发展目标体系构建的思路及原则

一、思路

三峡库区经济基础薄弱，人多地少基础性矛盾突出，移民搬迁安置与经济结构调整、社会转型中的各种矛盾相交织。库区生态环境比较脆弱，是水环境敏感区、气象灾害多发区和水土流失重点防治区，也是直接受三峡工程影响的生态敏感区域。三峡库区地形地质条件复杂，暴雨集中，加之频繁的人类活动影响，历来是地质灾害多发地区。面对三峡水库移民可持续发展面临的三大问题，分析问题产生的内因与外因，结合我国经济社会发展水平，构建移民可持续发展体系：

一是移民安稳致富与促进库区经济社会发展。基于保护三峡库区生态环境和水库水资源安全的要求，结合生态环境建设与保护中的生态屏障区建设，从解决移民群众居住安全和可持续发展入手，拟对生态屏障区受地质灾害影响人口和耕园地严重不足的移民进行转移。对移民和相关转移人口制定配套的社会保障、就业、教育培训等措施，妥善解决涉及移民权益和稳定的累积性问题，实现移民群众基本生活有保障、劳动就业有着落。支持生态屏障区发展生态农业，提高农用土地生产力和农产品竞争力，在移民安置集中区建设生态农业园，配套完善交通等基础设施，改善生产条件和生活环境，提高移民生产生活水平。同时，鼓励受地质灾害影响人口和耕园地严重不足移民迁出，从农村向城集镇转移。结合城集镇居民生产恢复，发展生态工业园和服务业，增加就业机会，实现劳动力从第一产业向第二、三产业转移；加强职业教育和技能培训，提高移民自身发展能力，补助移民养老和医疗保险个人缴费，提高基本生活保障程度；加强自然与历史文化遗产保护，扶持移民社区文化基础设施建设；进一步完善移民迁建城集镇整体功能，提高移民集中安置区管理和公共服务水平，实现公共服务均等化，着力改善民生。

二是库区生态环境建设与保护。围绕保护三峡水库水质、维护库区生态环境可持续的目标，建立生态屏障区，结合移民安稳致富和地质安全防护的要求，研究开展库区生态环境建设与保护，包括源头控制、系统过滤、生态降解、末端治理相结合的措施；通过人口转移、植被恢复、生态廊道建设和水土保持等，提高生态环境承载力；重点为削减库区入库污染负荷和建设生态屏障区，促进库区生态系统形成净化、过滤、减排、景观改善和生物多样性等生态功能，形成对水库的生态屏障功能，确保水库干流水质优良，支流水环境明显改善。

三是库区地质灾害防治。全面贯彻落实科学发展观，坚持“预防为主，监测为要，避险搬迁为先，工程治理以城镇及集中居民点为重点”的原则，综合采取监测预警、避险搬迁和工程治理等措施。对涉及群众人居安全的，结合生态环境保护和移民安稳致富，以避险搬迁为主；对需要工程治理的，应充分勘查论证和进行多方案比选，按经济合理原则确定治理方案；对需要进行工程治理的塌岸及高切坡项目，优先安排资金在近期实施。全面加强监测预警，整体提升库区监测预警预报的水平和应急处置的能力。完善长效机制，全面提升库区应对地质灾害防灾减灾的保障能力，最大限度地减少地质灾害的不利影响，保障人民群众生命财产和水库运行安全，为移民安稳致富、地质环境和生态环境保护及库区和谐稳定持续发展做出贡献。

思路框架见图 3-1。

二、原则

三峡水库移民可持续发展规划内容繁多、复杂，库区包括移民安稳致富和促进库区经济社会发展、生态环境建设与保护和地质灾害防治等三大方面；具体规划措施的实施与地方经济发展规划实施紧密相关，立足于国家和地方政策环境。三峡水库移民可持续发展目标体系的构建，以现状为基础，以问题为导向、目标为引领，遵循以下原则：

(1)科学性与导向性

以科学的理论和方法构建目标体系，把握三峡水库移民可持续发展的本质内涵、一般规律和基本要求，把握三峡库区和三峡水库的可持续发展进程，目标体系导向性明确，符合国家经济社会发展战略和地方经济社会发展方向。

(2)重点性与一般性

国家经济社会发展指标繁多，三峡移民可持续发展指标体系需要结合三峡库区经济社会发展特点，突出重点，选择最关键、最具有代表性的因素作为主攻方向，同时考虑与全国及湖北省和重庆市其他地区具有可对比性，兼顾其他因素。

(3)前瞻性与阶段性

构建目标体系，要体现前瞻性，注意选取对三峡水库移民发展、生态环境保护、地质灾害防治等具有全局和长远意义的关键指标，综合反映可持续发展的期望水平；同时考虑我国经济社会发展阶段要求，与时代特点相结合。

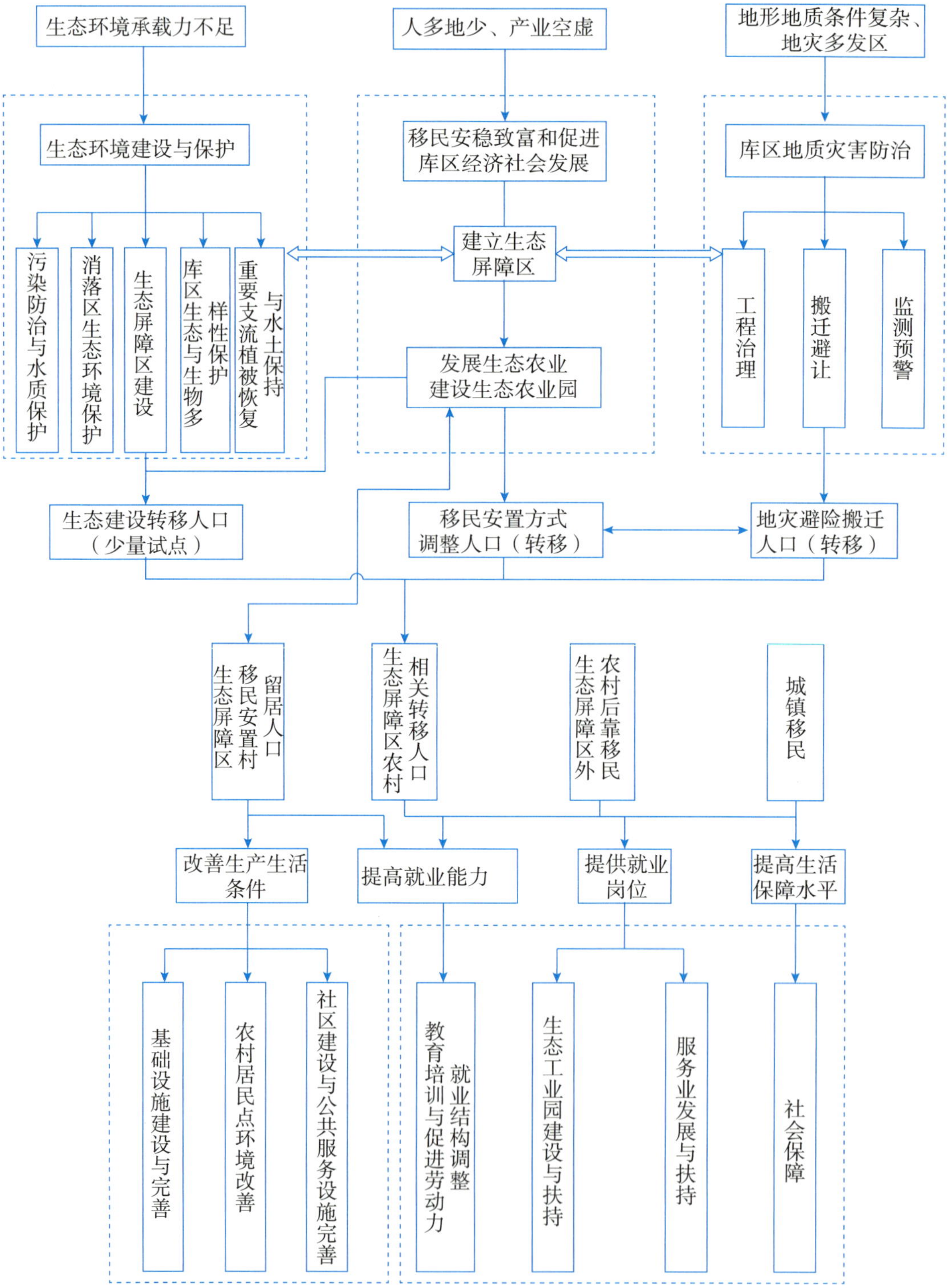

图 3-1　思路框架

（4）定量性与定性性

指标体系要充分考虑数据可采集、可量化、可对比，用关键指标反映三峡水库及移民的典型特征，对难以量化的关键指标，可以采取定性分析方法，进行宏观判断。

第三节　三峡水库移民可持续发展目标

围绕三峡水库移民可持续发展的基本内涵和内容，以党的十六大、十七大报告为指引，参照《三峡库区及其上游水污染防治规划（修订本）》、《三峡库区经济社会发展规划》、《长江三峡工程生态与环境监测系统实施规划》、《重庆市土地利用总体规划》（2006—2020）、《湖北省土地利用总体规划》（2006—2020）、《重庆市城乡总体规划》（2007—2020年），湖北省、重庆市国民经济和社会发展"十一五"和"十二五"规划纲要、《全国生态功能区划》，以及其他三峡工程规划设计及水库移民安置等方面的规划、设计及科研成果，从三峡库区实际情况出发，针对移民安稳致富、生态环境保护、地质灾害防治三大方向，制定可持续发展规划目标，包括总体目标、分目标、子目标和具体目标值。

三峡水库移民可持续发展目标体系见图3-2。

一、总目标

在全面完成初步设计任务后，针对新形势下三峡库区面临的新问题，研究三峡水库可持续发展，是贯彻落实科学发展观、执政为民的体现，是确保三峡工程长期安全运行和持续发挥综合效益，提升其服务国民经济和社会发展的能力，更多更好地造福广大人民群众的客观要求。三峡水库移民可持续发展是促进库区经济社会发展，构建和谐稳定新库区的需要；是构建生态环境保护体系，保护国家战略性淡水资源库的需要；是有效防治地质灾害，保障库区人民群众生命财产安全的需要。

党的十七大报告明确提出高举中国特色社会主义伟大旗帜，为夺取全面建成小康社会新胜利而奋斗。在十六大确立的全面建成小康社会目标的基础上，十七大对我国发展提出新的更高要求，即实现人均国内生产总值到2020年比2000年翻两番，届时我国将成为工业化基本实现、综合国力显著增强、人民富裕程度普遍提高、生活质量明显改善、生态环境良好的国家。三峡库区必须顺应时代发展的要求，跟上我国新时期经济社会发展的步伐，确保既定目标顺利实现。

2020年是决胜全面建成小康社会、实现我们党确定的"两个一百年"奋斗目标的第一个百年奋斗目标的决胜阶段。据此，确定三峡水库移民可持续发展的总目标为，到2020年，移民生活水平和质量达到湖北省、重庆市同期平均水平，覆盖城乡居民的社会保障体系建立，库区经济结构战略性调整取得重大进展，交通、水利及城镇等基础设施进一步完善，移民安置区社会公共服务均等化基本实现，生态环境恶化趋势得到有效遏制，地质灾害防治长效机制进一步健全，防灾减灾体系基本建立。

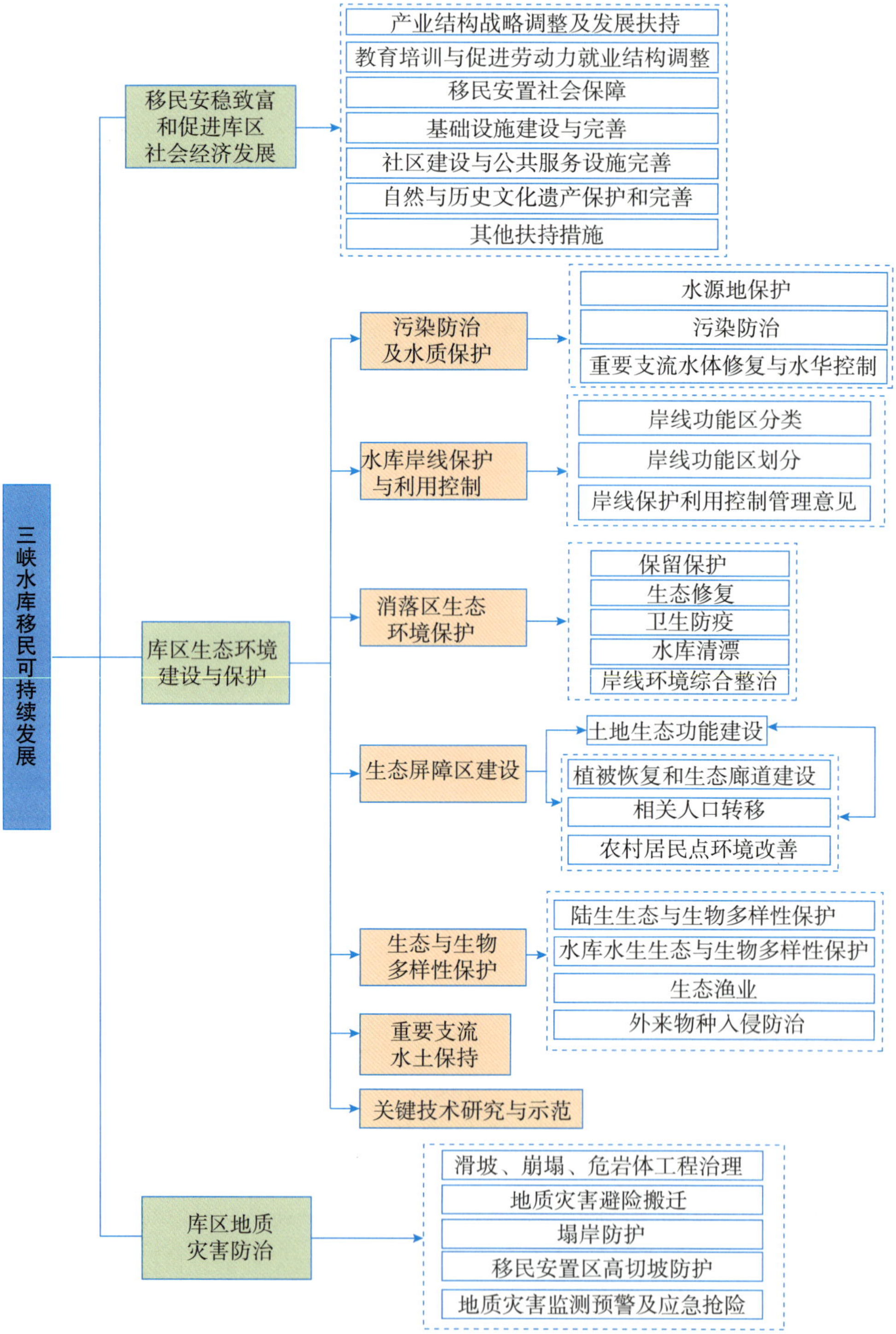

图 3-2 三峡水库移民可持续发展目标体系

二、分目标

依据确定的总目标，2020 年三个方面目标如下：

(1)移民安稳致富和促进库区经济社会发展

坚持科学发展，以转变经济发展方式、促进移民安稳致富为主线，更加注重保障和改善民生。支持库区调整产业结构，扶持生态产业园建设，发展特色优势产业；结合城集镇居民生产恢复，提升现代物流、特色旅游、商贸服务、农村服务等服务业发展水平；为库区提供就业岗位 40 万个以上。支持库区调整就业结构，加强职业教育和技能培训，建设移民和相关转移人口的就业、创业基地，使移民平均受教育年限适度超前全国平均水平，显著提高移民群众就业技能和创业能力，基本实现移民和生态屏障区转移人口稳定就业，移民收入达到湖北省和重庆市同期平均水平。在国家现行社会保障政策框架下，将移民和相关转移人口纳入当地社会保障体系，补助其个人缴费，应保尽保，实现移民群众基本生活有保障。结合城乡统筹，解决移民群众交通出行不畅、供水设施缺乏、库区交通路网功能恢复不足和移民迁建城集镇基础设施不够完善等问题，使库区交通、水利等基础设施得到进一步完善。完善移民安置社区文化、教育、卫生、体育等社会服务设施建设，基本实现社会公共服务城乡均等化。在前期工作的基础上，进一步加强库区自然与历史文化遗产保护，提高库区文化向心力和凝聚力。

(2)库区生态环境建设与保护

以建设库区生态屏障区和削减库区面源污染负荷为重点，采取综合措施，着力解决影响库区水质及损害移民群众健康的空气、土壤污染等环境问题，健全库区生态环境保护体系。采取污水处理达标排放、危废污染物处理、农药肥料污染控源和“一池三改”等措施，加强库区点源、面源、流动源污染防治，使污染物排放总量控制在国家规定的限排总量以内；在上游干流和嘉陵江、乌江入库水质达到Ⅱ类的情况下，库区干流总体水质保持Ⅱ类标准；加强重要支流综合整治和水华控制，使支流水环境质量明显改善；加强消落区生态环境保护，使其生态功能与整体景观得到改善；加强生态屏障区土地生态功能建设，通过植被恢复、生态廊道建设等措施，使森林覆盖率达到 50%以上；鼓励生态屏障区农村人口向外转移，改善农村居民点环境，降低人类活动对生态环境的压力；加强陆生生态、水生生态、生物栖息地及珍稀特有物种的保护，建设和完善自然保护区，有效保护库区生态与生物多样性。

(3)库区地质灾害防治

在二期、三期已实施防治工程的基础上，加强地质灾害调查评价，完善地质灾害防治体系，重点实施地质灾害影响人群避险搬迁，加强城镇和人口密集区地质灾害工程治理，完善群测群防与专业监测相结合的监测预警系统和应急体系，制定库区重点城镇地质灾害防治与建设控制管理措施。通过不断完善地质灾害防治长效机制，有效防治地质灾害，保障人民群众生命财产安全、工程安全和航运安全。

三、子目标

依据总目标、分目标，按照目标设置原则要求，子目标如下：

(一)移民安稳致富和促进库区经济社会发展

移民安稳致富和促进库区经济社会发展规划针对移民和生态屏障区农村相关转移人口，在采用以往二、三产业安置措施基础上，通过加强“两调一保三完善”的综合安置措施，即调整产业结构和就业结构、在现有社会保障体系框架下补助移民个人缴费、完善基础设施、完善社区公共服务设施、完善库区自然与历史文化遗产保护，从就业、培训、保障等方面，系统、根本地解决移民群众安稳致富的问题。

(1)产业结构战略调整及发展扶持

产业项目节能降耗、节水减排主要指标达到国内先进水平，地区单位国内生产总值碳排放指标比2005年降低40%～45%；为库区移民和生态屏障区转移劳动力提供就业岗位40万个以上；为扶持对象人均收入和生活水平达到全面小康社会目标提供有力支持。

(2)教育培训与促进劳动力结构调整

库区移民和生态屏障区农村相关转移人口基本达到高中阶段教育，毛入学率达到90%；职业教育对象初次就业率达到98%，技能培训对象训后初次就业率达到90%，移民和生态屏障区农村相关转移劳动力稳定就业率达到80%以上；生态屏障区农村劳动力向二、三产业和区外转移就业率达到70%以上；消除农村移民零转移就业和城镇移民零就业家庭。

(3)社会保障

进城镇安置移民和生态屏障区农村相关转移人口能够享受安置地相适应的养老保险和医疗保险，老有所养，病有所医，基本生活有保障，生产安置方式得到完善。

(4)基础设施建设与完善

生态屏障区移民安置村优化后的集中居民点均能与等级公路连接，路面硬化率达到95%以上，形成较为完善的农村交通网络；进一步改善提高生态工业园区、重点旅游景区的对外连接通道，完善水上交通基础设施，缓解县城与高速公路连接通道瓶颈现象；优化后的农村居民点，自来水管网入户率达95%以上。耕园地灌溉设施配套率达到90%，节水灌溉措施普及率达到60%；移民迁建城集镇整体防洪能力进一步提高。

(5)社区建设与公共服务设施完善

迁建城集镇、半淹城市和县城公共服务设施满足移民群众生活和社会发展需求，教育、文化体育、医疗卫生、市政公用等公共服务体系基本建立，城集镇整体功能进一步完善。

(6)自然与历史文化遗产保护和完善

生态屏障区自然遗产、物质文化遗产，以及消落区地下文物得到有效保护，库区非物质文化遗产得以传承发展，积极保护库区文化多样性。

(二)库区生态环境建设与保护

围绕保护三峡水库水质、维护库区生态环境可持续的目标，根据建立库区生态文明新模式，以及保障三峡工程长期安全运行和综合效益持续发挥、移民安稳致富的要求，按照"控污、提载、抓重点"的思路，库区生态环境建设与保护规划要将生态屏障区人类活动对环境的扰动降低到生态系统可接受；在削减污染负荷、增强污染物处理能力、控制入库河流水质等多种措施的综合作用下，保障三峡水库水质安全；库区生态系统结构和功能得到有效恢复，重要生物的栖息地得到有效保护，生物多样性得以维持；生态屏障区和水库水生生态系统能够有效发挥承载区域物质循环和能量流动的功能；提出创建生态文明的要求和社会规范，并提出配套政策和生态补偿等对策与措施的建议；库区的生态可持续性能够有效支撑区域经济社会的可持续发展。

(1)污染防治与水质保护

在三峡水库上游干流和嘉陵江、乌江入库断面水质达到Ⅱ类的情况下，库区干流总体水质保持Ⅱ类标准，干流近岸及支流水域水质达到功能区水质标准，有效遏制支流回水区水体的富营养化；生态屏障区污染控制未覆盖区新增污水处理和垃圾处理设施完成100%；削减重要支流重点片区农村农业面源污染负荷30%左右。

(2)水库岸线保护和利用控制

实现对库区长江干流和全部支流按照功能区管理，岸线资源合理利用。

(3)消落区生态环境保护

消落区70%以上的区域采用保留自然状态保护；消落区重点岸段岸线环境综合整治全面完成，并与景观相协调；消落区生态功能与整体景观得到改善。

(4)生态屏障区建设

三峡水库生态屏障区森林覆盖率达到50%以上，水土流失治理面积占总流失面积比例达到95%以上，治理区减蚀率达到70%以上；饮用水卫生合格率、农户卫生厕所普及率、村庄道路通达率和硬化率等均达到90%以上，居民点环境改善达到国家同期新农村建设标准。

(5)库区生态与生物多样性保护

全面完成物种保护和栖息地保护措施，以及新建、完善或扩建森林生态系统自然保护区、森林公园的建设；通过保护重要生境、关键物种和食物网结构，发挥水生生态系统功能；在库区生态渔业健康发展的同时，支撑水生生态系统良性循环。库区生物多样性、生态系统结构和功能的完整性均得到有效保护。

(6)重要支流水土保持

生态屏障区外重要支流水土流失治理面积占总流失面积的比例提高30%～40%，开展治理的小流域减蚀率达到70%以上；构建起重要支流植被缓冲带，使重点片区林草覆盖面积增加94.10万亩，重要支流重点片区氮、磷等农业面源污染削减约30%；年减少入江泥沙1400万t以上，提高水源涵养能力，年均增加调蓄能力5.5亿m^3以上。

(三)库区地质灾害防治

为保护库区人民群众生命财产安全，库区地质灾害防治规划全面贯彻落实科学发展观，坚持“预防为主，监测为要，避险搬迁为先，工程治理以城镇及集中居民点为重点”的原则，综合采取监测预警、避险搬迁和工程治理等措施，整体提升库区监测预警预报的水平和应急处置的能力，完善长效机制，全面提升库区应对地质灾害防灾减灾的保障能力，为移民安稳致富、地质环境和生态环境保护及库区和谐稳定持续发展提供保障。

目标是完善库区地质灾害防治长效机制；使移民安置区和生态屏障区内危及人民群众生命财产的地质灾害得到有效防治；监测预警系统按规划全面覆盖，预警及时，应急预案、措施有效。高切坡监测预警覆盖率、蓄退水影响处理率均达到100%。库区重大地质问题的研究进一步深化，提高认知水平。

四、目标值

围绕移民安稳致富与促进库区经济社会发展、库区生态环境建设保护、库区地质灾害防治3个分目标，并对照子目标主要设置了20个指标目标值，对实现三峡水库移民可持续发展进行约束和指导。其中，现状指标值通过查阅各区县2011年统计年鉴、三峡工程生态与环境监测系统，以及现状调查获得；近远期目标值通过与全面建成小康社会标准、地方“十二五”“十三五”规划目标值进行衔接，或在本底值的基础上，根据区县经济社会发展规划推算得到。

20个指标中有8个为约束性指标，12个为指导性指标。约束性指标是明确需要在规划期内实现目标的指标，指导性指标是针对仅提供补助性扶持、主要依赖其他规划或措施实现的目标的评价指标(表3-1)。

表 3-1　　三峡水库移民可持续发展规划目标及指标值

序号	目标类别	指标名称	单位	全面建成小康社会标准值	指标类别		三峡水库移民可持续发展规划目标值	
					约束性	指导性	近期（2015 年）	远期（2020 年）
1	移民安稳致富和促进库区经济社会发展	人均 GDP	元	≥31400		√	23500	≥31400
2		城镇化率	%	≥60		√	61.3	≥70
3		第一、第二、第三产业结构比例				√		产业结构合理调整
4		新增就业岗位	万个			√		≥40
5		城镇居民人均可支配收入	元	居民人均可支配收入≥5000		√		≥18000
6		农村居民人均可支配收入	元			√		≥8000
7		恩格尔系数	%	≤40		√	≤45	≤40
8		城镇调查失业率	%	≤6		√	≤6	≤4
9		居民点对外交通通达率	%		√		>90	100
10		基本社会保险覆盖率	%	≥90		√	≥80	100
11	库区生态环境建设与保护	生态工业园单位工业增加值 COD 排放量	标准煤吨/万元	≤0.84	√			降低消耗
12		生态工业园单位工业增加值综合能耗	标准煤吨/万元		√			降低消耗
13		污水处理率	%	≥80		√	≥90	排污达到国家标准规定的要求
14		生活垃圾无害化处理率	%	≥85		√	≥90	排污达到国家标准规定的要求
15		农业面源污染负荷削减率	%			√		≥30
16		重要支流水土流失治理率	%		√			≥95
17		库区干流水质			√			Ⅱ类
18		生态屏障区森林覆盖率	%		√			≥50
19	库区地质灾害防治	高切坡监测预警覆盖率	%		√			100
20		蓄退水影响处理率	%		√			100

第四章 移民安稳致富和促进库区经济社会发展研究

2009年，三峡工程初步设计任务如期完成，具备全面发挥防洪、发电、航运、水资源利用和生态环境保护等巨大综合效益的能力。三峡水库移民实现了搬得出、初步稳得住的阶段性目标，移民安置后，城乡基础设施总体改善，库区经济社会较快发展，移民生产生活水平逐步恢复和提高。但是，长期以来三峡库区经济基础薄弱，仍是国家集中连片贫困区，库区移民与经济社会发展仍困难重重：一是库区经济总体欠发达的现实状况未根本改变，经济社会仍处于恢复重建期；二是农村人多地少的基础性矛盾，人口资源环境承载能力与经济发展的矛盾还相当突出；三是移民群体中，仍有相当数量缺乏就业保障；四是城乡医疗、教育、社会保障等普及进程缓慢；五是在加强国家淡水资源库战略保护、城乡统筹试验等新形势下，对库区经济发展模式和移民群众生产生活方式调整提出了新的要求，加大了移民安稳致富任务的艰巨性和复杂性。

新时期，面对三峡库区移民群体和经济社会发展困境，通过对库区移民群体和产业发展、劳动就业、社会保障、基础设施建设、社区建设及文化遗产保护等开展深入调查和全面调研分析，结合城镇化发展、保护淡水资源库等国家战略要求，提出了库区移民及经济社会可持续发展的目标体系，并据此明确规划思路与保障措施。

第一节 移民及经济社会可持续发展面临的问题

自三峡工程开工建设以来，库区在国家大力支持、移民资金集中投入和全国人民对口支援下，经过十几年建设，经济社会快速发展，人民生活显著提高，城乡面貌焕然一新，生态环境质量总体良好。经济发展方面，三峡库区人均GDP快速增长，2008年人均GDP为全国平均水平的83%，比三峡工程开工前1992年的45%提高38个百分点，产业结构与所有制结构调整取得重大进展。社会发展方面，城镇化进程加速，移民居住条件明显改善，城镇居民最低生活保障制度基本建立；教育、卫生、文化等公共事业长足发展，供水、供电、交通、通信等基础设施实现跨越式提升。环境质量方面，推行了退耕还林政策，开展了水土流失重点防治；兴建了城镇污水处理厂、垃圾填埋场；关闭了一批污染严重的企业，大大降低了污染物排放量。移民安置方面，移民搬迁安置任务全面完成，移民将转入稳得住、逐步能致富的新阶段。新时期新阶段，国家对三峡库区提出了新的更高要求，当前库区经济社会发展仍面临着以下问题。

一、库区人地矛盾突出，生产资源不足

三峡库区自清朝中期以来人口增长很快，1992 年 20 个区县人口密度为 326 人/km^2，2008 年人口密度为 359 人/km^2，为全国平均人口密度的 2.6 倍和同类型山地丘陵的 4 倍以上，人口密度与库区资源环境承载能力之间矛盾比较突出。一是三峡库区地形地质条件复杂，山地丘陵占 90%以上，适宜居住的河谷平坝仅占 10%，因人多地少，陡坡开垦现象比较严重，耕地中坡耕地比重高。2008 年，库区土地垦殖率达 27.5%，远高于全国平均水平。二是耕地数量不足，地块破碎、水利设施配套难度大。三峡库区农业人口 1992 年人均耕园地 1.2 亩，随着退耕还林、人口增长，加上水库淹没和工程占地，移民人均耕园地已下降至 0.77 亩，扣减 25°以上坡耕地后，人均耕地为 0.54 亩。

二、产业转型压力大，生态环境容量不足

三峡库区仍属于经济发展欠发达地区，经济水平低于全国平均和三峡工程主要受益区水平，2008 年库区人均 GDP 为 14945 元，为全国平均水平的 65%。要实现与全国同步小康、达到移民安稳致富的目标，2020 年库区人均 GDP 要达到全国平均水平，需要较全国平均水平更快的发展速度。2008 年，库区一、二、三产业比重为 15.4∶50.4∶34.2。产业趋同性突出，各区县普遍存在主导产业不突出的现象，低水平重复建设比较严重。不合理的产业结构一是会对经济增长的速度有所限制，不能满足库区移民安稳致富和与全国人民同步建设小康社会的需要。二是土地过度垦殖和农业生产形成的面源污染对库区生态环境形成巨大压力。三是加速发展与水库水质保护的矛盾也会更加凸显。

三、劳动力技能和整体文化水平不高，难以适应转移就业和产业发展要求

搬迁安置的移民，因受生产条件改变、经济格局调整和搬迁工矿企业破产关闭等方面影响，在新的安置区、生产条件下，原有的生产技能和经营能力需要重建；其次，移民安置规划侧重生产资料损失的恢复，没有考虑对其人力资本损失进行补偿，移民受教育程度普遍偏低，文化素质不高，加之人力资本损失，失业率较高，已成为劳动力市场就业困难群体和边缘群体。据统计和抽样调查分析，2008 年库区移民平均受教育年限低于全国平均水平，成年人文盲、半文盲的比例达 15%，城镇移民、后靠农村移民劳动力中高中及以上文化程度占比分别为 26.62%和 9.31%。移民劳动力劳动技能较差，就业竞争力弱，外出务工就业劳动力中有不少只能做零工零活，就业不稳定，收入低。

四、社会保障体系尚不完善，与经济社会协调发展要求不配套

《国务院办公厅转发劳动保障部关于做好被征地农民就业培训和社会保障工作指导意

见的通知》(国办发〔2006〕29 号)明确提出要保障被征地农民基本生活和长远生计,做好其相关的社会保障工作。由于库区经济总体发展水平明显低于全国平均水平,经济基础差,地方财政对社会保障支持力度较弱,库区社会保障体系存在覆盖面窄、统筹层次低、制度不完善等问题,移民尚未全部纳入当地社会保障体系。受安置区经济社会条件、移民群体自身文化水平和就业能力限制,移民和相关转移人口抗风险能力不足。对农村安置的移民,与当地农村居民基本养老保险一样,保障标准低,管理无序,农民不愿参保。对进城安置的移民,其原有技能难以适应产业升级和市场化的要求,存在过渡期结构性失业和就业不稳定等问题,在就业过渡期缺乏基本生活来源,“4050”(即男 40～59 周岁,女 40～54 周岁)及以上人群,再就业十分困难,存在生计问题。

五、水利交通等基础设施建设标准偏低,难以满足后续发展需要

库区农村交通不便仍然制约经济发展,2008 年,库区行政村公路通达率为 85%;尤其是村落之间连接道、人行道不完善,且道路等级低、路况差,多为泥泞小道。部分移民生产生活用水保障能力弱。近年来,库区农田水利建设取得了较明显的成效,但三峡库区水资源时空分布不均,历来伏旱较严重,部分农村居民生产条件和饮水安全存在问题。供水水库和骨干工程缺乏,供水能力不足,农业灌溉水利工程病患较多,渠道及配套建筑物等灌溉工程完好率不足 40%,灌溉水利用系数约为 0.45,影响灌溉效益的发挥。2008 年,三峡水库库周约 79%的农村居民不同程度存在饮水安全问题。

六、文化教育卫生等公共产品服务能力不足,无法适应移民需求

移民安置社区包括生态屏障区移民安置农村社区、城镇移民迁建安置小区居委会及移民迁建集镇社区,根据搬迁安置方案,分为农村社区和城集镇社区。在三峡移民搬迁安置过程中,三峡库区生态屏障区移民安置社区通过不断调整、合并,人口规模已发生较大变化,迁建城镇规模较搬迁前明显扩大,现有的社区公共服务设施数量和规模难以有效覆盖。另外,因三峡库区社区设施及城集镇公共服务设施淹没实物指标很少,补偿资金难以满足后续公共服务需求,社区建设及城集镇公共服务设施仍存在一定困难和问题。受资金筹措困难影响,社区公共设施以恢复原功能为主,社区基础设施比较简陋、短缺,社区服务设施功能不完善,居住在这些小区的移民就业创业能力普遍较差,基本收入得不到保障等。以城集镇社区为例,受安置容量限制,三峡库区城镇移民安置高度聚集,在 217 个县城(城市)移民小区和 104 个集镇移民小区集中安置的移民总量达到 66.1 万人,平均每个小区移民超过 2000 人,其中城镇纯居民、城镇占地移民、进城镇安置的农村移民和企业下岗职工占 85%,普遍存在收入低下、居住环境差、社区商业发展不足等问题。

第二节 研究范围、目标与思路

以问题为导向、目标为引领，顺应时代要求，提出移民安稳致富与库区经济社会可持续发展的范围、目标与思路，按以上目标要求，以及产业结构调整与发展扶持、教育培训与促进劳动力就业结构调整、社会保障、基础设施建设与完善、社区建设与公共服务设施完善、自然与历史文化遗产保护和完善等 6 项子目标。

一、范围

包括三峡库区移民安置区和生态屏障区，规划对象主要包括三峡库区后靠农村移民、城集镇移民及生态屏障区农村相关转移人口。生态屏障区移民安置村组留居人口的生产生活方式直接关系到库周生态环境和水库水质，需要与同村组后靠安置移民统筹考虑，一并纳入规划范围。

（一）范围界定

三峡库区移民安置区：三峡水库移民在三峡库区范围内安置和迁建区域，包括农村移民后靠安置村组、水库淹没城集镇迁建区和镇外企事业单位迁建区。

三峡库区生态屏障区：按照国务院建设长江上游生态屏障体系的要求，为从源头上有效控制面源污染，削减入库污染负荷，保护三峡库区生态环境和三峡水库水质，拟在三峡水库库周建立生态屏障区。

（二）规划对象

三峡库区后靠农村移民包括生态屏障区内后靠农村移民和生态屏障区外后靠农村移民。生态屏障区内后靠农村移民分列在生态屏障区农村相关转移人口和生态屏障区移民安置村组留居人口中；生态屏障区外后靠农村移民是指现居住在生态屏障区外移民安置区内的三峡水库后靠农村移民。

城集镇移民包括移民城镇中淹没实物指标调查登记在册的纯居民、农村进城集镇安置移民、城集镇迁建占地移民、淹没搬迁企业移民等，不含城镇单位移民。

生态屏障区农村相关转移人口包括地灾避险搬迁人口、移民安置方式调整人口和生态建设转移试点人口。地灾避险搬迁人口是指：现居住在生态屏障区内不稳定地质灾害体上的农村居民，需要避险远迁至城镇，农转非并进行生产安置的人口；移民安置方式调整人口是指：因三峡水库农村移民后靠村组土地资源不足、安置质量不高，需要调整生产安置方式，自愿向城镇迁移并农转非的移民人口；生态建设转移试点人口是指：现居住在生态保护带内的散居人口，因生态屏障区建设，对其中的部分人口进行试点，退出承包地和宅基地，农转非向城集镇转移的人口。

二、目标

按照新时期的新要求，本着以人为本、共享社会发展成果的原则，提出的总目标为：促进移民就业增收、保障和改善民生，实现移民安稳致富，建设和谐稳定新库区。近期着力解决移民群众当前生产生活困难，妥善解决当前存在的、涉及移民权益和稳定的累积性问题；远期则着眼于库区长远发展，加大扶持力度，实现移民安稳致富，努力促进移民由特殊群体向普通群体转变。

近期目标：妥善解决移民群众当前存在的实际困难和影响稳定的累积性问题，进一步改善移民生产生活条件，促进移民就业增收；三峡库区重点移民区县移民人均收入水平与湖北、重庆两省（直辖市）同期平均水平的差距缩小 8 个百分点；生态产业园区初具规模，逐步发挥示范和辐射功能；移民迁建城集镇服务业体系初步恢复，移民劳动力稳定就业率逐年递增；通过职业教育和技能培训，移民群众自我发展能力增强；移民和生态屏障区农村相关转移人口全部纳入养老保险、医疗保险体系；移民群众饮水安全问题全面解决，交通出行便捷，移民迁建城集镇基础设施和公共服务功能得到完善。

远期目标：移民和生态屏障区农村相关转移人口劳动力充分就业；生态屏障区农业劳动力向二、三产业和区外转移就业达到 70%；生态产业园区健康运行，方便移民群众生活和就业的移民迁建城集镇服务业体系基本建成；移民和生态屏障区农村相关转移人口社会保障水平随着国家经济社会发展逐步提高；移民平均受教育年限适度超前同期全国平均水平；库区基础设施、社会公共服务满足移民安稳致富需要；移民人均收入达到湖北、重庆两省（直辖市）同期人均水平，与全国人民同步实现全面小康。

按以上目标要求，提出主要措施及子目标。

（一）产业结构战略调整与发展扶持

（1）农业扶持

近期目标：生态屏障区农业结构和布局得到优化，各区县基本建成 1～3 个不同类型生态农业园并达产，发挥其示范与辐射带动作用；生态农业园内移民或留居农民农业生产收入水平明显提高；园区农业面源污染得到有效控制，不产生新的污染源，生态屏障区农业面源污染防治水平逐步提高；农业技术服务体系基本覆盖生态屏障区，县乡村三级农业专业技术人才基本到位，软硬件设备配备率显著提高。

远期目标：生态农业产业扶持全面到位，生态农业园建设全面完成，现代农业产业体系基本建立，服务体系健全，产能效益充分显现。实现园区良种率达 98%，农产品加工率达 50%，农产品优质率达 80%；园区农业生态环境保护成效显著，农药化肥使用量减少 30%，水土流失降低 30%，养殖场畜禽粪便无害化处理 95%、综合利用 80%以上。园区农业生产条件明显改善，配套设施齐全，灌溉率达 90%以上。生态屏障区内生态农业覆盖面积达到 90%以上，园区移民和留居农民人均年纯收入超过湖北、重庆两省（直辖市）农村居民同期平均水平，三峡库区生态环境与水质安全得到有效保护，生态效益和社会效益显著提高。

(2)工业扶持

近期目标：规模以上工业总产值突破7000亿元，工业增加值超过2490亿元，年均增长16.6%；工业占地区生产总值的比重接近50%，提高6.5个百分点。万元地区生产总值二氧化硫、化学需氧量排放强度持续下降，工业废水排放达标率、工业烟尘排放达标率、工业固体废物综合利用率提高到95%。全员人均劳动生产率提高到6.6万元。

远期目标：到2020年，规模以上工业总产值突破13500亿元，工业增加值超过4800亿元，年均增长14%左右；工业占地区生产总值的比重达到53%以上，提高3.5个百分点。万元地区生产总值二氧化硫、化学需氧量排放强度持续下降，工业废水排放达标率、工业烟尘排放达标率、工业固体废物综合利用率提高到100%。全员人均劳动生产率提高到12万元。

(3)服务业扶持

近期目标：三峡库区服务业的战略地位明显显现，综合服务功能明显增强，生活服务、公共服务、农村服务业协调发展的格局初步建立，库区服务业占GDP比重达到48%，服务业就业比重达到50%，服务业发展水平中西部领先，我国中西部现代服务业高地基本形成。

远期目标：服务业主导经济增长的格局初步形成，全面建成生产服务辐射功能突出，生活服务、公共服务、农村服务业协调发展的服务业集聚区。“中国人文生态黄金旅游带”“长江中上游物流中心”“西部农村服务业发展示范区”核心集聚效应充分显现，库区服务业占GDP比重达到50%、服务业就业比重达到55%，综合服务功能全面提升，我国中西部现代服务业高地整体功能形成。

(二)教育培训与促进劳动力就业结构调整

近期目标：通过职业教育和技能培训，移民群众自我发展能力增强，农村劳动力培训后家庭增收率提高3%左右。

远期目标：移民平均受教育年限适度超前同期全国平均水平，农村劳动力培训后家庭增收率提高5%以上。

(三)社会保障

近期目标：已进城镇安置农村移民和生态屏障区农村相关转移人口，在规划近期内(2015年前)基本养老保险覆盖“4050”及以上全部中老龄人，并能够享受城镇企业职工基本养老保险待遇；在规划搬迁安置过渡期(2年)内，使其享有城镇居民基本医疗保险待遇。

远期目标：增强中青年养老保险个人缴费能力，构建产业转移基础平台。已进城镇安置农村移民和生态屏障区农村相关转移人口，避免转移过渡期因病返贫的风险。

(四)基础设施建设与完善

(1)公路交通完善

生态屏障区移民安置村优化后的集中居民点均能与等级公路连接,路面硬化率达到95%以上,形成较为完善的农村交通网络。进一步改善提高生态工业园区、重点旅游景区的对外连接通道,完善水上交通基础设施,缓解县城与高速公路连接通道瓶颈现象。

(2)航道整治

采取措施减少库区对长江干流回水变动区航道的不利影响,进一步改善蓄水后支流通航条件。

(3)农村饮水完善

全面解决生态屏障区移民安置村留居人口和生态屏障区外农村后靠移民的饮水安全问题;对优化后农村居民点,因地制宜地完善配水系统,自来水管网入户率达95%以上。

(4)农田灌溉完善

耕园地灌溉设施配套率达到90%,节水灌溉措施普及率达到60%。

(5)移民迁建城集镇基础设施配套完善

依据政策和规范,妥善处理移民迁建城集镇基础设施建设中存在的客观问题,进一步提高移民迁建城集镇整体防洪能力,使现状建成区整体达到国家规定的防洪标准。

(五)社区建设与公共服务设施完善

近期目标:一是社区公共服务设施硬件条件得到改善。近期完成90%的社区公共服务设施规划建设任务,构建以地域性为特征、以认同感为纽带的新型社区。二是社区服务项目逐步完善。不断丰富社区建设内容,促进社区公共服务的发展,努力提高移民生活质量,不断满足移民群众日益增长的物质文化需求。三是社区服务体系基本建立。库区每个社区建有完整的社区文化活动室、卫生室、就业帮扶中心及户外体育场所,室内外设施相对完备。四是迁建城集镇及半淹旧城的教育、文化体育、医疗卫生、市政公用及其他设施逐步恢复,城集镇公共服务功能进一步完善。

远期目标:一是建成与经济社会发展水平相协调,满足居民公共服务和多样性生活服务需求,以社区综合服务设施为主体、各类服务设施相配套的社区服务体系。二是形成政府主导、多方参与、权责明晰、配置合理、富有活力的社区运行机制。三是建成一支扎根库区的社区建设队伍。通过对库区社区服务人员的劳动技能培训,重点突出社区培训内容,培养一批掌握专业社区管理知识,能够带领他人参与社区建设的人才队伍。四是迁建城集镇和半淹旧城教育、文化体育、医疗卫生、市政公用及其他公共服务设施体系基本建立,满足移民群众持续增长的物质和精神文明需求。

(六)自然与历史文化遗产保护和完善

(1)自然遗产保护

重要自然遗产保护范围得到明确;有碍重要自然遗产保护的开发活动得到禁止,有碍重要自然遗产保护的人工建筑得以拆除。使这些亿万年形成的重要自然遗产得到切实保护,山川形胜风景依旧、与世长存。

(2)消落区地下文物保护

对水库消落区可能出露的地下文物进行抢救性发掘保护。

(3)物质文化遗产保护

对各区县生态屏障区有价值的古遗址与古建筑,这些凝结历朝历代峡江居民生产生活智慧的结晶进行加固、维修、风貌恢复和合理利用,为各区县经济发展、人民生活水平提高及传统文化的传承等再立新功。

(4)非物质文化遗产保护

非物质文化遗产具有易消失和不可再生的特点,因而必须进行抢救性保护。对各区县的非物质文化遗产,要整编目录;对已与现实生活环境脱节的项目,采取录音录像和文字解说的方式,形成电子与纸质文档资料,以博物馆、非物质文化遗产保护中心等保护方式珍藏,供再认识和研究使用;对仍适合于现实和社会需求的项目,探索以群众参与、创造就业和对外推广及文化生态保护区等方式进行活体传承,保持生机,使之生生不息,繁衍下去。在三峡工程库区现代化的进程中给予非物质文化遗产展示平台和具有前瞻性的生存空间。

三、思路

针对移民安稳致富面临的主要问题,基于保护三峡库区生态环境和水库水资源安全的要求,统筹规划生态屏障区建设。从解决移民群众居住安全和可持续发展入手,拟对生态屏障区受地质灾害影响人口和生产资料严重不足的移民进行转移。在相关政策框架下,对移民和相关转移人口制定配套的社会保障、就业、教育培训等措施,妥善解决涉及移民权益和稳定的累积性问题,实现移民群众基本生活有保障、劳动就业有着落、脱贫致富有盼头。规划支持生态屏障区发展生态农业,提高农业土地利用效率和农产品竞争力,在移民安置集中区建设生态农业园,配套完善交通等基础设施,改善生产条件和生活环境,提高生活质量,解决移民生产生活困难。同时,鼓励受地质灾害影响人口和生产资料严重不足移民迁出,从农村向城集镇迁移,结合城集镇居民生产恢复,发展生态工业园和服务业,增加就业机会,实现劳动力从一产业向二、三产业转移;加强职业教育和技能培训,提高移民自身发展的能力,补助移民养老和医疗保险个人缴费,提高基本生活的保障程度;进一步完善移民迁建城集镇整体功能,提高移民集中安置区管理和公共服务水平,实现公共服务均等化,着力改善民生。

移民安稳致富和促进库区经济社会发展总体思路见图 4-1。

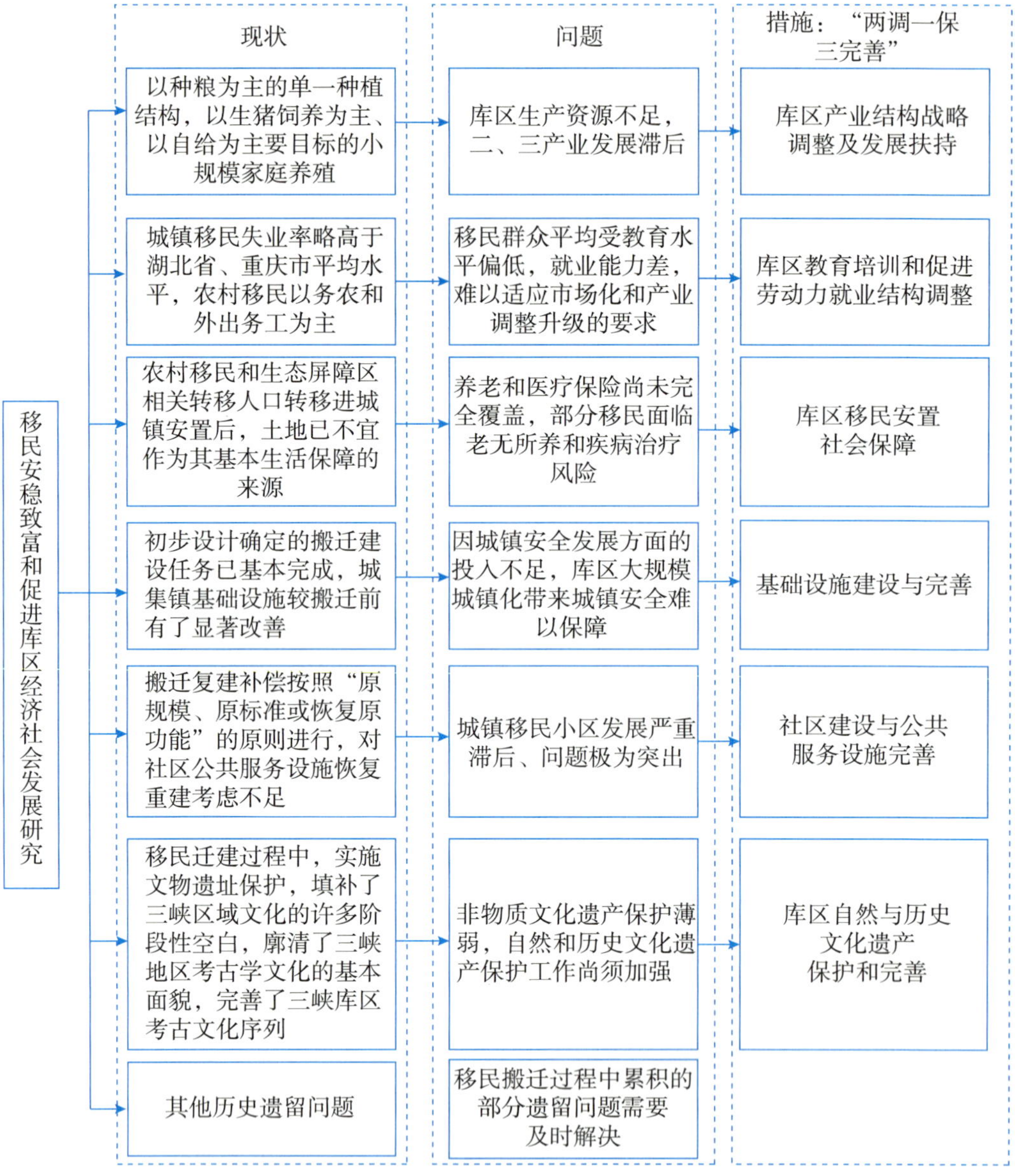

图 4-1　移民安稳致富和促进库区经济社会发展总体思路

(一)“两调”

一是调整产业结构，以生态产业园为平台，以第二产业带动第三产业，推动旅游业、现代物流业及商贸服务业等服务业发展，提供更多的就业岗位。三峡库区是限制开发区，库区人多地少矛盾长期存在，依靠土地难以致富，移民安稳致富的关键出路是大力发展第二、三产业，调整产业结构，增加非农产业收入。针对人多地少、产业空虚以及经济发展与生态环境保护不协调等突出矛盾，既要发展高效生态农业，建设生态农业园，实现农业增效、农民增收、农村经济可持续发展，又要支持库区建设移民城镇生态工业园，发展旅游、物流业等服务业，从而为移民提供就业容量和增收渠道，同时引导产业发展园区化、生态化，将发展中的污染尽可能降到最低程度。因此，以移民安稳致富和促进库区经济社会发展为目标，以库区移民安置区及生态屏障区建设为载体，以生态产业园为平台，以实施适度人口从第一产业向第二、三产业转移，从农村向城镇迁移为突破口的产业结构调整，是加快库区经济转型的客观要求，是拓展库区环境承载能力、实现移民安稳致富的必然途径。

二是调整就业结构，在产业结构调整的同时，进一步加强职业教育和技能培训，促进劳动力从第一产业转移到第二、三产业，并对困难群体的就业实施帮扶，实现充分就业。三峡库区移民安置的难点在于难以保障充分就业，突出表现在失地失业比例高、劳动技能难以适应产业升级结构调整，存在边缘化并具有代际传递的趋势，这种状况将直接关系到库区社会长治久安，必须长远考虑，着力解决一些基础性的矛盾。为此，有必要加大库区职业教育和技能培训扶持力度，优化技能培养方式，整体提升库区移民及生态屏障区转移劳动力受教育水平和就业技能，增强其竞争能力，促进其从农村向城镇转移，实现移民充分就业和稳定增收。

（二）“一保”

在现有社会保障体系框架下，补助移民个人缴费，搭建安稳致富基础平台，使移民群众基本生活有保障。通过上述综合措施，形成“就业＋培训＋保险”的就业安置体系。针对移民安稳致富面临的库区农村人多地少基础性矛盾，受地质灾害威胁人口需要避险搬迁，以及生态环境保护建设对库区经济发展模式和移民群众生产生活方式形成更多约束等突出问题，必须从解决移民居住安全和生存发展入手，在库周建立生态屏障区，鼓励移民和上述相关人口转移出生态屏障区，并妥善安置。作为移民和生态屏障区相关转移人口安置的重要保障措施，并针对其就业技能差，在一定时间内难以适应市场化和产业转移升级的要求，存在结构性失业和就业不稳定问题，有必要依据现行社会保障政策，纳入养老保险、医疗保险体系，补助个人缴费，使其老有所养，病有所医，搭建人口转移、产业转移、劳动市场竞争的基础平台，促进移民安稳致富和库区和谐稳定。

（三）“三完善”

完善交通、供水、城集镇防洪等基础设施，方便移民群众生产生活；完善社区公共服务设施，提高综合服务能力，推进城乡基本公共服务均等化；完善库区自然与历史文化遗产保护方案，丰富三峡文化内涵，促进库区文化事业和文化产业的发展，提高库区的文化向心力和凝聚力。

一是完善交通等基础设施。通过多年的建设，三峡库区库周交通、农村饮水、农田灌溉、移民迁建城集镇防洪等基础设施得到了基本的恢复和提高，但库区移民安置区和生态屏障区还存在农村居民点对外交通道路等级较低、路况差；农村库周区域出行不便；移民迁建城集镇对外交通不畅等瓶颈现象。农村饮水存在水质较差、水量不足、保证率不高等安全问题。农田灌溉存在设施匮乏，供水能力不足，农业产量较低等现象。移民迁建城集镇整体功能不够完善等。因此，需要结合统筹城乡发展要求，在生态屏障区居民点优化调整的基础上，进一步完善基础设施布局，提高交通、农村饮水、农田灌溉等配套标准，改善移民群众生产生活条件和人居环境，逐步实现库区移民安置区和生态屏障区群众城乡基本公共服务均等化，构建库区经济社会发展的基础设施平台。

二是建设与完善社区公共服务设施。农村社区的公共服务功能已不能满足移民群众对社区文化、体育、卫生、就业帮扶等均等化的需求；随着生态屏障区大量农业人口向城集镇转移，人口的增加和城镇公共服务设施资源不足的矛盾更加凸显。因此，建设与完善社区公共服务设施，并提高其可及性和公平性，是落实国家关于和谐文明社区建设要求的具体体现，是提高城乡居民的人居环境和生活质量，促进移民群众尽快适应新的生产生活环境，增强社区的凝聚力，维护库区社会稳定，实现乡镇移民群众享受均等化的社会公共服务资源，形成管理有序、文明祥和新型社区的必然要求。

三是加强库区自然与历史文化遗产保护。三峡工程建设期在文物抢救和文化遗产保护方面取得了巨大的成就，但受诸多条件限制，还存在着自然遗产和非物质文化遗产保护未能纳入工作范畴、出土文物保管条件较差、对文物实体保护与内涵发掘相结合、保护文物的文化整体性重视不够等问题，因而有必要在前期工作的基础上，根据新的形势和政策予以弥补、完善，进一步加强库区自然遗产、文化遗产保护与利用，传承三峡库区优秀传统文化，丰富三峡文化内涵，促进三峡文化遗产保护与文化事业发展，提高库区文化向心力和凝聚力。

第三节　产业结构战略调整及发展扶持

一、产业发展现状

（一）产业发展总体情况

库区产业发展取得了积极成果，发展速度明显加快，产业结构得到较大改善。库区产业结构有所改善。2008 年，库区 19 区县地区生产总值 2104 亿元，人均 GDP 达到 14945 元，但远远低于重庆和湖北两省（直辖市）同期水平，约为西部地区平均水平的 90%，仅为全国平均水平的 65%。

库区产业结构有所改善。三峡库区产业发展坚持与移民安置工作相结合，重点发展劳动密集型产业，在坚持集约发展、节约发展、清洁发展和安全发展的基础上，库区三次产业增加值 2008 年分别达到 324.5 亿元、994.5 亿元和 731.2 亿元，三次产业比重由 1992 年的 38.6∶33.9∶27.5 调整为 2008 年的 15.4∶50.4∶34.2。其中，第一产业比重持续下降，非农产业比重稳步提高（图 4-2）。

产业工业化特征日趋明显。三峡库区历来以种植业为主、畜牧业为辅的典型山区河谷传统农业占据主导的产业特征渐渐发生了变化，在产业发展进程中，库区产业工业化特征日趋明显，工业逐渐成为经济发展的主动力和支柱。2008 年库区工业投资增速达到 42.6%，实现工业增加值 809.5 亿元，增速高于同期 GDP 增速 8.8 个百分点，工业在 GDP 中的影响和作用持续增强。

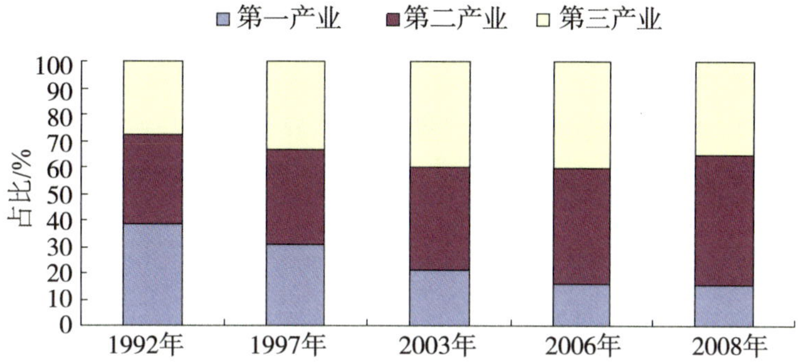

图 4-2　三峡库区三次产业结构

新的经济增长点不断增多。在三峡库区发展中，全国其他省市对库区的对口产业支援，为库区产业结构的调整和优化做出了巨大贡献。从 1992 年发出《国务院办公厅关于开展三峡工程库区移民工作对口支援的通知》开始，各类名优企业陆续入驻库区，不仅改善了库区初级产品占主导地位和国有集体企业比重过大等经济结构严重失衡的问题，而且极大地填补了库区原有产业空白，如中国重汽落户忠县生产“云河”重型专用车就结束了三峡库区无重型机械工业企业的历史，山东如意集团在万州打造的紧密纺基地带动库区纺织产业发展上升到新的产业平台。

产业发展整体呈现出西高东低发展格局。西部渝北、巴南、江津、长寿和涪陵地区，是三峡库区产业发展密集区，产业整体发展水平最高，2008 年此板块的生产总值占库区总额一半左右；中部和东部，除万州、开县、夷陵等区域核心地区发展速度较快外，其余地区均由于产业基础较差和产业发展环境不完善等原因，产业发展整体水平较低，其中 2008 年 GDP 不足 50 亿元的区县有 7 个，占库区区县总数 1/3，区域发展不平衡特征明显。

总体来看，经过十多年的发展，三峡库区在国家政策支持下、在附近大中心城市辐射带动下，产业体系逐步形成，产业基础更加夯实，自身生存和发展能力不断增强。

(二)第一产业现状

近年来，由于国家及地方各级人民政府的大力支持，库区农业和农村经济得到长足发展，尤其是在库区二、三产业发展处于复苏期的关键阶段，为促进库区移民迁建和社会稳定做出了重要贡献。

(1)库区农业生产持续增长

“十一五”期间，库区农业生产持续增长，农业总产值、主要农产品产量和人均占有量均有一定程度的增加，农产品产量、质量、效益同步提升。农产品供应短缺的问题得到部分解决，并开始进入发挥资源优势、提高农产品质量安全和转变农业增长方式的发展时期。根据2008年统计资料，三峡库区总面积5.76万km^2，其中耕地112.19万hm^2，园地25.06万hm^2，分别占国土总面积的19.5%和4.3%。农业人口占总人口的67.3%，农业产业生产总值约350亿元，占地区生产总值的10%。2008年全年粮食产量640万t，人均粮食产量460kg。

（2）农业产业结构以传统的粮猪型农业为主

从第一产业内部行业结构看，2008年农业产值占第一产业全部总产值的49.5%，牧业占41%，合计占比达90.5%，是库区第一产业中的主导行业。与此同时，林业、渔业和农林牧渔服务业分别只占4.6%、2.8%和2.1%。库区第一产业共包括五大类主导产品，包括粮食、经济作物（如油料、甘蔗、烟叶、茶叶）、林果（如柑橘、脐橙等）、蔬菜及肉类（猪肉及草食牲畜肉），其中2008年库区五大类农产品产量合计为1566.1万t，其中粮食、肉类占比为47.4%。从产业来看，粮食作物、草食畜牧业、柑橘是库区的优势产业。

库区第一产业发展情况见图4-3；库区主导农产品产量占比对比情况见表4-1。

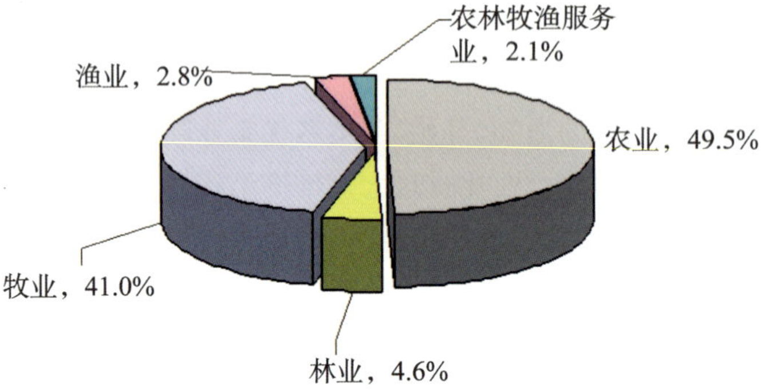

图4-3 库区第一产业发展情况

表4-1 库区主导农产品产量占比对比情况 单位：%

类别	主城区	区域中心区县	远郊县
粮食	3.0	52.9	44.1
油料	0.8	39.1	60.1
甘蔗	1.0	96.2	2.8
烟叶		16.5	83.5
茶叶	0.5	81.6	17.9
水果	2.2	60.8	37.0
蔬菜	10.6	56.9	32.5
肉类	3.2	50.0	46.8

注：区域中心区县，夷陵区、渝北区、涪陵区、长寿区、巴南区、江津区、万州区、开县；远郊区县，兴山县、武隆县、秭归县、巴东县、巫山县、巫溪县、奉节县、云阳县、忠县、石柱县、丰都县。

(3)库区农业优势资源丰富

三峡库区适宜的气候条件、特殊的地形地貌以及丰富的草地资源和水资源,在发展柑橘、油菜、水稻、小麦、玉米、马铃薯、蔬菜、生猪、肉牛、肉羊和水产品等农产品方面具有较大优势。特色农产品、林产品以及药用植物资源开发潜力巨大,劳动力资源充足且成本低廉,具有较好的农业产业资源条件。随着三峡工程的建成,大大提高了防洪保障能力,减轻了沿江农民的经济和劳务负担,提高了农业的保收系数。一大批农业商品基地和板块基地建成,优化了生产力布局,提高了规模化经营、商品化生产水平和市场竞争力。以轻型简化栽培、测土配方施肥等为重点的一大批农业实用技术的推广应用,也为农业增效、农民增收积累了一定经验。

三峡库区优势产业区(产业带)区域分布情况见表 4-2。

表 4-2　三峡库区优势产业区(产业带)区域分布情况

产业区(产业带)	区域分布	龙头企业
优质粮油特色产业区	开县、长寿、巫溪、江津、巴南	重庆市粮油集团、重庆市种业集团
优质瘦肉型猪特色产业区	兴山、武隆、涪陵、江津、巴南	华牧实业公司、德佳食品、今普集团
草食性畜特色产业区	夷陵、秭归、巴东、石柱、丰都、开县、云阳、奉节、武隆	天友乳业公司、海浪科技实业
柑橘产业带	夷陵、兴山、秭归、奉节、巫山、忠县、江津、万州	三峡建设集团、万州汇源集团、重庆恒和果业
榨菜产业带	涪陵、万州、丰都、长寿、渝北	涪陵榨菜集团、鱼泉榨菜集团
优质中药材产业带	巴东、巫溪、巫山、万州、石柱、涪陵、忠县、武隆、云阳	太极集团、三牧集团
香料产业带	长寿、江津、渝北	四面山花椒公司、德馨香料公司
蚕茧产业带	涪陵、石柱、巫溪、奉节、云阳	重庆金凤丝绸、祥飞实业

(三) 第二产业现状

(1)工业总量不断增加

1998—2008 年,库区工业快速发展,工业增加值由 370.8 亿元增加至 1645.3 亿元,年均增速达 14.6%,超过全国同期年均增速 3.9 个百分点。从年度增速情况看,库区工业增加值增速至 2000 年超过 10%,2003 年达到 15%,2007 年超过 20%,2008 年达到 21.3%,呈现出阶段式上升的态势,且与全国同期增速的差距逐年拉开。在库区淹没企业搬迁等多方面因素的影响下,1996—2002 年,库区规模以上工业企业数逐年下降,2003 年起逐步回升,2008 年,三峡库区规模以上工业企业达到 2029 家。

(2)库区工业体系逐步形成

三峡库区工业企业经历了十几年的大搬迁、大调整的发展历程,特别是通过工矿企业"两个调整",一批污染严重和劣势企业退出了市场,一批困难企业因转型增效获得了新生,实现了库区企业从计划经济体制向市场经济体制转轨、国有企业改革扭亏脱困至建立现代企业制度。三峡库区已初步形成较为完备的工业体系。根据2008年规模以上工业增加值数据分析,库区工业增加值总计为994.9亿元,现状产业中机械装备产业占34.9%,能源环保产业占13.8%,化工占11.2%,建材占8.9%,农副产品加工占6.0%,医药产业占4.6%,电子信息占3.4%,纺织占2.1%,船舶制造占0.9%,上述九大产业工业增加值共占85.8%。

库区主导产业占比情况见图4-4;库区主导产业类别统计见表4-3。

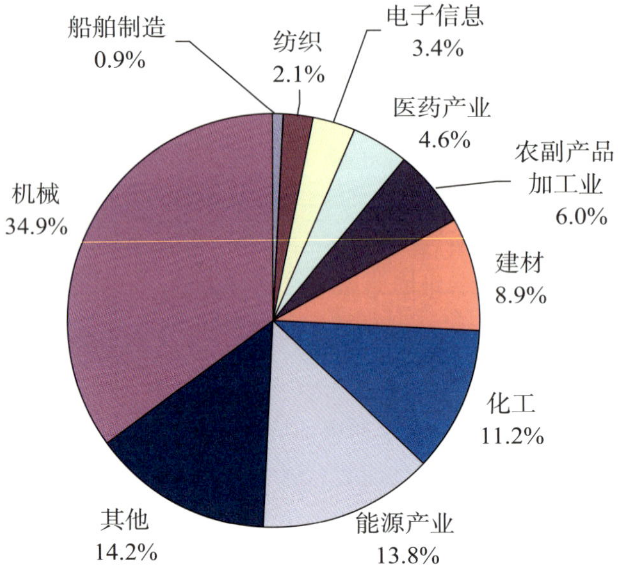

图4-4 库区主导产业占比情况

表4-3 库区主导产业类别统计

主导产业类别	具体行业类别
资源开采及加工	矿产(煤、盐、气、磷、石灰石等)、冶金及金属压延加工、化工(盐化、磷化、煤化等)、发电
轻工制造	建材、包装、纺织、服装等
高新技术	机电、电子、医药、装备制造
农产品深加工	食品饮料、农/林副产品加工

注:资料来源于各区县2008年《国民经济与社会发展统计公报》。

(3)各区县主导产业各具特色

2008年,库区第二产业中,工业比重达85.5%。分区域来看,各区县工业发展态势呈现齐头并进、遍地开花之势。从各区县的主导工业来看，三峡库区各区县的工业各具特色，主要集中在资源开采及加工、轻工制造、高新技术和农产品深加工等方面。库区各区县（不含主城区）纷纷加强园区建设与打造，将其作为承接外部产业转移和本地产业发展的集聚平台。截至 2008 年底，各市、县（区）级主要工业园区共计 31 个，除了依托当地优势资源开展相关加工业外，还纷纷引进以建材、服装等为主的轻工制造业，以及以医药、光电、机械等为主的高新技术产业，各地园区的产业结构相似度较高。

库区各区县主导产业见表 4-4。

表 4-4　　库区各区县主导产业统计

省（直辖市）	序号	区县	主导工业
湖北	1	夷陵区	食品、化工医药、新型建材、机电、纺织包装、农产品加工、酒类、矿产品深加工、水电
	2	秭归县	能源、食品医药、轻工服饰、光电子、化工
	3	兴山县	小水电、磷化工、食品、建材、硅系列五大优势产业
	4	巴东县	电力、煤炭、农产品加工、建材、药业
重庆	5	巫山县	能源、建材、旅游品制造和农副产品深加工
	6	巫溪县	农副产品加工、能源
	7	奉节县	煤炭、电力、水利、农副产品加工
	8	云阳县	农副产品及加工、新材料、机械制造、清洁能源
	9	万州区	盐气化工、机电轻纺、绿色食品、现代制药、新型建材
	10	开县	能源、绿色食品加工、轻纺服装、天然气精细化工
	11	忠县	农副产品加工业、机械制造业、生物制药业、能源化工业、建筑建材业
	12	石柱县	电矿、药业、食品、轻化、矿产品加工
	13	丰都县	化医、食品加工、轻纺、机械加工、建材
	14	涪陵区	能源、食品、医药、化工、建材、机械制造、化纤纺织
	15	武隆县	农副产品加工业、清洁能源、矿产资源加工、建材
	16	长寿区	天然气化工、建材、能源、轻纺
	17	渝北区	汽摩、纺织服装、模具、食品、机电装备和光电产业汽摩、生物医药、电子信息
	18	巴南区	交通运输设备制造、生物制药、机电加工
	19	江津区	电力、机械、建材、食品加工、轻纺、化工

（四）第三产业现状

（1）服务业在国民经济中的重要地位日益凸显

服务业快速发展，占国民经济比重逐步提升。2008 年，三峡库区实现地区生产总值 2104 亿元，同比增长 16.2%，其中服务业增加值为 731.2 亿元，同比增长 15%，服务业增加值占生产总值的比重达 35.7%，比 1997 年上升 3.7 个百分点。服务业在三峡库区经济社会中的地位日益凸显，已经成为库区经济社会发展的重要支柱。

库区第三产业以传统的批发零售和住宿餐饮为主，两者占库区社会消费品零售总额比重的98.3%。

库区各区县第三产业发展情况见图4-5；库区第三产业内部占比见图4-6。

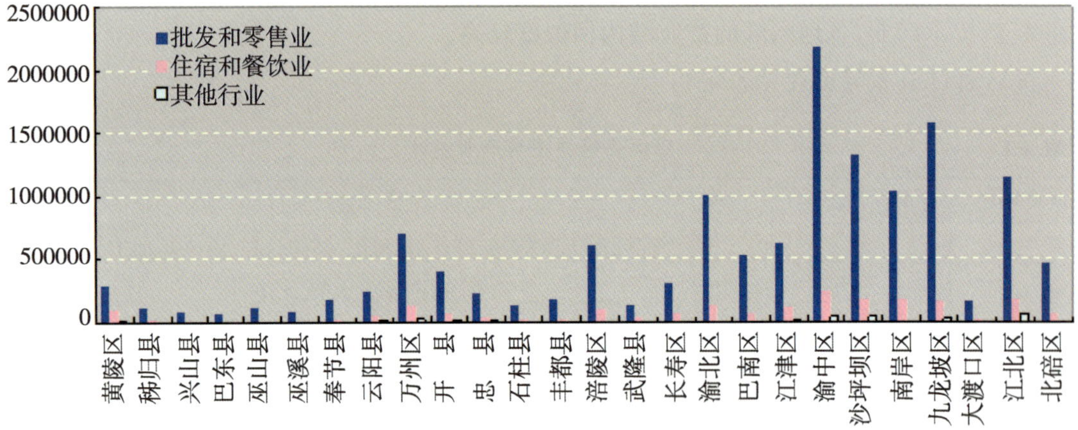

图4-5 库区各区县第三产业发展情况(单位:万元)

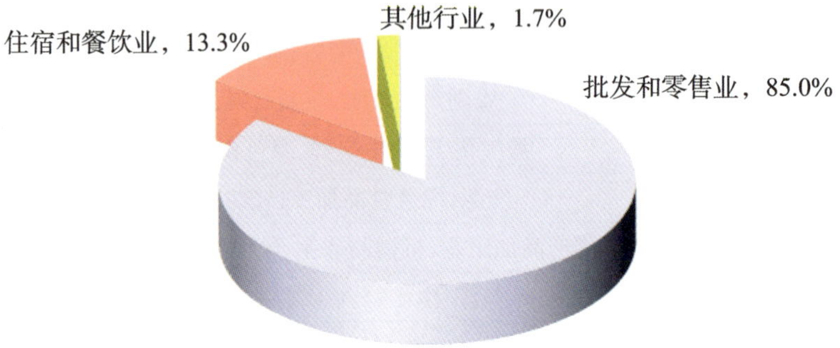

图4-6 库区第三产业内部占比

(2)旅游业是库区优势产业之一

三峡库区范围内的旅游资源不仅丰富，而且资源品质较高，加之长江三峡是我国旅游的黄金线路，位居我国旅游40佳之首和我国14条旅游热线首选，旅游业成为库区四大优势产业之一。

库区拥有世界自然遗产1处，国家级风景名胜区8个，全国重点文物保护单位18个，国家森林公园23个，国家级自然保护区6个，占全国的2%；全国工农业旅游示范点14处，AAAA级旅游景区31家，星级饭店305家，旅行社375家，旅游直接从业人员30万余人。2008年，三峡重庆库区仅各景区旅游收入超过150亿元，较上年同期增长近30%；旅游直接从业人员达8.8万人，其中库区移民直接就业人数为1.76万人。受旅游业带动，交通运输、餐饮服务、商业贸易、邮电通信等其他服务业得到快速发展。

(3)现代物流业发展基础良好

库区现代物流业发展具有交通、区位优势以及必要性。首先,从物流发展基础看,三峡库区具备发展现代物流业的交通优势,交通运输基础设施较为完善。三峡库区同时具有铁路(成渝、川黔、襄渝、达万、渝怀、遂渝、万宜和渝利等以及其他在建与规划中的铁路)、公路(渝泸、成渝、渝邻、沪渝蓉等以及其他在建与规划中的高速)、水路(长江"黄金水道")、航空(重庆江北国际机场、宜昌三峡机场、万州机场、巫山神女机场等)和管道 5 种运输方式,再加上两路寸滩保税港区开工建设以及重庆作为全国性物流节点城市,均为库区现代物流业的发展提供了必要支撑。其次,从区域位置看,三峡库区地处长江上游和中西部结合带,承东启西,是撬动"连接中国 11 个省区市,跨越东、中、西三大经济带,辐射近 4 亿人口的长江流域"这一杠杆的支点。其杠杆支点作用要有效地发挥,聚集物资和资源,带动三峡库区的经济发展,客观上需要物流的有力配合。最后,从三峡库区自身的经济发展看,随着西部地区经济板块国家战略地位的明显提升和库区自身的经济发展加快,城市化、工业化的提速和主要产业的提档升级必然带来物资、商品的大进大出,对物流业的发展提出更高要求。

(4)区域商贸服务业中心已初步形成

三峡库区商贸业发展具有较好基础。初步形成了一批城市中心商圈、大中型批发市场、特色专业市场、省际边贸市场、商业特色街、重点集镇的多层面的商贸流通体系,并形成了一批库区商贸消费聚集区。重庆主城、宜昌、万州等商业中心已初步形成,且对周边地区具有较大的辐射带动效应。但除重庆主城之外库区其他地方商贸业的层次还较低、新兴业态发展较慢。商贸业的快速发展,势必增加经济总量,从而创造更多的就业机会,有利于提高人民的生活质量和水平。因此,必须高度重视商贸业的发展,把商贸业作为三峡库区服务业发展的重要产业。

二、产业发展存在的问题

(一)第一产业

(1)库区农业基础薄弱

农业基础改善效果不明显,生态环境脆弱,防灾减灾能力弱。耕地资源量少质差,人均耕地面积不到全国平均水平的 2/3,人地矛盾突出。耕地以丘陵、山地为主,坡度在 15°~25°的占 32.5%,25°以上的陡坡地占 16.3%;农村生态环境形势严峻,水土流失面积占总面积的 48.6%,石漠化面积占总面积的 11.6%,土地酸化面积占耕地面积的 15.1%。防灾减灾能力不强。人均旱涝保收耕地面积仅有 0.2 亩,比全国平均水平 0.5 亩低 60%,靠天吃饭的困境依然没有得到改变,自然灾害与生物灾害发生频繁,应急防控能力差。

(2)农产品整体竞争力不强

农产品以初级产品为主,产业化经营水平低。传统产业层次低,农产品生产、加工、流通的产业链短，农产品加工水平仅29%，农产品优质率50.8%，柑橘的优质果率仅35%左右。同时，农副产品市场体系辐射力不强，新型现代营销体系不尽完善。合作经济组织发展缓慢，规模小，服务单一，组织化程度低、带动力弱，化解市场风险能力弱，农民专业技术水平较低。

(3)科技创新和应用水平不高

农业科技创新和储备能力严重不足，高层次农业创新人才匮乏，科技基础条件薄弱。农业科技投资主体不多，农业科研和推广经费不足。农业科技成果应用主体素质不高，推广手段陈旧，技术到位率低，农业科技成果转化率较低，科技进步对农业的贡献率比全国平均水平低5个百分点。

(4)农业资金投入不足

政府投入增长缓慢，金融支持乏力，农业农村资金外流，社会资金投入积极性不高的局面没有得到改变。财政对农业投入的资金多头管理，政策之间缺乏应有的有机联系，不能发挥整体效益。农业利用外资的份额太小，且资金到位率低，截至2008年累计利用外资仅为2亿多美元。

(5)农村劳动力文化水平不高

库区农村人口多，大量农村劳动力处于失业和隐性失业状态，农民文化程度较低，整体素质不高，缺乏增收致富的有效技能，农村文盲、半文盲和小学文化的比重达58.8%。农业从业人员的科学素养只有全国平均数的1/6，且具有技术职称的农民中近85%的人员已转移就业，留守农民的技能不高，农业劳动生产率较低。农民增收的长效机制尚未建立，农民稳定增收面临很大压力。

(二)第二产业

(1)库区工业产业总体实力不强，结构有待优化调整

库区工业园区建设滞后，企业竞争力不强，已成为库区经济发展落后、移民就业困难的主要原因。根据国家工业和信息化调查，主要存在两方面问题。一是淹没搬迁企业生存困难，根据重庆库区调查，受淹工矿企业1397户，搬迁调整完成后，已破产636户，已搬迁761户，但搬迁后盈利的仅192户，占25.2%；亏损的有569户，占74.8%。二是工业园区发展仍较为滞后。三峡工程库区属于全国贫困地区之一，财政实力弱，难以对工业园区基础设施进行大规模投入，无力搭建园区基础设施和标准厂房“筑巢引凤”，目前，库区已(在)建工业园区39个，具体分为68个组团，约364km^2。根据重庆库区调查，库区18个工业园区，建成标准厂房85万m^2，道路238km，污水处理厂规模4.25万t/d，分别仅占重庆市总工业园区的21.5%、31%、53%。

(2)工业污染状况尚未得到有效控制

据统计，库区的废水排放量逐年呈增长的趋势，2006年废水排放量为近10年的最高量，

其中增长的部分主要集中在工业排放部分，增幅最高的为2005年，工业废水排放量增加2.66亿t，增幅为86.2%。2007年三峡库区271家工业污染源共排放废水2.52亿t，其中长寿区、涪陵区、大渡口区、江津区废水排放量较大，分别占废水排放总量的19.0%、12.6%、12.0%和11.2%。排放废水中各类污染物总量为4.90万t，其中化学需氧量4.42万t、氨氮4742.62t、石油类64.69t，分别占90.2%、9.7%和0.1%。化学需氧量和氨氮为主要污染物，其累计等标污染负荷比为98.0%。主要排污区域为长寿区、涪陵区、九龙坡区、渝北区、江北区、北碚区和南岸区，其累计等标污染负荷比为83.0%。

(3)产业集聚性差，特色优势产业不突出

库区工业经济严重“短腿”，工业化程度低。库区工业基础薄弱，主导产业和特色产业尚未确立，工业经济对当地税收、居民收入和就业的带动不强。涪陵、长寿、万州工业基础虽然较好，但是内部结构仍然不合理。如涪陵、长寿虽然有一些大型企业，但中小企业发展不快，其中涪陵规模以下工业产值占比不到13%。万州支柱工业种类单一，科技含量偏低，没有形成产业群和产业链。巫山、巫溪、巴东和秭归等区县处于高山峡谷地带，工业发展基础和条件较差，2008年各县规模以上工业增加值均在10亿元以下。其中巫山和奉节工业仅以煤炭开采为主。

(4)库区各区县工业发展差距大，工业生产力布局不合理

库区工业发展不平衡。湖北库首区县，库区腹心区县和重庆市近郊的库尾区县的差异较大，渝北区(库区工业最强区)工业实力是巫溪县(库区工业最弱县)的44倍。从各区县工业园区发展来看，渝北空港、巴南花溪、江津、长寿等重庆近郊特色工业园区发展迅速，2006年引进企业623户，投产企业总产值142亿元，分别占重庆库区的90%、74%，已成为重庆市工业经济发展的增长极。长寿两大工业园区引进企业103户，协议引资350亿元，其中世界500强企业4户，跨国企业17户，重庆工业50强企业4户。相比之下，8个库区重点区县工业园区发展缓慢，2005年引进企业66户，投产企业总产值49亿元，仅占重庆库区的10%、26%。除万州、涪陵工业园区发展较好，开州、云阳、丰都工业园区有一定基础外，其余重点区县工业园区发展缓慢，巫山、奉节等则尚在开展前期基础工作，库区工业急需打造发展平台。湖北库区除夷陵区工业实力较强外，其余3个区县工业实力仍然很弱。

(5)工业吸纳劳动力就业仍显不足，高素质人才缺乏

库区工业吸纳劳动力能力不足，产业新增就业容量难以满足新增劳动力和结构调整下岗劳动力的就业需求。因三峡工程兴建，重庆库区工矿企业破产关闭947户，其16.2万企业职工除4.1万人退休有保障外，12.1万下岗待业人员中只有3.01万人实现了再就业，以正规方式就业的不到总人数的8%。失业人员年龄普遍偏大，技能很低，年龄在40岁以上的占57.2%。湖北库区232家淹没工商企业原共有25611名职工，仅安排了5000名职工就业，迁建企业职工就业率不足20%。库区普通劳动力供给充足，本地劳动力存量大，但劳动力整体素质偏低。由于当地的人员外出务工的思想有增无减，库区企业招工的难度越来越

大。同时库区劳动力工资水平不高，大量技术熟练工人和高素质人才选择外出务工，加剧了库区的劳动力问题。

(三)第三产业

(1)物流业发展水平总体滞后

三峡库区物流发展水平仍不能够适应新的经济形势和发展要求。物流设施及相关配套相对滞后，物流通道仍需畅通，物流服务业态和形式较单一，发展不足，物流参与供应链管理程度低，物流成本占经济运行成本的比重仍偏高，物流设施及相关配套设施的标准化、衔接程度较低，物流技术装备水平和信息化相对落后。

(2)旅游业发展基础亟待重构

三峡工程建设对库区旅游资源产生了结构性变化影响，水位抬升淹没部分自然景观和历史文化资源，原有的峡谷观光和历史文化旅游产品品质有一定程度下降，新的高峡平湖观光和三峡风貌旅游产品品质尚未形成；由于三峡水库蓄水带来的淹没影响以及旅游业发展方式的转变，库区旅游业出现了与新形势不相适应的一面。库区旅游配套基础设施和服务设施建设相对滞后，蓄水成库淹没了原有的旅游码头、景区道路和游客中心等设施，旅游配套服务设施建设严重滞后，旅游客流与交通瓶颈、旅游公共服务的矛盾仍然比较突出；部分旅游景区原生环境被淹没或因迁建而被改变，亟须给予重建恢复或予以完善；原有优质旅游景区附近依托旅游资源生存的移民群众生产生活水平受到一定影响；三峡库区旅游资源开发缺乏统筹规划和有效协调，旅游产品的文化底蕴挖掘不足，文化产业链亟待重新构建；旅游产品及企业呈现“小、散、弱、差”的局面，行业整体素质亟待提升。

(3)商贸服务业补偿配套不足

受三峡水库蓄水影响，库区城集镇部分商贸流通企业、商业网点和个体经营门面房被淹没，商业格局发生了调整和变化。受政策限制，搬迁过程中对受淹经营性资产损失补偿考虑不足，移民迁建小区建设中商业网点配套不完善，出现生产经营恢复困难，移民群众生活不便、就业岗位不足以及移民群众受益不均衡等多种现象。

三、扶持措施

(一)产业扶持思路

库区产业结构调整以促进移民安稳致富和库区经济社会又好又快发展为目标，按照国家产业政策要求，着力发展结构优化、技术先进、清洁安全、附加值高、吸纳就业能力强的库区特色产业体系，推进产业结构调整。以生态产业园为平台，发展高产、优质、高效、生态、安全的现代农业，改造提升制造业，培育发展战略性新兴产业，鼓励产业向园区集中；加快发展服务业，进一步提升现代物流、特色旅游、商贸服务、农村服务等服务业发展水平，提高二、三产业在库区国民经济中的比重，鼓励符合环保要求的企业吸纳移民就业，为移民和生态屏障区农村相关转移人口提供就业岗位,实现移民搬得出、稳得住、逐步能致富。依据《国务院关于推进重庆市统筹城乡改革和发展的若干意见》(国发〔2009〕3号)(以下简称国发〔2009〕3号文)要求,对生态产业园的基础设施和相关环保设施给予扶持,建立产业发展、促进移民安稳致富的新机制。

(二)生态农业及生态农业园建设扶持

生态农业及生态农业园建设扶持是以提高农业土地利用率和农产品竞争力为核心,同时要求与农业面源污染治理和生态环境保护相结合,因此不仅要考虑经济效益,也要符合生态屏障区农业用地条件和生态保护的特殊要求。通过分析与上位规划的符合性、基础配套设施建设的可行性、农业用地条件的可能性、市场前景的可观性、当地群众的适用性等方面,确定生态农业园区总体布局和规模、种植业结构调整的面积、渔业发展的区域和规模等。

(1) 生态农业总体布局

根据生态屏障区的土地资源现状、社会条件和经济发展水平,以自然、地理条件和当地种植养殖历史为依托,因地制宜,最大限度利用光、温、水、气、肥等,划分川江(奉节以上)和峡江(奉节以下)两大不同片区;根据各区县产业发展基础和"十一五"农业发展规划,以原有农业空间分布为基础,促进相应产业的规模化和区域聚集,以生态农业园建设带动农业结构调整和产业化发展,提出三峡库区生态屏障区生态农业的总体布局为"一线二片三带",在方向上重点扶持六大支柱产业。

"一线二片三带"的总体布局:在沿长江及其支流一线,以完善城市功能和满足居民生活需求为重点,在库区城镇周边发展城郊都市生态农业。根据峡江库区和川江库区在气候、土壤和地形上的差异,在水平布局上,突出地方特色建设峡江脐橙茶叶片、川江蔬菜小水果中药材片两大生态农业片。在垂直空间上,因地制宜布局沿江特色水果带、低山丘陵茶叶带、中山蔬菜药材带等三个产业带,形成库区农业产业"一线二片三带"的整体布局。

六大支柱产业:以尊重人文历史、耕作传统和自然环境为根本遵循,立足原有产业条件为基础,通过对自然条件、区位条件、产品知名度及人文典故等因素的综合比较,确定重点发展脐橙、蔬菜、特色水果、中药材、茶叶和特色养殖等六大特色支柱产业。

(2)生态农业及生态农业园建设与扶持

在考虑具体扶持对象上,重点考虑三个因素:一是具有一定的资源优势和产业基础;二是具有较大的市场前景和产业成长潜力,有较长的产业链条,延伸潜力较大;三是符合农业结构调整方向。重点发展优质粮油、特色蔬菜、花卉苗木、优质柑橘、优质生猪、草食牲畜、生态渔业等产业。

综合考虑增强库区农产品供给能力、增加农民收入和保护生态环境的要求,稳步发展优质粮油;在条件较好的区域以生态农业园为主要载体,大力发展辣椒、花椒、魔芋等特色蔬菜;在城镇郊区积极发展花卉苗木等经济价值较高的种植业;研究和推广科学技术,在丘陵及山区加快发展优质柑橘等林果业,建设库区良种繁育体系,适度规模发展优质生猪、草食牲畜等畜牧业；在有条件的水域适度发展生态渔业。形成“优质、高产、高效、生态、安全”的优势特色农业产业体系，建成绿色无公害农业试验区。

1)生态农业园建设与扶持

按照“一线两片三带”的生态农业布局，从促进三峡库区农业产业结构调整和推进农业产业规模化、集约化和优质化发展出发，在生态屏障区内推进种植业结构调整及品种改良，在移民安置村组扶持建设生态农业园；加强农业技术培训，扶持农业服务体系建设。改变传统耕作方式，提高土地产出能力，增加移民收入，有效降低农村面源污染，走低污染、高效率、可持续的生态农业发展之路。

同时，按分类指导的原则，根据生态农业园建设内容的不同类型，在生态屏障区内扶持建设三大类别的生态农业园 108 个，包括种植类 80 个、养殖类 10 个和综合类 18 个。

种植类主要是以种植业为主要建设内容的园区，包括柑橘类 25 个，茶叶类 4 个，蔬菜类 21 个，其他特色水果类 16 个，中药材类 4 个，种苗类基地 5 个，花椒类 4 个，其他 1 个。

畜牧养殖类主要是以畜牧业养殖为主要建设内容的园区，主要包括生猪生态养殖园 6 个，草食畜牧类生态养殖园 4 个。

综合类生态农业园主要是将多种类型的农业组合在一起为建设内容的园区，包括观光类 9 个，立体种养类 6 个，其他综合性 3 个。

依据三峡库区各区县农业发展资源优势、产业优势和产品优势，在生态屏障区移民安置村组共扶持建设生态农业园 108 个，总面积 24.80 万亩。其中：库区 107 个，总面积 24.65 万亩(其中湖北省 21 个，面积 3.53 万亩；重庆市 86 个，面积 21.12 万亩)；坝区(湖北省宜昌市夷陵区)1 个，面积 1500 亩。

完善生态屏障区生态农业服务体系，建立完备的技术服务、农产品检验检测、农业环境监测体系和产品储运和市场体系。

鼓励土地集约经营，建议在生态农业园的经营管理上推广 3 种模式，即农民带地入股、实行股份合作经营模式；农民土地出租流转、实现公司独立经营模式；按照公司＋农户组建农业合作社的经营模式。

同时，项目范围内的绝大多数农户圈养生猪，并已建设了大量的沼气池。该项目实施后，种植类生态农业园的地被植物不仅保持水土，还为养殖类农业园和园区农户生猪养殖提供饲料；养殖类农业园和园区农户生猪产生的废弃物和排泄物进入养殖园和农户的沼气池，产生的沼气为养殖类农业园和园区农户提供清洁能源；沼液和沼渣进入种植类农业园，为种植园提供了有机肥。上述过程形成生态养殖园(农户养猪)－沼气池－养殖园的循环系统，实现废物利用和物质与能量的循环。

2)种植业结构调整及品种改良

在上述生态农业园建设的基础上，在生态屏障区范围内积极推进种植业结构调整及品种改良，推行高效生态种植模式，限制农药、化肥的使用，以改变传统耕作方式，提高土地产力，有效降低农村面源污染，走低污染、高效率、可持续的生态农业发展之路。

拟将生态农业园外5%左右的旱地改造为普通菜地，增加普通菜地6.79万亩；将60%左右的旱地、园地进行种植结构调整(含改土、抽槽、施有机肥、苗木抚育等)或品种改良，其中耕地种植结构调整54.39万亩、园地品种改良15.86万亩。

3)移民迁建城集镇蔬菜基地建设

三峡库区城集镇原蔬菜基地主要集中在175m线下河谷地带，三峡工程175m蓄水后，库区城集镇部分蔬菜基地被淹没。三峡库区共淹没蔬菜基地2.26万亩、河滩商品菜地1.13万亩，同时移民迁建城集镇建设占用了1.55万亩蔬菜基地。上述蔬菜基地一直未恢复建设，导致搬迁后库区本地蔬菜生产能力下降，供需矛盾突出，价格偏高，影响移民群众生活。

结合生态农业园建设布局，根据淹没和迁建占用商品菜地情况，研究提出在三峡库区19区县移民迁建城集镇周边建设蔬菜基地，以稳定库区蔬菜市场供应，改善民生，促进移民稳定就业和增收。规划恢复建设淹没的蔬菜基地5.08万亩，恢复建设迁建占用的蔬菜基地2.23万亩。

4)鱼类养殖示范基地建设

冷水性鱼类养殖示范基地：在重庆库区巫山、开州、巴南和湖北库区兴山，建设鱼池、孵化设施、实验室、循环水苗种池等冷水性鱼类养殖示范基地。

流水养殖示范基地：在重庆库区的巫山、巫溪、开州、丰都和湖北库区的秭归建设流水养殖示范基地。

建立冷水性鱼类养殖示范基地与流水养殖示范基地面积195亩。其中，重庆库区150亩，湖北库区45亩。养殖南方鲶、长吻鮠、黄颡鱼、鳜鱼、岩原鲤、长薄鳅、中华倒刺鲃、裂腹鱼等名特优鱼类，年生产能力及产量约在3000t以上。

5)农业服务体系建设

三峡库区各区县经过多年的建设，基本上都成立了县农业技术推广中心，设立了农技、植保、土肥、种子、蔬菜、农经等事业站。各乡镇分设了农经站、农业技术推广站、畜牧兽医站等。形成了以块为主，乡镇直接领导，县农业局、畜牧局等为业务指导的农业技术服务体系，负责开展宣传、贯彻实施农业政策、法律法规，引进、试验、示范、推广农业新品种、新技术、技术培训和咨询，检疫防疫等工作。由于缺乏统筹规划和投入不足，库区农业技术服务与农产品市场营销等体系建设虽然具有一定基础，但建设规模小而散，农业资源与生态保护、农业信息和农产品市场等体系的建设严重滞后，加之专业人才缺乏、人才建设机制不完善等问题，致使农业支撑体系结构存在缺陷，体系内在关系松散，整体功能没有得到充分发挥。

根据三峡库区生态农业发展的实际与需求，采取以省市为指导，各区县具体实施的农业服务体系结构。目前各区县根据自身的特色与优势，按县、乡镇、村的层次，已建立技术服务体系、产品质量保障体系、农业环境监测体系、产品储运与市场建设体系。生态屏障区农业服务体系规划是在目前库区已有体系的基础上，进行继承、整合、完善与创新，重点是扶持技术服务体系的建设，主要包括：开展农业技术培训，使每个种植养殖类型县级有1～2名技术带头人、乡镇有2～3名业务骨干、每村有3～5位技术明白人；对农产品质量监测、农业环境监测和农产品供销信息平台建设所需的仪器设备进行补充。

①县级主要是负责技术咨询和新技术引进，农业新科技和新品种引进、技术培训和推广及农民培训，良种推广率达到80%以上，每户至少有1人受到农业技术培训；农产品质量安全检测、农业依法行政、规范农产品市场准入、保障农产品食品安全，年抽样检测100次以上；绘制全县农产品产地分类区划图，每月对重点区域农业面源污染进行监测与调查，为治理工作提供基础资料和技术支撑，为政府部门决策提供科学依据；构建农产品储运经销服务体系，搭建好信息服务平台。

②乡镇主要对在县级农业技术培训中心获得的适宜该乡镇发展的新品种、新技术和农业新科技进行推广，开展农业从业人员农业科技和实用技能的教育和培训，培育专业农民，对该乡(镇)生态屏障区内的农业生产进行指导；配合进行农业环境的监测；建立农业信息平台，提供农产品产、供、销信息，共享信息资源，完善信息服务网络，提高农产品信息化水平。

③村级主要是配合和协助县、乡镇完成各项服务保障工作。

(三)移民生态工业园建设与扶持

(1) 库区生态工业建设总体布局

根据国发〔2009〕3号文精神，并与《重庆市特色工业园区产业定位实施意见》、湖北省和重庆市国民经济和社会发展规划纲要、土地利用总体规划相衔接。重点发展具有一定基础的新材料新能源产业、绿色食品加工业、生物医药加工业、丝麻纺织加工业、天然气化工及盐化工、新型建材工业、船舶制造、现代装备制造业等八大特色工业产业，严禁高消耗、高污染、高排放产业项目落户库区。根据各区县实际情况，提出产业项目布局。

新材料新能源产业：结合库区资源优势及现有发展基础，规划将新材料新能源产业发展成高新技术密集型产业、带动效应强的经济支柱产业和重点基础产业，支持逐步在万州、巴东等区县建设新材料新能源工业基地。

绿色食品加工产业：结合库区各区县农林畜渔产品特色，因地制宜，鼓励引进、推广和采用先进生物技术、工程化食品技术的果品、林产品、蔬菜、畜禽及水产品的加工企业，提高其产品科技含量、扩大规模，形成以龙头企业引领、以众多中小企业为主的集群发展模式。规划支持发展各类绿色食品、方便食品、有机食品、特色食品，形成食品加工制造与农副产品原料基地相结合的现代食品产业链。

生物医药产业：根据库区现有中药材资源和生物制药基础，鼓励企业自主创新开发和研制新药，通过引进、推广和采用先进生产工艺提高制剂水平，加快科研成果产业化和新产品、新技术开发与应用，限制低档次、低附加值和重复品种的发展。重点支持在宜昌、涪陵、万州等区县发展现代中药和生物制药产业。

丝麻纺织品加工产业：充分利用丰都、开州、奉节等区县较为丰富的苎麻、桑蚕等资源，鼓励加工企业加大技术改造力度、提高装备水平、提升产品档次、扩大产能、延长产业链条，形成地方特色产品。重点支持发展亚麻加工、高档纺织面料、丝绸服装项目。

天然气化工及盐化工产业：鼓励库区万州、长寿等区县目前已有的盐化工、天然气化工和盐气结合化工企业规模化和集约化，形成高效节能、减排环保的生态工业产业链。重点支持对产业链形成和效益发挥有重大影响的基础性、关键性、支撑性项目和市场前景好的高新技术项目，突出盐、气结合和下游高附加值精细化工产品生产特色。限制粗加工、低附加值的高能耗、高污染项目生产。

新型建材产业：秭归、万州、忠县等区县矿产资源较为丰富，具有发展部分新型建材的产业基础，规划支持以秭归华扬玻璃、万州科华建筑陶瓷及忠县海螺水泥等建材企业和产品为基础，提高资源利用率、固体废弃物利用率和降低污染排放，重点发展节能、环保、利废的水泥、新型墙体、玻璃等绿色建材产品，限制生产规模小、单位能耗高、环境污染重、生产工艺落后、资源利用率低下的中小企业发展。

船舶制造产业：充分利用重庆主城区、南岸、涪陵等区县现有的船舶制造基地，鼓励企业提高造船产业技术含量，形成国际国内知名的中小型特种船舶生产基地。并在有基础的区县发展船舶配套的船用设备、海洋工程装备、特种水上设备等产品群，形成产业链。

现代装备制造业：重点发展国家重大装备和重点建设项目的配套产品，主要包括仪器仪表制造业、能源开发设备、船舶配套产业产品及齿轮加工机床等。规划支持在宜昌、涪陵、北碚、江北、江津等区县发展汽摩制造、机械制造、光源电器制造等产业集群，逐步向机电一体化方向发展。

三峡库区工业生产力布局分为工业核心区、工业密集区和特色工业拓展区。三峡库区工业生产力布局见图 4-7。

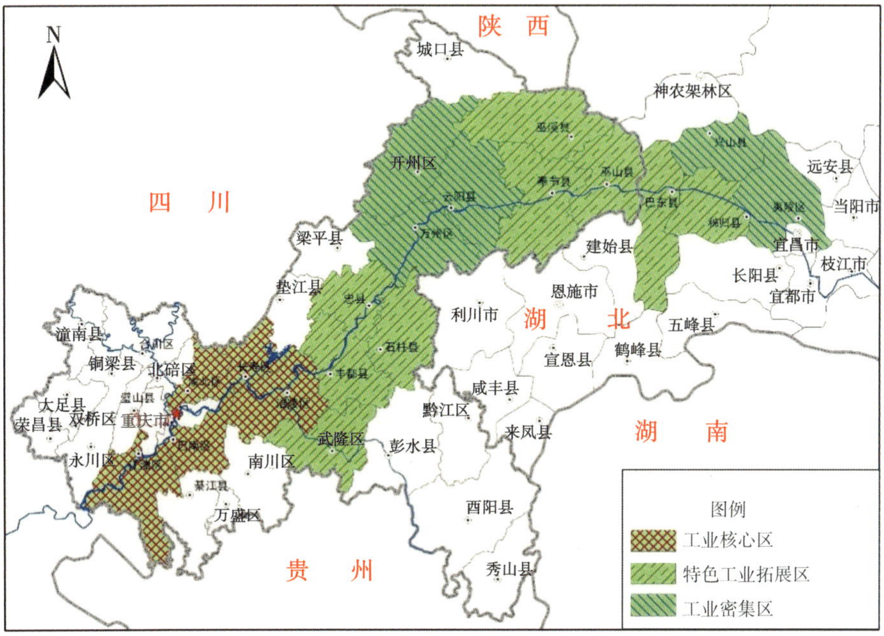

图 4-7 三峡库区工业生产力布局

(2) 库区移民生态工业园建设与扶持

三峡库区工业重点产业的选择，综合考虑以下因素：一是与库区主体功能相适应，符合库区的功能定位及发展方向；二是市场导向，就业优先，将带动库区移民安稳致富放在首位；三是有利于形成和发挥库区的动态比较优势，具有一定的市场竞争力；四是从区域产业链的配套、协调关系出发去考虑。

1)库区移民生态工业园建设

根据国发〔2009〕3号文、《三峡库区经济社会发展规划》等要求，在生态工业建设总体规划和产业布局规划基础上，规划建设生态工业园21个，其中新建园区3个，扩建园区7个，原有园区提升改造(包括园中园)11个(含宜昌经济开发区)，共涉及33个片区(组团)，规划产业涉及装备制造业、环保产业、盐气化工、新材料新能源、机械电子、纺织服装、食品及农副产品加工、中草药加工及生物制药等产业。

通过库区移民生态工业园的发展，基础设施项目投入运行后，库区生态工业链网将进一步完善，经济结构渐趋合理，工业经济增长速度和质量显著提高，直接拉动库区经济高质量快速增长。

通过库区移民生态工业园的发展，各园区通过运用分质供水、中水回用等水循环利用技术原理，将极大地提高水循环利用率，园区工业固体废弃物循环利用效率显著增长；运用废物代谢原理构建废物链，初步建立工业园区固体废弃物污染防治的有效管理机制，使园区工业固体废弃物减量化、资源化、无害化水平得到明显提高；通过构建产品代谢链和废物代谢链，将减少原材料消耗和工业三废排放，生态效率极大提高，明显减轻工业化、城市化对自然生态环境的影响和压力，实现人居环境人性化、舒适化和自然化，基本形成生态型和循环型社会，实现区域经济与环境、人与自然和谐发展。

通过重点项目的建设实施，建设移民生态工业园，发展循环经济并通过重点扶持产业项目的建设投产，增加就业渠道，促使三峡库区移民和生态屏障区相关转移人口就业和增收，实现库区移民安稳致富，建成后新增就业岗位约78万个，能够吸纳生态屏障区相关转移人口和移民30万～40万名劳动力就业。

2)库区移民生态工业园扶持

库区具备一定的创建移民生态工业园的条件，全库区整体上可满足移民富余劳动力和生态屏障区相关转移人口就业需求，使库区移民群众能够从第一产业向第二产业转移，规划实施可有效解决库区经济基础薄弱、人多地少以及经济发展与生态环境保护不协调等突出矛盾，促进移民安稳致富和库区经济社会发展。由于库区各区县工业经济发展还很不平衡，创建移民生态工业园的基础条件还不尽一致，为有效实施生态屏障区人口梯度转移，促进移民安稳致富，鼓励产业集群，向收益稳定的园区集中，结合移民劳动力和生态屏障区相关转移人口就业需要，对符合条件的生态工业园中提供移民就业岗位、减少污染排放的投入给予支持，特提出移民生态工业园的优先扶持原则，并根据各移民生态工业园现状创建条件提出优先扶持顺序。

①扶持条件。

a. 园区建设程序合法、合规。园区开发建设必须经环境影响评价和省级环保部门的批复;园区的设置应得到省级人民政府确认;园区开发规模及用地范围必须经省级人民政府及国土部门批准。

b. 园区产业符合国家产业政策。移民生态工业园应依托于所在区县的资源和产业优势,与国家产业政策相衔接,服从国家和地方产业发展重点及布局要求,遵循市场经济规律,坚决抑制高能耗、高污染、产能过剩以及重复建设项目。

c. 园区建设符合循环经济和清洁生产要求。园区必须在符合区域生态功能区划的要求下进行开发建设,遵循循环经济、清洁生产、低碳经济和生态工业战略,不得在生态敏感区、生态脆弱区及生物多样性保护区等进行开发建设。园区所在区域必须环境质量达标,污染物排放浓度和总量均需达标,且具有较好的环境管理水平。园区内建立起连接各产业的生态产业链,实现资源利用的最大化和废物排放的最小化。

d. 有利于吸纳移民就业。对于提供就业岗位多且充分吸纳移民及相关转移人口就业的园区适当加大扶持力度,鼓励园区考虑发展劳动密集型产业,兼顾技术密集型产业,以满足移民就业需求。

e. 立足现有园区改造提升。重点对现有基础条件好,且符合《综合类生态工业园区标准》(HJ 274—2009)的园区进行改造提升。现有开发区应按照清洁生产、循环经济的模式进行改造,结合产业结构调整和企业布局调整,发挥工业园区主导产业的集聚效应与规模效应,引导企业之间整合,形成企业(产业)之间的物质循环利用生态产业链,逐步将开发区建设成为规范化、环保化的生态园区。

②扶持顺序。

扶持三峡库区各区县移民生态工业园区建设的优先顺序采用综合评分法分析确定。根据各区县情况及移民生态工业园建设要求,选取区域环境质量状况及污染控制水平、区域生态敏感性及生态承载力、地质灾害评估情况、园区规划及批复情况、园区基础设施建设情况、园区产业政策相符性及特色、园区环评及批复、园区国土部门确认情况、提供就业岗位数量、区域转移人口岗位需求、《综合类生态工业园区标准》(HJ 274—2009)达标情况等共 11 项指标,并赋予相应权重,进行综合评判,以确定各区县移民生态工业园建设的优先扶持顺序。

权重确定:考虑到移民生态工业园的开发建设体现了移民和生态两大主题,因此,区域生态敏感性及生态承载力、提供移民就业能力两个因子权重取值为 0.2。区域环境质量及污染控制水平、产业政策相符性及特色、园区规划及批复相对较为重要,权重取值为 0.1,其他各因子权重取值为 0.05。

各评价因子评分采取等级打分,分较好、中等、较差 3 个等级,具体评分方法见表 4-5。各评价因子得分进行赋权重加和后得出综合评分,得出各区县综合评分结果,见表 4-6。建议根据评分情况,优先扶持排名靠前的区县生态工业园的创建。

根据以上分析，宜昌、万州、涪陵、长寿四地创建生态工业园的基础条件相对较好，研究认为近期重点扶持宜昌、万州、涪陵、长寿等综合条件较好的生态工业园，鼓励优势产业向该园区适当集中。对其他园区的创建适当补助环境保护设施，支持提升改造，发展生态工业。

表 4-5　　三峡库区各区县移民生态工业园创建条件因子评判方法

评价等级	评价指标			
	较好（9分）	中等（6分）	较差（3分或0分）	主要评分依据
区域生态敏感性及生态承载力	区域生态承载力较好、生态功能区划中允许发展的区域	水质保护、土壤保持、水源涵养区及都市生态屏障区等限制开发区	生态敏感区、生态脆弱区、生物多样性保护区及水土流失重灾区等	《全国生态功能区划》《重庆市生态功能区划》等
区域环境质量状况及污染控制水平	区域水环境、大气环境及声环境质量等均达标，污染物排放达标，区域污染控制水平较好	水环境、大气环境、声环境中有部分因子不能达标或排放的污染物部分因子不达标	水环境、大气环境、声环境要素中有两个以上均出现超标因子，排放的污染物部分因子不达标，区域环境质量较差	各区县生态工业园规划报告、环境质量年报、环境监测报告等
产业政策相符性及特色	规划主导产业符合三峡库区后续扶持规划及国家和地方产业政策要求，并具体有地方特色性	规划主导产业不完全符合三峡库区后续扶持规划及国家和地方产业政策要求或不具有地方特色性	规划主导产业不符合三峡库区后续扶持规划或国家和地方产业政策要求，产业不具体有地方特色性	各区县生态工业园规划报告、《三峡后续工作规划大纲》、《三峡库区经济社会发展规划》、国家和地方产业发展规划及产业政策等
提供就业岗位数量	园区提供移民就业岗位数量多	园区提供移民就业岗位数量较多	园区提供移民就业能力较差，提供就业岗位较少	各区县生态工业园规划报告、规划主导产业类型
园区规划及批复	园区已做总体规划并获得规划或建设部门的审批，且园区开发建设符合规划要求	园区已做总体规划并获得规划或建设部门的审批，但未能完全按照审批要求开发建设	园区未做规划，或者规划尚在开展中	各区县生态工业园规划报告、园区总体规划及批复等

续表

评价等级	评价指标			
	较好(9分)	中等(6分)	较差(3分或0分)	主要评分依据
区域环评及批复	园区已开展区域环评并得到了省级环保部门批复，且产业定位、范围、环保措施等均按照批复要求落实	园区已开展区域环评并得到了省级环保部门批复，但产业定位、范围、环保措施等未能完全按照批复要求落实	园区未开展区域环评，或者区域环评未得到省级环保部门批复，或者产业定位、范围、环保措施等不能按照批复要求落实	各区县生态工业园规划报告、区域环评批复
园区用地国土部门确认情况	园区用地规模及四至边界得到国土部门的确认	园区用地规模及四至边界不完全符合国土部门的确认情况	园区用地规模及四至边界不符合国土部门的确认情况或园区未提供国土部门的确认文件	各区县生态工业园规划报告、国土部门确认文件
园区设置政府确认情况	省级人民政府确认，开发规模及产业定位符合要求	省级人民政府确认，但园区的实际开发建设不完全符合政府批复要求	园区的开发建设不符合政府要求或未得到政府确认	省级经济主管部门批文、各区县生态工业园规划报告
园区基础设施建设情况	基础设施较为完善	基础设施不完善，部分基础设施建设中	基础设施条件较差或园区待开发目前尚无基础设施	各区县生态工业园规划报告或政府确认文件
《综合类生态工业园区标准》(HJ 274—2009)达标情况	达标率大于80%	达标率介于20%～80%	达标率不足20%	各区县生态工业园规划报告、综合类生态工业园区标准
地质灾害评估情况	地质灾害评估良好，无不良地质情况	地质灾害较少	20%以上区域属于地质灾害易发区	地质灾害评估报告或国土部门或其他相关部门说明文件

表 4-6 三峡库区各区县移民生态工业园建设扶持优先度综合评分

区县	区域生态敏感性及生态承载力	区域环境质量状况及污染控制水平	产业政策相符性及特色	提供就业岗位数量	园区规划及批复	区域环评及批复	园区用地国土部门确认情况	园区设置政府确认情况	园区基础设施建设情况	《综合类生态工业园区标准》(HJ 274—2009)达标情况	地质灾害评估情况	综合得分
权重	0.2	0.1	0.1	0.2	0.1	0.05	0.05	0.05	0.05	0.05	0.05	
宜昌	9	6	9	9	9	9	6	9	6	6	9	8.25
夷陵	9	6	6	3	6	0	6	9	6	3	9	5.85
秭归	9	6	6	6	9	9	6	9	6	3	9	7.2
巴东	9	6	6	6	6	9	6	9	6	3	6	6.75
兴山	6	6	6	3	3	0	3	3	3	3	6	4.2
巫山	3	6	3	3	6	3	3	6	3	3	3	3.75
巫溪	3	6	3	3	3	3	3	3	3	3	3	3.3
奉节	6	9	6	6	6	6	6	6	6	6	6	6.3
云阳	6	9	9	9	6	6	6	6	3	3	9	7.05
万州	9	9	9	9	9	9	6	9	6	6	9	8.55
开州	9	6	6	6	9	6	6	6	6	6	9	7.05
忠县	9	9	9	9	6	0	0	0	6	6	6	6.9
石柱	6	6	6	3	6	9	3	3	3	3	6	4.95
丰都	9	6	9	6	9	9	9	9	6	3	9	7.65
涪陵	9	6	9	9	9	9	9	9	6	6	9	8.4
武隆	3	3	6	3	6	3	3	3	3	3	6	3.75
长寿	9	6	9	6	9	9	9	9	9	6	9	7.95
渝北	6	6	9	6	6	0	0	3	3	3	9	5.4
巴南	6	6	9	6	6	3	3	3	3	3	9	5.7
重庆七区	9	6	9	3	6	3	6	6	6	3	9	6.15
江津	9	6	6	6	6	6	6	6	6	3	9	6.6

③扶持内容。

按照建设生态工业园的要求，将出现项目入园门槛高、环保要求严和治理成本大的问题。据此，对地方提出的移民生态工业园，按照符合生态环保要求、国家政策要求、移民受益原则给予扶持，为库区移民和屏障区转移人口就业搭建平台。

三峡库区移民生态工业园扶持投资计算体现政府运作和个人挂钩的资金明确分离的原则，突出控污和移民就业两方面重点的要求，扶持内容主要包括以下 4 个部分：环保设施建设补助、转移人口产业扶持一次性补助、园区重点产业项目扶持费和基础设施建设补助。各项计算方法和标准如下：

a. 环保设施建设补助费。

主要用于园区环保治理设施建设、能源集成系统及生态产业链构建。

对生态工业园吸纳移民和生态屏障区农村相关转移人口中就业不充分的劳动力数量，计列环保设施建设补助费。在上述基础上，对宜昌、万州、涪陵、长寿等综合条件较好区域增加环保设施建设补助。

b. 转移人口产业扶持一次性补助费。

主要用于建设所扶持移民生态工业园有稳定回报的优质资产建设，作为资产入股以获取移民生态工业园经营利润，从而为移民和生态屏障区农村相关转移人口增加财产性收入。

对生态屏障区农村相关转移人口 19.90 万人，计列转移人口产业扶持一次性补助费。

c. 园区重点产业项目扶持费。

园区重点产业项目扶持费主要用于符合国家产业政策，满足移民生态工业园建设要求，具有较高吸纳移民就业能力的产业项目建设。对生态工业园吸纳的移民和生态屏障区农村相关转移人口中就业不充分的劳动力，计列园区重点产业项目扶持费。

d. 基础设施建设补助费。

主要用于土地征用、道路、给水、通信、电力、排水等基础设施建设。

依据生态工业园吸纳的移民和生态屏障区农村相关转移人口中就业不充分劳动力的数量，按城市和县城不同的人均扶持标准，计列基础设施建设补助费。

（四）现代物流业发展与扶持

（1）总体布局

根据科学发展观的总体要求，充分发挥长江黄金水道优势，对三峡库区进行总体物流规划，大力发展区域物流，兼顾点、线、面的布局平衡，为工商企业、农村市场迅速取、存、供货创造便捷的物流条件。

三峡库区物流业总体布局为“一主轴、三枢纽、多节点”。

三峡库区物流项目总体布局规划见图 4-8。

一主轴即以长江干线为轴，东西向布局，利用黄金水道运输大动脉的优势条件，建设物流平台，实施物流项目。

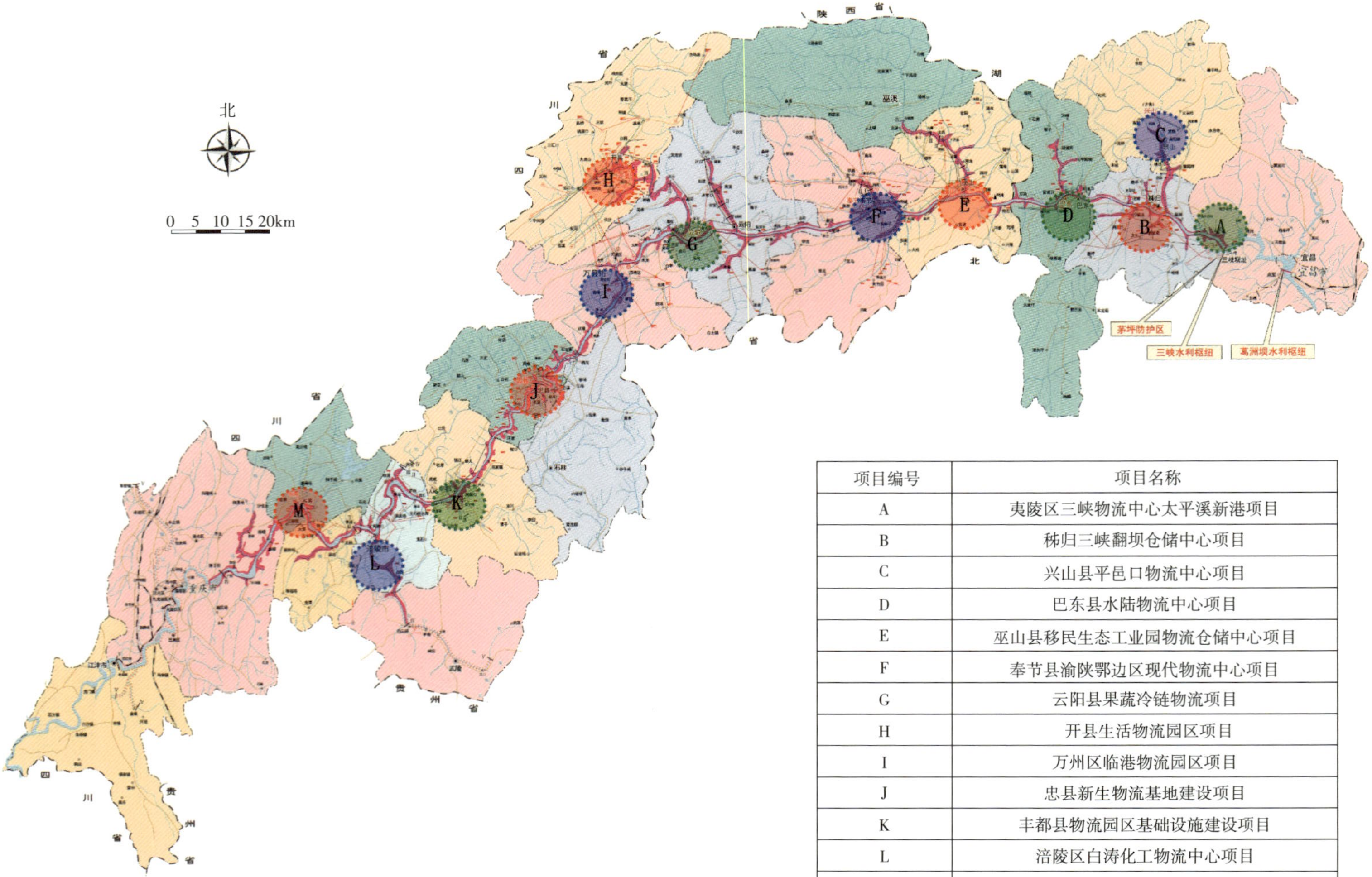

项目编号	项目名称
A	夷陵区三峡物流中心太平溪新港项目
B	秭归三峡翻坝仓储中心项目
C	兴山县平邑口物流中心项目
D	巴东县水陆物流中心项目
E	巫山县移民生态工业园物流仓储中心项目
F	奉节县渝陕鄂边区现代物流中心项目
G	云阳县果蔬冷链物流项目
H	开县生活物流园区项目
I	万州区临港物流园区项目
J	忠县新生物流基地建设项目
K	丰都县物流园区基础设施建设项目
L	涪陵区白涛化工物流中心项目
M	长寿渝东综合物流园区项目

图4-8　三峡库区物流总体布局规划示意图

三枢纽即重点发展区域经济规模和交通条件好的重庆主城、万州、宜昌等城市物流，依托交通网络优势、口岸优势、产业规划和市场布局调整，逐步建立库区上、中、下三个物流枢纽。

多节点：兼顾布局平衡，在秭归、兴山、巴东、巫山、奉节、云阳、开州、丰都、忠县、涪陵、长寿等有条件的区县建设物流基地、物流园区和物流配送中心，形成覆盖整个三峡库区完整的物流配送网络，建成相互补充、互为支撑的现代物流布局体系。

(2)重点扶持项目

物流业项目扶持的思路为：发挥重庆、武汉分别作为西部和中部综合交通枢纽建设带来的物流集聚优势，依托长江黄金水道、重庆两路寸滩保税港区、宜昌三峡物流中心，抓住发展契机，支持区域经济规模和交通条件好的万州、涪陵和长寿等区县逐步建立物流节点，构建现代多层次物流系统，推动库区现代物流业加快发展。重点发展交通运输、物流配送、仓储加工、物流信息等产业，促进三峡库区现代物流快速发展。

根据物流业总体布局，按照区域经济和交通优势明显、辐射面广、有潜在集散物流需求；符合市场经济发展水平，易形成优良资产，收益稳定，便于管理；能够提供移民就业岗位，增加收入等原则选取重点建设与扶持项目。重点支持区域经济规模和交通条件好的秭归、万州和涪陵等区县，逐步建立物流中心，按产业扶持原则，对现代物流园区建设给予适当补助；支持库区沿江有条件区县的仓储、包装、综合服务等项目建设，按产业扶持原则，对其设施给予适当补助。重点支持建设 13 个枢纽性物流园区、物流基地和专业物流配送中心。

(五)旅游业发展与扶持

(1)总体布局

根据《长江三峡区域旅游发展规划纲要》和湖北、重庆两省(直辖市)库区旅游规划，在传统峡谷旅游景观背景下，考虑水库蓄水后旅游资源变化和旅游发展空间的延伸，将三峡一线游拓展为三峡库区一片游，增加文化或自然遗产保护利用项目、人工湖泊、岛屿和半岛景观等新旅游方式和旅游目的地，形成三峡库区“一轴、两极、三区”的总体旅游新格局。

三峡库区旅游总体布局见图 4-9。

一轴：以长江主航道及沿线陆路交通为骨架的三峡库区旅游线为主干发展轴。在沿江的秭归凤凰山、兴山昭君文化园、巫山小三峡、奉节白帝城、云阳张飞庙、丰都名山等景区，增加民俗文化游、人文览胜游、高峡平湖游等内容。结合一批文化遗产保护利用项目，增加新的旅游景点，使大多数区县境内都由一两个景点变成多个景点，增加旅游线路的组合形式和旅游产品多样性，拓展和提升三峡旅游的内涵与吸引力，有效带动周边腹地的次级旅游节点开发与延伸，促使各景区由过境游向目的地游，一日游向多日游、深度游转变。

两极：宜昌都市旅游增长极和重庆都市旅游增长极。依托宜昌和重庆两个区域旅游发展中心，发挥区域辐射和支撑作用，为三峡旅游提供交通、通信、管理和信息等服务功能。

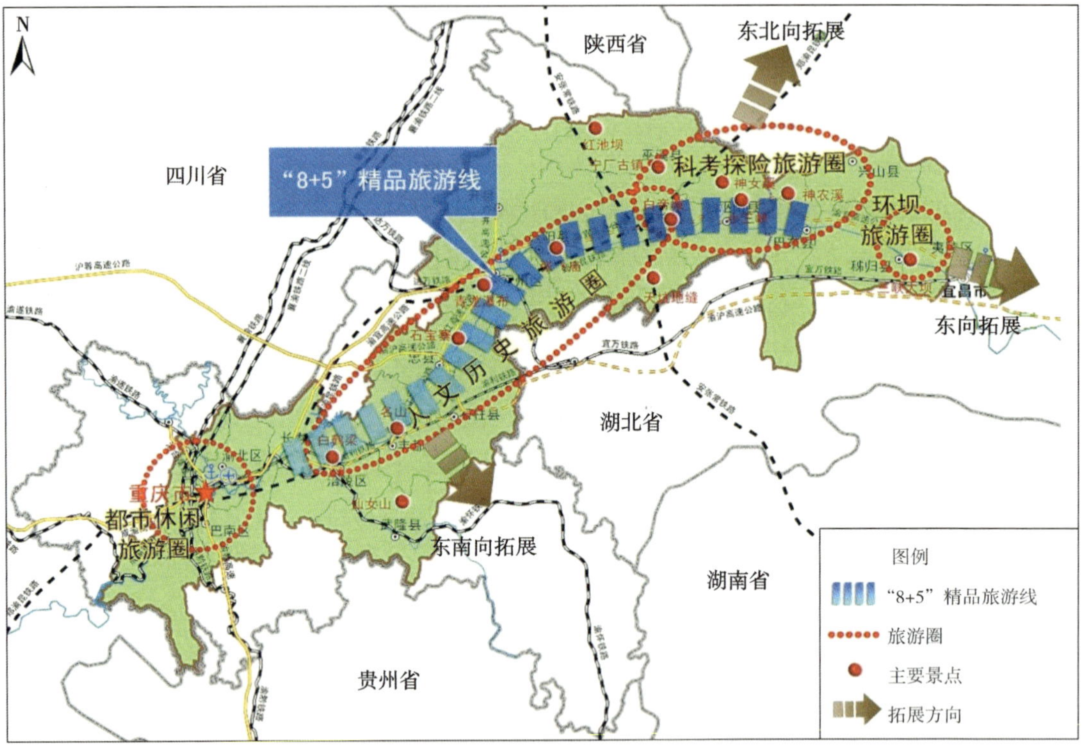

图 4-9　三峡库区旅游总体布局

三区：两坝一峡·水电明珠旅游片区、新三峡生态·文化旅游片区、重庆大都市商务旅游片区。3 个片区是三峡区域旅游核心区，通过三峡工程旅游、游船旅游、移民旅游、历史文化旅游、自然生态旅游、都市旅游和节事会展旅游等旅游产品，深度挖掘和展现各旅游片区的丰厚内涵，形成特色旅游片区和多样化旅游产品体系。

（2）重点扶持项目

旅游业扶持项目的思路为：依托库区丰富的人文历史和独特的自然生态旅游资源，将旅游业打造成为三峡库区服务业发展的重点支柱产业。积极做好长江三峡进入世界文化与自然遗产名录的申报工作，做大做强长江沿线的传统景区景点，加快长江三峡两侧腹地自然景观资源及历史文化资源的深度开发。积极打造以三峡大坝及葛洲坝观光游为基础的"环坝旅游圈"、长江三峡及小三峡景区与神农架神秘特色有机结合的"科考探险旅游圈"、涪陵以下至秭归的特色人文历史文化资源为载体的"人文历史旅游圈"、以重庆主城为核心的"都市休闲旅游圈"和以陪都文化、抗战文化为主的"红色主题游"环线。着力推进特色旅游商品开发。

依据相关性择优扶持的原则，对直接受三峡水库蓄水影响，导致景观风貌改变、部分景区设施淹没，旅游格局变化需恢复、重建、替代以及促进移民就业的旅游项目予以扶持。项目涉及 18 个区县，包括夷陵两坝一峡、高峡平湖，秭归屈原故里、九畹溪·泗溪，兴山昭君文化，巴东神农溪，巫山小三峡、神女溪、大昌古镇、江东嘴大宁湖片区旅游，巫溪大宁河、奉节白帝城·瞿塘峡，云阳张飞庙、龙缸地质公园、三峡文物博览园，万州青龙瀑布、锦绣三峡、三峡移民文化村暨天生城景区，开州汉丰湖滨湖公园，忠县文化旅游园、石宝寨，石柱西沱古镇，丰都名山双桂山、名山古镇，涪陵梨香溪、武隆乌江画廊、巴南鱼洞街道云篆山、渝北排华洞、江津花红堡库尾标志园等35个景区的建设项目。

依据旅游业发展与扶持的原则，扶持的景区项目分为旅游补偿替代性项目、旅游功能设施恢复重建和升级改造项目以及旅游新格局下可持续利用和移民就业项目三类。

1)旅游补偿替代性项目

三峡水库蓄水运行导致一些不可再生的自然遗产和文化景观遭到破坏或基本消失，为了弥补库区受损或消失的旅游景观资源，依托库区现有的旅游资源，对具有替代性的旅游项目予以扶持，促进旅游体系完善，推动旅游产业的重新恢复和升级，保证旅游资源的合理利用和可持续发展。

2)旅游功能设施恢复重建和升级改造项目

旅游功能设施恢复项目主要针对因三峡水库水位提升后导致的部分原有旅游基础设施如码头、道路等被淹没；或由于库体水面的扩大，使得原有的设施设备已无法使用而必须提档升级，如交通工具、码头等；或由于旅游资源体系原有格局被改变而需要新建基础设施，以促进旅游资源的恢复，构建新的资源体系和产业格局。

3)旅游新格局下可持续利用和移民就业项目

这类项目对库区产业结构和布局调整，对提升库区文化产业的竞争力，增强库区可持续发展能力，扩大库区移民就业渠道，保护库区生态环境及文化、自然遗产资源，推动城乡统筹发展等都有积极作用。为此，结合区县旅游资源优势，鼓励在移民安置大县发展旅游业，作为吸纳移民和非移民人口就业的支柱产业，同时也将旅游业作为库区未来的核心产业，予以资金扶持和引导。

(六)商贸服务业发展与扶持

(1)总体布局

根据湖北、重庆两省(直辖市)商贸流通业规划以及城市发展规划，库区商贸服务业通过完善县城的商业中心地位，配套县城、集镇商业服务设施，同时发展社区商业服务网点，最终形成以城市、县城商圈为中心，集镇商业为骨架，社区商贸为支点的商贸服务结构，构建层次分明、合理有序、聚集和辐射能力较强的商贸服务网络体系。

城市(县城)商圈：依托宜昌、万州、涪陵等城市，重点布局建设区域性商贸中心，结合地区产业特色，做好县城一、二级商业中心的功能规划，增强县城的辐射能力和集散能力，带动三次产业的连接与互动，促进商贸服务业发展。

集镇商业服务：依据商业现状条件、人口规模和发展需要，结合地区特点，通过重点建设综合超市、专业店和集贸市场等，改善市政基础设施，配套完善市场功能，使其逐步发展成为服务集镇、辐射农村的商业次中心，作为县级商圈的补充。

社区商业服务:以便民利民为宗旨,建设满足移民群众日常购物、生活服务以及就业增收为目的的城镇社区和农村社区商贸网点。

(2)重点扶持项目

根据库区商贸业总体布局,以迁建后形成城集镇基础设施和商业网点为基础,按照建设中心商圈的要求,对复建或待改善的受淹商贸流通企业和移民个体商业网点,统筹考虑,合理安排。一方面结合现代城市发展规划对商业网点进行扶持建设,恢复受淹没影响的商贸流通企业职工和城镇居民的生产条件,方便移民群众生产生活需要;另一方面,从推动库区商贸服务业发展出发,对提升商业网点功能的项目予以扶持,培育市场环境,完善服务功能,提高资源配置效率,恢复发展移民迁建城集镇商业功能,促进移民群众就业增收。

依据商贸服务业发展与扶持的原则,研究对受淹的城集镇商贸流通企业及移民经营门面需完善功能、改造市场环境提升商业网点功能等商贸服务项目进行扶持。项目分为以下两类:

1)商业网点恢复完善项目

结合三峡库区受淹商贸企业以及移民个体经营门面房生产经营恢复,以现有的城市(县城)商圈、集镇商业中心为基础,依托移民迁建小区,扶持建设专业市场群、特色商业街、综合超市、专业店和集贸市场等,购买各类商业网点的经营门面、摊位,扶持受淹企业和移民能够恢复正常经营,促进移民就业。

在库区 12 个迁建城市(县城)恢复建设个体经营门面房 10.86 万 m^2;集镇恢复建设个体经营门面房 11.09 万 m^2。恢复建设受淹商贸企业商业网点门面房 25.77 万 m^2,其中城市(县城)15.46 万 m^2,集镇 10.31 万 m^2。扶持新建各类商业网点 19.2 万 m^2,其中城市、县城 11.52 万 m^2,集镇 7.68 万 m^2。

2)商业网点功能提升改造项目

该类项目主要针对受淹商贸企业以及被淹城集镇居民已还建商业门面,但区位地段较差,商业氛围缺乏,门面房大量闲置,影响城集镇居民恢复经营,导致生活困难的;以及移民安置小区功能配套不完善,小区商业服务功能和人气商机缺乏的。规划引进大型企业、超市、专业市场以及便利店等,改善基础设施和公共服务设施,调整商业业态,提升服务功能,扩大服务范围,盘活市场和门面,为市场繁荣和小区发展注入活力,确保受影响移民能够正常经营,恢复生产,同时也方便城集镇移民群众和社区居民日常生活。

针对城集镇移民居住和就业比较集中的商业网点,完善设施,配套建设综合市场、专业市场等各类商业服务设施面积 45.72 万 m^2(其中城市、县城 25.70 万 m^2,集镇 20.02 万 m^2),盘活迁建城市(县城)和集镇现有的商贸区和商贸企业,方便群众生活,提供就业机会。

第四节　教育培训与促进劳动力就业结构调整

一、教育培训和劳动力就业现状

(一)教育培训现状

三峡库区在实施移民搬迁安置的同时，积极开展教育培训工作，构建了以普通教育为基础，以职业教育和技能培训促就业的教育、培训体系，并扶持职业教育和技能培训基础能力建设，取得了一定成效。

(1)普通教育

三峡库区各级教育入学率不断提高。2008 年，库区高中阶段教育毛入学率约为 60%，高等教育毛入学率约为 23%，均低于重庆市和湖北省的平均水平。15 岁以上人口平均受教育年限接近 8.5 年，与全国平均水平持平；新增劳动力的平均受教育年限 10.5 年，低于全国平均水平。库区逐步推进素质教育，各类教育质量逐渐提高。

(2)职业教育

职业教育以服务库区为宗旨、以促进就业为导向，在改革和创新中不断发展。2008 年，库区中等职业教育在校生约为 30 万人，占三峡库区在校学生数的 44%。库区有中等职业学校 137 所，专业课教师约 9500 人。中等职业教育采取校校联合、校企合作、订单培养等多种办学模式，不断增强职业教育适应库区经济社会发展能力。

(3)技能培训

通过组织实施技能型人才培训工程，使职业技能培训与经济社会紧密结合。农村富余劳动力转移就业培训、下岗失业人员再就业培训、创业培训等取得了一定成效。库区技工学校有 28 所，在校生规模 2.9 万人，师生比为 1∶24，高于重庆市平均水平，低于湖北省平均水平。各类培训机构和实训基地保障能力不断增强，培训后就业率逐步提高。开展农业实用技术培训，提高农村劳动力农业生产技术水平，促进了农业增产、农民增收。

(4)基础能力建设

三峡库区移民搬迁安置以来，加强了库区职业教育基础能力建设。2008 年，库区中等职业学校与普通高中的生均校舍面积分别为 8.86 m^2 与 7.40 m^2，生均教学仪器设备总值分别为 2453 元、1250 元，但两项指标均低于湖北省和重庆市的平均水平，人均教师数量、人均教学设施设备等指标也低于湖北省和重庆市水平，职业教育尤其是培训实训基础能力较薄弱，状况不佳，需要给予扶持建设。

三峡库区教育培训现状主要指标与湖北省、重庆市对比见表 4-7。

表 4-7　　三峡库区教育培训现状主要指标与湖北省、重庆市对比(2008 年)

指标	单位	类型	三峡库区	重庆市	湖北省
校数	所	中等职业学校	137	300	462
		普通高中	196	268	655
在校学生数	人	中等职业学校	295895	545262	1037294
		普通高中	369961	557405	1321990
毛入学率	%	高等教育	23	25	26
		高中阶段	60	68.01	68.68
生均校舍面积	m^2	中等职业学校	8.86	9.34	9.64
		普通高中	7.40	7.41	9.17
生均教学仪器设备总值	元/人	中等职业学校	2453	2945	2679
		普通高中	1250	1318	1310
技工学校情况	个	学校数	28	80	208
	人	在校生人数	29002	103107	245246
	人	在校教职工	1209	3896	12884
	师生比	—	1∶24	1∶26	1∶19

(二)劳动力就业状况

2008 年,三峡库区社会从业人口稳定就业率约为 60%。库区城镇登记失业率 4.2%,调查失业率 10.2%,略高于重庆市和湖北省平均水平。

根据库区农村劳动力就业调查,农村劳动力现状就业结构是务农约占 44.79%,外出打工约占 42.93%,本地自主经商约占 2.40%。外出务工主要是中青年劳动力,从事工作均是收入较低的工种,处于就业结构层次低端,既不能实现增收致富,也不能长久稳定就业。

二、存在的主要问题

三峡库区是国家连片贫困区,移民就业面临三项重大挑战:一是移民群众在搬迁过程中,因受农业生产条件改变、搬迁工矿企业破产关闭、城镇经济格局调整等方面影响,原有的生产技能、劳动技能和经营能力基本丧失作用,就业能力普遍不适应就业市场需求,处于就业不充分、不稳定和结构性失业状态,百万移民稳定就业问题十分突出。二是为保护三峡水库国家战略淡水资源库,保护水库生态环境,库区经济发展方式、产业结构需要进行战略性调整,但劳动力的素质普遍难以适应这一调整,可能导致移民群众出现结构性失业和就业边缘化,并可能演变成为贫困代际传递趋势。三是三峡库区农村人多地少基础性矛盾非常突出,环境承载能力严重不足,迁建城镇产业不发达,提供就业岗位的能力不足,大量劳动力向库区外转移就业成为库区发展的必然选择,而劳动力就业能力不能适应全国劳动力市场竞争需要,增加了转移就业难度。

为使移民群众安置后尽快融入社会化、市场化和城镇化以及向外转移就业，迫切需要解决以下突出问题。

(一)劳动力就业能力不足

三峡工程建设受影响的移民人口和生态屏障区建设转移人口，在新的安置区，生产条件、生产方式改变，搬迁前的劳动技能基本丧失作用，有必要对人力资本损失进行补偿，亟须通过技能培训使移民适应新的生产方式。如农村移民外迁安置后，安置地种植结构发生根本改变，移民难以适应；后靠安置农村移民，因生态环境保护要求，农业产业结构调整，移民也难以适应，由此导致移民生计困难。

尤其是库区迁建城镇移民劳动力需要解决就业的约有60万人，多为灵活就业，因其劳动技能较差，就业竞争力弱，工资收入较低且不稳定。这些劳动力的就业问题与三峡工程建设影响关联性强。如进入城镇安置的农村移民、迁建城镇占地移民失地后，主要采取一次性货币补偿安置，由移民在劳动力市场自谋职业，因从农民转换成城镇居民，从农业生产转换为第二、三产业，就业能力普遍不适应，约有17%长期失业，只能纳入城镇最低生活保障。城镇纯居民，在搬迁过程中，因城镇经济格局调整，失去了有利的经商区位和条件，被迫转岗就业。三峡库区搬迁工矿企业1632家，其中相当一部分为“五小企业”，为避免搬迁后成为新的亏损源、污染源，约有70%的企业采取了破产关闭，部分职工下岗后原有的职业能力难就业。这些问题直接影响库区社会稳定。

(二)劳动力文化素质总体不高

据调查，移民平均受教育年限仅8年，低于全国平均水平8.5年。成年人文盲、半文盲的比例接近15%，小学及以下文化程度人口占48.05%，初中占41.09%。这些指标均高于全国平均水平。由于农村移民和生态屏障区人口总体受教育年限偏少，文化素质偏低，缺乏理解新知识和掌握新技能的能力，使其在劳动力就业市场的竞争力较弱，只能从事低端和技术含量较低的工作，难以从事技术含量较高的工作，就业形式多为灵活就业、不稳定就业，制约其收入提高。

(三)库区就业承载力不足

三峡库区农村移民安置，受人多地少基础性矛盾影响，人均耕园地面积0.74亩，考虑退耕还林后人均仅0.54亩，且后靠安置耕园地质量较差，依靠农业难以实现安稳致富，必须大量转移就业。

三峡库区迁建城镇126座，在城镇迁建中，产业发展相对滞后，产业发展基础弱、层次低、规模小、经济效益普遍较低，难以提供足够数量和稳定的就业岗位。

因此，库区发展经济必须考虑移民就业需要，优化产业结构，鼓励发展中小企业和移民创业，提供更多的就业岗位。在此前提下，还要鼓励人口异地就业。

(四)就业体系服务能力不足

移民搬迁使原有的社区结构解体，就业环境恶化，劳动力就业市场化后，库区就业服务能力不足问题凸显。一是库区县、乡、村三级公共就业服务在基础建设、覆盖范围、服务内容和服务水平等方面还较落后，农村富余劳动力转移就业和进城务工移民在享受公共就业服务方面存在明显不足。二是服务功能、服务手段短缺和激励机制不健全，难以实现优质高效的公共就业服务。三是缺乏有效的就业援助措施，部分就业困难移民失业后难以实现再就业，因而迫切需要加强社会就业服务体系建设，解决移民就业与市场化渠道不畅问题。

(五)就业教育和技能培训基础能力依然薄弱

三峡库区文化教育设施相对落后，特别是职业教育和技能培训基础能力薄弱，且分布不均衡，难以适应移民和生态屏障区转移人口提高就业能力的需要。据分析，在近 5 年内，需要强化接受教育培训的人口约有 100 万人，重点是职业教育、技能培训，需要有基础设施提供保障。而优质中等职业学校和实训基地处于满负荷运行状态，难以满足这一要求。迫切需要加强相关设施建设，提高其服务能力。

三、扶持措施

针对三峡工程移民和生态屏障区农村相关转移人口，结合库区经济社会发展特殊要求，采取特定的资助政策，加大投入，适度超前发展职业教育和技能培训，完善培训体系，优化知识结构，培育新型劳动者，整体提升移民和生态屏障区转移人口受教育水平与就业技能，显著增强其在全国劳动力市场的竞争能力，加强就业服务，创新就业机制，将劳动力数量优势转变为资源优势，优先实现社会就业比较充分，促进移民增收，促进生态屏障区人口减载，促进农村移民劳动力转移就业，推动产业结构调整，为保障移民权益、促进移民安稳致富、库区经济发展、社会和谐稳定创造条件，使移民具备可持续发展能力。

面对库区移民教育水平与就业能力现状，以就业能力差、文化素质低、就业承载力不足和职业技能培训不够等突出问题为导向，在贯彻执行国家现行教育培训政策基础上，通过设计具有补偿、扶持和激励等性质的补助政策或措施，研究提出在职业教育、技能培训、就业扶持以及教育培训基础能力建设方面进行扶持，以实现库区移民劳动就业有保障。

(一)职业教育

职业教育包括中等职业教育、高等职业教育两个方面。2011—2020 年，对三峡库区移民和生态屏障区相关转移人口中的适龄人口，录取到中、高等职业学校具有正式学籍的全日制学生给予一定的入学补助。

(二)技能培训

技能培训包括第二、三产业技能培训、生态农业技能培训两个方面。通过培训，提高移民群众就业能力，使其具备稳定转移就业岗位对技能的需求，并适应库区生态环境保护对产业结构调整升级的需求。

(1)第二、三产业技能培训

对三峡库区后靠安置农村移民转移就业劳动力、城镇移民、生态屏障区转移安置人口中

50 岁以下的劳动力，进行第二、三产业技能培训。

主要培训方式：一是对 5%劳动力开展创业培训，以创业带动就业；二是近期对 35%、远期对 40%的青壮年劳动力开展中高级技能培训，逐步提升其职业技能，训后取得不同级别职业资格证书；三是对 35%劳动力开展初级技能培训，取得五级职业资格证书；四是近期对 25%、远期对 20%的“4050”人员，进行以上岗为目的的简单技能培训。

(2)生态农业技能培训

针对年龄为 23～50 岁后靠安置农村移民 1.40 万人。主要培训方式为：一是对 10%务农劳动力开展农村致富带头人培训，使村村都有致富带头人。二是对 10%务农劳动力开展新型农民科技培训，使村村都有技术带头人。三是对 80%务农劳动力开展生态农业实用技术培训。通过培训，促进其从传统农业向现代农业生产技能转变。

(三)就业扶持

就业扶持主要开展就业服务，鼓励自主创业，支持中小企业吸纳移民就业和对就业困难群体的援助等政策措施，通过扶持，使库区移民群众实现稳定就业率 85%，失业率控制在 5%以内。

具体措施：一是支持移民安置区改进社区就业服务体系，提供就业信息、职业咨询等服务。二是支持自主创业，提供小额担保贷款、社保补贴等。三是支持中小企业吸纳移民就业，重点面向“4050”人员；对符合规定条件的企业给予小额担保贷款、社会保险补贴；每吸纳一个移民劳动力就业，按 2000 元/人给予补助。四是购买公益性岗位，重点面向就业困难家庭、零就业家庭。

(四)基础能力建设扶持

教育培训基础能力建设。按照《财政部 国家发展改革委 教育部人力资源部 社会保障部关于中等职业学校农村家庭经济困难学生和涉农专业学生免学费工作的意见》(财教〔2009〕442 号)文件精神，坚持以服务为宗旨，以就业为导向，坚持多元化办学，大力推进改革和创新，全面提高办学质量，提升中等职业教育的吸引力。结合国家在库区已定点的优质职业教育学校，与培训任务相结合，补助完善实训基地。

加强师资队伍建设，探索建立聘请在职或退休技术人员担任中等职业学校专业课教师机制，提高“双师型”教师的比例。

第五节 社会保障

为实现“基本生活有保障，劳动就业有着落，脱贫致富有盼头，同心同德建设和谐稳定新库区”的新要求，按照以人为本、可持续发展的原则，保障移民和相关转移人口基本生活，妥善解决其安置后融入市场化、社会化、城镇化过程中的生存与发展能力不足问题，维护库区社会稳定，利用进城镇安置移民和相关转移人口的部分生产安置费，通过补助移民养老保险和医疗保险个人缴费，全部纳入社会保障体系，完善生产安置措施。对已进城镇安置移民和相关转移人口，按照国家和湖北省、重庆市现行社会保障政策，补助个人缴费，纳入城镇社会保障体系。

一、库区社会保障现状

2010年，我国的社会保障体系包括社会保险、社会福利、社会救助、社会优抚四个方面。其中，社会保险在社会保障体系中居于核心地位，是保障基本生活需要，是补偿劳动者的收入损失。鉴于三峡库区农村移民和相关转移人口建立社会保障是为了保障其基本生活，补偿其因淹没或生态建设带来的收入损失，故三峡水库移民可持续发展研究重点从养老保险、医疗保险和基本生活保障提出相应措施，保障移民基本生活。

(一)基本养老保险

对于农村移民，适用的养老保险政策主要是新型农村社会养老保险，国务院于2009年9月出台了《关于开展新型农村社会养老保险试点的指导意见》，2009年度试点覆盖面为全国10%的县(市、区、旗)，以后逐步扩大试点，在全国普遍实施，2020年之前基本实现对农村适龄居民的全覆盖。目前，库区区县均未纳入试点范畴。若纳入试点，中央财政将对库区按照中西部政策，给予符合领取条件参保人员的基础养老金全额补助(每人每月55元)。

对于转移进城镇的农村人口，可适用的政策主要是企业职工基本养老保险制度模式下的城镇职工基本养老保险、灵活就业人员养老保险和被征地农民养老保险等。城镇职工基本养老保险主要对象是企事业单位职工，由就业单位和个人负担缴费；灵活就业人员养老保险主要对象是没有固定单位的灵活就业人员，主要是个人负担缴费；被征地农民养老保险主要对象是被征地农民，从土地补偿和安置费中支出和个人负担缴费。重庆市已将三峡库区农转非移民纳入被征地农民养老保险范畴并享受其政策，但移民须个人承担部分缴费，由于收入低，部分移民未参保。湖北省农转非移民除坝区移民参加并享受三峡工程坝区养老保险政策外，其他人员未纳入当地被征地养老保险范畴并未享受相关政策，只能自行参加灵活就业人员及农民工养老保险，但由于灵活就业人员及农民工基本为灵活就业，收入低且不稳定，往往无力承担养老保险费，参保率极低。

(二)基本医疗保险

城镇职工基本医疗保险制度已于1998年开始实施，2007年《国务院关于开展城镇居民基本医疗保险试点的指导意见》(国发〔2007〕20号)出台后，湖北省出台了《省人民政府关于建立城镇居民基本医疗保险制度的意见》(鄂政发〔2008〕25号)，重庆市结合重庆统筹城乡综合配套改革试点的实际需要，在总结新型农村合作医疗经验的基础上，开展重庆市城乡居民合作医疗保险试点，建立覆盖全体城乡居民的医疗保险制度，并出台《重庆市人民政府关于开展城乡居民合作医疗保险试点的指导意见》(渝府发〔2007〕113号)。按照国家2010年新型农村合作医疗保险基本覆盖农村居民的要求，目前湖北省和重庆市新型农村合作医疗保险已基本实现全覆盖。

移民在农转非之前一般均参加当地的新农合。而新农合的个人缴费标准2006年是10元，2009年也只需缴费20元。农转非后，按规定应当参加城镇职工基本医疗保险或城镇居民医疗保险。即使只参加居民医保，以湖北秭归为例，个人缴费也要180元。按此标准，四口之家则要720元。对收入来源缺乏的移民家庭来说是一笔不轻的负担。而且，在转移进城镇初期，生产生活环境发生较大改变，生活和就业压力加大，容易产生健康问题，存在因病致贫的风险。

（三）失业保险

农村移民大多数受教育程度较低，就业技能弱，特别是“4050”人员，他们一般只有小学文化，在竞争就业岗位时，年龄、文化、技能均处劣势，加上库区产业空虚，就业容量不足，搬迁进城镇后就业困难。按照失业保险政策体系，没有工作就没有失业保险。进城镇农转非人员绝大多数长期就业不稳定或无业可就，难以纳入失业保险体系。

（四）城镇低保

目前，湖北省和重庆市城乡居民最低生活保障制度已达到应保尽保，且保障标准随经济社会的发展得到提高。库区各区县针对部分进城镇农转非移民就业难度大、生活困难的特点，纳入了当地最低生活保障范围，在一定程度上改善了移民困难群体的基本生活。

（五）移民后期扶持政策

主要解决水库移民的温饱问题，按照每人每月50元的标准扶持20年。三峡库区农村移民后期扶持政策已全面落实，城镇移民困难群体生活扶助正在落实。但后期扶持政策标准偏低，难以满足移民基本生活需求。

二、存在的主要问题

（一）库区移民基本生活得不到保障，存在生计问题

三峡库区农村移民搬迁安置后，人均耕园地数量和质量下降，难以保障其基本生活需求；城镇占地移民原有技能难以适应产业升级和市场化的要求，存在过渡期结构性失业和就业不稳定等问题，在就业过渡期缺乏基本生活来源，“4050”及以上人群，再就业十分困难，存在生计问题。

（二）相关转移人口因身份转变，基本生活来源无法得到长期保障

库区农村存在人多地少基础性矛盾，农业发展潜力极其有限，难以支撑移民群众持续增收和安稳致富。与此同时，库区沿岸农业发展对水库水质和生态安全形成较大压力。因此，农村人口向城镇转移是发展的必然趋势，而转移进城镇人口面临着生产、生活方式的重大调整与变革，由农民转型为居民，其基本生活来源、就业结构、社会保障政策均发生改变，若不及时采取有力措施，帮助其尽快适应城镇生活，融入当地社会，将可能面临贫困、疾病和边缘

化的风险。对后续工作相关转移人口，为鼓励其自愿退出宅基地、承包地，需要采取社会化的安置方式，解决其基本生活来源。若对这部分人口实行货币安置，这部分补偿资金通常会用于当前生活开支或其他用途，难以长期保障其基本生活。

三峡库区农村移民和相关转移进城镇的人口是由于三峡工程建设和三峡水库生态建设而失去耕园地或部分失去耕园地的，需要按照相关法律规定，解决好这部分移民的社会保障，维护其合法权益。

三、对策措施

对于已进城镇安置农转非移民和相关转移人口，鉴于为了保障因三峡工程建设失去土地安置进城镇的移民具有基本生活来源，解除其后顾之忧，避免由农民转为城镇居民时陷入贫困，并尽快融入城镇社会的目的，研究重点补助养老保险个人缴费，补助过渡期城乡医疗保险个人缴费差额。其他社会保障，如失业保险、生育险、工伤险、社会救助、社会优抚等，按照国家现行政策执行，不纳入研究范围。

研究对象中因三峡水库淹没和保护三峡水库水质的生态建设，失去耕园地农转非进城镇的人口，应纳入被征地农民社会保障制度。考虑库区移民政策一致性，以及与两省（直辖市）社会保障政策相衔接，根据实际情况，寻求两省（直辖市）社会保障政策操作方面的共性，统一制定总体原则和规划方案。

（一）养老保险

（1）湖北库区方案

1）已进城镇安置农转非移民

①缴费基数。

采用宜昌市2008年度社平工资的90%为缴费基数。

②缴费办法。

中青年人员（男16～49周岁、女16～39周岁）：分别按照缴费基数的20%缴费相应年限的保险费。其中，年满16周岁不满17周岁的缴纳1年；年满17周岁不满18周岁的缴纳2年；年满18周岁不满19周岁的缴纳3年；年满19周岁不满20周岁的缴纳4年；男年满20周岁不满40周岁，女年满20周岁不满30周岁的缴纳5年；男年满40周岁不满50周岁，女年满30周岁不满40周岁的缴纳10年。

“4050”人员：按照缴费基数的20%，一次性缴纳15年的养老保险费。

老龄人员（男年满60周岁以上、女年满55周岁以上）：按照缴费基数的20%，一次性缴纳10年的养老保险费，不建立基本养老保险个人账户。

具体缴费办法见表4-8。

表 4-8　　三峡库区已进城镇安置农转非移民和相关转移人口养老保险缴费办法

<table>
<tr><th rowspan="2">人员类别</th><th colspan="2">年龄分段</th><th rowspan="2">缴费年限</th><th rowspan="2">缴费方式</th><th rowspan="2">缴费基数</th><th rowspan="2">个人缴费率</th></tr>
<tr><th>男</th><th>女</th></tr>
<tr><td rowspan="6">中青年人员</td><td colspan="2">16</td><td>1</td><td>一次性缴纳</td><td rowspan="8">湖北库区：宜昌市 2008 年度社平工资的 90%；重庆库区：重庆市 2008 年度社会平均工资的 60%</td><td rowspan="8">20%</td></tr>
<tr><td colspan="2">17</td><td>2</td><td>一次性缴纳</td></tr>
<tr><td colspan="2">18</td><td>3</td><td>一次性缴纳</td></tr>
<tr><td colspan="2">19</td><td>4</td><td>一次性缴纳</td></tr>
<tr><td>20～39</td><td>20～29</td><td>5</td><td>一次性缴纳</td></tr>
<tr><td>40～49</td><td>30～39</td><td>10</td><td>一次性缴纳</td></tr>
<tr><td>“4050”人员</td><td>50～59</td><td>40～54</td><td>15</td><td>一次性缴纳</td></tr>
<tr><td>老龄人员</td><td>60+</td><td>55+</td><td>10</td><td>一次性缴纳</td></tr>
</table>

注：2008 年，《中华人民共和国社会保险法(草案)》规定，基本养老保险基金实行省级统筹，逐步实行全国统筹。2009 年 5 月 25 日，人力资源和社会保障部发出《关于学习贯彻胡锦涛总书记在中央政治局社会保障专题集体学习时重要讲话精神的通知》，要求基本养老保险争取 2009 年底在全国基本建立省级统筹制度，医疗、失业、工伤、生育保险要在实现地市级统筹的基础上探索省级统筹，同时完善社会保障公共服务管理平台，广泛使用全国统一的社会保障卡。截至 2009 年 7 月底，全国已有 25 个省(直辖市)建立了基本养老保险省级统筹制度，重庆市已实现了市级统筹，湖北省尚未实现省级统筹。鉴于湖北库区移民主要分布在宜昌市和恩施州，宜昌市的占 80%以上，为了库区移民补助标准基本相当，故湖北库区缴费基数采用宜昌市社会平均工资的 90%，重庆库区缴费基数采用重庆市社会平均工资的 60%。

③补助方案。

对于已进城镇安置农转非移民，国家利用执行新土地法增加的土地补偿费和拟用征地新增补偿投资为其建立的农村移民养老保险个人账户的资金约为人均 1 万元。针对分年龄段不同缴费年限，补助一次性趸缴基本养老保险费与已有农村移民养老保险个人缴费差额的 20%。

④个人承担费用。

缴费不足 15 年的人员，须个人续缴满 15 年，才能享受基础养老金待遇。

2)相关转移人口

缴费方案同已进城镇安置农转非移民。针对分年龄段不同缴费年限，补助一次性趸缴基本养老保险个人缴费的 20%。

(2)重庆库区方案

1)已进城镇安置农转非移民

①缴费基数。

以重庆市 2008 年度社会平均工资的 60%为缴费基数。

②缴费办法。

同湖北库区已进城镇安置农转非移民缴费办法，具体缴费办法见表 4-8。

③补助方案。

因重庆市将已进城镇安置农转非移民纳入被征地农民养老保险政策范围，重庆市人民政府垫支承担了部分费用(具体补贴比例见表 4-9)，对重庆市人民政府补贴的费用补助 20%，补助个人承担费用与新土地法建立的农村移民养老保险个人账户差额的 20%。

表 4-9　重庆市政府和个人按安置时间不同承担比例　单位：%

人员安置时间	政府补贴比例	个人承担比例
1982 年比例个人按年期间	80	20
1995 年比例个人按年期间	65	35
1999 年比例个人按年期间	55	45
2005 年比例个人按年期间	50	50
2008 年及以后	50	50

④个人承接费用。

缴费不足 15 年的人员，须个人续缴满 15 年，才能享受基础养老金待遇。

2)相关转移人口

①缴费基数。

以重庆市社会平均工资的 60%为缴费基数。

②缴费办法。

同湖北库区已进城镇安置农转非移民。具体缴费办法见表 4-8。

③补助方案。

对不同年龄段对象一次性趸缴个人缴费补助 20%。

(二)医疗保险

原则是尽量与当地现有政策衔接。近年来，国家对城乡医疗保险扶持力度很大，现有各地的医疗保险政策已相对比较完善，不另外进行制度设计。

目前，农村和城镇分别采用不同的医疗保险政策，农村实施的是新型农村合作医疗保险，城市实施的是城镇居民医疗保险，二者在医疗保险费的额度及国家的补助额度上均有较大区别，城镇居民医疗保险缴费标准远远高于新型农村合作医疗保险的缴费标准。相关转移人口和已进城镇安置农村移民和城镇迁建占地移民农转非进城镇以后，医疗保险缴费压力较大。为保障相关转移人口转移进城镇后，能与城镇原居民享有同等的医疗服务，使相关转移人口尽早融入转移地社区，有必要为相关转移人口在政府补助的基础上，在相关转移人口融入转移地社会的过渡期内给予因转移所带来的医疗保险个人缴费差额补助，规划对相关转移人口的过渡期暂定为 2 年。

(1)湖北库区

1)主要政策依据

①《湖北省人民政府关于全面推进新型农村合作医疗制度建设的指导意见》(鄂政发〔2008〕22号);

②《湖北省人民政府关于建立城镇居民基本医疗保险制度的意见》(鄂政发〔2008〕25号);

③《宜昌市城镇居民基本医疗保险实施办法》(宜府令第134号)。

2)缴费办法

①新型农村合作医疗保险。

根据《湖北省人民政府关于全面推进新型农村合作医疗制度建设的指导意见》(鄂政发〔2008〕22号),个人缴费方面,2008年开始启动新农合工作的城区,农民个人缴费标准为年人均不低于20元,其他县(市、区)的农民个人缴费标准于2009年统一提高到不低于20元。将三峡工程湖北库区涉及的夷陵区、秭归县、兴山县和巴东县的新型农村合作医疗个人缴费标准确定为20元/(人·年)。

②城镇居民基本医疗保险。

对于城镇居民基本医疗保险,《湖北省人民政府关于建立城镇居民基本医疗保险制度的意见》(鄂政发〔2008〕25号),并没有明确个人缴费,仅明确了湖北全省范围内城镇居民基本医疗保险制度建立的基本原则,包括筹资水平、政府补助标准和保险待遇标准,对于具体的医疗保险费缴费标准,文件并没有确定,只是明确经济社会发展水平相近的统筹地区,筹资水平应基本相同。因此,对于城镇居民基本医疗保险的个人缴费,参考宜昌市的政策。

根据《宜昌市城镇居民基本医疗保险实施办法》(宜府令第134号),参加居民医疗保险的居民(以下简称"参保居民")应当缴纳医疗保险费。在校学生和其他未满18周岁的非在校少年儿童(以下简称"未成年人")每人每年按120元缴纳医疗保险费;成年人每人每年按270元缴纳医疗保险费。五峰、长阳、秭归等扶贫工作重点县,筹资标准可适当降低。未成年人每人每年按110元缴纳医疗保险费,成年人每人每年按220元缴纳医疗保险费。政府给予个人缴费一定补助,其中,2008年的政府补助标准为:

对低保对象、丧失劳动能力的重度残疾人给予全额补助,其中民政部门从社会医疗救助资金中补助10元。

对低收入家庭60周岁以上老人(以下简称"困难老人")筹资标准为270元的地区给予220元补助,筹资标准为220元的地区给予180元补助。

对其他参保居民给予90元补助。

规划参考的具体医疗保险费缴纳标准,以普通县为准(不包括五峰、长阳、秭归等扶贫重点县),政府补助标准以"其他参保居民"为准。则未成年人2009年个人缴费标准为30元,成年人个人缴费标准为180元。

3)补助办法

相关转移人口农转非纳入城镇居民合作医疗保险之后，个人需缴费与参加新型农村合作医疗保险个人需缴费的差额，从相关转移人口转移出生态屏障区的第 2 年开始，连续补助 2 年，并考虑医疗保险缴费标准提高因素。具体情况如下：

①新型农村合作医疗个人缴费标准。

湖北省新型农村合作医疗个人缴费标准确定为 20 元/(人·年)。

②城镇居民医疗保险个人缴费标准。

按照宜昌市城镇居民医疗保险政策，以除低保对象、丧失劳动能力的重度残疾人外的普通居民的个人缴费标准确定，地域以除贫困县外的其他县为准，则 2009 年，未成年人缴费标准为 30 元/(人·年)，成年人为 180 元/(人·年)。

③补助标准。

补助标准＝城镇居民医疗保险个人缴费－新型农村合作医疗个人缴费

未成年人补助标准＝城镇居民医疗保险未成年人个人缴费－新型农村合作医疗个人缴费＝30－20＝10(元/(人·年))

成年人补助标准＝城镇居民医疗保险成年人个人缴费－新型农村合作医疗个人缴费＝180－20＝160(元/(人·年))

④补助年限。

从相关转移人口转移进城镇的当年起，连续补助 2 年。

(2)重庆库区

1)主要政策依据

《重庆市人民政府关于开展城乡居民合作医疗保险试点的指导意见》(渝府发〔2007〕113 号)。

2)缴费办法

重庆市实行统一的筹资标准，分为一档和二档。一档筹资水平为每人每年 50 元，二档筹资水平为每人每年 160 元。

农村居民的补助。对参加城乡居民合作医疗保险的农村居民，各级财政按新型农村合作医疗标准给予补助。

城镇居民的补助。政府每年按人均不低于 40 元给予补助；对其中的困难群体，即低保对象、重度(一、二级)残疾人和本人收入低于重庆市企业退休人员基本养老金最低标准的 60 周岁以上老年人，政府每年再按人均不低于 60 元给予补助。对城镇居民人均不低于 40 元的补助资金，由中央财政按人均 20 元给予补助，市财政和区县(自治县)财政按人均不低于 20 元给予补助。对城镇居民中的困难群体人均增加 60 元补助，其中成年人由中央财政按人均 30 元给予补助，市财政和区县(自治县)财政按人均不低于 30 元给予补助；其中属于低保对象、重度(一、二级)残疾的学生和少年儿童，由中央财政按人均 5 元给予补助，市财政和区县(自治县)财政按人均不低于 55 元给予补助。

根据重庆市城乡居民合作医疗保险政府补助标准,对参加城乡居民合作医疗保险的农村居民,各级财政按新型农村合作医疗标准 20 元/人给予补助,若其选择一档缴费标准,则个人需缴纳 30 元/(人・年)。若其选择二档缴费标准,则个人需缴纳 140 元/(人・年)。城镇居民医疗保险,政府每年按人均不低于 40 元给予补助,若其选择一档缴费标准,则居民个人需缴纳 10 元/(人・年),若其选择二档缴费标准,居民个人需缴纳 120 元/(人・年)。一档和二档缴费标准均不区分未成年人和成年人。

规划暂定农村居民按照一档标准缴费,城镇居民按照二档标准缴费。则农民和城镇居民分别需个人缴费 30 元/(人・年)和 120 元/(人・年)。

3)补助办法

①农村居民个人缴费标准(视同选择一档标准缴费),为 30 元/(人・年)。

②城镇居民个人缴费标准(视同选择二档标准缴费),为 120 元/(人・年)。

③补助标准。

补助标准=二档标准个人缴费－一档标准个人缴费=120—30=90(元/(人・年))

④补助年限。

从相关转移人口转移进城镇的当年起,连续补助 2 年。

实施过程中,生态屏障区农村相关人口转移工作因存在一定风险、具有替代方案等问题而取消实施。2012 年,党的十八大报告提出了“全覆盖、保基本、多层次、可持续”的社会保障工作方针,相关人口社会保障并入国家社会保障体系。

第六节 基础设施建设与完善

通过移民搬迁安置和恢复重建,三峡库区库周交通、农村饮水、农田灌溉、移民迁建城集镇防洪等基础设施得到了基本的恢复和提高,但库区仍存在如下问题:①农村居民点对外交通道路等级较低、路况差;②农村库周区域出行不便;移民迁建城集镇对外交通不畅,存在瓶颈现象;③农村饮水水质较差、水量不足、保证率不高等;④农田灌溉存在设施匮乏,供水能力不足,农业产量较低等现象;⑤移民迁建城集镇整体功能不够完善;⑥航道水运通航能力不足等问题。因此,有必要结合统筹城乡发展要求,进一步完善基础设施布局,提高交通、农村饮水、农田灌溉等配套标准,改善移民群众生产生活条件和人居环境,逐步实现库区移民安置区和生态屏障区群众城乡基本公共服务均等化,构建库区经济社会发展的基础设施平台。

一、基础设施建设现状

(一)公路交通

(1)农村集中居民点对外交通

三峡库区各区县地势险峻,地形复杂,沟壑纵横,交通不便。通过库周交通设施复建和当地交通运输部门的建设,库周交通功能基本得到恢复,使移民出行条件在淹没前的基础上有所改善。

库区移民绝大多数居住在屏障区内,仅少数移民分散居住在屏障区外。根据生态屏障区基本情况调查,屏障区范围内各区县农村人口居住情况差别较大,屏障区内集中居住度(指50人以上集中居民点的人数占总人口的比例)较高的区县达60%~70%,较低的区县仅30%~40%,现状50人以上的集中居民点大多数已有机耕道、等外路或等级公路通达。

(2)农村库周交通渡口

三峡水库蓄水后,长江干(支)流水面变宽,河流两岸联络交往难度加大,同时水库蓄水淹没了部分农村交通设施,需要解决移民及库周原居民因水库蓄水造成的上学、就医、生产生活及物资运输等出行难问题。2006—2007年,为解决上述问题进行了库周交通规划,共规划渡口365处(其中汽渡5处),库边船舶停靠点230处。

通过农村库周交通渡口的建设,适当地改善了农村库周交通基础设施条件,满足了三峡工程分期蓄水的要求,使移民出行条件有所改善,提高了移民的安置质量,维护了库区社会的稳定。

(3)迁建城镇对外交通

随着三峡库区经济社会的快速发展,库区交通基础设施条件也得到了提高,综合交通运输体系主要由公路、水运两种运输方式组成。库区公路基本形成一个以高速、国道、省道公路为主干,以县、乡道和专用公路为支脉,干支相连,四通八达的交通网。

三峡库区整个高速公路网主要由沪蓉高速(G42)、沪渝高速(G50)两条国家主要高速干道以及万开高速、长涪高速及重庆市环线高速、三峡专用高速等支线高速组成。

G42沪蓉高速起于上海,终点成都,全长1960km,由东向西,经武汉市、宜昌市,在秭归县境内进入库区,再经巴东、巫山、奉节、云阳、万州,在万州出库区后经垫江、广安、南充、遂宁至成都。

G50沪渝高速起于上海,终点重庆,全长1768km,由东向西,经武汉市、宜昌市,在巴东境内进入库区,再经建始、利川后,在石柱再次进入库区,经忠县,至垫江,再经长寿后,至重庆。

万开高速由万州至开州,在万州与G42高速连接。

长涪高速由长寿至涪陵,在长寿与G50高速连接。

重庆外环高速由北碚朱家坪至江津滴水岩至西彭。

库区重庆市除巫山、奉节、巫溪、丰都、武隆 5 县的高速公路正在建设外，其余区县均已有高速公路通到城区或通过连接线连接高速公路与城区；三峡库区湖北省除夷陵区有三峡专用高速通达外，其余 3 县高速公路当时正在建设中，于 2009 年年底通车。

经库区的其他公路还包括万开高速、长涪高速、重庆绕城高速等支线高速以及省道巫恩公路、川汉公路、万城公路、渝巫公路、巴彭公路、石雷公路等。

库区水路运输条件在三峡水库蓄水后得到极大改善，长江干支流航道的通航环境彻底改变。干流河面宽阔平稳，主要险滩被淹没，宜昌至重庆段由只能航行 1000 吨级船舶提高到丰水期 5000 吨级，并且全线实现昼夜双向通航；40 多条主要支流，河道变宽、水流变缓，新增形成四级以上航道 847km。

（二）农村饮水

受区域位置，自然条件和发展水平等特定因素的制约，三峡库区农村居民的饮水困难和饮水安全问题长期存在，特别是在生态屏障区移民安置村内，农村供水工程普遍缺乏，饮水设施较为简陋，自来水普及率低的情况广泛存在。

据调查统计，农村饮水设施大致可分为集中式供水、分散式供水和无供水设施 3 种类型。集中式供水主要为经供水厂（站）统一处理后，通过输配水管网为多个村组直接供水的供应方式；分散式供水则是单户或多户居民自筹资金采用简单的设施和管道从附近水源点各自取水的供应方式；无供水设施是主要依靠人力挑水的供应方式。

集中式供水在地方统称为自来水，采用专门的技术人员管理，水质水量有保障。一般是位于城集镇建成区周边的人口较为集中的农村居民点才有条件接上自来水，通过管网延伸直接供水到户。据调查，现有接上自来水的农村居民基本可保证有水可供，取用方便，能满足基本的生活所需，但由于大多数集镇水厂的供水容量有限，而用水负荷较多，因此普遍存在供水量不足、供水保证率较低的情况，在用水高峰期和高峰时段，则会出现供水不继的困难局面，而且农村地区普遍有设施老化、管网破损的实际情况，也制约和影响了农村居民点的供水质量。

相对于少量的集中式供水方式，大部分农村居民点和散居农户仍广泛采用分散式供水的简陋方式，其供水水源和取水方式根据地形地质、居住环境及生活习惯等条件的差异而各不相同，总体上呈现就近取水、简单处理、分散供给等因陋就简的取水局面。据调查，分散取水设施主要为引山泉水或堰塘水、建集雨池和机井等，相应以泉水、溪沟水、堰塘水、雨水和地下水等作为引水水源。泉水、溪沟水和堰塘水等水源点通常分布于居民点附近，地下水源往往选取富含基岩裂隙水的区域，居民住户往往根据水源点出水量的大小分别采取几家合建或自家独建蓄水池进行集蓄，并充分利用地势落差以自流方式从水源接管入户，由于此类水质污染较少，通过一定时间沉淀后可作为饮用水，是最为广泛的分散取水方式。对于地下水类水源较为缺乏的地区，居民群众则只能利用地表水作为饮用水水源，通过堰塘、集雨池等对雨水进行收集后取用，由于此类水质相对较差，当地居民通常投药进行水质澄清处理，然后再作为饮用水。

对无供水设施类型，或因为水源点位置较远，或因为居住地势较高，导致居民取水主要靠人力从田角沟谷、溪沟、水井、堰塘或水库处挑运，其取水条件特别困难，水质和水量更难以保证，特别是在伏旱季节，往往需要寻找更远处的替代水源，甚至会出现需要政府集中送水的极端情况。

农村集中式供水和分散式供水(包括无供水设施)人口的比例分别为 21%和 79%，表明现状农村的供水集中程度很低。

(三)农田灌溉

根据 2009 年土地遥感解译成果，生态屏障区内现有耕园地 302.67 万亩(其中移民安置涉及村为 178.1 万亩)，其中水田占 20.22%，旱地占 60.51%，园地占 19.27%。旱地和园地以坡耕地为主，其中 25°以上旱地和果园占耕园地总面积的 22.21%。由于坡度大，土层薄，土壤绝大多数是发育时间较短的紫色土，农田保水保土保肥性能差，既怕雨水冲刷又怕伏旱，整体而言地力瘠薄。

耕作制度方面，稻田以水稻—小麦(或水稻—油菜)为主，旱坡地以小麦—玉米—红苕为主，园地以柑橘、茶树为主，其中柑橘最为普遍，是库区的重要经济作物。区内降水丰富，但四季分布严重不均，且多以暴雨形式出现，导致季节性干旱规律明显，春旱、夏旱、伏旱、秋旱和冬旱均时有发生，以伏旱影响最大。保证灌溉是生态屏障区农作物优质高产的前提条件。

根据普查资料，生态屏障区内有各类农田灌溉设施 54529 处，其中：中型水库 3 座、小(1)型水库 29 座、小(2)型水库 205 座、山坪塘 30844 口(其中移民安置涉及村有 28955 口)，石河堰 4372 条(其中移民安置涉及村有 3162 条)，泉水堰 596 条(其中移民安置涉及村有 419 条)，提水泵站 240 处(其中移民安置涉及村有 153 处)，蓄水池 16376 个(其中移民安置涉及村有 13914 个)。水利工程蓄引提水总能力达 2.02 亿 m^3。现有工程中，塘堰是供水主体，占总供水能力的 62.3%，水库次之，占 16.1%，石河堰、蓄水池、提水泵站、泉水堰依次占 10.6%、2.92%、2.68%、1.28%。

由于耕地分散，灌溉设施匮乏，供水能力不足，目前有效灌溉比例仅为 25.9%，其余均属于无任何灌溉设施的“望天田”。灌溉面积中，水田是主体，占总灌溉面积的 47.3%，但也只有 59.6%的水田可以得到灌溉，旱地和园地则分别只有 16.4%和 19.5%可以得到灌溉。另外，受地形地貌、水资源条件和经济社会发展水平影响，各区县灌溉状况差异较大，条件最好的万州灌溉比例达到 55.0%，条件最差的巴东仅为 0.2%。

(四)移民迁建城集镇基础设施

(1)迁建城集镇防洪

三峡库区迁建城集镇从 1993 年陆续开始迁建工作，已基本完成，城集镇基础设施较搬迁前有了显著改善。由于三峡水库移民涉及范围广、安置周期长、情况复杂，因多种原因部分城集镇基础设施费存在一定的缺口，三峡办以个案的形式解决了部分困难问题，其中包括迁建城集镇的防洪设施建设不完善的问题。在2006年长江三峡工程库区移民安置规划及投资概算调整时对移民迁建的12个城市、县城，102个集镇规划迁建区的防山洪体系进行了处理。

(2)半淹城市、县城旧城基础设施

三峡水库蓄水后，库区部分城集镇局部受淹，淹没线以下部分进行了搬迁，淹没线以上部分保留，形成了新城和旧城同时存在的格局，城市功能需要重新布局。实施中淹没区主要公共服务设施均迁入新城，旧城缺乏相应的公共服务设施。淹没线以下的道路、供水、供气、电信等基础设施部分拆除搬迁，旧城正常功能和居民生产生活受到不同程度的影响。

(3)城镇基础设施及公共服务设施

三峡水库淹没迁建涉及2座城市、10座县城和114座集镇，自1993年陆续开始迁建以来，进展较为顺利，初步设计确定的搬迁建设任务已基本完成，城集镇基础设施较搬迁前有了显著改善。但限于历史条件，迁建过程中存在农村进城集镇移民和城集镇迁建占地移民基础设施补助标准偏低、用电紧张、半淹城市旧城基础设施配套还不完善、城集镇整体防洪体系不够健全等方面的问题，移民迁建城集镇基础设施配套以及企事业单位迁改建难以恢复原有功能；随着城市社会发展，现有功能设施，尤其是城市减灾防灾设施，不能适应新形势下城市规模和居民生产生活的需求，亟待恢复完善。

城镇化是人类社会发展的客观规律，是现代化的重要标志，也是库区转移生态屏障区人口、缓解环境承载力不足的根本出路。近年来，库区城镇化呈加速发展态势。2008—2013年，库区城镇化率由40.6％增加到52.2％，年均提高2.3个百分点(全国为1.3个百分点)，5年之内共有180万人进城。尽管如此，库区城镇化仍然方兴未艾。据统计，2013年库区12个县的城镇化率仅在30％～40％，远远低于全国53.7％、湖北省54.5％、重庆市58.3％的平均水平。根据世界城镇化发展普遍规律，库区仍处于城镇化率30％～70％的快速发展区间。在国家新型城镇化规划和长江经济带建设的推动下，库区必将迎来新的城镇化浪潮，预计2020年前将再有120万～210万人从农村进入城镇，相当于现有城镇人口总量的16％～28％。

相比之下，三峡库区移民安置规划对库区大规模城镇化带来的深远影响估计不足，城镇安全发展方面的投入不足，累积的一些突出矛盾和问题必须引起高度重视。

(五)干支流航道

(1)库区干流航道

三峡水库蓄水前，重庆至宜昌河段礁石林立、水流湍急、滩险密布、航道弯窄浅险，船舶航行困难，极大地限制了航道的通过能力。蓄水后，涪陵以下为水库深水区，通航条件得到根本改善，全年可通航万吨级船队，涪陵以上为变动回水区和常年回水区末端，河道平面形态复杂，存在多处礁石碍航情况。针对三峡水库蓄水位上升过程中不同变动回水区河段礁石碍航问题，交通运输部门 2003 年实施了三峡工程施工期变动回水区航道整治工程，2005—2006 年实施了铜锣峡至涪陵河段炸礁工程，2008 年实施了铜锣峡至娄溪沟河段炸礁工程，通过炸礁工程的实施，蓄水以来的泥沙冲淤及河势变化尚未对库区航运造成明显不利影响。

(2)湖北省支流航道

三峡水库蓄水前，湖北库区支流多数不通航或者航道等级较低。据航道普查，三峡工程蓄水位抬高至 175m 水位时，湖北库区支流航道共有 39 条，通航总里程约 220km，其中：主要支流航道有 21 条，通航里程达 173.1km；通航里程 5km 以上的重点支流航道 12 条，分别为黄柏河、沿渡河、青干河、童庄河、九畹溪、香溪河、小溪河、链子溪、咤溪河、百岁溪、鳊鱼溪、东瀼口，其中童庄河已实施航道整治。

(3)重庆市支流航道

三峡水库蓄水前，库区的支流除嘉陵江、乌江航道为五级以上航道外，其余河流大多属于等外级航道或季节性通航航道。蓄水后，三峡库区重庆市内支流回水里程逐步增加，航道条件改善。根据《重庆市航道发展规划》以及库区各区县相关规划，库区中具有较高开发价值的嘉陵江、乌江、小江、大宁河、梅溪河、龙河、抱龙河、汤溪河、东溪河、鳊鱼溪、神女溪、朱衣河、草堂河、干井河、渠溪河、御临河、磨刀溪、长滩河、黛溪河等共 19 条重要支流航道，其中嘉陵江航道整治工程已安排投资。据统计，三峡水库 145m 蓄水后，重庆市 19 条库区支流回水里程约 291km；175m 蓄水后，重庆市 19 条库区支流回水里程可达 572km，可为库区经济社会发展提供深水航道和优良水域条件。

(4)三峡—葛洲坝坝区航道

三峡至葛洲坝两坝间河段长约 38km，大部分处于西陵峡峡谷河段内。葛洲坝水库蓄水前，该河段滩多且险，是川江航道中航行最困难的区段之一，其中主要碍航滩险有水田角、喜滩、偏脑及石牌弯道等。葛洲坝水库运行后，枯水期两坝间水流平缓，呈水库航道特性，影响航行的不利流态基本消失；中、洪水期的强度也大为减弱，两坝间原有的碍航险滩滩势均有明显改善，但由于葛洲坝是低坝，该河段在汛期仍是呈现山区河流的特性，随着入库流量增加，水流湍急，流态紊乱。三峡水库蓄水运行后，葛洲坝水电站承担反调节任务，坝前水位变幅增加，在三峡电站调峰及汛期泄洪时，洪水急流滩和石牌弯道等局部航道航行条件较天然情况改善不大，对两坝间航运具有一定的不利影响。

二、存在的主要问题

(一)移民出行困难问题未得到全面解决

(1)农村居民点对外道路等级低、路网不完善

通过多年的建设，库周交通功能基本得到恢复，但受自然条件、发展水平和原库周交通

规划标准相对较低等因素影响，居民点对外交通还存在以下突出问题：一是已建道路技术等级较低，大部分为机耕路，路面为泥结碎石路面，晴通雨阻现象依然存在，不能完全实现便利快捷的交通运输需要；二是网络不完善，农村公路通畅率偏低，部分困难路段没有贯通，无路通达的居民点仍然存在。

(2)农村库周交通渡口运行时间增长、成本高、群众出行难

通过多年的建设，库周交通功能基本得到恢复，但受客观条件影响，在跨江河、沟汊处大部分以渡口方式解决两岸交通，因此蓄水后江面、河面变宽导致的渡口运行时间增长、成本高、群众出行难的问题，与库区后续发展、移民安稳致富的要求形成较大差距。例如，在湖北省秭归县香溪河与长江汇合处，随着三峡水库 175m 蓄水运行，长江江面宽度增加近 1 倍，虽然在交通复建规划中复建了汽车轮渡码头，但渡运时间、成本大幅增加，难以满足交通需要。支流香溪河现是靠人行渡口运行，蓄水后两岸 10 余万移民群众过河难、行路难等问题更加突出。

(3)码头设施复建标准低，不能适应船舶停靠要求

三峡水库蓄水运行对长江沿线的港口码头造成了淹没影响，虽然已按当时的淹没处理标准进行了恢复建设，但随着三峡水库蓄水，水面抬高加宽，长江航道条件改善，客轮、游轮、货轮呈大型化趋势，按淹没处理标准复建的码头不能适应船舶停靠要求，影响库区经济发展。

(4)迁建城镇对外交通尚待完善

三峡库区重庆市除巫山、巫溪、云阳、石柱(西沱)、丰都 5 县高速公路出口尚未建成外，其余各区县高速公路均已与城区直接或通过连接线相连；湖北省除夷陵区有三峡专用高速通达城区外，其余 3 县均未有高速公路出口，特别是巴东县城区与高速公路相隔较远、秭归县城区与高速公路之间须修建两座长江大桥以及大桥之间的连接线。同时，迁建城镇与高速公路出口连接路存在道路路面较窄、路面破损严重以及技术指标过低等问题，亟待升级改造。

(二)农村饮水安全保障不足、农田灌溉保证率低

三峡库区位于湖北省西部及重庆市中部，地处四川盆地与长江中下游平原的结合部，跨越鄂中山区峡谷及川东岭谷地带，其淹没影响涉及湖北省和重庆市的 19 区县及重庆主城区，总面积约 5.8 万 km^2，至 2008 年底，三峡库区总人口 2065.82 万人，其中农业人口 1391.25 万人，占总人口的 67.4%。

总体上，三峡库区是以农业生产为主导的区域，人口主要分布于广大的农村地区，农村饮水与农田灌溉等水利基础设施条件直接关系到农村居民的生产、生活的质量和水平，对于三峡库区经济社会整体和谐稳定发展的影响十分重大。

三峡库区总体上以山地和丘陵地貌为主，山地、丘陵和河谷平原分别占库区总面积的

74.0%、21.7%和4.3%。由于库区山高坡陡，沟壑纵横，地形起伏，造成土地结构复杂，垂直差异明显。同时，三峡库区属亚热带湿润季风气候，气候温和，雨量丰沛，但时空分布不均，导致暴雨和伏旱灾害频繁交替发生。这些不利的地形地貌、水文气象条件均对三峡库区的农村居民生活和农业生产造成了不利的影响。

相对于三峡库区特殊的自然条件因素，受地区经济发展水平的制约，目前三峡库区大多数区县还面临着农村水利基础设施严重不足，工程配套不完善，水资源无法有效利用的困难局面，山丘区普遍存在"十年九旱"现象，水资源短缺矛盾十分突出，从而导致人畜饮水困难，作物灌溉程度较低等现实问题，制约了当地农村经济社会的发展。

由于山高坡陡、地形破碎、地质环境差、降水时空分布不均以及经济社会发展落后等不利因素制约，三峡库区广大农村普遍存在着饮水安全问题。对此，三峡库区各区县先后按照《全国农村饮水安全工程"十一五"规划》组织实施了农村饮水工程，解决了部分农村人口的饮水安全问题；同时，一些经济条件较好、基础设施完备的城集镇建成区周边农村也依靠自身能力完善了供水设施，使饮水安全状况进一步改善。但由于整体基础条件较差，三峡库区农村的饮水安全问题较之其他地区仍存在较大差距，未解决饮水安全的农村人口仍占有较大比重，主要体现在水量不够充裕、水质不达标、用水方便程度不够及水源保证率不足等方面。

农田灌溉方面，灌溉比例小、保证程度低、设施简陋、损坏严重是基本特点。现有耕地大部分为无灌溉条件的"望天田"，工程性缺水非常普遍。现有灌溉水源主要靠塘堰、小(2)型水库等小型工程提供，这些工程基本上是20世纪50—70年代依靠农民投工投劳、因陋就简兴建而成。经过几十年运行，大部分到了设计年限，蓄水供水能力急剧下降，难以为继。现有渠系配套差，主要是土渠，由于年久失修，输水能力大大萎缩。每到干旱季节，无水可用和放不出水的现象同时存在，严重影响了农田的稳产增收。

综上所述，三峡库区农村供水所面临的主要问题为水利基础设施严重不足，现有设施普遍老化破损，供水能力和标准低，远远不能满足移民生活生产需要，因此必须采取有效措施对农村饮水及农田灌溉设施进行必要的建设与完善，以促进库区的移民安稳致富和经济社会的稳定发展。

(三)移民迁建城集镇基础设施需继续完善

(1)规划迁建区外现状建成区的防洪体系不够健全

三峡办以个案的形式解决了迁建城集镇的防洪设施建设不完善的问题后，移民规划迁建区防山洪标准能够满足有关规程规范要求。

但由于城镇化进程的加快，三峡库区建成区普遍大于移民规划迁建区。规划迁建区外实施的防洪工程，由于缺乏统一的防洪规划及资金困难等，未能形成完整的防洪系统，存在防洪安全隐患。同时库区迁建城集镇经济基础还比较薄弱，为提高迁建城集镇整体防洪保障能力，有必要在建设期防洪工程建设成果的基础上，进一步建设与完善城集镇移民规划迁建区外现状建成区防洪设施，确保迁建城集镇居民生命财产安全。

(2)半淹城市、县城旧城基础设施配套未完全解决

三峡水库蓄水后，库区部分城集镇局部受淹，淹没线以下部分进行了搬迁，淹没线以上部分保留，形成了新城和旧城同时存在的格局，城市功能需要重新布局。实施中淹没区主要公共服务设施均迁入新城，旧城缺乏相应的公共服务设施。淹没线以下的道路、供水、供气、电信等基础设施部分拆除搬迁，旧城正常功能和居民生产生活受到不同程度的影响。

城集镇迁建过程中恢复了部分基础设施功能，保证了三峡水库分期蓄水目标的实现。但目前还存在如下突出问题：①旧城沿江路问题。因规划深度限制、地质地形变化等，部分路段需路改桥、部分路段增加了基础处理量；与原有纵向路网衔接的交叉口须改造；须增加与现有路网的连接路；部分路段因车流量增加需要加宽道路等。②旧城管网功能恢复问题。水库淹没后，旧城沿库周供水、供电、邮电、通信、广播等管网需要恢复。③旧城消防通道完善问题。旧城房屋密集且结构较差，消防隐患大，需要完善消防通道。

(3)库区大规模城镇化带来的影响估计不足

三峡库区移民安置规划对库区大规模城镇化带来的深远影响估计不足，城镇应急避险能力方面的投入不足，累积的一些突出矛盾和问题必须引起高度重视。

1)超载成为危及城镇安全的突出隐患

三峡库区地形地貌与岸坡地质结构复杂，历来是地质灾害的多发地区，城镇所在地地质条件普遍较差。随着城镇化的加速发展，库区城镇人地矛盾日益突出，人口密度和建筑密度过高，特别是中心城区高楼林立、超载严重，安全风险越来越大。目前，库区 12 个移民迁建县城(城市)常住人口总量已达到规划人口的 4 倍以上，其中 8 个县城人口规模超过 15 万人，万州城区人口超过 80 万人。据统计，2013 年库区 12 个迁建县城(城市)建成区人口密度高达 1.3 万人/km^2，人均建设用地仅 76 m^2，低于现行规范规定的 80～100m^2/人的标准；中心城区平均建筑容积率达 2.1，最高容积率达 6.8，远高于 1.5～2.5 的规定标准。中国工程院在《三峡工程论证及可行性研究结论的阶段评估》中也指出：“对位于地质灾害易发区的移民迁建城镇，应采取综合减载措施，限制人口荷载，限制建筑物密度和高度。”

2)城镇基础设施和公共服务配套不能满足发展需要

库区移民迁建城镇的建设标准，大多是按照当时相关规范的下限执行的，与搬迁前相比有很大提高，但起点仍然较低、发展质量不高，基础设施和公共服务能力不足。截至 2013 年底，库区迁建县城(城市)人均道路 7.1 m^2，不足全国平均水平的一半；生均校舍 4.3 m^2，部分区县如涪陵低至 1.4 m^2，每千人拥有卫生机构床位数 3.4 张，均大大低于全国平均水平。城镇基础设施和公共服务设施不配套不完善，大量农村转移人口难以融入城镇社会，直接影响到库区城镇化推进和生态屏障区人口转移。据统计，2013 年库区户籍人口城镇化率仅 32.9%(全国为 36.5%)，比常住人口城镇化率低近 20 个百分点。

3)部分城镇应急避险能力不足

三峡库区受地形地质条件限制,部分城镇在迁建时仅有1条对外出口通道,而且存在道路等级低、路面窄、弯道多而急等问题,加上年久失修、道路崎岖不平,导致交通通行能力减弱、拥堵日益严重。一旦发生较大规模的地震、滑坡等自然灾害和暴恐等人为事件,城镇居民的安全疏散及外部救援都将面临很大困难。需要进一步加强城镇安全通道建设,提高应急避难时安全、快速疏散的能力。

(四)航道水运通航能力不足,部分航道通航安全得不到保障

三峡水库蓄水运行后,库区干支流航道条件大幅改善,航道水深、航宽、弯曲半径均增大,水流流速减小,船舶运输成本大为降低,运输效率提高,单向通过能力由建库前的1000万t提高到5000万t;有力地促进了水路货运量的快速发展,2008年三峡枢纽过坝货运量达到了6847万t,是2000年葛洲坝船闸通过量1203万t的5.7倍;推进了长江船舶标准化和大型化,三峡船闸过闸平均吨位由2003年的870t提高至2008年的1486t。同时,库区干支流航道建设仍有一些问题,需要解决。

一是干流变动回水区及常年回水区末端,还存在石梁暗礁,须采取炸礁措施加以清除,以提高通航条件,保障通航安全。

二是三峡水库蓄水后,库区支流航道的港口大多处在水库淹没区,需要迁建到地势较高的地方,支流航道向上游延伸,延伸后的通航河段内局部地方可能存在因突咀导致航道弯曲半径过小、航道宽度及水深不足而碍航,特别是库水位145~175m变动段在中高水期航行条件较好,但在低水位局部河段存在航道弯曲半径过小、航道宽度和水深不足而严重碍航,威胁船舶安全航行。为了使船舶能安全到达迁建后的港口,须采取必要的工程措施,同时配备航标等辅助设施,改善各支流航道航行条件。

三是根据腹地经济社会和综合运输体系规划,未来三峡枢纽断面货运量仍将继续增长,三峡船闸通过能力日趋紧张,难以满足未来下行运量要求,须进一步完善坝区航运基础设施,扩大三峡水运通道能力。

三、对策措施

针对三峡水库移民安置区和生态屏障区移民群众交通出行不畅、供水设施缺乏、交通路网功能恢复不足和移民迁建城集镇基础设施不够完善等问题,结合统筹城乡发展要求,进一步完善交通、农村饮水、农田灌溉等基础设施,改善移民群众生产生活条件和人居环境,保护生态环境,逐步实现库区移民安置区和生态屏障区群众城乡基本公共服务均等化,构建库区经济社会发展的基础设施平台。

(一)公路交通完善

三峡库区山高坡陡,地形破碎,江河纵横,交通极其不便。三峡水库蓄水后,淹没了部分专项等级公路、农村交通及航道设施;同时,长江干(支)流水面变宽,两岸联络交往难度加

大。移民搬迁建设期，库区公路及航道设施在按原规模、原标准进行规划补偿的基础上，结合库区经济社会发展需要，经移民复建和交通运输部门多年建设，交通网络整体功能和水路运输条件在蓄水后得到了一定程度的改善。但淹没补偿对恢复原功能考虑不足，路网不够完善，按照城乡统筹发展标准衡量，公路及航道设施标准偏低、路网不完善等问题还十分突出，仍是制约库区经济正常运行和发展的重要因素之一。主要困难是：移民安置区和生态屏障区农村居民点对外交通路网道路等级低、路况差；蓄水后严重影响库区移民群众出行，库周对外交通恢复仍采用渡口形式，不利于两岸移民群众的生产生活；移民及生态屏障区相关转移人口就业安置的主要载体——移民生态工业园和重点旅游景区对外通行不畅；移民迁建的城市、县城出境交通存在瓶颈现象，制约了库区经济正常运行和发展；干流变动回水区及库区支流航道，还存在石梁暗礁，影响通航安全。

针对以上问题，经研究，提出以下措施：

①针对农村移民安置区对外道路等级低、路况差的问题，支持完善生态屏障区移民安置村集中居民点对外交通，对低标准道路进行改扩建，满足移民出行要求。

②针对移民生态工业园和重点旅游景区对外通行不畅的问题，对生态工业园和重点旅游景区的对外交通设施建设进行适当补助，满足移民就业增收需要。

③对蓄水后影响库区移民群众出行的支流渡口，根据调整后的居民点布局和人流物流对交通的需求，进行渡改桥，包括渡口改车行桥和人行桥。

④对制约库区经济发展和移民安稳致富的骨干交通工程，属于功能恢复部分，按相关性原则，直接计列投资；属于支持经济发展和移民致富的，根据城乡布局和路网功能要求，提出扶持项目，给予适当补助。

（二）农村饮水

根据移民安置区和生态屏障区农村饮水现状情况，分已解决饮水安全和未解决饮水安全两种性质、集中居民点和散户两种居住类型分别开展相应的规划方案布置。对于集中居民点，新建管网延伸供水和联片集中供水两种集中式供水工程；对于散居农户，建设单户或联户的分散式供水工程。有浅层地下水的地区，采用浅井供水工程；有泉水的地区，建设引泉设施；水资源缺乏或开发利用困难的地区，建设雨水集蓄饮水工程。

具体措施为：

（1）水源选择

在对居住区域附近的水源进行深入调查的基础上，因地制宜选择水质好、出水稳定和水量大的水源，当有多种水源形式供选择时，应择优确定。

对于地下水资源较为丰富的区域，尽量采用井水和泉水作为饮用水水源，井水取水设施主要为大口井或管井，用潜水泵抽水取用；在泉水水源附近修建集水池等取水设施。对于居民点附近有水库可作为人饮水源时，可在水库处设置相应的取水设施。对于居住位置缺乏高位水源，若其距江河较近，落差不大，在一定条件下也可从江河提水，并设置相应的取水设施。对于其他淡水资源极其缺乏，经常发生季节性缺水，只能利用雨水的区域，可在居民点附近地势较高收集雨水方便处修建雨水集蓄设施收集雨水。

(2)水处理

水处理方案主要根据水源类型、水质特点、实践经验及应用环境进行选择确定，总体上分为四种水处理方案，分别为：

方案一：对于井水水源，其水质较好，只进行消毒处理即可。

方案二：对于泉水和水库水水源，水质比较好，采取生物慢滤＋消毒的方式处理。

方案三：对于堰塘水和江河水水源，水质较差，受污染较严重，浊度较大，采取加药混凝＋一体化净水处理＋消毒的方式处理。

方案四：对于雨水集蓄水源，采用工程措施对雨水进行收集利用，水质最差，采取预沉＋生物慢滤＋消毒的方式处理。

(3)输水工程

根据农村饮水工程方案，输水工程基本采用管道供水方式，基于农村饮水的实际条件，可采用PE管作为输水管材。

由于农村居民点相对分散、供水工程规模较小，输水管道基本上采用单管或下分支状管网供水方式。输水管道原则上地埋铺设，沟谷段可架设支墩、管桥等跨越。

(4)水质保障

农村供水的水源水质主要存在浊度超标、细菌超标问题，在水处理工程中已设置相应的水质净化、消毒设施进行处理，同时应通过水源保护建设，进一步保护饮用水水质。

(三)农田灌溉

在农田灌溉用水供需平衡分析的基础上，从以下三个方面进行农田灌溉设施建设和完善。

(1)构建形式多样、互为补充的水源保障体系

根据库区地形破碎，高山、中山、丘陵、平坝等多种地形并存的特点，重点建设和完善已有“水库＋渠道＋塘堰”，即“长藤结瓜”式的水源工程，大量新建以蓄水池为主的雨水集蓄利用工程，充分利用已有石河堰、泉水堰等拦、引水工程，少量补充提水工程，从而形成全区基本覆盖、技术经济上可行、形式多样、相互补充的水源保障体系。

(2)构建有灌有排、排灌自如的田间工程体系

针对库区田间工程基础极其薄弱、有水放不出、有水排不出的不利局面，大力开展田间工程建设，构建适应不同地类(冲田、塝田、旱地、园地)、不同水源和灌水方法、灌排配套、排灌自如的田间工程体系，充分发挥灌溉效益。

(3)构建从水源到田间的节水灌溉支撑体系

针对目前灌溉水利用效率低下的现状，以节水为中心，在水资源调配、输配水、田间灌水

和作物利用四个环节分别采取适宜的节水措施，构成一个完整的节水灌溉支撑体系。

通过以上三个方面的建设，最终在区内形成水源分布合理、水量有保障、节水高效的可持续农田灌溉保障体系，为生态屏障区耕园地稳产增收提供有力支撑。

（四）移民迁建城集镇基础设施完善

（1）迁建城集镇防洪

由于城镇化进程的加快，三峡库区建成区普遍大于移民规划迁建区。针对规划迁建区外现状建成区的防洪体系不够健全，影响迁建城集镇整体防洪能力等问题，开展三峡库区移民迁建城集镇防洪工程建设与完善工作。

（2）半淹城市、县城旧城基础设施配套完善

针对部分受淹搬迁的城集镇旧城沿江路因规划深度限制、地质地形变化等原因，须考虑路改桥、基础处理，水库淹没后旧城沿库周供水、供电、邮电、通信、广播等管网恢复，以及旧城房屋密集且结构较差，消防隐患大，对消防通道进行完善等问题。

（3）半淹企事业单位基础设施建设与完善

移民安置规划对部分半淹企事业单位，采取就近后靠方案安置。但当时的方案仅仅补偿了淹没部分的资产，未补偿增加的占地基础设施费和淹没线上资产，搬迁形成投资缺口。实施中，因城集镇功能区重新划分，经有关部门批准，部分就近后靠的企事业单位调整为异地全迁处理方案，导致这些单位迁建资金不足，影响搬迁后企事业单位恢复原有生产条件和职工的生活条件。

（4）城镇功能完善和城镇安全防护带建设

适应库区城镇化快速发展的形势，围绕解决城镇承载能力不足、发展质量不高、安全保障不够等突出问题，支持建设一批重大工程设施，为库区城镇长远可持续发展打下坚实基础。

1）城镇拓展区建设

在加强现有城区规模和建筑密度控制的同时，需要适当拓展城镇发展空间、建设一批减载新区，以更好地承接农村人口转移、疏解中心城区超载压力。依据库区经济社会发展规划、城乡规划和土地利用规划，支持拓展新区基础设施和公共服务设施建设，支持一批衔接现有城区与拓展新区且对新区发展有重大支撑作用的连接道路和重要桥梁建设。

2）城镇基础设施和公共服务设施完善

在原规划扶持城镇社区建设与公共服务设施完善的基础上，加大对库区城镇发展有重大带动作用的骨干交通、重点水源工程及配套给水管网工程和学校、医院的建设力度，进一步完善城镇功能、提高发展质量。

3）城镇安全通道建设

对库区对外交通通行能力不足的迁建县城（城市），进一步完善其安全出口通道建设，以满足城镇快速疏散和防灾救援的需要。

4)城镇库岸边坡加固

对地质条件较差、库岸稳定问题突出的巴东、巫山、奉节等区县城镇和部分重点集镇、人口密集区域库岸,在原规划确定的岸线环境综合整治的基础上,结合滑坡塌岸治理、岸坡变形处理、消落区生态修复和城镇基础设施完善、安全通道建设,以库岸段为单元,采取工程治理、生态修复等措施进行综合整治,以稳定库岸边坡、保障沿江重要库岸地质安全。同时,加强岸线管理,优化设计方案,按有关规定严格控制对三峡水库防洪库容的占用。

(五)航道整治

三峡水库蓄水后,水面变宽,水深加大,总体上有利于通航。库区干支流航道条件得到非常大的改善,但干流变动回水区及常年回水区末端还存在石梁暗礁,须采取炸礁措施加以清除,以提高通航条件,保障通航安全。支流航道在三峡水库中高水位期间航行条件好,但在低水位局部河段存在航道弯曲半径过小、航道宽度和水深不足而严重碍航,船舶安全航行难以保障,为了使船舶能安全到达迁建后的港口,须对各支流航道碍航突咀及水深不足的地方采取必要的工程措施。

(1)干流变动回水区航道整治

1)变动回水区碍航礁石炸除

三峡集团公司已经先后组织开展了"7250"炸礁工程(以总投资7250万元得名)、涪陵至铜锣峡炸礁工程、铜锣峡至娄溪沟炸礁工程。从进一步提高通航安全的角度,在保证库岸安全稳定的前提下,炸除黄草峡、明月峡、铜锣峡等局部碍航礁石;按规划航道标准对娄溪沟至铜锣峡铜河段、位于铜锣峡至娄溪沟嘉陵江和长江汇合处的外梁河段进行炸礁。

2)变动回水区航标设施完善

变动回水区的木洞至娄溪沟河段,航标设施落后,航标助航效能已不能满足航运事业发展的需要,为了充分发挥三峡工程航运效益,进行该段航道的航标完善建设,按照非汛期航标配布为两侧锁链配标,汛期航标配布以上行船舶航线为依据,在上行船舶航线一侧锁链配布航标,航线的另一侧根据航道情况及船舶驾驶操作的要求适当配布航标,不标示航道界限配布航标。

(2)支流航道整治

根据《长江三峡工程库区重庆市支流航道整治利用方案》和《长江三峡工程库区湖北省支流航道整治利用方案》,库区支流航道等级主要为3～4级,三峡工程175m蓄水后,湖北省库区38条支流通航里程合计约210km,重庆市库区18条支流通航里程合计约500km。

湖北省支流航道处理河流共38条,对重要航道黄柏河、沿渡河、九畹溪、青干河、咤溪河等5条河流采取炸礁切咀、航道疏挖、岸坡防护及设置航标等措施,对其他航道小溪河、链子溪、东瀼口、泄滩河、苏溪沟、香溪河等33条河流设置航标。

重庆市支流航道处理河流共18条,对重要航道乌江、小江、抱龙河、大宁河、梅溪河、汤溪河、龙河等采取炸礁切咀、航道疏挖、岸坡防护及设置航标等措施,对其他航道东溪河、编鱼溪、神女溪、朱衣河、草堂河、干井河、渠溪河、御临河、磨刀溪、长滩河、黛溪河等 11 条河流设置航标。

(3)航道疏浚治理

三峡工程建成后,库区干支流航道条件总体较好,受库区泥沙累积性淤积影响,干流变动回水区、支流河口以及局部河段可能产生淤积。建议加强航道泥沙冲淤观测及研究,根据泥沙淤积程度采取相应的治理措施,在碍航泥沙淤积较少时,治理措施以疏浚维护为主;当预期累积性淤积碍航较严重时,可相机实施九龙滩、铜元局、猪儿碛等局部碍航河段的整治工程。

(4)坝区航运基础设施建设与完善

坝区航运基础设施完善包括两坝间航道整治、两坝间锚地设施建设、船闸待闸设施建设与完善、船闸通航设施更新改造、三峡枢纽航运安全监管能力建设及三峡翻坝转运体系建设等。

1)两坝间航道整治工程

三峡至葛洲坝两坝间河段大部分处于西陵峡峡谷河段内。枯水期,两坝间水流平缓,呈水库航道特性;汛期,受峡谷河段地形条件制约,随着入库流量增加,水流湍急,流态紊乱,呈现出天然河道特性。三峡工程建成后,两坝间存在多处碍航滩险,主要集中在莲沱至偏脑 15km 的河段。交通运输部门提出对位于两坝间的水田角河段实施航道整治工程。水田角河段位于长江上游里程 31.2～32.5km 处,为川江著名的洪水急流滩,该滩上连陡山沱,岸线顺直,下连莲沱微弯河段。在保证岸线安全稳定的前提下,采取炸礁、深挖弃渣、抛填等工程措施,改善航道条件。

2)两坝间锚地设施、船闸待闸设施

平善坝河段水面较宽,河床断面无突变,水流平缓,是较为理想的停泊锚地。目前在左岸设有停泊趸船,但年久失修,停泊功能逐渐丧失。为改善锚泊条件,提高锚泊能力,加大两坝间船舶分道航行水域,撤销左岸危险品锚地,扩大右岸锚地水域面积,拟在左岸平善坝河段设置靠船设施。

由于多种原因,葛洲坝一号船闸上下游未建设过闸船舶待闸靠泊设施,船舶进闸距离延长严重影响船闸运行效率,特别是葛洲坝船闸通航流量标准提高到 35000m^3/s 后,船舶通过葛洲坝一号船闸的通航安全问题和船闸运行效率问题更加突出。在船闸上、下游引航道设置船舶待闸靠泊设施,以进一步提高葛洲坝大江一号船闸通过能力。

锚地设施、船闸待闸设施的完善措施需要在保障船舶、航道以及船闸安全运行下,经深入论证研究后实施。

3)船闸通航设施更新改造

葛洲坝船闸因原先设计未考虑相关人字门安全保护设施和二号闸防撞装置因制造、安装缺陷,长期处于停用状态。葛洲坝三座船闸投入运用以来,多次发生船舶撞击人字门事件,另若船舶一旦在闸室发生火险,人字门无自身保护措施。故葛洲坝船闸人字门存在重大安全隐患，须采取工程措施予以消除。

三峡、葛洲坝船闸浮式系船柱按 4×3000 吨级船队、允许系缆力纵向 5t 横向 3t 设计。由于船舶趋向大型化，最大单船已达 7000t，原有浮式系船柱已不能满足现有大型船舶在闸室内系泊的需要。

交通运输部门提出的改造措施包括更新浮式系船柱、建设人字门船舶防撞警戒装置、人字门水幕系统及固定水炮。

4）三峡枢纽航运安全监管能力建设

根据国办函〔2009〕124 号文的有关要求，建设三峡枢纽水上消防治安指挥中心，在葛洲坝坝下、三峡坝上分设船舶过闸安全综合检查站，负责三峡枢纽过闸船舶安全检查及消防安全管理，并建设必要的冲滩点。

5）三峡翻坝转运体系建设

三峡翻坝转运自三峡大坝截流开始，已长期存在。滚装车主要通过水—陆—水方式翻坝，旅客翻坝通过水—路方式翻坝。根据腹地经济社会和综合运输体系规划，未来三峡枢纽断面货运量仍将继续增长，三峡船闸通过能力日趋紧张，难以满足未来下行运量要求，需要配合翻坝设施，缓解三峡船闸过闸压力。建议下一步开展三峡工程过坝运量预测及合理性分析研究工作，提出翻坝转运体系的建设规模及建设方案。

葛洲坝水利枢纽是国家重要的基础设施，因历史原因，兴建时为满足南北两岸数十万群众通行，采取以坝代桥方案。目前大坝日均通行 4820 车次、12000 人次，直接影响枢纽建筑物和坝面安全管理，存在极大安全隐患。需要采取替代方案，实现葛洲坝水利枢纽封闭管理，以满足国家有关防空和反恐的要求。为确保三峡工程和葛洲坝工程的安全稳定运行，结合服务周边广大移民群众生产生活和城市发展的需要，补助部分资金，支持替代方案——宜昌市庙嘴长江大桥（现称至喜长江大桥）建设。

第七节　社区建设与公共服务设施完善

一、社区建设与公共服务设施现状

三峡库区是国家连片贫困区，社区建设与城镇公共服务设施总体落后。三峡水库淹没对库区公共服务设施造成了较大影响。由于三峡工程论证期长，其间国家和地方对三峡库区基础设施及公共服务设施投入大幅减少，按照水库淹没实物指标补偿投资恢复重建的公共服务设施明显不足，已迁建公共服务设施标准总体偏低，公共服务功能不完善，难以满足移民群众对公共服务的需求。在长达 17 年的移民搬迁安置和社会重建过程中，三峡库区多数企事业单位解体，社会结构进行重组，随着社会化进程不断推进，库区形成了许多新的社区，且其规模明显扩大。随着经济社会快速发展，城乡统筹和新农村建设对社区公共服务设施建设标准提出了更高要求。党的十七大报告明确提出“社会建设与人民幸福安康息息相关。必须在经济发展的基础上，更加注重社会建设，着力保障和改善民生，推进社会体制改革，扩大公共服务”的指导思想。因此，加快库区社区建设和公共服务设施完善是移民安稳致富的需要，也是三峡库区城乡统筹的需要，更是构建和谐稳定新库区的需要。在此背景下，将库区社区建设与公共服务设施完善纳入，对其公共服务设施进行补助，适当提高库区社区建设及公共服务设施数量、质量，完善公共服务功能，是进一步贯彻落实中央领导批示精神，也是贯彻落实科学发展观的集中体现。

在三峡库区移民安置规划和投资概算调整工作中，为解决三峡库区学校、医院及公共文化等服务设施在迁建过程中存在的突出问题，三峡办委托长江委分别编制了《长江三峡工程库区学校迁建补偿概算调整专题报告》《长江三峡工程库区医院迁建补偿概算调整专题报告》及《公共文化个案报告》等，重点对制约库区学校、医院及公共文化服务设施的业务用房及设施设备等进行了适当补助。在《长江三峡工程库区医院迁建补偿概算调整专题报告》中，对库区各区县综合医院、中医院、专科医院、疾病预防控制中心、卫生监督所、妇幼保健院（所）、乡镇卫生院（所）、村卫生室等医疗卫生机构的办公、医疗用房、配套特殊设施及医院设备搬迁运输、安装调试等进行了适当补助。在《长江三峡工程库区学校迁建补偿概算调整专题报告》中，对受三峡水库蓄水影响的幼儿园、小学、中学、特殊教育学校的房屋和专用设施等进行了补助。在《公共文化个案报告》中，在与移民政策保持连续性的基础上，参照文化部门规定的基本标准，重点对县城和城市的文化馆、图书馆、文工团排练房等业务用房及设施设备，影剧院的设施，乡镇文化站、村文化室的业务用房、设施设备等进行了补助。另外，三峡库区还依托“星光计划”建设项目，加快推进城镇社区建设，在资源配置、设施建设和完善服务功能等方面取得了一定成绩。一是针对原有社区规模较小、设置不够合理、社区资源分割等问题，对城镇社区进行了重新调整设置。二是基础设施不断完善，部分区县已建有老年公寓、康复中心、社区文化活动室、社区服务站、图书室、文体娱乐室等公共服务设施。三是社区服务功能不断加强，服务对象从传统的民政对象拓宽到全体居民，服务内容从单项服务发展到满足居民各种需求的系列化服务，多数社区开展了中介服务、家政服务等，完善了服务网点，增加了公益性劳动岗位等。

近年来，在三峡办和湖北、重庆两省（直辖市）移民局的指导和关怀下，通过各区县人民政府、区县移民局以及各参建单位的共同努力，三峡库区社会公共服务设施建设取得了可喜的成绩，部分区县图书馆、文化馆、文工团、影剧院等公共设施已建成或基本建成，部分乡镇文化站、行政村文化室等公共设施已陆续发挥作用。

二、存在的主要问题

在三峡库区移民搬迁安置建设过程中，党中央、国务院以及三峡办等部门高度重视和谐三峡、和谐库区、和谐社会建设工作，在政策、资金等方面给予了积极支持。在库区各级人民政府的共同努力下，社区建设与公共服务设施完善等方面取得了一些成效。但受资金筹措困难等多种因素影响，库区社区建设、城集镇以及半淹旧城公共服务设施相对落后的面貌未从根本上改变，库区公共服务水平与移民群众日益增长的物质和精神文明需求相差甚远。

（一）三峡库区社区公共服务设施配置总体水平不高

按照全国“十一五”社区服务发展目标要求，每百户社区居民拥有服务设施不低于$20m^2$，三峡库区规划涉及的968个农村社区，399个城集镇社区，近60%的城乡社区每百户拥有公共服务设施不足$20m^2$。主要原因是部分社区公共设施存在功能性缺陷或配置标准偏低。由于人均公共服务设施面积偏低，使得移民群众最关心、最直接、最现实的利益问题在社区层面难以得到有效解决，社区作为构建和谐社会基本单元的功能，未能得到充分发挥。

（二）社区服务设施功能不够完善

由于三峡库区移民社区在迁建过程中，社区公共服务设施迁建投入不足，社区基础设施比较简陋、短缺，社区服务设施功能不完善，未能提供有效的社区服务。

（三）公共服务财力投入不足

三峡库区是我国集中连片贫困区，大部分区县财政基础薄弱，公共服务财力的投入较少，库区社区建设和发展缺乏稳定的投入机制，投资主体不明确，资金不足，部分社区基本公共服务的必要支出得不到保障，社区服务基础设施建设资金短缺现象严重。

（四）公共服务设施系统功能恢复不足

三峡水库淹没涉及的2座城市、10座县城、114座集镇，受三峡工程可行性研究阶段方案论证的影响，淹没区资金投入很少，基本上没有配置公共服务设施，三峡水库淹没实物指标调查时，淹没实物指标很少。迁建规划时，受当时水库淹没处理设计规范、标准和补偿补助政策的制约，注重淹没实物指标的本体补偿，对公共服务设施系统功能的恢复考虑不足，部分移民项目应实施而未列入规划，部分已实施的项目补偿标准偏低。除学校、医院等有淹没实物指标的公共服务设施按照原规模进行了迁建外，缺少淹没实物指标的公共服务设施基本上没有建设，导致城集镇公共服务设施功能缺失。

（五）对城集镇功能恢复考虑不足

三峡水库蓄水后，库区部分城集镇局部受淹，淹没线以下部分进行了搬迁，淹没线以上部分保留，形成了新城和旧城。被淹没部分都是原城区人气最旺盛、商贸活动最繁华、经济布局最集中、机构和单位最多的地带之一，随着被淹没部分迁建新址，政治、经济、商业、文化等重心迅速转移到新城，城市功能进行了重新布局，原互相依存的城市道路、供水、供电、供气、通信等基础设施因淹没线下部分的搬迁，失去了整体功能，难以形成有效网络，影响旧城功能的正常运行，旧城区居民的生产生活受到不同程度的影响；淹没区主要公共服务设施均迁入新城，导致旧城公共服务设施缺失。

三、对策措施

一是建成与经济社会发展水平相协调，满足居民公共服务和多样性生活服务需求的，以社区综合服务设施为主体、各类服务设施相配套的社区服务体系。二是形成政府主导、多方参与、权责明晰、配置合理、富有活力的社区运行机制。三是建成一支扎根库区的社区建设队伍。通过对库区社区服务人员的劳动技能培训，重点突出社区培训内容，培养一批掌握专业社区管理知识，能够带领他人参与社区建设的人才队伍；四是迁建城集镇和半淹旧城教育、文化体育、医疗卫生、市政公用及公共服务设施体系基本建立，满足移民群众持续增长的物质和精神文明需求。

(一) 社区建设

社区建设包括生态屏障区移民安置农村社区、城镇移民迁建安置小区及移民迁建集镇社区 1367 个，其中农村社区 968 个，城集镇社区 399 个。社区建设围绕构建和谐库区和全面建成小康社会的要求，进一步贯彻落实科学发展观，以改善三峡库区社区公共服务设施为手段，以逐步完善社区服务功能为目的，以服务移民群众为宗旨，通过政策引导和基础投入，不断拓展社区服务领域和服务质量，引进和创新社区建设长效机制，使社区建设为构建和谐库区、提高移民生产生活水平和生活质量奠定基础。

(1)社区就业帮扶中心

为加强对库区移民群众下岗就业的指导，分别对农村社区和城集镇社区就业帮扶中心予以扶持。依据《镇规划标准》(GB 50188—2007)和重庆市关于《社区公共服务设施配置标准》(DBJ/T 50—090—2009)等文件规定，分类型、规模分别制定了相应的建设扶持标准。

(2)文化活动室

库区移民群众社会文化活动日益丰富，而社区文化活动设施相对较少的矛盾一直存在。为适当提高社区文化活动站(室)设施，按照社区公共服务设施配置内容，对城乡社区文化活动站(室)给予扶持。

(3)卫生室

按照社区规模配置相应标准的卫生室。

(4)室外活动场地

对三峡库区生态屏障区范围内的移民安置社区扶持建设一些避难逃生场所，改善移民灾后生存条件。农村社区选择一些交通条件较好的室外活动场地，平常作为健身娱乐活动场地，突发自然灾害时，作为逃生避难场地；城镇社区结合现有街道道路和广场，作为室外活动场地。

(5)设施设备

社区设施设备扶持建设主要是针对社区就业帮扶中心、社区文化活动站(室)、卫生站(室)等公共服务设施配套设施设备 1 套，具体配置内容包括增加电脑、打印机、投影仪、电视机、影碟机、图书等设备，对室外健身场地配套特殊设施。另外，对地震烈度Ⅶ度设防区范围内的移民安置社区规划室外活动场地作为避难场所，并配套相应逃生指示牌及逃生设施等。

(6)养老院、社会福利院、救助站

扶持城集镇社区的养老院、社会福利院、救助站设施建设。

（二）公共服务设施完善

依据《城市居住区规划设计规范》(GB 50180—93，2002 修订版)中公共服务设施项目分级配建方法，对各区县申报的公共服务设施项目进行整理、分类、梳理，遵循与原有移民政策相衔接，解决与居民生活密切相关的项目，选择突出公益性项目等原则，以城镇迁建人口规模和生态屏障区转移进城镇人口数量为基数，通过测算确定需要扩容和完善的公共服务设施项目数量，依据相关规范规定的标准确定建设规模，参照移民安置规划中制定的补偿标准测算公共服务设施扩容和完善投资。在移民安置规划中的城镇迁建规划部分“居住区主要技术经济指标”中，已按照有关规范计列了公共服务设施用地，因此按照现行规范扩容和完善的公共服务设施项目不再考虑重新征地。此外，扩容和完善的公共服务设施项目规模，是以淹没实物指标为基础，以迁建规划方案为依据，根据迁建人口规模测算得出的，对利用补偿投资已按标准完成迁建的项目未予考虑。

公共服务设施配套标准按照住房城乡建设部《城市居住区规划设计规范》(GB 50180—93，2002 修订版)的规定确定，见表 4-10。

表 4-10　　公共服务设施控制指标　　单位：m^2/千人

类别	居住区		小区		组团	
	建筑面积	用地面积	建筑面积	用地面积	建筑面积	用地面积
总指标	1668～3293	2172～5559	968～2397	1091～35	362～856	4～1058
	(2228～4213)	(2762～6329)	138～2977)	(1491～4585)	(703～1356)	(868～1578)
教育	600～1200	1000～2400	330～1200	700～2400	160～400	300～500
医疗卫生	78～198	138～378	38～98	78～228	6～20	12～40
	(178～398)	(298～548)				
文体	125～245	225～645	45～75	65～105	18～24	40～60
市政公用	40～150	70～360	30～140	50～140	9～10	20～30
(含居民存车处)	(460～820)	(500～960)	(400～720)	(450～760)	(350～510)	(400～550)
行政管理其他	46～96	37～72	—	—	—	—

针对不同分级公共服务设施的配置标准，规范中按教育、医疗卫生、文化体育、市政公用、行政管理及其他等五大类分别进行了规定。具体项目配置要求见表 4-11。

表 4-11　　公共服务设施项目配置要求

类别	项　　目	居住区	小区	组团
教育	托儿所	—	▲	△
	幼儿园	—	▲	—
	小学	—	▲	—
	中学	▲	—	—
医疗卫生	医院(200～300 床)	▲	—	—
	门诊所	▲	—	—
	卫生		▲	—
	医院(200～300 床)护理院			
文化体育	文化活动中心(含青少年、老年活动中心)	▲	—	—
	文化活动站(含青少年、老年活动站)	—	▲	△
	居民运动场(馆)	△	—	—
	居民健身设施(含老年户外活动场地)	—	▲	△
市政公用	公共厕所	▲	▲	—
	垃圾转运站	△	△	—
	居民停车场	△	△	△
	消防站	△	—	—
行政管理及其他	防空地下室	△①	△①	△①

注:▲为应配建的项目;△为宜设置的项目。①在国家确定的一、二类人防重点城市,应按人防有关规定配建防空地下室。

(1)教育

按照每个居住小区(居住人口规模 7000～15000 人的按 15000 人计)分别设置一所托儿所、幼儿园、小学的配建标准测算,库区迁建城镇需扩容托儿所、幼儿园、小学各 74 所。按照每个居住区(居住人口规模 30000～50000 人的按 50000 人计)分别设置一所初级中学计算,移民迁建区共需设置 24 所初级中学。

除县城外,随着库区交通设施的改善,移民迁建集镇辐射能力的增强,加上教育资源的优化整合,以集镇为中心,周边农村适龄儿童入学逐渐向集镇集中,对每个移民迁建集镇支持一所完全小学,共 103 所。

(2)医疗卫生

1) 重点骨干医院扶持

对每区县 1 所承担公共卫生服务的重点医院建设给予支持。

重点扶持医院业务用房建设。业务用房扶持面积综合考虑以下因素:一是各区县医院申报扶持情况;二是各区县农村进城集镇安置移民数量和城集镇迁建占地移民数量;三是各区县生态屏障区相关转移人口规模；四是现状人均卫生公共资源拥有建筑面积。经综合分析，确定按人均卫生公共建筑面积 0.31 m^2 的标准进行扶持。

2）殡仪馆

建设殡仪馆，对节约土地、保护资源、净化环境，促进文明库区、和谐库区和生态屏障区建设具有十分重要的作用，属公益性项目。根据国务院《殡葬管理条例》规定，目前三峡库区正在推进殡葬改革，全面实行火葬，促进社会主义精神文明建设。

根据民政部发布的《关于进一步深化殡葬改革促进殡葬事业科学发展的指导意见》，免费的基本殡葬服务将逐步实行，由当前商业经营转向以政府负责的公益性设施，提供免费的火化服务。建设公益性殡仪馆，改善殡葬治丧环境，规范治丧秩序，建设安静、祥和、文明的三峡库区十分必要。因此，支持迁建城市（县城）各建设 1 所公益性殡仪馆。

3）半淹旧城卫生所

根据移民安置规划报告，原集中于城镇繁华中心的医疗机构多数已迁到新城，旧城居民就医不便。按照城市居住区等级划分办法及剩余人口，对半淹旧城进行划分，按照规范要求，对旧城每个居民区各设门诊所 1 处，其中万州、涪陵半淹旧城各 2 处，兴山、长寿、忠县半淹旧城各 1 处。

（3）文化体育

对迁建的 12 座城市（县城）支持体育馆和青少年文化活动中心各 1 所。对半淹万州旧城支持图书馆和文化馆各 1 所，对万州、涪陵、长寿和忠县半淹旧城分别支持 1 所青少年活动中心。

（4）市政公用

对迁建 12 座城市（县城）按照每 4000 人设置公共厕所 1 处，共 289 处；对每座迁建集镇设置公共厕所 1 处，共 103 处；设置垃圾转运站 77 处，公共停车场 76 处。

（5）行政管理及其他

1）汽车客运站

近年来三峡库区高速公路快速发展，长寿、开州、涪陵、万州、丰都、忠县、云阳、奉节相继建成通车，巫山、巴东、兴山高速公路和秭归的翻坝高速也在紧张建设中。随着交通骨干网络的建成和城乡公路按新标准改造后，三峡库区人民出行将从过去以“水运”为主、“水运＋陆运”模式转向以更加便捷的陆路交通为主、水运为辅的模式。加上农村居民进城、生态屏障区转移人口进城等服务对象增加及旅游业的快速发展，对现有客运站进行扩容、改造迫在眉睫。库区各区县的客运站均位于国家级旅游区，且日发量在 3000 人次以上，根据交通运输部《汽车客运站级别划分和建设要求》（JT/T 200—2004）规定，应按一级车站建设。根据屏障区转移进城人数结合城区人口的增长率预测，按照一级车站标准化建设标准进行改造或扩容，每个区县支持 1 座标准化汽车客运站的扩容与完善。

2)白蚁综合治理与防治

三峡库区为高山狭谷区,国家实施退耕还林政策和天然保护林政策后,森林覆盖率逐年升高,白蚁危害高发。三峡水库建成蓄水后,局地气候发生变化,空气湿度增大,滋生了白蚁的繁殖和生长,白蚁危害在三峡库区呈蔓延趋势,严重威胁房屋建筑、水库大坝(堤坝)、森林(园林)工程的安全。白蚁危害引起了国务院的高度重视,温家宝、曾培炎曾分别在《重庆市反映库区白蚁危害加剧》(国务院专报信息554号)的信息专报上作出重要批示,三峡办以《关于重庆市三峡库区白蚁危害情况的报告》(国三峡办库发函〔2007〕32号),对三峡库区白蚁防治工程进行了部署。为建立白蚁防治长效机制,各区县提出建设白蚁预警监测系统、对移民迁建房屋实施白蚁预防补治、对居民及单位用房实施白蚁治理以及加强宣传、培训等要求。

对12座迁建城市(县城)分别设置白蚁监测预警防治中心1个,设置一定数量的监测点,建立相应数据库管理系统、GIS系统,其他区县按照农村移民和城镇居民和单位搬迁房屋面积测算白蚁防治费。

3)救灾物资储备中心

三峡库区为高山峡谷区,河水暴涨暴落,易造成洪涝灾害;蓄水后地质灾害增加,虽进行了地质灾害治理和滑坡区人口转移,但局部地质灾害事件仍经常发生。汶川大地震后,公众对救灾物资储备提出了新要求。为提高救灾的及时性,确保国家公共财产和人民生命财产安全,根据各区县申报情况,在移民迁建城市(县城)各1个设置救灾物资储备中心。

4)库区基层公安机关能力建设

库区生态屏障区涉及的乡镇管辖区域较大,交通不便,通信设备落后。为维护库区治安秩序,提高突发事件应急处理能力,支持库区生态屏障区213个乡镇基层公安派出所交通、通信等设施设备能力建设。

5)秭归人防工程

秭归县与三峡大坝近在咫尺,茅坪防护坝本身即为三峡大坝的一部分,地理位置独特。但秭归县属易地搬迁县城,在新县城规划中未考虑其独特的地理位置建设人防工程。

考虑到秭归县独特的地理位置,结合《城市居住区规划设计规范》(GB 50180—93,2002修订版)对其人防工程建设给予一定的资金支持。

第八节 自然与历史文化遗产保护和完善

三峡库区移民迁建过程中,国家十分重视文物保护工作。十余年来,在各级文物部门、文物保护单位及考古单位的共同努力下,完成地下文物项目勘探1213.85万m^2,发掘171.83万m^2,出土了20多万件文物,发现并命名的“小田溪文化”“中坝文化”“楠木园文化”“玉溪坪文化”“柳林溪文化”“朝天嘴文化”等新的考古学文化,填补了三峡区域文化的许多阶段性空白,廓清了三峡地区考古学文化的基本面貌,完善了三峡库区考古文化序列。重庆市丰都县烟墩堡遗址被评为“1996 年全国十大考古新发现”，重庆市忠县中坝遗址、重庆市云阳县李家坝遗址被评为“1998 年全国十大考古新发现”，湖北省巴东县旧县坪遗址被评为“2002 年全国十大考古新发现”，三峡库区考古调查与发掘还被评为“八五”期间“全国十大考古新发现”。地面文物完成了全部测绘留取资料保护工作，完成原地保护、搬迁复建项目共 167 处。四处重点保护项目张桓侯庙于 2003 年 7 月完成复建，石宝寨于 2009 年 4 月完工原址防护工程，白鹤梁水文题刻于 2009 年 5 月完成水下保护工程，屈原祠经过三年多的仿古新建工程建设于 2010 年 1 月 16 日落成、2010 年 6 月 12 日全国第五个文化遗产日正式对外开放。同时，三峡库区文物保护工程还首先引进了招标投标制、工程监理制等，完善了文物保护管理体制，开创了我国文物保护工程的先河。上述成绩大大提高了三峡库区文物保护在全国乃至全世界文物保护的知名度，在国内外产生了较大的积极影响，也使三峡工程成为迄今为止国家最重视文化遗产保护的工程。但与此同时，还存在着一些不足，面临着一些困难，暴露了一些问题，需要进一步加大保护和完善力度，使生态屏障区的自然遗产、物质文化遗产以及消落区地下文物得到有效保护，库区的非物质文化遗产得以传承发展，积极保护库区文化多样性，为自然遗产、历史文化遗产保护奠定基础。

一、自然与历史文化遗产保护现状

三峡库区有丰富的自然与历史文化遗产，虽然在三峡库区淹没处理规划中抢救性发掘了大批地下遗址，出土了 20 多万件文物；测绘了大批古遗址、石窟、石刻、雕塑、古建筑等地面文物，保存了测绘图纸、影像及文字介绍与考证资料；复建了上百处古民居、祠庙、衙署、碑、亭、桥等古建筑，保留了这些珍贵古代文明信息的实物载体；各地人民政府为经济发展，以文物搭台旅游唱戏，也修缮、复建了一些著名祠庙建筑。在葛洲坝工程和三峡工程建设中，对地面、地下文物开展了空前的保护行动，取得了巨大成绩。然而从大范围上看，目前三峡库区自然与历史文化遗产的总体保存状况仍令人十分担忧，部分历史文化遗产到了存亡绝续的关键时期，迫切需要列入重点项目予以考虑。

由于经历几十年、上百年的风雨侵蚀、岁月消磨，山洪泥石流、滑坡等地质灾害的破坏，加上三峡工程建设过程中的工矿企业、公路、水利工程建设，人口增加、城市改造、移民居住区和生产区及房地产开发等社会发展因素的影响，使大片经历几十年、几百年甚至上千年保存下来的古城镇、古民居、祠庙等古建筑、古遗址等物质文化遗产遭到大面积的破坏，有的甚至永远消失。还有许多自然遗产由于工程建设或者不合理开发而遭受到影响甚至破坏。葛洲坝工程、三峡工程这些实现我国现代化不可或缺的重点工程项目，在产生巨大综合效益的同时，也对一些自然遗产和历史文化遗产保护和传承产生了一定的不利影响或造成了损失，对此应力求予以弥补和恢复。

人们对传统文化的范畴、定性在观念和认知上，随着时代的前进有一个不断深化与修正的过程。2009 年，国际、国内对非物质文化遗产的价值和重要性有了全新的认识。传统文化由物质文化遗产和非物质文化遗产组成。对非物质文化遗产在三峡工程论证和初设规划阶段，国际上还没形成统一的概念，因而在三峡工程初设规划中对非物质文化遗产还没有认识到它的价值，因而也没有这一部分保护内容，从而造成了一定的遗憾。

库区的非物质文化遗产目前处在加速消亡的过程中，许多非物质文化遗产已被现今多数人群所遗忘。一些非物质文化遗产传承人成了珍稀濒危"物种"。一些掌握着非物质文化遗产的高龄老人已到风烛残年，随着他们的离去，所代表的非物质文化遗产将永久消失。

传统文化加速消亡的结果，将使它所寄托和凝聚的民族精神、民族感情、民族理想等淡化和稀释，必然带来整个民族个性的变异，民族特征的弱化和消亡。这是我们不愿看到的前景，是我们不能走的路。

全世界的自然遗产和传统文化遗产都面临着如联合国教科文组织所描述的典型化困难局面："随着当今世界的全球经济一体化，不计其数的文化遗产形式正面临消亡的危险，并受到文化标准化、武力冲突、旅游业、工业化、农业区缩减、移民和环境变化的影响，历史文化遗产的广泛性和数量巨大的现实，使保护工作成为巨大的任务和负担"。

三峡库区的自然遗产和历史文化遗产同样如此，主要受以下三方面的影响，而使保护面临十分严峻的局面：

(1)受广泛的现代化经济建设影响

三峡库区的一些自然景观、地面古建筑及地下遗址，如数以百计的古代遗址、闻名中外的自然遗产"三峡"，以及非物质文化遗产如川江号子等受到葛洲坝工程、三峡工程水库淹没影响。当然，这仅仅是对水库淹没区的影响，而更大范围的非淹没区，整体上也受到库区各地广泛的现代化经济建设如新建工矿企业、修道路、新的移民居住区建设和房地产开发及城市扩建等影响而面临繁重的保护任务。

(2)受经济基础、思想体系变革影响

传统文化尤其是非物质文化遗产，是传统经济基础、制度和思想体系的产物和附着物。在推进现代化的进程中，由于经济基础、制度和思想体系的变革，而使它们存在的根基坍塌，"皮之不存，毛将焉附"。因而许多这类形式的非物质文化遗产随之相继消亡或濒临灭绝，对保护和传承工作提出了巨大挑战。

(3)长期以来缺少对自然与历史文化遗产价值的深刻认识，缺乏科学的保护理念

许多地方对自然遗产、传统文化遗产的现代价值比较忽视。把生产总值作为政绩考核目标，对自然遗产和传统文化遗产像对待生态环境一样(自然遗产也属生态环境的范畴)，当现实需求与心理期望是迅速提高生产总值指标时，或在发展与保护遗产构成矛盾时，不能妥善处理遗产保护，而片面强调发展速度，大拆、大挖、大推、大填，构成对物质文化遗产的直接破坏。也有许多地方对非物质文化遗产保护和合理利用缺少理性的认识，因而导致非物质文化遗产保护的不力。

二、存在的主要问题

毫无疑问，三峡初步设计阶段在文物抢救和文化遗产保护方面取得了巨大的成就，得到了国内外各界的诸多好评。但是，也不能忽视在过去的工作过程中存在的一些不足，有的问题在库区发展中也日益暴露出来，成为亟待面对和必须解决的问题。主要有：

①“自然遗产”“非物质文化遗产”的保护过去一直未能纳入水库淹没处理范畴。

②大量考古发掘出土文物有待修复，普遍缺少妥善的保管条件，绝大多数出土文物没能得到陈列展示和发挥应有的社会作用，专题研究工作明显滞后，从而影响到对文物多方面价值的认知和系统利用。

③受过去条件和认识能力限制，部分有科学、历史、艺术、文化价值的地面文物未能列入原复建规划。

④集中迁建的地面文物有的已复建完成，有的还在复建过程中，已复建完成的文物迁建区还普遍存在只重视本体保护，未能合理有效利用、整体环境差、缺少配套设施等严重问题。

⑤对文物实体保护与内涵发掘相结合、保护文物的文化整体性重视不够。

三、保护措施

(一)自然遗产保护

在自然遗产地 39 个重要地点设立保护标志 78 处，其中湖北 14 个重要地点设立保护标志 28 处，重庆 25 个重要地点设立保护标志 50 处。对国家级风景名胜区、三峡库区唯一列入中国国家自然遗产预备名录的奉节天坑地缝景区的自然资源、生态环境保护给予重点扶持。

(二)消落区地下文物保护

对消落区可能出露、有保护价值的地下文物，根据可能出露文物点发掘面积预列费用。实施时，有关部门应结合消落区整治规划，对消落区地下文物要加强巡查，一旦出露，按程序进行确认，有关部门要及时进行抢救性发掘，防止文物流失。

(三) 物质文化遗产保护

主要包括：对生态屏障区地面文物进行原地加固维修保护；对生态屏障区的历史文化名镇、名村(街区)进行街道风貌保护；针对建设期已迁(复)建文物进行保护方案完善。

(1)生态屏障区地面文物保护

三峡库区生态屏障区内，目前存在着大量的地面文物，这些文物部分受到三峡水库长期蓄水浸没影响，部分受到三峡水库蓄水造成的地质灾害影响，部分受到移民迁建活动的影响，存在一定程度的破坏，保存状况堪忧。鉴于这些地面文物大都与已迁建的地面文物及已出土地下文物有着千丝万缕的关系，是当地传统文化系统的重要组成部分，是当地移民生产生活活动的重要场所，为了整治生态屏障区环境，保护这些文物所代表的各种历史信息，也为了开发利用这些地面文物，丰富库区文化生活，活跃当地经济，促进移民安稳致富，非常有必要对这些屏障区的地面文物进行原地维修加固保护。

(2)生态屏障区历史文化名镇保护

三峡库区生态屏障区目前仍存有部分历史文化名镇，这些历史文化名镇，或部分受到三峡水库淹没，整体风貌及布局残缺不全；或受到当地大规模的移民迁建活动影响，周围环境及文物本体受到破坏，其整体的文化氛围及文物建筑均受到一定程度的影响。为了恢复历史名镇风貌，较为完整地再现历史文化名镇的传统文化价值，也为了合理利用历史文化名镇，促进移民安稳致富，促进当地经济发展，非常有必要对这些历史文化名镇进行保护。

(3)已迁(复)建文物保护方案完善

1)淹没区已复建地面文物

随着时代的发展，对地面文物保护的要求越来越高，不仅要求对文物本体建筑进行保护，而且对文物内部环境如生产生活器具及外部环境如地形地貌等进行复原保护，而在三峡库区地面文物初设保护规划中，对搬迁复建地面文物的内外环境保护尤其是文物内部器物、用具考虑不够；同时在实际搬迁中，库区各区县为了便于管理及合理利用，对规划搬迁保护地面文物大多采取了集中复建的方式，增加了保护区道路、绿化、管网等配套工程。目前已复建的地面文物许多仅仅保护了主体，建筑内部构件及展陈极少，复建区整体的消防、避雷、水电、道路、绿化等环境配套整治尚不到位，影响复建区地面文物的整体保护及合理利用。为了较为完整地体现地面文物建筑的风格及价值，并为整体保护及合理利用创造条件，促进移民安稳致富及当地经济发展，有必要对这些地面文物进行必要的内部器物、用具征集及外部环境整治。

2)消落区古桥梁

三峡库区，特别是涪陵以上区域，处于川东平行岭谷与四川盆地东南边缘山地的交接地带，重峦叠嶂，丘陵连绵，沟谷交错，河溪纵横，为了连接陆路交通，勤劳智慧的三峡人民修建了众多的桥梁，主要是石桥梁。这些桥梁不仅代表了古代匠人高超的建筑技术，而且是古代交通的重要连接枢纽。三峡水库蓄水淹没时，消落区部分古桥梁所在的沟谷不具备通航条件，未进行拆除，退水后，这些桥梁逐渐出露，虽然整体保存较好，但局部桥体受到蓄水浸泡影响，出现风化、淤积、松垮等破坏，存在一定程度的安全隐患。鉴于这些古桥梁不影响通航，目前仍然留存原地，具有较高的历史、科学和艺术价值，是研究古代交通的重要实物，且三峡水库汛期运行时出露，是当地居民出行的重要通道，仍能发挥其交通功能作用，因而对其进行原地加固保护是非常必要的。

3)淹没区部分古建筑

三峡库区文物保护初设规划时，由于受到认识及资金限制，部分具有重要价值的淹没区古建筑只进行了留取资料保护。目前，库区大多数区县将淹没搬迁地面文物进行了集中复建，但复建古建筑数量普遍偏少，不能形成文物保护规模效应，复建区缺乏一种文物文化的环境氛围。鉴于这些古建筑具有较为重要的价值，在当地具有较大的文化影响力，是当地移民重要的生产生活场所，且拆除时都对这些古建筑留取了详细的文物保护资料，部分区县还保留了一些极其珍贵的文物构件。为了活态展示这些古建筑所蕴含的综合价值，丰富当地文化，也为了扩大复建区规模，提高复建区综合开发利用潜力，促进当地经济发展，促进移民安稳致富，有必要对部分具备复建条件的古建筑，调整保护方案进行易地重建。

4）万州大佛寺

大佛寺位于万州旧城区柑子园27号，滨临长江，属三峡库区二期水位淹没区。始建于明代万历年间，清康熙、乾隆、道光年间都有增筑和重塑大佛，清光绪十年（公元1884年）重修。由于种种原因，未能列入三峡库区初设文物保护规划。2004年，万州区进行了保护性拆除，拆除后的石、木构件存放在万州区博物馆。拆除前，重庆市文物专家鉴定组进行了鉴定并出具了鉴定书，建议纳入搬迁复建。

5）兴山县昭君村

兴山县昭君村是湖北省重点文物保护单位，全国首批民族团结进步教育基地。根据地质勘察报告及专家评审意见，昭君村位于香溪河支流白沙河左岸的古滑坡体上，该滑坡历史上曾多次发生次级滑动。受三峡水库蓄水影响，变形加剧，建议搬迁避让。

（四）非物质文化遗产保护

主要对国务院、湖北省、重庆市及区县人民政府已经公布的非物质文化遗产进行保护，着重从如下几个方面对其进行支持和资助。

（1）建立完整的非物质文化遗产档案，对传承人进行资助

支持各区县对各项非物质文化遗产建立完整的档案，包括对非物质文化遗产价值研究、各类资料留取、资料存档等。组织将非物质文化遗产资料制作成配音光盘、DVD等，向社会公众传发。

（2）对传承人进行资助

鉴于国家、省市及市州对传承人资助有专门的经费渠道，只对列入区县级保护名录的传承人，参照相关规定予以资助。

（3）支持建立非物质文化遗产展示研究中心

在库区19区县及重庆主城7区建立非物质文化遗产展示中心，为民间文学、民间音乐、民间舞蹈、传统戏剧、曲艺、杂技与竞技、民间美术等民间艺术，提供活动展示场所，提供非物质文化遗产表演舞台和空间。

（五）大遗址保护

大遗址保护方案，一是勘明界限，设立保护界桩及围护设施，制定保护规定与制度；二是清理遗址区内有碍遗址保护的建筑及设施；三是对地下遗址中已暴露的遗存进行清理，对地

上遗址的古民居、古建筑工程设施进行维修加固，恢复风貌；四是对已出土地下文物和地上文物生产设备、工具、生活器具、图片等，建设小型陈列馆进行展示；五是对建立的保护管理机构进行一次性支持。

(六)文化生态保护区

在库区选取自然与历史文化遗产资源较为集中、交通较为方便的地方，建设文化生态保护区 18 个。采取研究型、原生态型、移植型、发展型保护模式。主要是对各区域的物质文化遗产与非物质文化遗产等进行保护。

(七)文物征集保护及三峡移民纪念馆支持

三峡水库蓄水后，由于不断地涨水退水，消落区出露了许多地下文物，同时民间还流传着许多散落的文物，将这些社会上零散的、保存状况欠佳的、被社会大众忽视的文物及文物构件征集起来，进行专业的修缮、保护，以方便对文物进行研究、展示，以挖掘文物的价值，向社会公众进行宣传教育，提高库区移民的文化品质，丰富其精神生活，同时也可以向世界展示库区丰富的历史文化积淀。

(1)文物征集

文物征集的范围包括：征集三峡库区古代生产生活用品、艺术品、文献、手稿、图书资料等可移动文物；征集与古建筑同时代的生产、生活器具；征集流散在民间或市场上的出土发掘文物；征集部分面临破坏古建筑有价值的重要构件；征集其他有代表性及影响力的文物及文物构件。

(2)支持文物保护及文物库房建设

针对三峡考古发掘出土的珍贵文物以及数万件各类标本有必要进行保护再修复、整理；对征集来的文物进行资料留取，对损坏部位进行修缮维护，完整保存文物信息，将其资料发布以便于研究。

三峡库区考古发掘出土文物约 20.3 万件，其中湖北库区约 6.0 万件，重庆库区约 14.3 万件。对三峡库区考古发掘出土的珍贵文物以及数万件各类标本进行保护再修复和整理。

支持三峡库区相关区县文物库房建设，以保护、展示、宣传、研究已发掘、待发掘的有价值的地下文物及征集的有价值的可移动文物。

支持“数字化博物馆”建设。该项目是指将三峡工程中长期积累的古遗址、古墓葬、古建筑以及在陈列、研究、修复、宣传教育等领域的成果，以“数字化博物馆”的形式，对相关资料系统地进行数字化并建立多媒体信息资料数据库，利用国际互联网络依法将相关信息传播出去，使世界各地的互联网用户不受时间、空间限制，共享数据库中的各种资料信息。数字化及后三峡信息建设项目有 8 个基本数据资源库，包括三峡文物数据库系统、三峡考古发掘过程数据库系统、三峡文化遗产管理信息系统、三峡不可移动文物管理系统、计算机辅助三峡文物鉴定系统、计算机辅助三峡文物修复系统、计算机辅助三峡文物征集系统和多媒体文物展示导览系统。该项目建成以后，可以利用当代信息化条件在世界范围内传播和共享三峡工程文化遗产保护工作的成果，对于未来三峡文化遗产的研究发展也具有重要意义，是在全球化时代传播中华民族文化的一个有力举措。

(3)支持建设三峡移民纪念馆

三峡工程是一项举世瞩目的世界工程，移民工作是三峡工程建设的重要内容和成败关键，通过支持建设三峡移民纪念馆，将展现破解百万移民世界级难题的艰辛历程，展现库区人民顾全大局的奉献精神，展现全国对口支援库区建设的辉煌成就，展现三峡移民精神，即"顾全大局的爱国精神、舍己为公的奉献精神、万众一心的协作精神、艰苦创业的拼搏精神"，集中体现移民文化、移民尤其是外迁移民社会重构等相关情况。

扶持湖北省和重庆市各建设1座三峡移民纪念馆。

第五章 库区生态修复与环境保护研究

三峡库区是长江流域生态环境较为复杂的区域。三峡水库蓄水运行和移民迁建，在给库区带来重大发展机遇的同时，进一步加大了当地的生态环境保护压力。三峡库区是长江流域重要的生态屏障，开展库区生态环境建设与保护，事关库区生态文明建设和经济社会可持续发展，国家战略性淡水资源库的水质安全、三峡水库库容保护、三峡工程的可持续安全运行，以及长江流域的生态安全。

第一节 库区生态修复与环境保护面临的问题

一、三峡工程运行对库区自然环境的影响

(一)水文条件变化引起水环境和水生态变化

三峡工程运行后，库区江段原有的自然水文过程将由人工调控，水位大幅度抬高，水域面积显著增加，库区内不同江段的水位、流速、流量、流态等水文条件均发生改变，影响水环境和水生态。

在三峡库区现有入库负荷较高的背景条件下，三峡工程运行使库区干流水流变缓，污染物扩散输移作用减弱，滞留时间延长，局部时段下的局部水域出现水质下降现象。

三峡水库运行后，水位抬高，原有河岸带变成永久水域，库区干流、支流丰富多样的生境(河湾、急流和浅滩等)代之以较为单一的水库生境，大多数特有鱼类的栖息生境发生变化，适应流水环境的种类减少，而适应缓流或静水环境的种类增多，生物群落结构发生变化，局部水域发生水华。

(二)水位大幅度涨落使库周形成大面积消落区

三峡工程运行后，根据现行的调度方案，水位在坝前高程 145～175m 变化，在形成 221.5 亿 m^3 防洪库容的同时，库周形成大面积消落区。消落区总面积 302.0km^2、岸线总长 5711km。其分布特点为：农村消落区大，占 71.1%；缓坡消落区大，占 53.3%；支流消落区面积略大于干流消落区。

消落区在蓄水前大部分是陆域，该区域涉及城集镇、工矿企业、村庄与农田、天然植被区

等类型。水库运行初期，消落区生态环境较形成前的陆生生态环境发生巨大变化，消落区湿地生态系统处于发育期，生态环境脆弱。2008年三峡水库172.8m试验性蓄水后，仅有部分草本植物在水位消落后仍能生长繁殖。据2009年7—9月调查结果，共发现植物46科105属119种，其中旱生植物占50.42%；草本植物为主要类型，常见及优势种有狗牙根、苍耳、狗尾草、牛筋草等。消落区内野生动物较少，在大面积缓坡消落区仅见白鹭、野鸭等分布，但随着时间进程的变化，消落区可能成为鸟类的重要栖息地。有关消落区微生物的调查缺乏，其种类和数量尚不清楚。

（三）水库移民搬迁和建设影响陆生生态环境

水库蓄水淹没及移民后靠安置使库区人地矛盾更加突出。三峡水库蓄水淹没陆地面积约632km²，淹没耕园地面积约279km²。部分后靠农村移民耕地资源严重不足且质量较差。移民搬迁后人均耕园地只有0.77亩，扣除25°以上坡耕地后，人均耕地仅为0.54亩。

原来的部分耕地、林地需要用于建设，破坏植被、加剧水土流失、破坏生物栖息地，占用或压缩生物通道，影响陆生生态与生物多样性。

二、库区生态环境保护面临的问题

三峡库区面临的生态环境问题十分复杂，涉及因素众多，三峡工程建设及蓄水运用是其中的重要因素之一。为避免库区生态系统向不利方向发展，保障库区经济社会可持续发展、百万移民安稳致富、三峡工程的长期安全运行和持续性发挥综合效益、三峡水库国家战略性淡水资源库的水质安全，必须重点解决以下问题。

（一）削减入库污染负荷的压力仍然巨大

削减库区入库污染负荷的压力仍然巨大。三峡水库干流水质总体以Ⅱ、Ⅲ类为主，但局部水域存在总磷、总氮、石油类、铅等指标超标现象，有些支流局部水域还频繁暴发水华，部分干支流饮用水水源地面临污染威胁，水质保护的任务十分繁重。

入库污染负荷大是影响水质的根本原因。根据《全国重点湖泊水库生态安全调查与评估报告——三峡水库生态安全调查与评估专题报告》，2007年库区长江上游干流、嘉陵江和乌江的入库污染物总量为472.13万t，约占入库污染负荷总量的82%；库区及库区其他支流的污染物总量为103.64万t，仅占三峡水库污染负荷总量的18%，包括化学需氧量66.05万t、五日生化需氧量23.97万t、总氮11.93万t、总磷1.69万t。长江上游干流、嘉陵江和乌江三大水系占三峡水库入库径流量的93%，库周地表径流和区间支流合计仅占入库径流量的7%。据调查分析估算，库区入库水体的污染物浓度是三峡水库上游来水的2.9倍。此外，三峡水库是一个河道型水库，其上游来水量大、多从干流过境，交换周期短，难以形成污染积聚，而库周来水受干流顶托，多滞留在支流河口或库湾，交换周期长，使局部水域水质恶化、发生水华，是影响三峡水库整体水质达标的主要原因。加强入库污染负荷总体控制是一项长期而艰巨的任务，当前控制库周入库污染负荷的任务更加紧迫。

面源是库区的主要污染源。2007 年库区以各种形式排放进入三峡水库的污染负荷总量分别为：点源 25.39 万 t、面源 62.35 万 t、流动污染源 0.09 万 t。面源污染入库污染负荷约占总量的 71%，是库区点源和流动源污染负荷总量的 2.45 倍。从化学需氧量、五日生化需氧量、总氮、总磷等不同污染物入库污染负荷来看，面源入库污染负荷占库区入库污染总负荷的 60%～85%，包括农药化肥流失污染、作物秸秆污染、养殖污染、农村生活污染和径流污染等。因此，削减库区面源污染负荷对于三峡水库水质保护至关重要。

此外，库区污染防治工作存在薄弱环节，如库区周边支流沿岸部分集镇尚未建设污水和垃圾处理设施，部分已建污水处理设施管网不配套，不能有效处理污水；营运船舶排污尚未有效控制；部分入库排污口难以规范化监控；对库区面源污染的认识和重视程度不够，治理工作严重滞后，测土配方施肥在库区没有全面有效推广，规模化畜禽养殖的粪便及污水基本未处理。除部分村庄建设了沼气池外，绝大多数乡村随意排放生活污水和随意弃置生活垃圾。

随着经济社会发展，水体污染负荷不断增加，国家对库区水质保护提出了新的更高要求，三峡水库冲淤平衡前死库容淤积也要求特别注意积累影响。因此，削减入库污染负荷的任务十分艰巨。

(二)库区生态环境承载力不能满足经济社会可持续发展的需要

三峡库区人口密集，人口密度 359 人/km^2，是全国人口密度的 2.6 倍；人地矛盾突出，人均耕地 1.07 亩，仅为全国人均耕地的 4/5。据中国工程院《三峡工程论证阶段性评估报告》，采用生态足迹模型，对比 1994 年、2003 年和 2006 年库区人口承载力，建库和蓄水后库区人口承载力下降。1994 年库区人口承载力尚有盈余，但 2003 年和 2006 年库区人口数量已经超出库区的实际承载力，2006 年库区超载达 164 万人。研究成果表明，按现有产业结构和发展方式，库区人口数量已经超出了库区的实际承载力，区域自然生态系统已经不足以支撑经济社会的可持续发展。此外，自然生态系统长期在人口和经济社会活动超载压力下运行，变得十分脆弱。主要表现为以下特征。

(1) 库周生态环境承载力严重不足，生态屏障功能弱

三峡水库土地淹没线至第一道山脊线之间的库周区域(定义为生态屏障区)是库区人口最密集的区域，也是库区面源污染的集中来源区和汇集区。该区域人口密度为 888 人/km^2，约是三峡库区区县平均密度的 2.5 倍、全国的 6.6 倍；人均耕地 0.50 亩，约为三峡库区区县平均水平的 1/2、全国的 1/3。据中国农科院《三峡水库生态屏障区土地承载力研究报告》，按资源约束估算法，当前生态屏障区有 31.80 万人超出承载人口(静态)；按投入产出推算法，到 2020 年有 52.56 万人超出其适宜的承载人口(动态)。

2008 年，该区域农村总面积 4990.82km^2，森林覆盖率仅为 29.5%；旱地中，15°～25°坡地占 39.9%，大于 25°旱坡地约占 25.1%，坡地所占比例较大，水土流失比较严重，水土流失面积为 2747km^2，占农村区域土地总面积的 55.04%，年土壤侵蚀总量 1841 万 t。该区域经

济社会发展需求强烈，无序和过度开发等人类活动对区域生态系统干预大，将进一步削弱其生态屏障功能。同时，该区域也是水库诱发地质灾害的多发区和移民安置区，人居安全受影响，人居环境质量较差。因此，应重点加强该区域的生态环境建设与保护。

(2) 库区生态与生物多样性受影响

在库区经济社会发展对库区生态与生物多样性影响的基础上，三峡工程对其产生叠加影响。一些影响已比较明确，在建设期采取了针对性措施，还有一些影响未完全显现，有待进一步观测。运行期应重点针对三峡工程的影响，继续加强库区生态与生物多样性保护工作。

三峡水库蓄水后，库区 70 多个植被群落类型中，有 27 个受到水库淹没的影响。库区中几乎所有的自然保护区均面临人口密度大、自然资源过度利用、经济开发挤占保护区面积的威胁。

在水库生态系统形成初期，流水生境缩减、受损，生物群落结构发生变化，水域生物多样性下降。三峡工程的阻隔，导致库区和坝下均有分布的鱼类如达氏鲟、胭脂鱼、圆口铜鱼和铜鱼等种群资源量下降，其种群遗传多样性降低。三峡工程运行后，大坝以上长江干流近 600km 流水江段和支流数公里至数十公里的流水河段被淹没形成缓流和静水库区，流水生境大幅度萎缩，多数适应流水生境的珍稀特有鱼类栖息生境面积缩小，有些种类栖息生境面积的缩小比例可达 3/5，珍稀特有鱼类生存面临威胁；水文条件的改变使水生生物群落结构变化，适应流水的生物种群数量下降，适应静水生境的生物种群增多，水库生态系统结构不完善，部分生态位空置，生态过程无法有效实现，对环境负荷承载力和处理能力等生态功能减弱，局部水域发生水华。

(3) 重要支流不能有效削减面源污染

库区重要支流植被覆盖率仍然较低，水土流失严重，不能有效发挥削减面源污染的作用。库区生态屏障区外土地总面积 52082km^2，森林 13362km^2，覆盖率为 25.7%；水土流失 25295km^2，占土地总面积的 48.6%。按每年治理水土流失面积约 480km^2 的治理速度，10 年治理 4800km^2，仅占水土流失面积的 19.0%，难以达到削减区域面源污染、保护三峡水库水质要求。因此，需要在库区重要支流采取植被恢复和水土保持措施，与生态屏障区的相关措施相互支撑，对入库面源污染形成防护网，提高三峡水库水质保护的可靠度。

(三)水库岸线开发利用影响水库库容和库区生态环境

三峡水库岸线长、范围广，其保护与利用涉及邻近的陆域、消落区和水域。岸线利用方式主要有：港口(码头)、取(排)水口、旅游景观工程及桥梁、电(光)缆、油(气)管道、跨河输水渠道工程等。据不完全统计，长江干流和 12 条主要支流已利用岸线长 279.92km，岸线利用率为 11.96%。其中，长江干流岸线利用方式以港口(码头)为主，长约 49.62km；12 条主要支流河段中，以风景名胜区景观占用岸线为主，长约 118.90km。

随着三峡水库形成和长江黄金水道运能提升，岸线资源价值提高，水库部分岸线及邻近区域成为库区经济活动的聚集地。库区岸线利用存在重开发、轻保护的现象，不同行业和地方人民政府各自为政，缺乏整体规划和统一管理；岸线利用不够科学，未能与库容保护、生态环境保护和安全防护等问题有机结合，侵占防洪库容、影响库区生态环境及库岸稳定的情况时有发生。

（四）三峡水库消落区生态环境安全问题引起多方关注

三峡水库在形成巨大防洪库容的同时，产生了大面积消落区，涉及重庆市和湖北省的19个区县及重庆主城区。消落区受水库水位大幅度（坝前高达30m）、反季节涨落的影响，出露时段为炎热潮湿的夏季；库周城集镇众多、人口密集，经济社会发展水平低，人类活动与消落区的相互影响频繁、复杂。因此，消落区的生态环境问题引起了社会广泛关注。

三峡水库运行初期，消落区湿地生态系统处于发育期，因环境不稳定，原有乔灌草群落多数因淹没而死亡，仅有些草本植物在水位消落后能生长繁殖，生物种类少，群落结构简单，生态调节功能低，并可能在局部汇集污染、滋生病害，影响水库水质和人居安全。城集镇所在消落区开发利用需求大，消落区岸线环境与库区水域和陆域环境不协调，且处于库岸崩塌、滑坡体前缘，影响人居环境、库岸稳定性及岸线基础设施。开展的生态恢复工作仅限于试点研究，部分工程治理措施存在简单化和功利化倾向。如不对消落区进行保护和整治，将影响水库兴利库容、水环境安全和库区人居安全、岸线环境及稳定性、人群健康、生物多样性等。

第二节　研究范围、目标、思路

一、范围

三峡水库库周地带地形和地质条件复杂，经济活动密集，紧邻三峡水库周边第一道山脊线以内的区域是库区人口最密集的区域，也是库区面源污染的集中来源区和汇集区。三峡库区城镇迁建和农村移民后靠安置，以及水库蓄水运行，都对库周生态安全产生了巨大压力。在此区域内，地质灾害多发、生态环境敏感、移民集中安置、库区经济活动交织重叠，加剧了人口、经济与资源环境间的矛盾。为有效控制人类活动，统筹兼顾减载、防灾、脱贫致富和生态修复等，划定保护范围，建设生态屏障区，实施统筹管理和保护，规划范围主要为三峡库区，重点是水库水域、消落区、生态屏障区，兼顾入库重要支流和影响区。

二、目标

（一）总目标

生态屏障区人类活动对环境的扰动降低到生态系统可承受范围之内；在削减污染负荷、增强污染物处理能力、控制入库河流水质等多种措施的综合作用下，保障三峡水库水质安全；库区生态系统结构和功能得到有效恢复，重要生物的栖息地得到有效保护，生物多样性得以维持；生态屏障区和水库水生生态系统能够有效发挥承载区域物质循环和能量流动的功能；库区的生态可持续性能够有效支撑区域经济社会的可持续发展。

(二)污染防治与水质保护

近期目标：三峡水库干流总体水质保持Ⅱ、Ⅲ类水平，支流回水区富营养化初步得到遏制。主要污染物限排总量按重庆市、湖北省人民政府落实与环境保护部签订的责任书分解到库区各区县的考核指标执行；生态屏障区污染控制未覆盖区新增污水处理和垃圾处理设施完成60%，结合“十一五”和“十二五”《三峡库区及其上游水污染防治规划》的实施，整体达到85%以上，实现削减入库污染负荷的阶段性目标；生态屏障区农药和化肥使用量削减20%左右，畜禽粪便无害化处理与资源化利用率分别达到50%和40%以上，削减生态屏障区农村农业面源污染负荷30%左右；通过重要支流水土保持，削减重要支流重点片区农村农业面源污染负荷15%左右。

远期目标：在三峡水库上游干流和嘉陵江、乌江入库断面水质达到Ⅱ类的情况下，通过库区污染防治与水质保护、生态屏障区建设、经济发展方式转变、库区生态与生物多样性保护等综合措施的实施，库区干流总体水质保持Ⅱ类标准，干流近岸及支流水域水质达到功能区水质标准，有效遏制支流回水区水体的富营养化。限制排污总量控制在国家确定的考核目标范围内。生态屏障区污染控制未覆盖区新增污水处理和垃圾处理设施完成100%；污水处理厂出水水质、工业固体废弃物处理、垃圾填埋场污染物排放达到国家标准规定的要求；库区运营船舶产生的油污水、生活污水、生活垃圾要求全部收集和转移上岸处理处置；生态屏障区农药和化肥使用量削减至2008年的70%左右，农村农业面源污染负荷削减至2008年的50%左右，畜禽粪便无害化处理率达90%以上，资源化利用率75%以上。削减重要支流重点片区农村农业面源污染负荷30%左右。库区空气质量、土壤环境质量得到改善。

(三)水库岸线保护与利用

近期目标：完成库区长江干流和12条主要支流岸线功能区划分。建立健全管理制度，明确岸线利用控制要求，重点城集镇岸线利用得到严格监控，禁止违规侵占防洪库容，保护并合理利用岸线资源；范围内与岸线有关的工程建设活动符合岸线规划及管理要求。

远期目标：随着经济发展和干流的逐步开发，对其他支流岸线划分出功能区，实现对库区长江干流和全部支流按照功能区管理，岸线资源合理利用，与库容和生态环境保护及库区经济发展相协调，维护三峡工程的长期安全运行和综合效益的持续发挥。

(四)消落区生态环境保护

近期目标：结合水库岸线保护与利用控制规划，消落区70%以上的区域采用保留自然状态保护；完成植被恢复与湿地多样性保护部分试点示范；完成部分清漂设施的建设；城集镇消落区卫生防疫能力得到加强；45%以上的岸线环境综合整治工程得以实施，相关重点景区消落区的区域环境与其陆域相协调。

远期目标：消落区重点岸段的岸线环境综合整治全面完成，并与景观相协调；清漂设施建设全面完成;城集镇消落区卫生防疫能力显著加强;植被恢复和湿地多样性保护等生态修复措施有效实施,消落区生态功能与整体景观得到改善。

(五)生态屏障区建设

(1)土地生态功能建设

近期目标:根据生态屏障区农村区域分区进行土地利用属性调整,使其整体结构满足生态要求的同时,耕地面积不减少,基本农田得到有效保护,森林覆盖率达到40%。

远期目标:土地利用方式合理,各项整治措施全面落实,耕地质量进一步提高、生态用地功能进一步完善,森林覆盖率达到50%以上。

(2) 植被恢复和生态廊道建设

近期目标:基本形成水库的生态屏障缓冲带和保护带,森林覆盖率达到40%以上。其中,生态林达到70%以上(含部分区域结合风景区及旅游开发建成的风景林),构建完成约60%的必要生态廊道。水土流失治理面积占总流失面积比例达到50%以上。

远期目标:三峡水库生态屏障区森林覆盖率达到50%以上,其中生态林不低于70%(其中风景林约占森林覆盖率的20%),经济林约占30%,具备必要的生态廊道。水土流失治理面积占总流失面积比例达到95%以上,治理区减蚀率达到70%以上。

(3)陆生生态与生物多样性保护

近期目标:根据保护对象和栖息地保护范围,初步落实物种保护和栖息地保护措施,完成部分新建、完善或扩建森林生态系统类型自然保护区和森林公园的建设,初步实施生态斑块的保护,使库区生物多样性和生态系统状况较现状得到一定改善。

远期目标:全面完成物种保护和栖息地保护措施,以及新建、完善或扩建森林生态类型自然保护区、森林公园的建设,合理构建不同生态斑块并建立有效连接,保护重要濒危物种,恢复库区珍稀动植物重要陆生生境,库区生物多样性、生态系统结构和功能的完整性均得到有效保护。

(4)相关人口转移

地质灾害避险搬迁人口抓紧转移,并得到妥善安置;部分耕地资源严重不足的移民视安置条件逐步转移进城集镇安置;生态屏障区散居人口集中居住先行试点;转移人口基本生活有保障,劳动力就业充分,人均收入达到湖北省、重庆市同期平均水平;移民涉及村组留居人口生产条件得到较大改善。

(5)农村居民点环境改善

近期目标:饮用水卫生合格率、农户卫生厕所普及率、村庄道路通达率和硬化率等均达到70%以上,居民点环境改善达到国家同期新农村建设标准。

远期目标:饮用水卫生合格率、农户卫生厕所普及率、村庄道路通达率和硬化率等均达到90%以上,居民点环境改善达到国家同期新农村建设标准,居住安全性和舒适度全面提升，居民点对周边环境不利影响得到有效控制。

（六）库区生态与生物多样性保护

（1）水库水生生态与生物多样性保护

近期目标：完成水域生境修复试点工程及保护区建设，初步建成水生动物种质资源库，加强库区水域生境与物种保护能力，库区水生生态与生物多样性状况取得初步改善。

远期目标：措施全面完成，通过保护重要生境、关键物种和食物网结构，发挥水生生态系统功能。在土著、特有物种种质资源和生物多样性得到保护的同时，形成水生生态系统的良性循环，并为改善水质和防治水华暴发提供生态基础。

（2）生态渔业

近期目标：取消网箱养鱼和拦库汊养殖，以人工增殖放流为恢复资源的主要手段，加强管理能力建设，逐步取缔小型捕捞渔船，形成以可持续渔获管理理论支撑的捕捞渔业；改善渔业资源结构，使库区 80％长江上游特有鱼类资源得到保护。

远期目标：加强生态渔业支撑体系建设，构建符合可持续利用要求的库区渔业资源结构，建立现代生态渔业模式；在库区生态渔业健康发展的同时，支撑水生生态系统良性循环。

（3）外来物种入侵防治

近期目标：掌握外来入侵种的种类、数量、分布及危害等；建立三峡库区外来入侵种监测预警体系和引种风险评估制度，各级管理机构得到健全，能够及时发现预警，并降低引种带来的风险。

远期目标：全面完成入侵种分级管理，重点入侵种的扩散蔓延得到遏制，潜在生物入侵种得到防御，本地生物资源和三峡库区生态安全得到有效保护。

三、思路

三峡水库作为国家最大的战略性淡水资源库，其在长江流域和我国重要资源战略配置作用更加突出。而库区生态环境问题是制约三峡工程及库区国家战略目标实现的主要因素之一。中国工程院在《三峡工程论证及可行性研究结论的阶段性评估项目综合报告》中提出：“三峡水库建成以后，保护和建设库区生态环境是最主要的问题，除抓紧实施水土保持、绿化造林建设和消落带保护等工作外，保护水库水质、长江鱼类和库区生物多样性是极其重要的”，并提出了“把握机遇，促进环境、经济社会发展战略转型；减少人口压力，实施库区人口有序转移战略；严格控制源头污染，全面推进农村面源污染防治工作；切实提高城集镇生活污水处理率和污染处理设施覆盖率；严禁网箱养鱼，推广科学生态养殖；加强三峡生态与环境监测网络建设”等建议。因此，围绕保护三峡水库水质、维护库区生态环境可持续的目标，根据建立库区生态文明新模式，以及保障三峡工程长期安全运行和综合效益持续发挥、移民安稳致富的要求，按照“控污、提载、抓重点”的思路，开展库区生态环境建设与保护研究（图 5-1）。

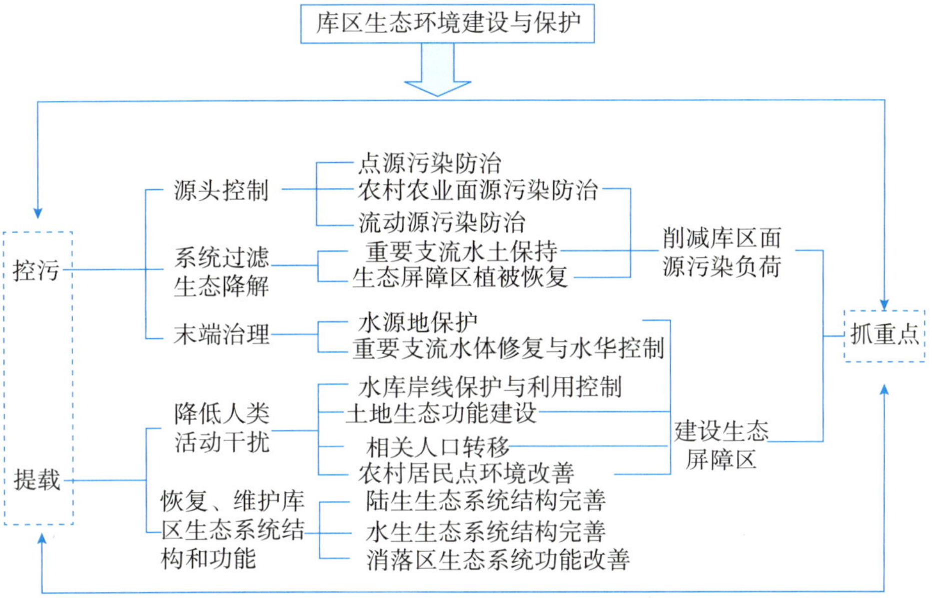

图 5-1　三峡库区生态环境建设与保护研究思路

“控污”是指控制污染。针对库区点源、面源和流动源污染特点，采取源头控制、系统过滤和生态降解、末端治理相结合的措施，削减和处理库区入库污染负荷。点源和流动源污染控制和处理与《三峡库区及其上游水污染防治规划（修订本）》及其相关“十二五”规划相衔接，重点对上述规划未覆盖的区域新建污染处理设施，并完善已有处理设施功能、提高处理能力。面源污染的控制和处理主要从降低农村人口密度、转变生产生活方式，以及采取综合措施削减单位耕地的农药和化肥使用量。同时，结合相关生态恢复措施，发挥生态系统对营养物质的过滤、吸收和转化作用，最大限度削减入库污染负荷。对饮用水水源区和一些易发生水华的支流、库湾进行监控预警，并采取应急控制措施进行处理，保护水质，保障饮用水安全。

“提载”是指提升生态环境承载力。一是实施人口转移，加快转变经济发展方式，尽快使库区人类活动干扰降低到生态环境可承受的范围。通过土地生态功能建设，对土地利用方式提出总体要求；通过相关人口向城集镇集中、向屏障区外转移，降低人类活动对屏障区生态环境的压力；通过岸线利用控制规划约束、规范开发建设项目的内容、范围、形式和程度，在减少消落区人类活动干扰的同时保护三峡水库库容。二是恢复和维护库区生态系统结构和功能。通过植被恢复、水土保持、生态廊道建设和关键物种及其栖息地保护等措施，完善库周陆生生态系统结构；通过生态渔业、重要支流水体生态修复和水域生物多样性保护等措施，完善三峡水库水生生态系统结构；通过消落区保留保护、生态修复、岸线环境综合整治等措施，改善其生态系统功能，建立库区陆生和水生生态系统的有机联系。通过上述措施，达到整体提升库区生态环境承载力的目的。

“抓重点”指抓住库区面源污染负荷削减和库区生态屏障区建设两个重点。一方面，三峡库区当地入库污染负荷占三峡水库污染总负荷的比重虽小，却是导致水库局部水域水质恶化和水华发生的主要原因，而在三峡库区当地入库年污染总量 87.84 万 t 中，面源污染占 71%，是削减库区入库污染负荷的重点，必须采取有效措施进行治理。另一方面，水库周边区域人口高度密集、经济活动频繁，既是面源污染的源头，又是库周入库污染的必经之地，需要划定合适的区域，建设生态屏障区，采取综合措施，在削减面源污染负荷的同时，恢复和完善区域生态系统结构，使其功能可持续发挥，提高区域生态环境承载力，形成库区污染入库前的最后一道生态防线，遏制三峡水库局部库湾、支流的富营养化和水华的发生。

第三节　污染防治与水质保护

三峡库区点源、流动源污染防治存在薄弱环节，农村及农业面源污染是入库污染重要来源，其治理难度大。作为国家战略性淡水资源库和环境保护重点区域，新时期对水库水质保护目标提出了更高要求。因此，亟须加大污染防治与水质保护力度。

一、库区水环境质量状况

（一）水质

2008 年，对库区干流的重庆朱沱、铜罐驿、寸滩、涪陵清溪场、万州沱口和巴东官渡口等 6 个断面以及支流的嘉陵江北碚、临江门、乌江武隆、御临河口、澎溪河口、大宁河口和香溪河口等 7 个断面开展水质监测。监测结果显示，干流官渡口断面水质为Ⅱ类，清溪场、沱口断面水质均为Ⅲ类，朱沱、铜罐驿、寸滩断面受总磷影响水质均为Ⅳ类。从各月情况来看，1 月、2 月、5 月和 12 月水质良好，各断面各月水质均为Ⅱ、Ⅲ类；4 月水质较好，有 1 个断面受石油类影响水质为Ⅳ类，其余 5 个断面水质均为Ⅲ类；3 月和 11 月水质较差，其中 3 月有 3 个断面受石油类影响水质为Ⅳ类，11 月有 3 个断面受总磷影响水质为Ⅴ类；6—10 月水质以Ⅳ～劣Ⅴ类为主，总磷、高锰酸盐指数、铅、汞和石油类为主要影响因子。

库区支流北碚断面水质为Ⅱ类，临江门、武隆断面水质为Ⅲ类，澎溪河口、大宁河口和香溪河口断面受总磷影响水质均为Ⅳ类，御临河口断面受总磷影响水质为Ⅴ类。与上年相比，支流水质总体持平，并略有变差。从各月情况来看，4 月水质最差，各断面水质均劣于Ⅲ类；其余各月至少有 2 个断面水质劣于Ⅲ类，达到或优于Ⅲ类水质的断面比例变化在 42.9%～71.4%。

（二）支流水华情况

库区长江主要支流水体处于富营养状态的断面比例范围为 14.6%～28.1%，月平均值为 20.1%，受蓄水影响，库区支流回水区水体的富营养化程度明显重于非回水区，其水体处于富营养状态的断面比例为 20.9%～37.6%，月平均值为 27.4%，高出非回水区约 17.1%。

2008 年，库区累计发生水华 13 起，涉及河流 11 条，分别为香溪河、神农溪、大宁河、梅溪河、磨刀溪、澎溪河、苎溪河、瀼渡河、汝溪河、黄金河和渠溪河，水华优势种主要为硅藻门的小环藻、甲藻门的多甲藻、绿藻门的衣藻和实球藻、蓝藻门的微囊藻。

（三）污染源排污状况

（1）点源污染

2008 年度环境统计结果显示，三峡库区工业污染源废水排放量为 5.58 亿 t。其中，重庆库区 5.36 亿 t，湖北库区 0.22 亿 t，分别占三峡库区工业废水排放量 96.1％和 3.9％。在排放的工业废水中，化学需氧量排放量为 7.70 万 t，氨氮排放量为 0.57 万 t。

三峡库区城镇生活污水排放量为 5.93 亿 t，其中，重庆库区 5.77 亿 t，湖北库区 0.16 亿 t，分别占三峡库区城镇生活污水排放量的 96.8％和 3.2％。在排放的城镇生活污水中，化学需氧量排放量为 8.66 万 t，氨氮排放量为 0.93 万 t。库区城镇污水处理厂共 56 家，污水设计日处理能力为 191.65 万 t，共处理污水 5.15 亿 t，其中生活污水 5.05 亿 t，占生活污水排放总量的 85.2％。

三峡库区城镇共产生生活垃圾 229.45 万 t，其中处置量 183.56 万 t，占 80.0％；散排量 45.89 万 t，占 20.0％。库区 15 座垃圾处理场调查结果显示，除沙坪坝区同兴垃圾处理场采用焚烧工艺外，其余均采用填埋的方式，垃圾收集率平均为 78.0％。

（2）面源污染

1）化肥

2008 年，库区共施用化肥（折纯量）14.07 万 t，比上年减少 15.2％。其中，氮肥 10.14 万 t，磷肥 3.09 万 t，钾肥 0.84 万 t，分别占化肥施用总量的 72.1％、22.0％和 6.0％。氮磷钾施用比例为 1 ∶ 0.30 ∶ 0.08，施肥不均衡现象仍然存在。每公顷耕地化肥施用量为 0.72t。各区（县）中，化肥折纯使用量最大的是云阳，其次是巫山和开县。库区化肥流失总量为 12544t。其中，氮肥 10196t，磷肥 1783t，钾肥 566t，分别占流失总量的 81.3％、14.2％和 4.5％。各区（县）中，云阳的化肥流失量最大。

2）农药

2008 年，库区共使用农药（折纯量）532.1t，其中，有机磷 291.3t、有机氮 105.3t、菊酯类 45.4t、除草剂 42.2t、其他农药 47.9t，分别占农药使用总量的 54.8％、19.8％、8.5％、7.9％和 9.0％。

（3）流动源污染

1）船舶油污水

2008 年，库区船舶机舱油污水排放调查在 437 艘船舶上进行，其中油污水达标排放的船舶 325 艘，达标排放率为 74.4％。从船舶类型来看，各种类型船舶油污水达标排放率由高到低依次为拖轮 92.9％、旅游船 83.3％、其他船 81.5％、客船 79.7％，货船 70.5％。

2008 年，航行于库区并产生油污水的船舶约 6428 艘，由此估算库区船舶油污水产生量为 41.20 万 t，处理量为 39.06 万 t，处理率为 94.8%；处理后达标排放量为 33.96 万 t，达标排放率为 86.9%。各类船舶机舱油污水产生量大小顺序依次为货船 19.48 万 t、客船 16.58 万 t、其他船 3.04 万 t、拖轮 1.06 万 t、旅游船 0.50 万 t，分别占油污水产生总量的 47.3%、40.2%、7.4%、3.9%和 1.2%。在排放的油污水中，石油类排放量为 37.87t。各类船舶中，石油类排放量由大到小顺序为客船 21.58t、货船 14.71t、其他船 1.30t、拖轮 0.17t、旅游船 0.11t，分别占石油类排放总量的 57.1%、38.8%、3.4%、0.4%和 0.3%。

2)船舶生活污水

2008 年，调查监测了库区 40 艘船舶生活污水情况。其中，生活污水经过处理排放船舶 16 艘，其悬浮物、生化需氧量、化学耗氧量和大肠菌群能够达标排放，总磷、总氮达标排放船舶分别只有 2 艘和 4 艘；生活污水未经处理排放船舶 24 艘，只有 14 艘船舶化学需氧量能够达标排放，其余所有船舶及监测项目均不能达标排放。根据库区各类船舶数量、生活污水产生量、水运客运量、船员人数、船舶运行时间、不同吨位船舶比例等进行估算，2008 年库区船舶生活污水产生量约 404.6 万 t，其中，载客船生活污水产生量 317.7 万 t(客船 266.8 万 t，旅游船 50.9 万 t)，占生活污水产生总量的 78.5%；非载客船生活污水产生量 86.9 万 t，占 21.5%。在排放的生活污水中，各种污染物排放总量约为 2136.1t，排放量由大到小顺序为悬浮物 719.3t、化学需氧量 719.3t、总氮 342.7t、生化需氧量 303.1t、总磷 51.7t，分别占污染物排放总量的 33.7%、33.7%、16.0%、14.2%和 2.4%。

3)船舶垃圾

2008 年，登船调查库区船舶垃圾产生量及接收情况 74 艘，根据调查船舶吨位数、船员数、旅客数、航行天数、垃圾产生量及各吨级船舶数量占库区总船数之比等因素进行估算，库区全年共产生船舶垃圾 2.9 万 t。库区船舶垃圾接收船 6 艘，污染物接收单位 14 家，全年接收垃圾 8584 t，接收率为 29.6%。

二、污染防治和水质保护存在的问题

三峡库区及其上游流域自建设起，即被纳入我国环境保护的重点流域。为确保三峡库区水环境安全和三峡工程正常运行，在三峡办、环境保护部等有关部门指导下，重庆市、湖北省人民政府组织开展了一系列水环境保护行动和措施，三峡水库水环境治污力度不断加大，取得了显著效果，有效保障了三峡水库及上游水质稳定。然而，随着经济社会发展，入库污染负荷不断增加，且国家对库区水质保护提出了新的更高要求，三峡水库冲淤平衡前死库容淤积也要求特别注意积累影响。因此，削减入库污染负荷任务十分艰巨。

(一)部分已完工项目不适应三峡库区水环境保护的新要求

部分已完工项目，因规模设计不足、处理工艺落后、设施配套不完善、服务区域小等原因已不能满足污染物处理的新要求。部分污水处理厂和垃圾填埋场因排水水质较差、污泥未得到合理处置、垃圾渗滤液未规范化处置等已不能满足水环境保护目标提升要求，亟待改进；部分污水处理厂和垃圾填埋场收集系统不完善，运行能力不能得以充分发挥，服务范围不能够覆盖库周确定的经济发展规划区，不能满足移民安稳致富过程的经济社会发展需求。

(二)库区支流水质状况较差，支流水体营养化问题突出

2010 年，库区 56 条次级河流超Ⅲ类水体断面比例达 28.8%。成库后，库区支流回水区中段 CODMn 浓度显著上升，有机污染加重。支流水体富营养化问题突出，63.3%库区支流呈富营养状态。其中，香溪河、大宁河、小江等支流水华频发，长滩河等支流污染严重。入库污染负荷过大是影响库区水质的根本原因。调查数据表明，2007 年库区长江上游干流、嘉陵江和乌江的入库污染物总量为 472.13 万 t，约占入库污染负荷总量的 82%；库区及库区其他支流的污染物总量为 103.64 万 t，仅占三峡水库污染负荷总量的 18%。长江上游干流、嘉陵江和乌江三大水系占三峡水库入库径流量的 93%，库周地表径流和区间支流合计仅占入库径流量的 7%，据估算，库区支流入库的污染物浓度是三峡水库上游来水的 2.9 倍。

支流水华频发，水华现象有逐年增加的趋势，发生水华的支流增多，水华暴发时间范围延长，水华现象有从库首附近支流向上游库中支流发展的趋势；库区支流产毒水华出现，水源地安全受到严重威胁。

(三)污染源未得到有效控制，水质污染风险依然较大

一是工业结构性、布局性污染问题突出。由于历史地理等多方面原因，三峡库区及其上游省市的工业经济是以规模扩张型的线性工业经济增长为主，经济发展模式粗放，工业园区规模偏小且位置分散，工业生态链建设滞后，污染控制水平低，结构性污染问题突出。此外，三峡库区及其上游省市的工业企业大多沿江分布，重庆市两江(长江、嘉陵江)工业密度带聚集了全市 60%的大中型工业企业、化学品码头；沿江堆放的有毒有害物质随降雨进入河流，成为有毒有机污染的来源，是威胁三峡库区水环境安全的一大隐患。

二是城镇治污设施建设滞后，生活污染问题严重。随着城市化率、消费水平的提高，城镇生活污染物产生量继续增加。然而，城镇污水处理厂和垃圾填埋场建设和运行滞后、管网不配套，垃圾转运管理机制不完善导致生活废弃物的实际处理率低。此外，已建污水处理厂污泥和垃圾填埋场渗滤液处理处置等问题，使三峡库区无法实现城镇生活污染的有效控制。同时，污水处理厂处理工艺单一，运行和维护成本较高，严重制约了污水处理厂的正常运行。部分污水处理厂处理工艺仅关注氨氮的去除，总体脱氮、除磷能力较差，入库总氮、总磷物质未得以减少，加剧了水体的富营养化威胁。

三是农村面源污染治理严重滞后。由于库区人口稠密，土地垦殖率较高，许多的区县大于 25°的坡地上还有耕种现象，地表径流带走的土壤中氮、磷养分超过了全国的平均水平，同时农业用地氮肥平均施用量超过了全国的平均水平，虽然部分乡镇进行了测土配方施肥的试点，但没有全面有效地进行推广；农田秸秆中还有 15%左右是直接焚烧和丢弃；有的区县畜禽养殖量大，分布区域广，粪便及污水处理率很低；农村生活污水和生活垃圾完全是随意

处置。新农村建设项目主要是集中建设沼气池上，对整个农村的生活污水及垃圾处理没有统一的标准和方法。长期以来，对农村面源污染重视不够、投入很少，已成为三峡库区的首要污染来源。

四是库区水上运输快速发展，流动源污染风险增加。随着三峡水库蓄水水位的不断抬升，航道条件不断改善，水运能力不断提高。三峡库区及上游区有2000余座化工、医药企业，沿江分布几十座化学品的装卸码头和中转仓库。此外，相对低廉的运输成本也催生了库区危险品（散装液体化学品）水上运输的发展。水上运输量近年来呈显著上升趋势，而船舶污染物岸接、转运和处置能力仍然薄弱，仅有部分码头配备了少量应急设备，港口外公共水域亦没有应急能力。一旦发生化工企业爆炸、泄漏，或者化学品运输事故，将对三峡库区水环境造成巨大灾难。

（四）水污染防治投入不足，影响库区水质安全

三峡工程建设期间，库区环境基础设施建设重点放在淹没区移民重新安置的集镇和片区，主要涉及城镇生活污水处理厂、垃圾填埋场以及部分饮用水水源改建和水质监测等环境保护项目。在《三峡库区及其上游水污染防治规划（修订本）》中，共设置了城镇污水处理、城镇垃圾处理、工业污染治理、库区支流综合整治和船舶流动源污染治理等5类158个项目，投资90.75亿元。截至2009年底，重庆市和湖北省项目完成率仅为49.6%和32.6%，部分集镇尚未建设污水和垃圾处理设施，已建污水处理设施管网不配套，污水因收集困难而得不到有效处理。

（五）城镇饮用水水源地管理水平较低，水质安全状况堪忧

库区各乡镇多数饮用水水源地规范化建设尚不完善，保护区划定工作滞后、饮用水水源地周边及上游水污染监管缺失、预警监测及风险防范能力薄弱。干流水源地因水位变幅增大，取水设施的安全及工程布置方式受到较大影响，部分水源地原有取水设施无法正常工作；水位提高，航运能力加大，也增大了城市水源潜在的污染风险；支流饮用水水源地因蓄水后顶托和抬升作用，水流变缓、入库污染物的自净能力下降而导致水体富营养化严重，三峡水库蓄水以来支流回水区暴发的水华，影响了沿岸10个区县30个城镇居民用水。

三、污染防治和水质保护措施

（一）污染防治与水质保护思路

三峡库区污染防治与水质保护工作以保护三峡水库水质为目标，强化污染源源头控制。点源和流动源控制主要是新建污染控制未覆盖区内的污染处理设施，提高和完善已有处理设施的功能，引导工业企业进入园区，开展清洁生产和提标处理。重点控制面源污染，采取生态屏障区建设、土地生态功能建设、改造畜禽养殖场、农业废弃物综合利用、测土配方施肥、植被恢复、水土保持等综合措施，在控源的同时，有效发挥生态屏障区、重要支流陆生生态系统对污染物的过滤、吸收和转化作用。对水库水质的保护以水源地保护、重要支流水体

修复与水华控制为主。同时结合水域生境恢复、水生生物群落结构完善和生态渔业等措施，提高水生生态系统对环境负荷的承载力和处理能力，形成对水体污染治理的长效机制。

(二)水源地保护

根据三峡水库运行对库区干、支流集中式饮用水水源地的主要影响，在考虑库区污染源控制的前提下，针对库区饮用水水源地保护存在的主要问题，在优化调整规划区饮用水水源地保护区的基础上，重点对库区干、支流集镇和农村居民点的集中式饮用水水源地实施水源保护区规范化建设、水源保护区污染防护工程及措施、饮用水水源水质安全保障工程等。

(1)水源保护区规范化建设

包括设置干、支流集中式饮用水水源保护区的界碑、公告牌、警示牌、围栏及取水区防污网设施。

(2)水源保护区污染防护工程及措施

包括设置集中式饮用水水源保护区内禁排措施、保护区周边的面源污染防护设施、上游河道污染的综合防治(局部清淤、沿岸整治、生态隔离带等)、保护区内违章行为清理等。

(3)饮用水水源水质安全保障工程

包括建设集中式饮用水水源保护区周边的道桥事故污染防护设施，饮用水水源水质监测与饮用水污染应急处置设施，新建、扩建、改造饮用水水源地的配套环境设施等。

(三)污染防治

污染防治包括点源污染防治、面源污染防治和流动源污染防治。

根据清洁生产促进法的有关规定，以及库区生态环境保护的实际需要，在重点地域、重点园区，积极推进农业、工业、服务业的清洁生产工作，从源头和过程控制污染物排放，减少资源消耗。在生态屏障区推广肥料农药污染控源、畜禽养殖污染和农村生活污染防治等，减少农村面源污染；通过实施生态屏障区植被恢复和重要支流水土保持，形成保护水库水质的生态屏障功能；同时，在库区典型流域开展农业面源污染防治技术示范和推广。

(1)点源污染防治

点源污染防治包括生活污染源治理、入库排污口整治、工业企业点源污染防治等 3 个方面内容。在生态屏障区、重要支流污染控制未覆盖区内的集镇和部分集中居民点实施生活污染源治理，新建污染处理设施，提高和完善已有处理设施的功能；对生态屏障区、重要支流的集镇和部分集中居民点实施入库排污口整治，包括实施规范化整治工程和配套建设提标深度处理系统；对影响生态屏障区、重要支流的不符合国家产业政策，或污染和生态破坏严重且难以治理的工业企业提出关闭建议。

1)生活污染源治理

对生态屏障区、重要支流污染控制未覆盖区内缺乏污水集中处理设施的城集镇、部分集中居民点，建设污水处理设施和配套污水收集管网、污泥稳定化处理设施，宜选择适合库区集镇特点和符合环保要求的分散式、易维护、低成本的处理方式，不宜简单将城市污水垃圾处理的模式照搬到搬迁后靠移民为主的集镇上；对生态屏障区、重要支流污染控制未覆盖区内缺乏生活垃圾集中处理条件的城集镇、部分集中居民点，建设垃圾收集中转站、垃圾处置装置、渗滤液处置设施和生活垃圾资源化利用设施；对生活污染源进行监控。

2)入库排污口整治

针对排污口的布局和污染排放量，以减少排污口污染影响为原则，将排污口调整至饮用水取水口的下游安全范围以外。考虑三峡水库回水对排污口的影响，排污口应尽量布置在干流流速较大、扩散自净能力较强的江段，在城集镇江段的回水区和库湾不设置排污口。排污口规范化整治工程措施主要包括排污口改造、污水截流管网、排水泵站及缓冲堰板、排污口标志牌；提标深度处理系统包括人工湿地、半人工湿地、污水截流管网等。对不能满足功能区水质要求的排污口，配套建设提高排放标准的深度处理系统。

3)工业企业点源污染防治

按照《国务院关于进一步加大工作力度，确保实现"十一五"节能减排目标的通知》(国发〔2010〕12 号)等国家节能减排、发展循环经济的有关文件要求，引导工业企业进入园区，加强工业企业污染防治管理，具体内容包括：①清洁生产管理。引导部分生产工艺落后、耗能高、产污重的企业和项目采用先进的清洁生产工艺和技术，使单位产品能耗、物耗及污染物排放量达到国内或国际先进水平，提高企业工业用水回用率，充分体现集约型的增长方式和发展循环经济的要求。②重点行业管理。对造纸、酿造、化工、印染、钢铁、电力、煤炭等重点行业，严格按照国家产业发展要求控制审批门槛，加大污染治理和工艺改造力度。③产业园区管理。按国家有关政策建设现代化工业企业产业园区，新入园企业应符合准入要求，紧靠长江已建且污染较重的工业企业，符合条件者可搬入园区，并满足园区接入配套污染处理设施规定的预处理要求。④达标排放管理。对库区水污染源实行全面达标控制管理，所有向库区排放水污染物的工业企业必须符合排放标准要求，严格监管工业企业排污行为。此外，会同有关部门，调查与监测重污染企业关停、搬迁后的周边土壤、水体环境质量状况，相关问题处理给予适当补助。

(2)面源污染防治

库区面源污染是库区的主要污染源，包括农药化肥流失污染、作物秸秆污染、养殖污染、农村生活污染和径流污染等，治理难度大。面源污染防治综合措施包括农村农业面源污染防治、生态屏障区建设、重要支流水土保持等。以生态屏障区建设为重点，试点示范，全面推进，在生态屏障区约 15 万 hm^2 的农田上推广肥料农药污染控源，对生态屏障区内约 40 万农户(119 万人)进行"一池三改"；在生态屏障区内主要以植被恢复为主，结合实施水土保持工程措施；在三峡库区重要支流两岸、面源污染严重的 23 个重点片区开展水土保持，采取综合措施进行小流域治理；同时在 3 个典型流域(渝北区御临河上游、云阳小江、巴东东壤河上游)开展农村农业面源污染防治示范。

1)肥料污染控源

①对生态屏障区农田,开展5年一次土壤样品采集与测试,土壤样品测试指标包括有机质、全氮、硝态氮、铵态氮、速效磷、速效钾、pH值,以及钙、镁、铁、锰、铜、锌、硼等中微量营养元素。

②每个村组配备1套环境友好型精确施肥专家系统。系统包括分级用户选择模块、地理信息输入模块、土壤信息输入模块、作物信息输入模块、养分平衡计算与评价模块、施肥建议输出模块、施肥效果与环境风险评价模块等,采用人机交互形式,可以适用于不同级别用户选择,指导农民科学施用肥料。

③每户配备1个多功能高效施肥器。

④对农村各户加强农业面源污染防治技术宣传教育。到2020年,生态屏障区农田氮、磷等化肥用量削减至2008年的70%。

2)农药污染控源

①化学农药替代性防治。采用农艺防治、生物防治与物理防治等化学农药替代性防治方法,避免使用化学农药。其中,农艺防治措施主要包括选用抗(耐)病虫作物品种、培育脱毒种苗、适时种植错开病虫高发期、合理间套作与轮作等;生物防治指利用丽蚜小蜂、赤眼蜂、瓢虫、草蛉、蜘蛛、捕食螨等天敌控制害虫;物理防治则通过灯光诱杀、色板诱杀、色膜趋避、超声波干扰、防虫网隔离等方法控制病虫草害。

②低毒、高效、环境友好型农药的推广应用。推广应用高效、低毒、环境友好的农药品种,使用新型农药如生物制剂与植物源农药(苏云金杆菌制剂、阿维菌素、新植霉素、鱼藤酮、除虫菊、苦参碱、印楝素、苦皮藤素、烟碱等),控制作物病虫害,全面禁用高毒、高残留农药,化学农药用量削减到2008年的70%。

③精确高效施用农药。按照病虫草害的发生规律和作物的生长特点,精确、高效施用农药,选用适合的农药品种及其剂型、药械,以最佳且最少的使用剂量,在合适的施药时期,采用合理的施用方法,防治有害生物,减少农药用量。为确保生态屏障区农药污染控源目标的实现,为生态屏障区农田配备频振式杀虫灯。

3)畜禽养殖污染和农村生活污染防治

按照新农村建设标准,配合畜禽养殖污染防治的要求,结合居民点改、扩建和村容村貌建设等工程设置分散式或相对集中式的沼气池,完成改厨、改厕、改圈,基本做到圈(厕)与居房分离。结合新农村建设等其他规划,实现畜禽粪便无害化处理与资源化利用率分别达到90%和75%以上,农村生活污染负荷削减至2008年的30%左右。

4)生态屏障区植被恢复

在库周土地征用线以上水平投影100m宽的区域建设生态保护带,恢复植被90.27km^2;在生态保护带外的生态利用区建设生态林595.67km^2、经济林216.60km^2;结合坡面治理、沟道防护等水土保持工程措施,共治理水土流失面积2610.47km^2;建设配套种苗工程3.87km^2。到2020年,生态屏障区森林覆盖率达到50%以上,水土流失治理程度达到

95%,治理区减蚀率达到70%以上,削减农村农业面源污染负荷的50%。

5)重要支流水土保持

在三峡库区主要支流两岸、面源污染严重的23个重点片区开展水土保持,实施坡改梯699km^2、生态修复7704km^2,以及沉沙池、排灌沟渠、田间道路、谷坊、拦沙坝、溪沟整治等措施,治理水土流失9635.25km^2;配套植被恢复措施,使重点片区林草覆盖面积增加627.33km^2。到2020年,重要支流水土流失治理面积占总流失面积的比例提高达到30%~40%,重点片区减蚀率达到70%以上,实现重点片区农村农业面源污染负荷削减30%左右。

6)典型流域农业面源污染防治示范

①生态沟渠工程。对沟渠进行优化布局和改造,包括沟底、沟壁改造和拦截坝建设3个方面内容,将排水沟渠改造成为生态拦截沟,种植湿地植物。

②缓冲带工程。在平缓地带按平均每隔200m建5m宽度的农田植被带作为缓冲带。缓冲带内不施氮、磷肥料及化学农药,按照正常生产方式种植水稻、芦苇、菖蒲等有一定经济价值的水生植物。生态沟渠和缓冲带建设需要统一布局、征地、建设和管理。

③坡耕地径流污染拦截与再利用工程。工程由导流渠(管)、引水渠、沉沙池、滤网、蓄水设施、灌溉管带、闸阀等构成,按每套设施可拦截、集蓄0.5hm^2坡耕地的初期暴雨径流,每公顷坡耕地建设2套坡耕地径流拦截与再利用工程计。

④等高植物篱工程。依据坡度大小,采用等高、条带种植方式建造不同模式的植物篱。在坡耕地上平均每8m配套1m植物篱,每公顷坡耕地配套植物篱1250m。

⑤生态补偿。对典型流域的一、二级防护区农田进行生态农业补偿,其中一级防护区按照每公顷4500元/年的标准补偿;二级防护区生态补偿按照每公顷1500元/年的标准补偿。

⑥农村生活污水生态处理工程。针对分散农村居民点,开展20户以下小型农村污水处理设施建设,可采用稳定塘、土壤渗滤处理系统、分散式处理设备等工艺技术。

⑦"一池三改"建设工程。针对分散式农户废弃物资源化利用的需要,进行沼气池建设、厨房、厕所、圈舍改造,同步规划、同步施工。

⑧养殖专业户畜禽粪便收集贮存系统。

⑨规模化养殖场废弃物处理利用工程。包括养殖污水处理利用工程和固体粪便堆肥工程。

⑩生态养殖设施改造工程。零排放生态养殖舍改造工程包括现有养殖舍改造、垫料配制。实现典型流域农村农业面源污染负荷削减约50%。

(3)流动源污染防治

对夷陵、秭归、兴山、巴东、奉节、云阳、开州、万州、石柱、忠县、丰都、涪陵、长寿、巴南和南岸等区县,进一步增补库区运营船舶的污染防治基础设施建设,实施船舶废弃物接收工程、船舶废弃物集中治理工程、化学品船舶洗舱基地工程、水运事故环境应急处理工程等。

1)船舶废弃物接收工程

包括污染物(垃圾、危废、生活污水、含油污水)专用接收船、专用运输车、收集转运装备维护场(装备停放、自清洗、维护检修等);利用改造现有的港口、码头和泊位条件,新建专用岸接泊位(适于垃圾、废污水接收)、废物岸接设备(机泵与输送管、垃圾卸料与输送设备)、污染物接收中转设备(临时贮存、转运装备)等。

2)船舶废弃物集中治理工程

包括船舶生活垃圾处理处置、船舶危险废物处理处置、船舶生活污水处理、船舶机舱污水处理、船舶洗舱及废污水处理等设施及其附属设施。

3)化学品船舶洗舱基地工程

包括建设与完善化学品专用洗舱码头,配备洗舱机、洗舱水加热器、洗舱泵及洗舱管系等处理处置附属设施。

4)水运事故环境应急工程

包括应急机动装备配置(水用、陆用)、应急物资仓库建设、应急预警及事故处置条件、污染物处置监督及应急监测。

(四)重要支流水体修复与水华控制

三峡水库蓄水运行后,库区支流回水区和部分库湾污染物滞留、水体富营养化程度加剧。自 2003 年水库初期蓄水以来,库区多数支流的回水区或库湾发生了不同程度的水华现象,仅 2008 年就发生水华 13 起,涉及 11 条支流。如不采取措施加以控制,富营养化和水华发生程度将进一步加剧。库区入库污染负荷居高不下、水库蓄水运行造成流速减缓、水生生物群落结构不完善及适宜的地理气候背景是水库局部水域发生水华的主要原因。水华的发生对饮用水安全构成威胁,影响库区社会稳定、和谐发展。为此,须采取污染负荷削减、生态调度、水体修复及生物群落结构完善等综合措施,建立长效机制,减缓支流水体的富营养化,降低水华发生概率和程度。

根据国内外水体富营养化治理和水华控制的技术现状,针对三峡库区支流、库湾生态脆弱和敏感的特点,在香溪河、童庄河、青干河、神农溪、大宁河、朱衣河、梅溪河、草堂河、小江、汤溪河、磨刀溪、长滩河等库区重要支流实施污染水体修复、水华应急处置等措施,建立长效机制,防治水体污染。

(1)水体修复

针对成库后河道流速变缓,水体稀释自净能力减弱,水体污染进一步加重的现象,前期主要以人工湿地建设为主,同时建设污水截留、垃圾清运工程。湿地工艺应采取表面流工艺,配置以当地土著挺水耐污植物为宜,污水截留管道以耐用经济型为宜。

针对河道两岸环境杂乱无序等现象进行岸线整治、砌石护坡以及生态林的营造等工程,构建生态滨岸带,达到削减入河污染负荷,改善支流、库湾水体水质的目标。

在长江的奉节、涪陵、江北、丰都、云阳、秭归、万州段;秭归县境内龙马溪、茅坪河、童庄河、九畹溪、泄滩河；巴东境内庙坪河；巫山境内大宁河、官渡河；奉节和巫山境内大溪（又名黛溪）河；奉节境内梅溪河、草堂河、朱衣河；云阳境内小江、汤溪河、磨刀溪；开州境内汉丰湖、东河、南河；涪陵、丰都境内的渠溪河；武隆境内芙蓉江、乌江等主要入库支流和重庆主城区渝北、巴南、大渡口沙坪坝、九龙坡和江津等地区的次级河流如御临河、跳蹬河等库区48条支流实施污染水体修复措施。

（2）水华应急处置

针对局部水域发生水华，对饮用水安全构成威胁，影响库区社会稳定、和谐发展的现象，配套建设藻类清除应急处置与安全处理处置设施，主要在暴发区域实施围隔阻拦，机械及人工除藻等措施，免其扩散污染水体。通过清理水面漂浮物及水华藻类，使水体景观得到改善，保障航道通畅；同时，治理区居民的周边环境和饮水安全将得到大幅度提升。

在长江的秭归、云阳、万州段；秭归、巴东境内青干河；兴山境内的香溪河；巫山、巴东境内鳊鱼溪；奉节、巫山境内大溪河；开州、云阳境内小江；丰都、涪陵境内渠溪河、碧溪河；武隆境内乌江等水域39条支流实施水华应急处置措施。

第四节　水库岸线保护与利用控制

三峡水库具有丰富的岸线资源。岸线长度达5711km，对岸线的保护与利用控制直接关系到三峡水库库容、运行安全和生态环境保护，关系到人民群众的生产生活、临岸基础设施安全，涉及邻近的陆域、消落区和水域，范围广泛。三峡库区生态环境脆弱，地质灾害频发，局部库岸存在不稳定问题，对水库正常运行带来影响。加之库区经济社会发展迅速、城镇化进程加快，库区开发活动和城集镇临水建筑物日益增多，岸线利用不规范，侵占防洪库容、影响周边环境及景观的事情时有发生，浪费岸线资源，造成岸线不平顺，影响行洪和河势。为促进岸线资源保护、有序开发和合理利用，更好满足经济社会发展不同层次的需求，迫切需要进行水库岸线保护与利用控制管理。

一、岸线保护与利用控制现状

三峡库区岸线开发利用程度不高，岸线利用主要集中在城镇段。根据工程项目的不同，库区岸线利用方式主要有：修建港口、码头、取（排）水口、旅游景观工程以及桥梁、电（光）缆、油（气）管道、跨河输水渠道工程等。

据不完全统计，截至2011年，长江干流和12条主要支流已利用岸线长279.92km，岸线利用率为11.96%。其中，长江干流已利用岸线长137.57km，岸线利用率为9.72%。按行政区划分，重庆库区长江干流已利用岸线为128.68km，岸线利用率为10.55%；湖北库区长江干流已利用岸线为8.89km，岸线利用率为4.53%。按利用方式分，重庆库区港口（码头）利用岸线43.85km，占干流已利用岸线的31.87%，取排水口利用岸线9.51km，占干流已利用岸线的6.91%，跨(江)穿江建筑物利用岸线19.16km，占干流已利用岸线的13.93%，文物景观利用岸线55.13km，占干流已利用岸线的40.07%，其他涉河工程利用岸线约为1.03km，占干流已利用岸线的0.75%；湖北库区主要用于建设港口(码头)和跨(穿)江设施，岸线利用长度分别为5.77km和3.12km，占干流已利用岸线的4.19%和2.27%。12条主要支流河段中，嘉陵江、乌江、小江、大宁河、沿渡河岸线开发利用程度相对较高，其他河流除局部建有旅游码头和小型货运码头外，岸线基本上处于未开发利用状态。在已利用的支流岸线中，绝大部分为风景名胜区景观占用岸线，全长118.90km，约占支流岸线总长的12.86%，另外港口(码头)占用岸线23.45km，约占支流岸线总长的2.54%。

二、岸线保护与利用存在的问题

三峡库区岸线是不可再生的重要资源，是库区沿江生产力布局的主要载体，也是发展港口经济的巨大潜力所在，是加快库区沿江地区经济发展的地缘优势之一。三峡工程全面完成、水库正常蓄水运行之后，在产生巨大综合效益的同时，库区岸线利用管理还存在一些问题。

(一)岸线开发利用与管理缺乏统一规划的指导，未能实现岸线资源的合理利用和优化配置

《中华人民共和国水法》《中华人民共和国防洪法》和《中华人民共和国河道管理条例》等相关法律法规对河道管理范围内的岸线利用和管理问题做出了原则规定。随着三峡库区经济社会的快速发展、城市化进程的加快以及人民物质文化需求的不断增长，岸线开发利用活动将日益增多，对岸线管理也提出了新的、更高的要求。由于没有系统编制库区岸线利用管理方面的相关规划，没有在统筹防洪安全、河势稳定、供水安全、生态与环境保护等方面要求的基础上对岸线资源实施合理利用和优化配置，致使在岸线利用管理工作中缺乏具有法律效力和可操作性的依据，造成河道岸线利用和管理上存在一些问题。

(二)开发利用布局不尽合理，影响库区防洪安全、供水安全及消落区岸坡稳定和生态环境保护

部分岸线在开发利用过程中，一些开发项目布局和措施不当，可能诱发新的滑坡、崩塌和泥石流等地质灾害，甚至加剧库区滑坡、库岸崩塌等地质灾害，影响库岸稳定；有些开发利用项目，不符合河段水功能区水质保护的要求，甚至还挤占了水源保护区和重要支流入江口门岸段，污染、危险品码头、排污口对供水安全造成重大威胁；有些开发项目布置在自然保护区内，影响珍稀鱼类的洄游、产卵、繁殖等，并可能对生态环境造成较大破坏。同时，由于实行的对单项工程进行防洪及河势影响分析评价难以评估多项目的群体影响情况，导致一些地区出现岸线过度开发现象，建设项目的群体累积效应已经显现，严重影响河道安全行洪和河势稳定。

(三)岸线利用效率不高,岸线资源浪费现象严重,不利于岸线可持续利用

由于缺乏统一的规划作为实施指导依据,部分岸线利用项目立足于局部利益,缺乏与国民经济发展及其他相关行业规划的协调,常以单一功能进行岸线的开发利用,不能达到岸线资源的优化配置,存在多占少用和重复建设现象,岸线利用效率不高,不能充分发挥岸线资源的效能,造成岸线资源的浪费。一些企业占用过多岸线,新、老码头之间留有很多空余岸线而无陆域,一些已利用很长深水岸线而陆域很少,且一些小企业、小码头占用了较好的深水岸线,未能贯彻"深水深用、浅水浅用"的原则,造成了岸线资源的严重浪费。另外,企业专用码头占用过多岸线,公用码头建设却缺乏岸线,岸线虽已利用,但利用效率不高,未能有效支撑地方经济社会的发展。

(四)岸线开发利用未能充分协调好近、远期发展之间的关系

由于缺乏中长期全局性、协调性、长远性的指导,库区岸线的使用,短期内由于个体对目标或利益的追求,导致长远的、全局的、整体的利益受损。部分地方只重视了当前的岸线开发利用,却未考虑未来经济社会发展的需要;部分地方未考虑将来河势可能发生的变化,将未来岸线开发利用条件可能改善的岸线或通过河道整治工程创造优良岸线资源的岸段先行利用,将对远期经济社会的可持续发展造成一定的影响。

(五)库区岸线开发利用与经济关联度不高

库区沿江产业发展与岸线开发相脱节,通过岸线的开发利用推动沿江产业集聚的效应没有得到发挥。港口综合服务水平不高,服务功能单一,没有形成真正意义上的物流中心。

(六)岸线开发利用管理工作尚待进一步加强

多年以来,各级水行政主管部门不断加强了对岸线开发利用的管理,但在以下方面仍需进一步加强。一是完善岸线开发利用管理的法规及管理制度和政策体系,做到有法可依,有章可循,规范岸线管理的行为;二是理顺岸线管理的体制,对于多行业、多部门管理的现象加以统一协调,避免政出多门、各自为政;三是建立岸线利用的有效经济调控手段,现行的无偿或低偿获取岸线资源开发利用权的状况,与国家在防洪保安、河势控制等方面的巨大投入不相适应,也不利于岸线资源的节约使用和合理开发。

综上所述,三峡库区岸线还存在开发布局不合理、利用效率不高、管理不到位等问题,加之库区经济社会发展迅速、城镇化进程加快,库区开发活动和城集镇临水建筑物日益增多,侵占防洪库容、影响周边环境及景观的事情时有发生,造成岸线资源浪费,不利于库岸稳定和库区安全。为促进岸线资源保护、有序开发和合理利用,更好满足经济社会发展不同层次的需求,迫切需要加强水库岸线保护与利用控制管理。

三、岸线保护与利用措施

(一)岸线保护与利用思路

根据岸线开发、利用和保护现状及经济社会发展趋势,统筹协调库容保护、防洪安全、库

岸稳定防护、生态环境保护、港口仓储、交通设施对岸线的要求，合理划分相关功能区，提出岸线利用控制边界线和相应管理意见。

(二)划分岸线功能区并分类施策

岸线功能区是以岸线控制线为基础和纵向准线，按照岸线资源的自然属性、经济社会功能属性以及不同利用的要求，将岸线划分为不同利用与管理对象的区段。合理划分岸线功能区是岸线保护与利用管理的核心内容之一。岸线功能区分为保护区、保留区、控制利用区和开发利用区四类。

岸线保护区指对库容保护、防洪安全、河势稳定、水资源保护、生态环境保护、珍稀濒危物种保护及独特的自然人文景观保护等至关重要且禁止开发利用的岸线区。国家和省级保护区（自然保护区、风景名胜区、森林公园、地质公园、自然和文化遗产等）、重要水源地所在的河段应划为保护区。

岸线保留区指暂时不开发利用或者尚不具备开发利用条件的岸线区。对河道尚处于演变过程中，河势不稳的河段，或有一定的生态保护或特定功能要求，如防洪保留区、水资源保护区、供水水源地的岸线等一般应划为保留区。

岸线控制利用区指因开发利用岸线资源对防洪安全、河势相对稳定、河流生态保护存在一定风险，或开发利用程度已较高，进一步开发利用对防洪、河势、供水和河流生态安全等造成一定影响，而需要控制其开发利用程度或开发利用方式的岸线区。岸线控制利用区要对开发利用活动进行规范，有条件的合理、适度开发。

岸线开发利用区指河势基本稳定，无特定功能要求，岸线开发利用活动对生态保护、防洪安全、河势稳定、供水安全及河流健康影响较小的岸线区，应按保障防洪安全及河势稳定、维护河流健康和支撑经济社会发展的要求，有计划、合理地开发利用。

岸线功能区划分应正确处理近期与远期、开发与保护之间的关系，做到近、远期结合，开发利用与保护并重，确保防洪安全和水资源、水环境及河流生态得到有效保护，促进岸线资源的可持续利用，保障沿岸地区经济社会的可持续发展；应统筹考虑和协调处理好上下游、左右岸之间的关系及岸线的开发利用可能带来相互的影响；应与长江流域岸线利用管理及消落区岸线工程整治、移民迁建城镇防洪工程建设、库区塌岸防护、库区高切坡防护、三峡工程自然保护区建设等相协调；应本着因地制宜，实事求是的原则，充分考虑库区河流的自然生态属性，以及河势演变、河道冲淤特性及河道岸线的稳定性，并结合行政区划分界，进行科学划分，保证岸线功能区划分的合理性。

(1)岸线保护区

为保护水源地划分的岸线保护区，严格按照《重庆市城市饮用水水源地安全保障规划》划定的一级保护区、二级保护区执行。禁止围垦、工业与城镇开发，禁止污染企业进驻，允许不影响水源地安全的公用设施，如轮渡码头、跨江设施、取水等工程的建设。

为保护生态环境、自然景观和历史遗迹划分的岸线保护区，原则上不允许进行河道治理以外的任何开发建设，若要建设河道治理工程必须按程序审批，并开展必要的环境影响评价。

(2)岸线保留区

以保持水土、保护岸坡稳定为主划定的保留区，若区域经济发展迫切需要，对个别确需转为开发利用的岸线，视河道变化情况及水土流失和岸坡治理情况合理开发，但应严格控制开发规模，其建设方案应有相应的保护措施，并按程序审批。

以生态保护为主划定的保留区，禁止污染企业进驻，严禁开展破坏生态的岸线利用行为。允许防洪设施、跨江设施、取水及城市景观等工程建设。

对为城市景观等而划定的保留区，不允许其他目的的开发建设。

对与嘉陵江、乌江出口相邻的保留区，禁止新增码头，允许取水及城市景观等工程建设。

划分为保留区的部分洲滩，须严格按照流域防洪规划的要求，严格控制岸线开发利用的方式，避免对防洪的影响。

(3)岸线控制利用区

对取水口和城市生活岸线，禁止污染严重的项目开发。建设项目需与现有设施协调一致，如码头前沿顺流布置，排污口应与取水口保持一定距离。

对于岸坡稳定性较差的控制利用区，岸线开发利用严禁影响河势稳定和护岸工程安全，限制新增码头数量，控制码头外伸长度，并对崩岸险工段进行必要的防护。

对于局部城市江段开发利用程度较高、继续开发利用对河势稳定可能产生影响而划定的岸线控制利用区，须严格控制新增开发利用项目，严格控制岸线开发利用的密度。

(4)岸线开发利用区

在城区河段进行岸线开发需要控制岸线开发类型，禁止污染严重的项目建设，保护城市取水口，保障水源保护区域的安全。供临江城市居民生活、旅游、休闲的生活旅游岸线禁止有破坏景观和影响河势的活动。

禁止影响护岸工程安全，要注重对河岸的防护。

码头前沿要顺流布置，不得影响航道安全及河势稳定。

过江通道、电缆、管道控制利用区内禁止建设破坏现有过江设施及影响其保护范围的建筑物，在预留的过江通道区段进行岸线开发建设，须服从有关部门的专项建设规划要求。

(三)加强岸线开发利用的依法管理

严格执行《中华人民共和国防洪法》和《中华人民共和国河道管理条例》等有关占用河道管理范围兴建工程和建筑物的各项规定。建设项目应当符合防洪标准、岸线规划、航运要求和其他技术要求，不得危害堤防安全，影响河势稳定，妨碍行洪畅通；其可行性研究报告按国家规定的基本建设程序报请批准前，其中的工程建设方案应当经有关水行政主管部门审查同意，并在报请审查时提供行洪影响评价报告。项目实施时，要申请办理开工手续，按水行政主管部门审查批准的位置和界限进行;竣工验收时,应当有水行政主管部门参加。涉及从水库取水的,并按《取水许可制度实施办法》执行。对不同岸段,按照岸线保护区、岸线控制利用区、岸线开发利用区和岸线保留区的不同保护和开发利用要求,实施区别管理,严格保护、合理利用、科学引导、有序开发。对水源岸线保护区、自然岸线保护区及重要生态功能岸线保护区要严加保护,不得侵占,严禁破坏水质和生态的开发活动;位于控制利用区段,对开发利用类型、工程布局、设施建设等加强引导与管理;所有库区开发利用项目都要按照《长江片水功能区划报告》规定的分段水质目标,实行达标排放控制和污染物总量控制的双重控制,严禁难以达标处理的"三废"项目和不符合水功能区分区水质要求的项目建设。

(四)建立开发利用与治理保护相结合的运行机制

从计划安排、项目审批、工程建设、运行管理到经济调控,投资政策等,多方面推进岸线利用和河道治理保护的相互衔接、适应与促进。港口码头、仓储,过江通道、取水口、生活旅游以及生态保护等各类开发利用库区岸线的建设项目,选址和布局要符合岸线功能区划和控制利用管理意见的要求。按照"开发利用和保护水资源,应当服从防洪总体安排,实行兴利与除害相结合的原则",进一步做好库区沿岸开发、保护间的对应和衔接、协调工作。强化岸线开发利用的协调和统筹管理,建立有关职能部门参加的会商制度,协调和解决开发中的重大问题,统筹沿江地区开发和建设。

(五)加大治理投入,加快消落区岸线整治步伐,建立形成岸线工程整治与岸线开发利用相适应发展的投入机制

建立完善防洪、岸线稳定与岸线开发利用相适应的定期评估制度和动态推进办法。完善以公共财力为主,并有多元化、多渠道社会筹资的消落区岸线工程整治办法;引导和推进在统一规划指导下岸线开发利用项目自保措施与相关河段防洪和岸线工程整治的有机结合;鼓励和支持有利于巩固防洪安全、促进岸线稳定的项目先行实施。结合开发利用进程,部署和推进关键河段的岸线控制整治工程,为岸线利用创造有利条件。

(六)进一步研究完善岸线有偿使用政策和影响补偿制度,发挥经济杠杆调节作用,促进资源集约利用

结合库区岸线动态变化下监测、维护、管理、保障安全的实际需要,并着眼于有效推进宝贵岸线资源的集约、合理利用,结合岸线资源条件和开发利用的发展情况,进一步研究调整并逐步完善有偿使用岸线资源的经济政策和办法。对岸线开发利用项目,经分析论证和评价,总体可行,但对局部防洪或河势稳定有不利影响的,须制定落实补救措施,完善配套制度,规范运作。健全岸线开发利用单位对所用岸线内防洪工程的达标建设、维护和防汛责任的相关制度。在加强依法管理的同时,通过运用经济杠杆,进一步促进岸线资源的集约化利用和治理开发相结合的良性运行。

(七)加强环境保护,推行清洁生产

库区岸线资源开发特别是临港重化工产业通常污染物排放量较大,已对岸线资源可持续利用造成严重的不利影响。随着人们对环保问题日益重视,提高对环保问题的关注程度和加强对解决方法的研究已普遍成为岸线利用准入的重要门槛。为此要对环境影响及早管制,在产业发展战略策划阶段开展环境影响评价工作,确立环保目标,提出各项环保标准和要求,否决污染严重的项目。要积极通过从源头和生产过程中运用环境无害化技术和清洁生产工艺来保护环境。可合理安排一些临港重化工企业的排放物作为下游企业的原料,并通过对废水和废弃物的统一处理和回收利用,形成一体化清洁生产环境。

(八)加强监测分析和科学管理水平

做好库区河势、河床、水流、水质监测,及其与沿岸地区开发利用和治理活动相互关系分析工作,实施动态监控管理;加强库区治理和保护科学研究,提高信息化管理水平,逐步形成包括实施信息反馈、阶段评估、调控引导、滚动计划等措施在内的推进治理和利用协调发展的科学管理制度,实现库区开发的人水和谐与可持续发展。

第五节　消落区生态环境保护

消落区与水库水质、库容和工程安全运行等密切相关。消落区既是库区重要的生态环境敏感区,也是库区生态环境保护工作的难点。消落区的生态环境问题包括两个层面,一是消落区受水库水位大幅度反季节涨落和库区人类活动的影响,消落区内植物种类少、群落结构简单,难以发挥固土护岸、环境净化、提供生境等生态功能;二是消落区生态功能受限产生的水库水环境安全、库区景观、人群健康及库岸稳定性等问题。实施消落区生态环境保护措施,有助于消落区湿地生态系统结构和功能的恢复和有效管理,避免库区人类活动的不利干预,达到保护消落区生态环境和水库水质、库容及安全运行的目的。

一、消落区生态环境保护现状

(一)消落区形成及出露特点

三峡水库消落区主要由长江干支流的峡谷、岸坡、河滩、平坝和阶地等构成,因水库水位涨落幅度大、逆自然洪枯变化,具有季节性淹水湿地生态系统特征。

三峡水库消落区的形成及出露特点主要由三峡水库的调度运行所控制。三峡枢纽工程的调度运行方案为“蓄清排浊”,即在保证发电、航运的条件下,在长江高输沙量的汛期低水位运行,在输沙量和径流量小的枯水期蓄水,以尽量减少泥沙在库内的淤积。根据该调度运行方案,水库水位变化、消落区形成与出露特点变化过程可分为5个时期:

①6—9月为低水位运行期。为了满足防洪需要,水位保持在最低水位145m运行,消落区出露面积最大。尽管汛期高程145～160m间的消落区常被洪水较迅速地短期淹没,但仍

有 110～120 天的出露时间。

②10—11 月为水位迅速上升期。每年 10 月初水库开始蓄水，水位迅速上升。30～60 天内，水库水位由 145m 迅速上升到 175m，消落区迅速被淹没。

③12 月前后为高水位运行期。水库水位保持在 175m，是水库水位最高时期。此期，消落区将全部被淹没，处于水域环境。

④1—4 月为水位缓慢下降期。每年 1—4 月是枯水季节，在入库径流锐减和发电用水的大量消耗下，水库水位缓慢下降。至 2 月中旬，水库水位下降至 165m，但因电网调峰和航运需要尽量维持较高水位，4 月底前水库水位不低于 155m，此期间坝前高程 155m 回水以上的消落区将逐渐出露。

⑤4 月末—5 月末为水位进一步下降期。为了腾空防洪库容，水库水位由 155m 进一步降至 145m。此期末消落区将全部出露，处于陆域环境。

(二)消落区面积、岸线长度及其分布特点

以三峡库区 1∶2000 数字地形为主要信息源，以汛期多年日平均流量的 80%流量在坝前 145m 高程时回水线为下限，坝前 175m 高程土地征用线为上限，消落区总面积为 302.0km^2。其中，按行政区域分，重庆库区 268.5km^2（88.9%），湖北库区 33.5km^2（11.1%）；按城集镇、农村划分，城集镇 87.2km^2（28.9%），农村 214.8km^2（71.1%）；按坡度划分，缓坡区（小于 15°）、中缓坡区（15°～25°）和陡坡区（大于 25°）分别为 161.0km^2（53.3%），65.6km^2（21.7%）和 75.4m^2（25.0%）；按干支流划分，干流、支流分别为 145.0km^2（48.0%）和 157.0km^2（52.0%）。

采用坝前 175m 高程土地征用线测算消落区岸线总周长为 5711.0km，其中重庆库区 4811.7km（84.3%），湖北库区 899.3km（15.7%）；城集镇 1529.6km（26.8%），农村 4181.4km（73.2%）；干流、支流 2758.1km（48.3%）和 2952.9km（51.7%）。

(三)消落区岸线利用情况

消落区岸线利用以城集镇区域为主，据不完全统计，2008 年，三峡水库消落区港口码头共有 768 个，岸线利用长度达 211.3km；桥梁、公路、涵闸、泵站、过江管道等公用设施共有 438 个，岸线利用长度达 343.6km；排污口共有 524 个，取水口共有 196 个。

(四)消落区生态环境

(1)地质地貌特点

消落区的构造格局可分为两大体系，以巫山与奉节间的齐岳山断裂为界，其东为新华夏构造体系第三隆起带之川鄂湘黔隆起带，主要构造有北东东的官渡～碚石向斜、横石溪背斜、巫山向斜和齐岳山背斜等；齐岳山基底断裂以西为新华夏构造体系第三沉降带之川东褶皱带，为典型的隔挡式构造。

三峡水库消落区地处我国地势第二级阶梯四川盆地东部地区，区内地貌受地层岩性、地

质构造和新构造运动的控制。以奉节为界，分为东西两大地貌单元：①东段（奉节以东）位于新华夏构造体系第三隆起带之川鄂湘黔隆起带与大巴山弧形褶皱带等两大构造单元的交会处，为三峡侵蚀溶蚀低中山峡谷段，区内地貌以大巴山、巫山山脉为骨架，形成以震旦系至三叠系碳酸盐岩组成的川鄂褶皱山地，属于以侵蚀为主兼有溶蚀作用的中山峡谷间夹低山丘陵宽谷地貌。②西段（奉节以西）位于新华夏构造体系第三沉降带之川东褶皱带，由数十条平行排列的阻挡式构造组成，形成著名的独特的平行岭谷景观。背斜山地的消落区在核部发育三叠系嘉陵江组和须家河组灰岩，在两翼发育巴东组、须家河组、砂溪庙组等紫色沙泥岩，消落区比较狭窄，多属陡坡荒地；在向斜丘陵、谷盆地河段，消落区发育侏罗系沙溪庙组紫色沙岩、泥岩及第四系冲积洪积物，消落区开阔，地貌形态主要是河漫滩、一级阶地和部分二级阶地以及部分低山缓丘；在长江干流万州至涪陵段，消落区相对开阔；在支流，消落区地貌以开州的小江等河段为代表。

(2)水、土环境状况

三峡水库消落区随水库水位的涨落淹没或出露，其土壤以石灰性黄壤和紫色土为主，河谷阶地、平坝和滩地为水稻土和冲积土。消落区污染物主要来源于陆域工业废物、农村面源污染、城集镇生活污水和垃圾。蓄水淹没期间消落区的水、土环境相互影响，水土界面高浓度污染物向低浓度渗透，直至趋于平衡。出露期间的消落区主要受陆域地表径流的影响，消落区土壤、植被及微生物吸收或转化来自陆域的污染物，未被消落区吸收或转化的污染物在地表径流的作用下进入水域。

据中国环境科学研究院资料（2008年），三峡库区长江干流以Ⅰ、Ⅱ类水为主，所监测的17个断面中，Ⅱ类以上断面占85.7%，Ⅲ类水占14.3%。各监测断面枯、平、丰水期水质均达到或优于Ⅲ类，干流总体处于中营养状态。三峡库区主要支流以Ⅱ、Ⅲ类为主，其中，达到或优于Ⅲ类水质占73.3%，Ⅳ类水质占26.7%，库区主要支流的超标项目主要有BOD_5、氨氮、石油类。库区36.6%的支流为贫或中营养状态，63.4%的支流呈富营养状态。

据重庆市环境科学研究院资料（2004年），消落区形成前陆域土壤铜、铅、锌、镉、汞、砷等六项指标中，铅、锌、汞、砷均达到国家土壤环境一级标准，铜、镉达到二级标准。重庆市主城区附近主要受镉、铜污染，其中，巴南、江津和江北镉含量高于土壤环境三级标准；巫山和奉节铅、镉含量较高，主要受河岸石灰岩成土母质背景的影响。采用尼梅罗（Nemerow）综合污染指数评价，其结果为：巫山、奉节、丰都、涪陵、长寿、渝北、九龙坡土壤为轻度污染；南岸、江津、江北土壤为中度污染；巴南土壤为重度污染。

(3)生物群落结构特征

水库运行初期，消落区生态环境较形成前的陆域生态环境发生巨大变化，消落区湿地生态系统处于发育期，生态环境脆弱。2008年三峡水库172.8m试验性蓄水后，消落区内原有乔灌草群落多数因淹没而死亡，但有些草本植物在水位消落后仍能生长繁殖。据2009年7—9月调查结果，2008年试验性蓄水后消落区维管植物种类较消落区形成前明显减少，共发现有 46 科 105 属 119 种，其中蕨类植物 4 科 5 种，单子叶植物 9 科 35 种，双子叶植物 33 科 79 种；植物群落结构也发生较大变化，调查到的植物种类按生活习性划分，旱生植物 60 种，占种类总数的 50.42%，主要种类有苍耳、鬼针草、狗尾草、商陆、青葙、葎草、青蒿、草木樨、刺槐、桑、楝等；湿生植物 22 种，占 18.49%，主要种类有合萌、稗、毛蓼、牛鞭草、野胡萝卜、丁香蓼、疣草、荩草等；水生植物 12 种，占 10.08%，主要种类有香蒲、水芹、野慈姑、菹草、穗花狐尾藻、竹叶眼子菜、轮藻、浮萍等；旱一湿生植物 14 种，占 11.77%，主要种类有狗牙根、牛筋草、双穗雀稗、白茅、问荆、节节草、鸭跖草、车前草等；湿一水生植物 10 种，占 8.40%，主要种类有香附子、球形莎草、水莎草、灯心草、水蜈蚣、牛毛毡等；旱一湿一水生植物仅喜旱莲子草 1 种，占 0.84%。按消落区植物类型划分，草本植物为主要类型，常见及优势种有狗牙根、苍耳、鬼针草、香附子、狗尾草、牛筋草、喜旱莲子草、水蓼、水莎草、青葙、鳢肠、稗、葎草、牛鞭草、商陆、酢浆草、荩草等；172.8m 蓄水位回水线附近生长有稀疏的灌木和乔木，常见种类为刺槐、桑、楝、苦木、栾树、马桑、盐肤木、枫杨等。消落区内野生动物较少，在大面积缓坡消落区仅见白鹭、野鸭等分布，但随着时间进程的变化，消落区可能成为鸟类的重要栖息地。

(五)已采取的保护对策与措施

在三峡工程建设期，随着消落区的逐步形成，国家有关部门及地方人民政府高度重视消落区的生态环境问题，在水库库容和消落区土地资源管理、科学研究及工程治理等方面开展了一系列工作。

(1)消落区管理

三峡工程建设期，国家相继颁布了《长江三峡工程建设移民条例》(2001 年 2 月 21 日，国务院令第 299 号)、《关于加强三峡工程建设期三峡水库管理的通知》(国办发〔2004〕32 号)、《关于加强三峡工程初期蓄水期水库消落区管理的通知》(国三峡委发办字〔2007〕6 号)等政策文件，但未涉及运行期消落区的管理。

(2)消落区科学研究

三峡工程建设期，三峡办、科技部、水利部、环保部等先后启动了“三峡库区消涨带植被重建示范工程”“三峡水库重庆消落区生态与环境问题及对策研究”“三峡水库消落区生态与环境调查及保护对策研究”“三峡库区消落带生态修复与综合整治技术与示范”和“三峡水库消落带生态保护与水环境治理关键技术研究与示范”等研究项目，主要涉及消落区现状调查、问题辨识及保护对策与措施，以及消落区生态恢复技术研究。

(3)消落区治理

三峡工程分期蓄水前，对形成消落区陆域内的建(构)筑物、林木、卫生垃圾、固体废弃物、易漂浮物等进行了全面清理；因大面积的消落区刚形成，未针对消落区生态环境问题采取工程治理措施，但结合地灾防治、防洪及城集镇景观建设，在消落区范围内实施的护坡护岸工程总长约 376.4km。此外，还实施了消落区植被恢复、湿地建设等试点示范项目。

二、消落区生态环境保护存在的问题

三峡水库消落区面积大、范围广，涉及湖北省和重庆市的 19 个区县及重庆主城区；消落区受水库水位涨落幅度大（坝前高达 30m）、反季节涨落的影响；出露时段为炎热潮湿的夏季；库周城集镇众多、人口密集，经济社会发展水平低，人类活动与消落区的相互影响频繁、复杂。与国内其他大型水库消落区相比，具有特殊性。

（一）生态功能方面

三峡水库消落区形成后，由于其生态环境不稳定，植被生长困难，其生态功能被显著削弱或丧失。三峡库区原河岸带是在长期自然演替过程中形成的生态系统，具有固坡护岸、净化地表径流、提供生境和构成景观等多种生态功能，三峡水库蓄水淹没使原河岸带成为永久水域，生态功能改变。形成消落区的原陆域，因水库水位反复周期性地大幅度涨落，且与自然洪枯变化节律相反，原复杂多样的陆生生境将转变为水陆交替生境，植物生长基质变为物质组成与结构基本类同的淤积土层或裸露基岩，消落区的植物种类较以前的陆生环境大为减少，且群落结构简单。2009 年 7 月的调研结果表明，除分布于高程 172m（2008 年蓄水 172.8m）左右的极少数森林群落和部分耐冬水淹没与夏秋干旱的灌丛及多年生禾本科草丛群落外，消落区植被以一年生草本植物为主。植被是生态功能的载体，因植物种类减少及其群落结构的简单化，消落区难以发挥固土护岸、环境净化、提供生境等生态功能。

（二）水环境安全及人群健康方面

消落区自身不产污，但因其植被稀疏，环境净化功能低，不能有效阻隔陆域径流污染，且落淤污染物、堆放的垃圾等可能进入水体污染水质，影响水环境安全；消落区可能变为病媒生物孳生地及疫源地，如不注意预防，可能导致流行性传染病发生，影响库区人群健康。

消落区污染物主要包括堆放的固体废弃物及落淤污染物、土壤浸出污染物（区域内源性氮磷、有害有机物和重金属）等，这些污染物在地表径流或水库水位上涨时进入水域，对水库水质产生较大的影响。库区消落区现有 500 多个排污口，随水库水位的涨落，岸边水域水质的污染影响范围发生变动，影响城集镇饮用水水源安全；支流回水范围内的消落区营养物质易于富集，引起局部水域的富营养化，甚至发生水华，如小江、大宁河、香溪河等库区主要支流自水库初期蓄水以来水华频繁发生。缓坡、中缓坡消落区是三峡水库消落区的主体类型，形成前大多为农田，土层厚，有机质丰富，部分已被季节性农业利用，残留的化肥、农药和农作物残体进入水库水体，影响水环境安全。

三峡库区是我国自然疫源性疾病、虫媒传染病和介水传染病的流行区，这些疾病曾多次暴发流行，危害严重。三峡水库蓄水运行后，消落区可能变为病媒生物孳生地及疫源地，增加了暴发流行性疾病的风险，影响库区人群健康。国内外大型水库工程建成运行后暴发疫情的例子较多，如美国亚拉巴马州水库（1924 年）、巴西的伊泰普大坝（1989 年），以及国内的山东省安丘县牟山水库(1950年)、广东省新丰江水库(1959年)、丹江口水库(1986年)等建成运行后,给蚊虫孳生提供了适宜环境,库区疟疾发病率明显提高,部分地区甚至成为疟疾流行区;埃及阿斯旺坝(1930年)、湖南省黄石水库及管灌工程(1960年)、安徽省泾县陈村水库及灌溉工程(1981年)等建成运行后,库区人群血吸虫病感染率显著上升。相关流行性传染病的发生与工程运行后消落区的形成、区域气候变化等紧密相关。

(三)人居环境及景观方面

消落区植被稀疏及退水后形成的淤泥、滞留的污染物等环境与三峡著名风景区和城集镇的环境不协调,影响库区的整体环境和景观。三峡库区区域环境和景观由陆域、消落区、水域3个基本单元构成,消落区位于陆域和水域的过渡带,具有衔接协调陆水环境和景观的重要作用。受水库水位反复大幅度涨落和风浪冲刷影响,位于城集镇及景区的陡坡岩质型消落区的基岩将逐渐裸露,陡坡土质型消落区土壤逐渐流失,基质多年后将演变成砾石和砂石,难有植被覆盖,巫山、奉节、秭归等区县消落区多属于此类;位于城集镇及景区的缓坡、中缓坡消落区虽有植物生长所需的土壤,但受长期淹没的影响,草本植物种子难以保留和存活,覆盖率将逐渐降低,呈草木稀疏的视觉效果,且水库水位下降后,部分区域易形成淤泥、滞留污染物,与陆域和水域环境形成鲜明反差,开州、云阳等区县消落区多属于此类。

(四)库岸稳定性方面

消落区为水陆交错地带,处于库岸崩塌、滑坡体的前缘。库区陡坡岩质型消落区受水库蓄水及运行的影响较小,稳定性相对较好;而陡坡土质型消落区受水库蓄水及运行的影响较大,易发生坍塌、滑坡。如2008年试验性蓄水诱发或加剧大小不等库岸坍塌共计250处、崩滑体变形共计224处,主要发生区域为城集镇和农村陡坡型消落区。

三、消落区生态环境保护措施

(一)消落区生态环境保护思路

根据消落区坡度特征、沿岸城集镇和农村居民点分布状况,先将其划分为城集镇消落区、农村消落区,再按坡度将其划分为缓坡型、中缓坡型和陡坡型。结合水库岸线保护与利用控制规划,针对不同类型消落区地质条件、生态环境现状、城集镇岸坡防护问题,考虑区域发展和城集镇景观需求因素,与地质灾害防治规划相协调,分类制定保留保护、生态修复、卫生防疫、水库清漂和岸线环境综合整治等方案。其中,保留保护系指维护消落区的自然状况,避免人类活动干预,促进其自然发育。以保留保护为主,生态修复先试点后推广,辅以必要的生态工程形式的综合整治措施,加强消落区卫生防疫和水库清漂,以控制、减缓人类活动对消落区和水域的不利影响,有效改善消落区生态环境。

(二)保留保护

三峡水库运行初期,消落区湿地生态系统处于发育期,且库周城集镇众多、人口密集,经济社会发展水平低，人类活动与消落区的相互影响频繁、复杂，库周生产建设和消落区不合理开发利用将影响消落区生态环境和景观，侵占防洪库容，需要加强消落区保护管理，促进消落区自然发育。

对库区大部分农村消落区和部分城集镇消落区，采取保留保护管理措施减少和避免人类活动的干扰，以保留自然状态的方式保护其结构与功能。主要措施如下：

①界定保留保护的区域范围。设立界碑和标牌，明确保留保护消落区的范围。

②落实管理职责、提升管理能力。落实保留保护管理的部门，明确其管理职责，并配备相关设备，提升管理能力。

③制定和完善相关管理制度。禁止在保留保护区从事农业耕作、放牧、采砂、采石、弃置垃圾、设置堆场等活动。严格控制岸线利用，毗邻或占用消落区建设桥梁、码头、道路等公共设施，应充分论证，并报水库管理部门批准。必须实施的工程整治措施应符合消落区生态保护的要求，避免大挖大填，禁止非法侵占三峡水库防洪库容。

④加强宣传教育。通过广播、电视、报纸、网络等多种媒介形式，加强消落区保护的公众教育，宣传保护消落区的重要性及相关管理办法，特别是涉及消落区的生产、生活行为规范，增强人们保护消落区的意识。

⑤加强监测。对保留保护消落区进行监测，及时发现并解决可能出现的问题。

（三）生态修复

采取工程和保护措施恢复消落区植物群落结构、维持消落区湿地环境类型的多样性。

（1）植被恢复

在库区 19 区县及重庆主城区的长江干流及太平溪、兰陵溪、童庄河、神农溪、沿渡河、洋溪河、大宁河、小江、梨香溪、乌江、龙河、御临河、嘉陵江等支流沿岸一些面积相对较小的农村缓坡、中缓坡消落区进行植被恢复。在筛选和试植耐冬淹植物种类的同时，根据高程 145～170m、170～175m 两个区域的环境和水文特征，针对性地开展适应性植物群落恢复试点。对水位高程 170～175m 的区域，实施保土生境修复措施，构建乔—灌—草植物群落；对水位高程 145～170m 的区域，重点实施保土工程措施，为草本植物的季节性生长创造条件。相关工作应注意外来有害物种入侵的防范。

（2）湿地多样性保护

在秭归、巴东、巫山、云阳、万州、开州、忠县、丰都等 8 区县的农村缓坡、中缓坡消落区，选择面积大、地貌类型多样、条件适宜的区段开展湿地多样性保护工作，采用必要的工程与保护管理措施维持消落区湿地环境类型的多样性，减缓消落区生境均质化的不利影响。具体措施包括明确标识，明确保护范围、面积等；落实管理职责，完善管理制度，禁止一切破坏或不利于湿地多样性保护的行为发生；加强管理能力建设，包括保护管理用房、道路（不含公路）、界桩、标牌、水、电、通信等；实施封滩育草，辅以必要的工程措施，营造适宜不同类型生物生存的自然环境；加强消落区湿地多样性保护的宣传教育和管理。

(四)岸线环境综合整治

结合水库岸线保护与利用控制规划,对毗邻城市、集镇或农村人口居住密集的重要岸段进行岸线环境综合整治。按照人居安全为重、生态环境保护优先、保护防洪库容、维护库岸稳定,以及因地制宜、适度整理利用、促进库岸周边城镇经济社会发展等原则,针对不同岸段特点及存在问题,采取相应措施。以改善生态环境和景观为主的城集镇岸坡尽量采用生态工程措施;对有安全防护需求的城集镇在移民迁移线以下 5m 范围内主要采取生态工程措施,超过 5m 可采用工程措施。

城集镇岸段整治工程涉及城集镇景观、环境、岸坡稳定处理、城市发展布局等多方面,功能多,处理较复杂,须采用工程和生态等综合措施解决。生态工程措施有植物种植、生态混凝土、雷诺垫等,主要用于改善生态环境和有景观要求的岸段;工程措施有混凝土护坡、砌石护坡、抛石护坡、格构、挡墙等,主要用于岸坡稳定处理和防止岸坡受库水长期侵蚀产生水土流失的岸段。

(五)卫生防疫

消落区出露期间气候炎热,有些城集镇周围地段存在污水和污染物积聚区,适宜病媒生物、疫源生长。需要加强管理,及时清理污染物,保护人居环境和人群健康。

通过明确库区各区县环境卫生控制区域,划定责任区与重点区,装备检疫设备,完善消落区周边城集镇卫生防疫体系建设,加强预防与控制、应急预警与处置、疫情收集与报告、检验与评价、健康教育等工作,提高卫生防疫能力,保障相关措施顺利实施。

(六)水库清漂

在三峡水库重要功能区、支流库湾等局部水面易滞留、聚集漂浮物,影响库区水环境和景观、威胁航运安全,落淤后污染消落区,需要加强水库清漂工作中的清漂设施建设,促进建立三峡库区清漂长效保障机制。

针对水库清漂工作中缺乏清漂船及其专用码头、泊位,漂浮物岸接、收集、储存、压缩、转运与处置设施等问题,对库区相关区县建设清漂码头,配备漂浮物收集、装卸、转运等设施。为避免打捞的漂浮物在码头长时间堆存产生恶臭影响周边环境,要求漂浮物转运必须做到日产日清,及时密闭运往各区县垃圾填埋场处置。

第六节　生态屏障区建设

三峡水库库周地带地形和地质条件复杂,经济活动密集,在紧邻三峡水库的周边第一道山脊线以内的区域人口密度高达 888 人/km^2,是全国的 6.63 倍。为有效减少人类活动影响,统筹兼顾减载防灾、脱贫致富和生态修复等,构建水库生态屏障功能,参照国内外类似做法,划定特定区域,建设生态屏障区,实施统筹管理。

生态屏障区建设有利于:①促进转变经济发展方式,调整产业和就业结构,协调人类经济活动与生态环境保护之间的关系，促进移民安稳致富；②加强对地质灾害的避险搬迁避让，解决人居安全问题，减轻地质灾害可能带来的损失；③提高生态环境承载力，恢复区域生态系统的结构和功能，形成控制面源污染入库的最后一道生态屏障，保护三峡水库国家战略性淡水资源库的水质安全。

一、生态屏障区状况

(一)生态屏障区基本情况

三峡库区城镇迁建和农村移民后靠安置，以及水库蓄水运行，对库周生态产生巨大压力。地质灾害多发区、生态环境敏感区、移民集中安置区在此交织重叠，加剧了人口、经济与资源环境间的矛盾，区域生态环境承载力难以承受，可持续发展前景堪忧。为有效控制人类活动，统筹兼顾减载防灾、脱贫致富和生态修复等，构建水库生态屏障功能，参照国内外类似做法，划定特定区域，建设生态屏障区，实施统筹管理。

根据水源保护要求，借鉴国内外水库水质保护经验，三峡库区生态屏障区范围边界线为：

① 起点断面线：以三峡大坝坝轴线延伸至两岸第一道山脊线。

②下边界：三峡水库土地征用线，根据三峡工程库区长江干支流各回水断面土地征用线高程确定。

③上边界：临江第一道山脊线。

④末端断面线：对三峡水库汛后淹没区域，将土地淹没涉及组纳入生态屏障区范围；长江支流生态屏障区末端断面线按土地征用线末端涉及组确定。

生态屏障区总面积 5527.55km^2，包括城集镇和农村区域，其中城集镇面积 536.73km^2，农村区域 4990.82km^2。后者面积占库区区县总面积的 8.7%，涉及湖北、重庆 20 个区县 213 个乡(镇)，1393 个村，6945 个村民小组。

生态屏障区农村人口 206.9 万人(其中农业人口 195.93 万人)，人口密度 415 人/km^2。

生态屏障区是库区动植物资源最丰富的区域，应高度重视生物多样性保护工作。生态屏障区气候适宜多种农作物和植被的生长，但坡耕地较多，退耕还林及坡耕地改造任务较重。

(二)生态屏障区土地利用现状

生态屏障区总面积的调查，利用航空正射影像图进行遥感解译，成图比例尺为 1∶2000；土地分类以《土地利用现状分类》(GB/T 21010—2007)为基础，针对遥感解译特点，进行了适当调整。

土地分类：一级类主要有耕地、园地、林地、草地、水域及水利设施用地、建设用地、其他土地等，在此基础上进行二级分类和三级分类。

根据土地解译成果，生态屏障区总面积 748.62 万亩(合 4990.82km^2)，其中：耕地

244.34 万亩，园地 58.34 万亩，林地 307.79 万亩，草地 54.81 万亩，水域及水利设施用地 9.66 万亩，建设用地 45.60 万亩，其他土地 28.08 万亩。

耕地中，水田 61.19 万亩，约占 25%；旱地 183.15 万亩，约占 75%。旱地中，梯坪地(5°以下)占 12.6%，5°～15°的占 22.4%，15°～25°坡地占 39.9%，大于 25°的旱坡地约占 25.1%，坡地所占比例较大。

二、生态屏障区建设存在的问题

三峡库区城镇迁建和农村移民后靠安置，以及水库蓄水运行，对库周生态产生巨大压力。地质灾害多发区、生态环境敏感区、移民集中安置区在此交织重叠，加剧了人口、经济与资源环境间的矛盾，区域生态环境承载力难以承受，可持续发展前景堪忧。

通过对屏障区土地利用现状的分析结合生态建设及环境保护的要求，生态屏障区存在以下主要问题：

①森林覆盖率低。2008 年，屏障区内森林覆盖率仅 29.5%，景观破碎，区域生物多样性受到威胁，与库区生态建设要求差距较大，需要进一步增加林地面积，提高森林覆盖率。由于生态屏障区生态斑块受工程及后靠移民影响而相互隔离与破碎，三峡水库生态屏障区的生态完整性受到影响。

②水土流失严重。三峡库区是我国生态环境最为敏感、最为脆弱的地区。尽管近几年实施了退耕还林、库周绿化带等重点工程，但因治理任务重、投入不足，治理进度缓慢，水体流失依然严重。水土流失导致氮、磷及农药等面源污染物直接进入水库，库区水质面临恶化危险。

③人地矛盾突出。移民搬迁后人均耕园地只有 0.77 亩，扣除 25°以上坡耕地后，人均耕地仅为 0.54 亩，人均耕地不足已成为制约农村移民提高收入的重要因素。

④种植业粗放经营，品种老化，效益低，需要进行结构调整及品种改良；农田水利设施配套率低；坡耕地比重大，传统坡地耕作方式加重水土流失。

三、生态屏障区建设措施

(一)生态屏障区建设思路

生态屏障区建设以土地生态功能建设规划为主导，适度实施受地质灾害影响人口和部分耕地资源严重不足的后靠农村移民向城集镇转移，转变留居人口生产、生活方式等措施，达到减灾、脱贫致富、改善生态环境的目的；实施植被恢复、生态廊道建设和水土保持工程措施，完善区域生态系统结构，提升其过滤、吸收和转化面源污染的能力。同时，建立生态屏障区，便于集中管理，保证相关措施落实。

(二)生态屏障区分区及管理要求

(1)生态屏障区分区

按照生态功能要求,将生态屏障区农村区域分为库周生态保护带和生态利用区两个区域。

生态保护带:沿库周土地征用线以上水平投影100m宽的区域,土地面积69.82万亩(合465.47km^2)。其主导功能是保持水土、削减入库污染负荷、改善库周景观等。

生态利用区:库周生态保护带和城集镇以外的区域,土地面积678.8万亩(合4525.35km^2)。其主导功能是在满足生态环境建设与保护同时,通过合理利用土地,满足留居人口环境改善、生产生活需要。

(2)管理要求

生态屏障区内,禁止在地质灾害区域建房和工业项目建设,难以避开的交通建设项目应注意采取监测及治理措施,严格控制在生态廊道内的建设用地。不同区域土地管理遵循以下规定。

生态保护带:着重进行植被恢复,严格控制人口迁入,不安排生态农业园用地,严格控制建设用地,禁止导致水体污染、植被破坏的建设项目用地。

生态利用区:适当控制人口迁入,合理安排生态农业园用地和生态工业园项目用地,严格限制导致水体污染、植被破坏的建设项目用地。

(三)土地生态功能建设

生态屏障区承担着削减入库污染负荷的重要任务,但其土地利用状况不能完全满足其发挥功能的需要。此外,生态屏障的两功能区中均存在滑坡、塌岸或175m蓄水影响造成的地质灾害区。因此,需要结合地质灾害防治,对生态屏障区土地利用方式进行调整,合理配置不同地块功能属性,在总体上做到既保护耕地,有利于移民就业增收,又能够满足水库污染防治生态屏障功能的需要。

根据生态屏障区农村区域功能分区开展土地生态功能建设,综合考虑影响土地生态功能的各种因素,调整土地利用方式。在保证荒山荒地造林、封山育林、恢复植被、生态廊道建设等生态建设用地的同时,对农用地进行土地整治,采取必要的工程措施提高耕地质量,适度实施人口转移提高人均耕地占有率,结合生态农业工作安排转变耕作方式、调整种植结构、改良品种等措施提高土地产出。做到既能保护屏障区生态环境,又能满足保护基本农田的双重需要。

(1)生态用地建设

1)植被恢复

生态屏障区农村区域4990.82km^2,其中林地2051.93km^2(有林地966.76km^2,灌木林605.09km^2,其他林地480.08km^2)、果园289.24km^2、四旁(村旁、宅旁、水旁、路旁)林木

95.00km²。由于现有灌木林中 482.71km²，其他林地 480.08km² 尚未形成森林覆盖，2008年，森林覆盖面积 1473.41km²，森林覆盖率仅 29.5%。

将未形成森林覆盖的灌木林、其他林地，以及现有 539.28km² 荒山荒地（其中其他草地 365.43km²，未利用地 173.86km²）中的部分宜林地，改造为有林地。通过封育、低效林改造、补植补造等措施（含生态廊道建设和配套种苗工程）改造灌木林和其他林地 544.87km²，新造林地 477.13km²，使生态屏障区森林覆盖率达到 50%，植被恢复用地总面积 1022.00km²。

2)生态廊道建设

由于生态屏障区内区域生态系统结构存在景观破碎和生态斑块相互隔离的现象，为沟通不同生态斑块之间联系，为关键物种在不同栖息地之间迁徙建立生态通道，在两功能区内建设生态廊道，其面积为 115.60km²。

(2)农用地建设

1)基本农田建设

采用坡耕地整治、灌溉设施配套建设等措施提高耕地质量。在生态利用区坡改梯 299.52km²。灌溉设施配套改造具体措施见移民安稳和促进库区经济社会发展篇章。

2)宅基地整理

对受地质灾害影响人口、部分耕地资源严重不足的后靠农村移民向城集镇转移相关人口，共 19.9 万人留下的宅基地进行整理，清理建筑残余和垃圾，进行土地平整，以供造林或复垦成耕地。共整理退居宅基地 19.85km²。

(3)土地平衡

经实施植被恢复、坡改梯、宅基地整理等措施后，土地结构变化为：生态用地 2166.05km²，其中新增有林地 383.53km²（改造 269.41km²，新增 114.12km²），生态廊道 115.60km²，减少未形成植被覆盖灌木林和其他林地 269.41km²，减少草地和荒地 96.33km²，减少建设用地 17.80km²；农用地 2109.53km²（耕地 1630.93km²，园地 478.60km²），其中新增耕地 2.04km²、园地 89.67km²，减少其他草地和荒地 89.67km²，减少建设用地 2.04km²。

通过土地生态功能建设规划，使得耕地和基本农田数量不减少，质量得到提升。新造林主要在其他林地、其他草地、未利用的荒山荒地、转移人口退居宅基地上，不占耕地。对退居人口宅基地进行整理，部分复垦成旱地（2.04km²），使耕地增加 0.1%，与现状基本持平。将 299.52km² 旱坡地（5°～25°）改成梯地，并进行灌溉设施配套、土壤培肥等措施，大幅提升了耕地质量。

(四)植被恢复与生态廊道建设

在生态屏障区农村区域的生态用地，通过生态廊道、生态利用区和库周生态保护带的植被恢复等措施，提高植被覆盖率，合理配置林种结构、构建景观生态斑块，同时结合实施水土保持工程措施，在完善区域生态系统结构，改善库区生态环境，保护区域生物多样性的同时，提高生态屏障区保土、保水，以及过滤降解面源污染的能力，削减入库污染负荷。

根据不同区域的功能需求，在生态保护带以生态林建设为主，在生态利用区开展生态林和经济林的建设，在沿库周生态斑块间布设的生态廊道也以生态林建设为主。生态林建设包括在立地条件较差的水土流失关键地段、荒山草地、未利用地等恢复有林地，对现有灌木林、未成林地进行封育，在立地条件较好的地段和风景区营造景观林等措施。经济林建设包括对现有经济林（主要是园林）进行改造或补植，在缓坡耕地及立地条件较好的荒山地新造经济林。水土保持工程措施应与植被恢复相衔接，突出坡耕地和园地的治理及配套设施建设。

（1）生态保护带建设

沿库周土地淹没线以上水平投影 100m 范围内建设生态保护带，在生态保护带内优先发展生态林，对屏障区内现有经济林进行改造、补植或新建，在满足生态防护功能需求的前提下，在关键节点建设风景林，形成库周风景优美、功能优化、经济高效的屏障区防护林体系。

生态保护带新造、改造及封育林地总规模 90.27km^2。包括：新造林 56.13km^2，其中生态林 42.67km^2（含风景林 25.47km^2），经济林 13.46km^2；改造林地 23.87km^2，其中改造生态林 15.87km^2，改造经济林 8.00km^2；封育补造生态林 10.27km^2。

库周绿化风景林及风景区风景林树种选择以常绿阔叶树、变色彩叶树为主，乔、灌木和藤蔓植物相结合，主要选择乡土树种或外来适生树种。树种主要有银杏、秋枫、香樟、柳树、栾树、天竺桂、枫香、大头茶、水杉、红豆杉等乔木，黄栌、马桑、盐肤木、黄花槐、红叶石楠、火炬树等灌木，爬山虎、金银花、油麻藤等藤蔓植物，杂交竹、麻竹、慈竹、楠竹等竹类。

集镇绿化以绿化大苗为主，居民点绿化以经果林为主，道路绿化以速生树种为主。集镇绿化推荐树种为秋枫、栾树、乌桕、黄连木、红枫等；居民点绿化推荐树种为柑橘、龙眼、大枣、无花果等，搭配竹类、乌桕、黄连木等，苗木要求优质壮苗；道路绿化推荐树种为秋枫、红叶杨、常绿杨、柳杉等。

（2）生态利用区植被建设

在生态利用区（生态屏障区内适宜发展生态防护林和经济林的区域）建设生态林和经济林。生态林建设主要是在陡坡耕地及荒坡地上新造防护林，对现有生态防护林改造及封育，风景点内风景林建设及集镇、居民点与道路的绿化。经济林建设主要是在缓坡耕地及立地条件较好的坡地上进行新造和对现有低产经济林进行改造。

生态利用区植被建设总面积 812.27km^2。生态林建设规模 595.67km^2（防护林 540.54km^2、风景林 55.13km^2），其中，新造生态林 261.53km^2（防护林 206.40km^2；风景林 55.13km^2，位于风景区 21.80km^2，位于集镇周边 33.33km^2）；改造 129.27km^2；封育补造 204.87km^2。经济林建设规模 216.60km^2（新造 155.60km^2、改造 61.00km^2）。其中，水果

类 137.60km^2(新造 89.67km^2、改造 47.93km^2);干果 53.40km^2(新造 45.73km^2、改造 7.67km^2);其他类经济林 25.60km^2(新造 20.20km^2、改造 5.40km^2)。

生态林建设的主要树种为羽叶山黄麻、柏木、马尾松、水杉、桤木、枫杨、深山含笑、大头茶、紫薇、刺槐、刺桐、乌桕、黄连木、红枫、红叶杨、常绿杨、红豆杉、栾树、黄栌、栎类等乔木,及杂交竹、麻竹、慈竹、楠竹等竹类。

经济林建设的主要造林树种为柑橘、脐橙、猕猴桃、大枣、柚子、桃等水果类;核桃、板栗等干果类;油桐、黄连木、漆树、乌桕等生物质能源类;油橄榄、油茶等食用油料类;茶叶等其他类。

(3)生态廊道建设

在屏障区内生态斑块隔离并有连通需求的地段,构建水体至林地、不同植物群落之间,以及林地与高山森林之间的生态廊道,为关键物种在不同栖息地之间迁徙建立生态通道,以保护库区物种多样性和生态系统功能。

库区西部平行岭谷低山丘陵偏湿性常绿阔叶林区开展生态廊道建设 30.74km^2,库区中部平行岭谷低山丘陵常绿阔叶林区开展生态利用区生态廊道建设 16.33km^2,库区东部低山、中山峡谷暖湿常绿阔叶林区开展生态利用区生态廊道建设 68.53km^2。

生态廊道建设总规模为 115.60km^2。其中,自然保护区内廊道 18.60km^2,动物栖息地廊道 58.33km^2,景观生态廊道 38.67km^2。

(4)水土保持工程

以地理位置、地形地貌为主要因子,将生态屏障区划分为夷陵至云阳段峡谷中强度水土流失区(Ⅰ)、万州至长寿段低山中度水土流失区(Ⅱ)、渝北至江津段丘陵轻度水土流失区(Ⅲ)3 个区。针对不同分区情况,因地制宜、科学布置不同区域的水土流失防治措施,构建屏障区完善的水土流失综合防护措施体系。

夷陵至云阳段峡谷中强度水土流失区(Ⅰ):该类型区范围涉及重庆市云阳县以东至湖北省夷陵区,包括重庆市的开州、云阳、巫溪、奉节、巫山和湖北省的巴东、秭归、兴山、夷陵等 9 个区县,土地总面积 2748.75km^2,以峡谷地形为主,水土流失以中度和强烈为主,农业人口密度相对较少,为 320 人/km^2,但人均基本农田少,坡耕地面积大。水土保持应以基本农田建设为主要措施,促进陡坡耕地退耕。对缓坡耕地全面实施坡面治理工程,并配套完备的坡面径流调控措施,提高土地的水利保障水平,确保旱涝保收;对陡坡耕地以退为主,结合荒山荒坡治理,大力营造水土保持林。对小型支沟因地制宜实施沟道防护工程,防治泥沙直接入库。加强实施库周水土保持防护林建设,构筑库岸生态缓冲带。

万州至长寿段低山中度水土流失区(Ⅱ):该类型区范围涉及重庆市涪陵区以东至万州区以西地区,包括重庆市长寿、涪陵、武隆、丰都、忠县、石柱及万州等 7 个区县,土地总面积 1785.67km^2,以低山为主,水土流失以中度为主,农业人口密度 465 人/km^2,耕地保护与开发压力大。水土保持应强化基本农田建设和坡耕地整治,建设完备的坡面水系配套工程,提高土地的质量与效益，提高人口环境容量；加强现有植被的保护和生态修复，提高其水源涵养和生态服务功能；全面实施库周水土保持防护林建设，构筑库岸生态缓冲带。

渝北至江津段丘陵轻度水土流失区（Ⅲ）：该类型区主要位于库区西段，范围涉及巴南区、江津区、渝北区和重庆主城区，土地总面积约 456.40km^2，以丘陵为主，水土流失以中度为主，农业人口密度相对较大，为 549 人/km^2。水土保持应围绕城集镇周边人口密集的特点，按城郊型小流域、庭院水土保持的治理模式开展综合治理，并做到改善农业生产条件与人居环境相结合，建设生态清洁小流域，改善农业生产条件与人居环境；实施坡耕地改造，保障农民人均基本农田 1 亩以上，发展经果林和生态农业，提高居民收入。

1)预防保护和监督管理

预防保护：①确定保护区界线，明确保护范围，设立保护标志。②健全管护机构，强化监督管理。加强各级水土保持管护机构和队伍建设，实现专人管理，严格限制森林砍伐，禁止毁林毁草开荒，坚决制止一切人为破坏现象，减少人为因素对自然生态系统的干扰。③加强制度建设。结合林权制度改革的新情况，完善水土保持预防保护制度，制定乡规民约；制定生产建设项目水土保持准入条件，严格保护区的资源开发准入。制定治理成果管护制度，按谁治理谁受益谁管护的原则，落实成果管护责任。

监督管理：①加强宣传，提高库区社会水土保持意识。采取政府倡导、舆论导向、教育介入、媒体宣传等多种方法，广泛、深入、持久地开展水土保持宣传，普及法律知识，树立法治观念，提高全社会水土保持的法治和参与意识，为保护生态屏障区的水土资源营造良好的舆论氛围。②强化监督管理，推进执法队伍正规化建设，提高执法能力和执法水平，健全和完善水土保持监督执法体系，依法行政，按照“有法可依、违法必究”的原则，对违反水土保持法律法规的行为坚决予以处罚，防止造成新的人为水土流失。③严格生产建设项目水土保持监督管理。落实水土保持与主体工程同时设计、同时施工、同时验收的“三同时”制度，对生产建设项目实行“水土保持方案编报—水土保持监理监测—水土保持验收”全过程管理。

2)水土流失治理工程

综合治理措施体系：包括坡面治理工程（坡改梯工程——石坎改梯、土坎改梯、植物护埂，林草工程——水土保持林、经果林）、小型水利水保工程（蓄水池、排灌沟渠、沉沙池、田间道路）、沟道防护工程（谷坊、拦沙坝、溪沟整治、塘堰整治）、生态修复工程（封禁治理、疏林补植、沼气池、圈舍）等。

(5)配套种苗工程建设

在重庆和湖北库区选择适宜地点，建立种苗快速繁育工厂，以满足库区植被恢复、重点景区绿化的需求。配套种苗工程建设总规模 3.87km^2。配套种苗工程建设完成后，可年产各类苗木 4950 万株。

具体内容包括：①基础配套设施建设，包括办公楼、库房、园路、围墙、办公设备的购置等；②绿化苗木区建设，包括土壤整治和改良，排灌设施建设等；③塑料大棚建设，包括土壤整治和改良，排灌设施建设，塑料大棚和温室建设等。

(五)相关人口转移

生态屏障区生态环境脆弱，人类活动是主要影响因素之一。为了减少直接入库面源污染负荷，保护生态环境，避免地质灾害威胁人居安全，增加留居移民人均耕地数量，需要统筹规划，对地灾影响人口、耕地严重不足的移民、生态屏障区散居人口提出分类处理意见，确定相关人口向城集镇和生态屏障区外转移的方案。

对地灾影响区，根据避让为先的原则，提出地灾避险搬迁方案；对移民后靠安置村组人均耕地严重不足的农村移民，提出生产安置调整方案；根据生态保护带和生态廊道建设需求，逐步推进散居人口转移。为维护库区稳定和转移人口权益，对于转移人口的安置，统一补偿标准，进城集镇进行住房和生产安置。规划期内对以上三类需要转移人口，从紧迫性、分阶段实施和稳妥考虑，优先安排地灾避险搬迁和生产安置方式调整转移人口，对生态建设需转移人口，除少数生存条件恶劣者外，原则上视先期转移人口实施情况和效果，再作安排。

对生态屏障区滑坡避险搬迁范围内及受三峡工程 175m 蓄水影响的规划地灾避险转移人口；对移民后靠安置村组人均耕园地小于 1 亩的，按此标准测算安置方式需调整和转移的人口；对库周生态保护带分散居住人口先试点转移 1 万人，还有约 9 万人将视人口转移实施和试点情况，以及生态建设需要逐步转移。

(1)转移人口类型及规模

1)地灾避险转移人口

根据生态屏障区地质灾害防治和 175m 蓄水影响处理规划方案，在 1∶2000 地类地形图上标注避险搬迁范围和受三峡工程 175m 蓄水影响范围，逐户调查避险搬迁人口数量。

到 2020 年，地灾避险转移人口 10.9 万人，其中滑坡避险区转移人口 9.1 万人，175m 蓄水影响转移人口 1.8 万人。

2)移民安置方式调整转移人口

根据后靠移民安置组耕地现状，结合土地生态功能建设、生态农业园、农田灌溉等规划，对人均耕地不足的移民进行安置方式调整。生态屏障区后靠安置移民涉及 186 个乡镇、968 个村、3268 个村民小组，移民涉及组总人口 104.58 万人(其中移民人口 19.01 万人)。

到 2020 年，以组为单元，按留居移民耕园地标准不低于 1 亩/人计算，移民安置方式需调整人口为 8.0 万人。

3)生态建设转移试点人口

为探索生态屏障区人口转移经验，2015 年以前安排生态建设转移试点人口 1 万人。

4)转移人口规模

移民安置方式调整人口、地灾避险搬迁人口、生态建设转移试点人口共计 19.9 万人。此外，库周生态保护带范围内还有散居人口约 9 万人，视人口转移实施试点情况，以及生态建设需要逐步转移。

(2)转移人口安置方案

1)转移去向

生态屏障区农村人口环境承载容量不足,必须结合城镇化发展趋势和城乡统筹要求,向城集镇转移。结合转移人口意愿,转移人口19.9万人重点向当地城集镇迁移。

2)住房安置

经以户为单位随机抽样调查,分结构和用途丈量房屋建筑面积,了解到生态屏障区农村区域人均现状房屋55.30m^2,房屋结构构成中,砖混占58.77%、砖木占14.83%、土木占26.40%。根据转移人口安置去向和当地经济适用房政策,按人均30m^2经济适用房标准计算投资,纳入当地经济适用房政策保障范围。对现状住房超过人均30m^2的农户,超过部分按照三峡水库移民农村房屋补偿标准进行补偿。

3)生产安置

对转移人口进行生产安置,并采取"两调一保三完善"等配套措施,促进安稳致富,具体规划措施见第四章移民安稳致富和促进库区经济社会发展研究部分相关内容。

(六)农村居民点环境改善

生态屏障区居民点现状布局过于分散,存在供水保障率低、居住环境差、居民出行不便等问题,大部分居民点缺乏统一规划,形式单一、风貌特色与环境不够协调。据统计,50人以下散居点有78万人出行不便;50人以上相对集中居民点,有27%无道路与骨干公路连通;供水保障率达50%~80%的居民点占39%,保障率不足50%的居民点占23%。散居农户电话通达率低,供电质量较差。部分行政村除村委会所在地设有垃圾桶等环卫设施外,其他地方污水、垃圾随意排放或堆放。上述问题对保障移民生产生活质量、保护库区生态环境影响较大。因此,迫切需要改善农村居民点环境,提高基础设施和公共服务水平,逐步实现城乡基本公共服务均等化。

在相关人口转移基础上,保持现有集中居民点的相对稳定,对生态屏障区散居人口中的22.4万人,通过改善道路设施,加强居民点之间联系,以时间换空间,适度调整,优化居民点布局。对生态屏障区散居人口进行基础设施和环境设施配套,主要对生态屏障区内20人以上的居民点实施环境改善,对20人以下的散居居民完善道路连接,进行"一池三改"建设,改善环境和村容村貌。散居人口环境改善由面源污染防治等相关措施进行处理。

(1)布局优化调整

农村居民点是由一定地域范围内具有一定结构和功能的农村聚落组成的,基本原则是连片聚集人数在50人以上,可形成农村基本互助,资源共享单元。对位于生态工业园、生态农业园、特色产业基地、集镇周围聚集人数20人以上的,可以作为居民点发展的潜在区域。

1)居民点类型

根据不同区域的居民点产业特点、交通状况、与城镇结合程度、农业耕作半径、旅游区位优势将居民点划分为城镇郊区型、休闲旅游型、交通沿线型和农业聚落型4种类型,其特征具体如下。

城镇郊区型:为便于点内居民充分享有城镇公共资源,便于进城务工,改善居民饮水条件,将位于城镇规划用地外缘 1km 范围内,农户居住较为集中,土地资源低于当地人均指标,居民多以二、三产业收入为主,基础设施和公共设施建设可与城镇统筹协调的居民点划定为城镇郊区型。

休闲旅游型:休闲旅游型居民点在于其旅游区位优势,毗邻风景名胜区、文物古迹区(500m 以内,以是否作为收费景区供游览参观为判断依据),具有为旅游服务的便利条件,居民以旅游业收入为主的居民点。或者距离城镇 1km 以上,适宜发展本地短途休闲旅游,农家乐经济。

交通沿线型:交通沿线型主要考虑其交通状况,居民点对外交通便利,距离城镇 1km 以上,周边(500m 以内)无风景名胜和文物古迹等旅游景点,沿公路干线(乡镇公路以上等级,含规划道路)布置,包含公路两侧 100m 范围内人口房屋设施。交通比较方便,居民多以兼业(不包括旅游业)为主的居民点。

农业聚落型:分布在农业园区周边 500m 范围内,能就近到农业园区从事农业园区工作,或远离城镇、干线公路,且周边无重要风景名胜区,土地资源不低于当地人均指标,居民以农业收入为主,居民居住地相对集中。

2)优化调整方式

根据优化布局原则,分别对现有住户或居民点的居住情况、交通状况、连片居住现状、农业耕作半径等进行分析,最终确定改建、合并等优化方式。

改建:对已形成一定规模(居住人口 50 人以上)且不符合产业发展方向的居民点、库周生态保护带内的居民点、三峡移民搬迁建设高程线下的居民点、地灾影响范围周边的居民点实施改建,并控制流入人口规模。

合并:对于现有连片居住(相邻两屋间距离不大于 50m)人口达 20 人,与最近居民点距离小于 500m 的,就近划入附近居民点,合并建设居民点。合并建设居民点的过程中,要通过道路连接,达到功能集中、使合并进入的村民能方便享用各项基础设施提供的服务,以实现提高生活质量的效果。

3)优化调整措施

由于严禁在生态廊道、库周生态保护带和三峡移民搬迁建设高程线下继续开展工程建设(生态环境工程除外),对于与产业发展不相适应的现有居住区域控制建设。同时考虑到某些居民点地形陡峭、山洪易发的特点,在分析整个村组留居人口的聚居方向和居住适宜模式时,只能对这几类居民点实行改建,严格控制点内人口规模。

生态屏障区留居的其他居民点,综合考虑当地地形地貌的复杂性、水文气候的变化性、居民点的布局和风貌的多样性、库区农业耕作的分散性、旅游资源的丰富性及地方经济发展的统筹性,将部分散居农户转向城郊集镇、干线公路、农业园区和特色产业基地周边合并集中居住,且以原有行政村组的居民点为基础进行合并。

居民点布局原则上应以现有的行政村组为区域进行总体布局调整，不宜跨行政村。通过居民点优化，不应使耕作半径大于 3km。现居住点人数逾 20 人，且交通、用水等条件无明显改善的居住点原则上不宜撤并。

4)居民点规模

生态屏障区居民点为 9173 个，其中城镇郊区型的居民点 1591 个，交通沿线型的居民点 2306 个，旅游休闲型的居民点 231 个，农村聚落型的居民点 5045 个。

5)居民点优化工程量

尽量利用原有道路，与库周交通相同，通过整修、提升道路等级以提高道路通行能力，或新建道路，达到交通便利、缩短农户到达主干道和居民点公共设施的距离，以时间换空间，引导散居居民逐步集中、20 人以下居住点合并。

改建连接道路 1022.45km，新建连接道路 303.03km。

(2)居民点环境设施改善

1)建设内容

环境设施建设内容包括居民点内部道路、给水和排水、环境卫生、村容村貌改造和公共服务等工程。

道路工程：修建居民点内部干道和支路，使内部道路完好、形成方便居民生产生活的交通体系，对道路路面进行硬化，并与居民点对外交通平顺连接。

给水和排水工程：采取集中供水，新建、改造内部给水设施，布置铺设供水管道，按地区分类改善供水条件，平原地区逐步建成连片集中供水体系，实现城乡供水一体化；丘陵山区建成城乡分片集中供水体系，规范供水网络，改善农民饮用水条件；较偏远山区建成一批小型独立供水体系，解决当地农民的饮水困难。新建雨水处理管网及配套设施，保证排水通畅，污水收集率符合规范要求。

环境卫生工程：确定垃圾收运体系，计算垃圾产生量，设置垃圾收集点、果皮箱的数量和位置。按地区分类采用不同的垃圾处理方式，交通便利的居民点采用“户三包、村收集、镇中转、县处理”模式，交通不便的居民点采取以镇(乡)或中心村为单元相对集中，采用“统一收集、就地分类、综合利用、无害化处理”模式。

村容村貌改造工程：结合新农村建设进行村容村貌改造，建筑风格要体现民族、地区文化元素，整体风貌要与地理环境、传统文化、居民点性质相协调，做到总体控制，分步有序改造、建设。

公共服务工程：按社区服务规划确定公共服务设施，预留建设用地并进行相关竖向工程建设。

2)建设标准

建设用地：需要增加公共服务设施和基础设施的，用地按实际需求确定。

居民点内道路：宽度按 1.5～3.5m 考虑，主要连接道路可进行必要的整修或维护。

居民点对外连接道路:按村村通道路标准考虑。

给水和排水工程:改建居民点按原标准执行。

环境卫生工程:按新农村建设标准实施。

庭院建设与风貌改造:按新农村建设标准实施,主要是排水沟渠疏通和房屋外立面风貌改造。

第七节 库区生态与生物多样性保护

三峡库区经济快速发展和日益频繁的人类活动对库区生态和生物多样性保护形成了很大压力。首先是三峡工程大规模移民迁建对库区陆生生态系统进一步挤占或分割,其次是三峡工程运行后水文条件改变导致水生生态系统结构变化。为减缓三峡工程运行和人类活动对库区生态和生物多样性的不利影响,从陆域和水域的生态与生物多样性保护、生态渔业、外来物种入侵防治等 4 个方面开展研究。

一、库区生态与生物多样性保护现状

三峡水库蓄水运行后,原有的干支流水流湍急、生境多样的河网水系结构消失,逐步演变成湖河复合水系结构;库区干流和支流中下游流水江段淹没形成类似湖泊的缓流或静水水库,流水河段明显萎缩;水生生物群落结构已由原来的河流相向湖泊相演变,鱼类的饵料生物基础也由原来的底栖无脊椎动物、着生藻类、有机碎屑为主向浮游生物为主转变。

(一)库区陆生生态多样性现状

(1)库区陆生生物资源现状

三峡库区独特的气候、地理条件孕育了丰富的生物多样性,生态系统类型多,物种丰富、特有程度高、孑遗物种数量大、区系成分复杂,在我国乃至世界生物多样性中占有重要地位。

陆生植物本底初步调查表明,三峡库区的维管束植物种类约占全国的 20%,其中种子植物种类占全国种子植物的 22%。同时,还保存着许多珍稀和特有的属种,是我国珍贵稀有植物的避难所和一些特有属植物分布中心区之一。

三峡库区森林植被建群成分主要有:亚热带山地常绿阔叶林、常绿与落叶阔叶混交林、落叶阔叶林、常绿针叶林、竹林及亚热带山地灌丛矮林的常绿阔叶灌丛、落叶阔叶灌丛。

特有植物包括伯乐树科、水青树 13 科、银杏科、杜仲科 4 个中国特有科,67 个中国特有属(占中国特有植物属总数的 25.1%),共 113 个中国特有种。国家一级保护植物 9 种,国家二级保护植物 10 种。极度濒危物种 1 种,为南川木菠萝,现存的野生植株不足 30 棵。

库区有脊椎动物约 834 种,其中哺乳动物约 139 种、鸟类约 402 种、爬行类 60 种、两栖类约 50 种;国家一级保护动物 8 种、二级保护动物 16 种。

(2)库区陆生生态多样性保护相关工作

三峡水库全面蓄水后,受影响区域多数原陆生动植物不适应新的环境难以继续生存而死亡或迁移。受三峡水库影响的陆生植物物种较多,涉及120科358属550种,由于人口密度高,保护与开发的矛盾尖锐,自然生境的日益缩小,使生物多样性遭受严重威胁。

为加强生物多样性保护,通过迁地保护和就地保护和建立自然保护区等多种形式,保护受工程影响的陆生生物。三峡库区先后开展了植物多样性保护建设工程、亚热带常绿阔叶林自然保护工程、库区古木大树保护等生物多样性保护项目。已完成库区珍稀植物30种、主要优势植物73种的迁地保存。除迁移保护外,已完成对荷叶铁线蕨、疏花水柏枝、川明参大规模人工引种繁殖后返回大自然的研究。

(二)水生生态多样性现状

(1)三峡水库成库后新的生境格局及其变化趋势

由于长江上游在长江流域复合生态系统中原有的生态功能定位是典型的湍急流水河流生态功能,三峡库区的形成,使库区江段原有多样性的流水环境改变,生态功能也从河流的生态功能演变为湖泊的生态功能,流水生境大幅度萎缩。库区江段原有对流水生境依赖程度高的鱼类,退缩至库尾以上和库区支流流水河段,完成生活史的空间萎缩;库区江段分布的产卵场由于河道形态结构和水文情势的变化,已不再适应这些鱼类的繁殖,除少数可适应缓流或静水环境繁殖的鱼类在库区形成新的产卵场外,多数鱼类将上溯至库尾及库区支流适宜水域繁殖,相应繁殖空间缩小。

三峡水库由于受河流来水及水库调度的影响,和湖泊的水文特征和水动力学条件有很大的差异,特别是三峡水库在鱼类主要繁殖期,库区水位从175m逐渐下降至145m,形成水生植被贫乏的消落带,加上支流汇口也随水位涨落不断变化,一方面使产黏性卵鱼类缺少黏附机制,另一方面由于水位不断下降,黏沉性卵来不及孵化就有可能干枯死亡。三峡水库蓄水后,原有的河流生态系统也将逐渐演变成水库生态系统,水生生物种群结构也将发生相应的演变,在水库生态系统形成的初期,生态系统结构和功能不完善,也出现了一些生态问题,如小型生物大量暴发(浮游生物、小型鱼类),大型生物种群形成较为缓慢,部分生态位空置,生态过程无法有效实现,水体富营养化加剧等。

(2)库区干支流水生生物资源的变化

三峡水库蓄水后,浮游生物的种类数量有所增加,密度和生物量增加明显。浮游植物仍以硅藻、蓝藻和绿藻门的种类为主,但蓝藻门的种类比例有所升高,硅藻门的种类比例下降;浮游动物种类组成变化较大,较大型的枝角类和桡足类的种类数量明显增加,原生动物中纤毛虫类比例升高,轮虫中适应敞水性种类增加,相应地浮游动物密度和生物量均有显著升高。底栖动物以游泳性的水生昆虫、底栖摇蚊幼虫、寡毛类为主,演变为以底栖摇蚊幼虫、寡毛类为主,建库前种类数量均较少,但建库后有增加的趋势,特别是浅水开阔库湾,现存量较高。总之，三峡水库蓄水后，鱼类饵料生物基础由原来的以底栖无脊椎动物、着生藻类、有机碎屑为主转变为以浮游生物为主。

库区鱼类种类组成发生了相应的变化，对流水生境依赖程度高的鱼类，逐渐退缩至库尾以上干流流水江段或支流回水区以上的流水河段，种群规模缩小，在库区分布的种类数量下降明显；需要在流水条件繁殖，适应水库开阔水域生活的鱼类，种群数量增长缓慢，而适应静水、缓流生境的鱼类，特别是小型鱼类，种群数量增长较快。因此，鱼类资源总体表现为渔获量蓄水后两年有恢复性增长，但增长速度较为缓慢，且种类组成出现明显变化，流水性鱼类比例下降，湖泊性种类比例上升，珍稀特有鱼类资源量下降，广泛分布的普生鱼类比例有所升高，大型个体比例下降，小型鱼类比例升高，鱼类资源出现总体衰退的趋势。

(3)水生生态及生物多样性保护工作情况

根据《长江三峡水利枢纽环境影响报告书》意见，为了减轻三峡工程对水生生物的影响，就三峡工程建设有关珍稀水生动物和特有鱼类保护，以及长江渔业资源变动等问题进行了专项研究，并提出了保护措施。

1)水生生态监测系统

水生生态监测系统包括库区渔业资源、鱼类和珍稀水生动物、生物群落调查三个子监测系统。其中，渔业资源监测范围包括宜宾、巴南、万州、巫山、秭归和巫溪。监测要素包括渔获物组成、渔获量、主要经济鱼类生物学(体长、体重、年龄)，监测频率为每年 24 次。鱼类和珍稀水生动物监测包括特有鱼类调查、鱼类早期资源调查和珍稀鱼类资源调查三个部分，鱼类调查范围包括宜宾、合江、木洞和巫山，监测要素包括鱼类种类组成、渔获物组成、渔获量、特有鱼类资源年际变化、生活史特点及其与环境关系、特有鱼类人工繁育技术等，监测频次为每年 2 次；鱼类早期资源调查范围包括赤水、涪陵、宜都和监利，监测内容包括早期资源的成色、时空分布、径流量、来源(主要产卵场的贡献)，监测频率为每年 70 次；珍稀鱼类资源调查范围自金沙江下游至崇明岛的干流江段流动监测，包括白鲟、达氏鲟、胭脂鱼的资源状况，珍稀鱼类误捕尾数及个体大小、误捕位置等。生物群落调查包括浮游生物和底栖生物监测，监测指标包括浮游植物定性定量及叶绿素 a 定量分析、浮游动物和底栖动物定性和定量、着生藻类和水生维管束植物定性和定量等监测指标。截至 2008 年，建设期监测任务基本完成。

2)珍稀鱼类人工繁殖放流

库区珍稀鱼类人工增殖放流依托三峡工程珍稀鱼类增殖放流项目开展，该项目由三峡办主持，农业部承担，各省市渔政部门具体实施。于 2005 年正式启动，第一阶段计划实施 5 年(2005—2009 年)。

2005—2008 年，三峡库区 19 区县及重庆主城区共放流珍稀特有鱼类 4 种，放流数量 46.7 万尾；其他种类包括中华倒刺鲃、黄颡鱼、南方鲇、鲤、鲫、四大家鱼等 11 种，放流数量 3503.5 万尾。同时，针对珍稀特有鱼类开展了遗传多样性评价，对象包括达氏鲟、胭脂鱼、岩原鲤、白甲鱼等，评价内容包括物种种质鉴定和遗传多样性对比分析等。

3)自然保护区和保护点

就地保护措施以建立保护区为主。共建立了5个自然保护区，其中对库区分布的长江上游特有鱼类和珍稀鱼类最为重要的保护区为“长江上游珍稀、特有鱼类国家级自然保护区”。该保护区于2000年4月建立，定名为“四川长江合江——雷波段珍稀鱼类国家级自然保护区”，2005年8月调整更名为“长江上游珍稀特有鱼类国家级自然保护区”。其他的保护区还包括重庆市北碚胭脂鱼自然保护区、彭水乌江长溪河鱼类自然保护区和长江重庆段四大家鱼国家级水产种质资源保护区等。

易地保护措施包括建立水产原种场和濒危水生动物救护中心两种主要形式，其中，已建的水产原种场包括达氏鲟、胭脂鱼、岩原鲤和中华倒刺鲃等国家级水产原种场。已建的濒危水生动物救护中心包括“长江上游自然保护区珍稀特有鱼类驯养救护中心(长宁救护中心)”和“三峡库区水生野生动物保护救助中心”(云阳县)，主要对误捕或误伤的白鲟、达氏鲟、胭脂鱼以及其他珍稀特有鱼类进行救治救护、畜养繁殖等。

4)库区水生生态和生物多样性保护相关的研究

自三峡水利枢纽建设以来，三峡办、农业部、科技部、基金委、三峡总公司等部门开展了一系列水生生态和生物多样性保护相关的研究，包括水生生物资源调查与监测、珍稀特有鱼类增殖放流及遗传多样性监测评价、特有鱼类种群保护研究等。这些项目从生态系统、群落和种群等不同的角度进行了研究，有针对性地研究和提出了水生生态和生物多样性保护对策和措施，明确了三峡工程建设及今后运行期间水生生态和生物多样性保护面临的问题，提出了有效的缓解措施。

二、库区生态与生物多样性保护存在的问题

由于水库蓄水，使三峡库区原有的陆生生态、水生生态，以及人与自然环境之间千百年来形成的、相对稳定的相互依赖关系受到严重影响，原有的生态平衡系统被破坏；库区干支流水系结构、水文情势、主要支流水质、水生生物资源等均发生了显著变化。虽然自三峡工程建设以来，国家相关部门已开展了相关的保护和研究工作，但库区生态与生物多样性保护仍存在诸多问题。

(一)陆生生物多样性受到影响

受三峡水库影响的陆生植物物种较多，涉及120科358属550种，其中国家一级珍稀濒危植物8种，二级珍稀濒危植物上百种。在库区淹没区范围内，珍稀濒危植物物种和动物栖息地受到影响，急需保护的珍稀濒危植物有290多种。因土地淹没、后靠移民、开发和工程施工，尤其是常绿阔叶林、特有植物、珍稀植物及古大树种受到影响甚至消失。

(二)库区流水生境萎缩

三峡水库建成后，长江干流近600km流水江段和支流数公里至数十公里的流水河段被

淹没形成缓流和静水库区，流水生境大幅度萎缩。流水生境的萎缩，对于需要在流水生境完成生活史的鱼类而言，繁衍、栖息空间的缩小，将不可避免地导致种群数量的下降；对于需要流水条件繁殖的鱼类而言，产卵场面积的缩小，将影响其繁殖规模，导致补充群体减少，种群数量的增长必然受到影响，特别是产漂流性卵的鱼类，流水生境萎缩，会导致漂流孵化流程不够，受精卵和仔幼鱼死亡率升高。

（三）河流连通性受影响严重

三峡工程的阻隔影响，对于洄游性鱼类如中华鲟和鳗鲡等可能导致其在该区域消失，对于库区和坝下均有分布的鱼类如达氏鲟、胭脂鱼、圆口铜鱼和铜鱼等则会导致种群资源量下降，降低其种群遗传多样性。同时，库区支流上游各类水利水电工程（水库、石河堰、引水坝、引水式电站等），破坏了支流的连通性，减少河道下游水量，造成支流生境破碎化。鱼类种群也被分割成多个集合种群（或称破碎种群）。破碎种群各个群体间的基因交流存在障碍，会导致遗传分化进而使种群遗传多样性的维持能力降低，进而导致经济鱼类的品质退化，对珍稀濒危鱼类，则可能影响物种的生存。

（四）流水生境水文过程改变

库区干支流已有水库调度规程以发电、防洪、灌溉为主，没有实施满足鱼类等重要水生生物需求的针对性调度。人工调度形成的非恒定流，难以满足鱼类繁殖所需要的水文水力学条件；水位的频繁波动，对产黏沉性卵鱼类而言，容易导致受精卵和仔鱼搁浅死亡。同时，支流大多数的大坝采取的是引水式，在丰水期以外的季节，大坝下游河段出现脱水现象。河段季节性减脱水不仅无法满足鱼类繁殖的需求，甚至会给部分河段水生生物带来毁灭性灾难。

（五）微生境结构简化

硬质护堤、护岸及河床整治工程，导致自然河流的渠道化，妨碍了汛期主流与岔流之间的沟通，阻止了水流的横向扩展，对河流生态系统产生胁迫，使岸边地带和洪泛区的栖息地发生改变。原来可能扩散到滩地和洪泛区的水、泥沙和营养物质，被限制在堤防以内的河道内，植被面积明显减少。鱼类无法进入滩地产卵和觅食，也失去了避难所，鱼类、无脊椎动物等会减少，降低了河流形态的空间异质性，导致滩区和洪泛区的生态功能退化。

（六）水库生态系统结构和功能不完善

大坝建成蓄水导致生态类型转变，水库生态系统生物结构由原来的河流性转变为库区静水区加上游干流和库区支流的流水河段形成新的复合生态系统。在生态系统自然演替过程中，生物种群的自然演替有着自身发展的过程，优势种将呈现阶段性变化，在水库生态系统形成的初期，生态系统生物结构不完整，珍稀特有物种资源量呈下降趋势。

（七）水库渔业亟待有序引导

三峡水库蓄水后，库区渔业资源格局发生变化，原有的喜流水鱼类减少，代之的是喜静、缓流水鱼类增加，传统的捕捞方式、养鱼方式也随之发生变化，由于没有制定整体生态渔业发展规划，库区已出现渔业无序发展的状况。长期以来，库区渔业捕捞强度居高不下，渔业资源严重衰退，渔民捕捞生产效益下降，收入增长缓慢。

（八）保护措施不完善

为了保护三峡水库建成后库区水生生态和生物多样性，针对三峡工程建设和运行后可能出现的水生态问题，实施了建立监测系统、建立保护区、人工驯养繁殖放流、加强资源管理等保护措施，并开展了相关技术研究，取得了很好的效果。但已采取的保护措施是根据工程建设和运行可能产生影响的预测，在当时认识和技术水平下，有重点地采取的应急保护措施，且偏重于为以后的有效保护而进行的研究和监测，并不系统和全面，针对性、可操作性以及有效性不够。

三、库区生态与生物多样性保护措施

（一）生态与生物多样性保护思路

库区生态与生物多样性的关系包括两个方面，一是生态系统破坏导致生物栖息地丧失进而使生物多样性下降；二是由于关键物种的消失而导致生态系统功能的退化进而造成系统崩溃。为减缓三峡工程运行和人类活动对库区生态和生物多样性的不利影响，需要以库区生态屏障区建设和各类已建自然保护区为依托，以关键濒危物种与生物多样性保护为重点，通过保护栖息地和关键物种、减少传统渔业对水生态环境的影响、控制外来物种入侵，维持物种和生态过程的延续，以充分发挥生态系统的服务功能、提升其对区域经济社会的支撑能力。

（二）陆生生态与生物多样性保护

生态屏障区农村区域生态用地和农用地相互交织，陆生生态和生物多样性受人类活动干扰较大，从物种多样性、区域生态系统结构和功能保护两个方面实施相关措施。在物种多样性保护方面，结合植被恢复、生态廊道建设等措施，通过珍稀濒危植物群落保护、关键栖息地保护、保护区建设与完善，保护陆生生物多样性，并针对一些珍稀和濒危物种资源状况，建立种质资源库以实施抢救性遗传种质资源保护措施。在区域生态系统结构和功能保护方面，重点保护三峡库区原生区域森林生态系统，使亚热带常绿阔叶林等典型库区原生森林区域生态斑块的连通性、整体性和多样性得到维护，建立区域生态过程得以维持的物质基础。

陆生生态与生物多样性保护包括物种多样性保护、区域生态结构与功能保护，针对库区不同区域的地形、气候及植被类型特征，分 3 个区域进行保护。库区西部平行岭谷低山丘陵偏湿性常绿阔叶林区（Ⅰ区），包括江津、重庆主城区、长寿、涪陵和武隆等区县；库区中部平行岭谷低山丘陵常绿阔叶林区（Ⅱ区），包括丰都、石柱、忠县和万州等区县；库区东部低山、中山峡谷暖湿常绿阔叶林区（Ⅲ区），包括开州、云阳、奉节、巫溪、巫山、秭归、兴山、巴东、夷陵等区县。

完善重庆市万州区三峡珍稀植物园建设，对珍稀植物进行易地保护。

(1)物种多样性保护

1)珍稀濒危植物群落及动物栖息地保护

保护区域内古树名木346株。保护珍稀濒危植物群落及动物栖息地58.47km^2，其中Ⅰ区4.87km^2、Ⅱ区8.87km^2、Ⅲ区44.73km^2。建设内容主要包括建设围栏、建立种质资源库、病虫害防治、森林防火，以及加强保护管理能力建设，完善基础设施。

完善重庆市万州区三峡珍稀植物园建设，主要包括物种多样性保护和配套基础设施完善建设。物种多样性保护涉及珍稀濒危和国家级保护植物38种，实施保护面积0.72km^2；配套基础设施建设包括入园公路硬化、步道、园区围墙、灌溉管道、输电主线路、照明动力线路、智能温控大棚、组织培养室、标本馆等。

2)森林生态系统类型自然保护区建设与完善

加强库区已建自然保护区的管理，包括明确边界，加强自然保护区范围、功能区调整工作的管理，加强机构建设，提高管理水平，以提高保护成效。在此基础上，在库区建设与完善森林生态系统类型自然保护区14个，包括新建3个、完善与扩建保护区11个，保护面积共2521.27km^2，其中核心区1139.74km^2、缓冲区752.00km^2、实验区629.53km^2。保护区的完善应与已有的保护区基础设施和能力建设项目相衔接。

Ⅰ区新建长寿区西山自然保护区、保护面积33.33km^2，完善与扩建涪陵区大木山自然保护区和武隆区芙蓉江自然保护区、保护面积153.73km^2；Ⅱ区完善与扩建石柱县大风堡自然保护区、忠县天池自然保护区和巴营自然保护区，保护面积262.13km^2；Ⅲ区开州至巫山段新建云阳县七曜山自然保护区和奉节天坑地缝自然保护区、保护面积637.34km^2，完善与扩建巫山县江南自然保护区和巫溪阴条岭自然保护区、保护面积680.27km^2；Ⅲ区湖北库区段完善与扩建秭归县九岭头自然保护小区、兴山县万朝山自然保护区、巴东县神农溪自然保护小区、大老岭自然保护区，保护面积754.47km^2。

建设内容包括设置界碑、界桩、标牌、保护管理点、检查站(卡)、瞭望台，建设巡护步道、防火隔离带、防火微波监控台、生态廊道、围栏，购置防火指挥车、扑火设备等。

3)森林公园建设与完善

在库区建设森林公园10个，包括新建4个、完善与扩建6个，保护面积共278.93km^2。

Ⅰ区新建江津区临峰山森林公园、大渡口区金鳌寺森林公园和巴南区南泉森林公园，保护面积90.93km^2，完善与扩建南岸区南山森林公园、北碚区观音峡森林公园、江北区铁山坪森林公园、涪陵区武陵山森林公园，保护面积78.27km^2。Ⅲ区开州至巫山段完善与扩建万州区铁峰山森林公园、云阳县四十八槽森林公园，保护面积92.60km^2；Ⅲ区湖北库区段新建兴山县兴山龙门河森林公园，保护面积17.13km^2。

建设内容包括设置界碑、界桩、标牌、保护管理点、检查站(卡)、瞭望台，建设巡护步道、防火隔离带、防火微波监控台、生态廊道、围栏，购置防火指挥车、扑火设备等。

(2)生态系统结构与功能保护

突出对地带性植被类型的保护,确定生态屏障区不同森林类型斑块的数量、规模和比例。根据不同区域的植被分布状况及区域生态保护需求,建设生态保护斑块 42.47km^2。其中,Ⅰ区 2.93km^2、Ⅱ区 2.01km^2、Ⅲ区 37.53km^2。建设内容包括建设围栏 133.92km、森林防火 42.20km^2、病虫害防治 40.93km^2,并加强保护管理能力建设,完善基础设施等。

(三)水库水生生态与物种多样性保护

三峡库区水域是受三峡工程直接影响的区域。流水生境的减少,影响了库区珍稀特有鱼类的生存;水文条件变化使水生生物群落结构发生演替,影响水生生态系统结构和功能。因此,有必要采取生态修复和保护管理措施对水域关键生境和重要物种进行保护,维护库区生态环境的可持续。库区生态与生物多样性的关系包括两个方面,一是生态系统破坏导致生物栖息地丧失进而使生物多样性下降;二是由于关键物种的消失导致生态系统功能的退化进而造成系统崩溃。系统分析三峡库区水生生态环境和生物资源特点,明确重点区域、重要物种和关键生境,对重点区域采取生境保护和必要的生态修复措施,维护生态系统结构完整性;通过保护区建设保护重要物种的关键栖息地,恢复其功能;对珍稀、濒危和特有物种,采取必要的人工辅助措施,促进种群恢复和遗传多样性延续。制定针对性管理措施,保障实施效果。

(1)重要生境保护与修复

对三峡水库 44 条一级支流的生境进行保护,对其中流量较大、水域生境类型较丰富、分布有多种珍稀特有鱼类的 10 条重点支流生境进行重点保护;针对河道整治工程和采砂河道的影响进行开展生境修复试点与推广;在三峡水库支流库湾适宜鱼类繁殖的区域,开展人工鱼巢建设。

1)重要生境保护

对三峡水库 44 条一级支流的生境进行保护,对其中流量较大、水域生境类型较丰富、分布有多种珍稀特有鱼类的綦江、御临河、龙溪河、龙河、黄金河、小江、磨刀溪、大宁河、沿渡河和香溪河等 10 条支流的生境进行重点保护。提高支流生境保护管理能力,制定相关管理办法,加强监督管理。

2)重要生境修复

重要生境修复近期以香溪河部分河段作为试点,远期在綦江、磨刀溪、龙河、大宁河和香溪河等 5 条支流推广。通过湿地恢复、堤防和护坡的生态改建等措施,对已建的河道整治工程进行生态修复;利用堆砌于河道上的采砂废弃石块对采砂河道的受损区域进行回填,使河道形态再自然化、增加支流微生境结构复杂度。

3)人工鱼巢建设

在库区 44 条一级支流的缓流回水区和浅水库湾(适宜产黏性卵鱼类产卵的水域,且避开航道)设置人工鱼巢,改善鱼类自然繁殖孵化条件,保障补充群体数量。在水面宽小于

200m 的支流库湾，设置 30 个鱼巢框架；水面宽大于 200m 的库湾，设置 60 个鱼巢框架。44 条支流库湾共设置 2200 个鱼巢框架，单个框架规格为 $5\times10m^2$。

(2)珍稀特有物种保护

改扩建涪陵、万州、秭归、夷陵等区县 4 个珍稀特有水生动物放流站，在湖北武汉建设珍稀、特有物种易地保护活体库主库，在重庆涪陵、万州、秭归、夷陵等区县建设珍稀、特有物种易地保护活体库分库，加强长宁、云阳濒危水生动物救护中心能力建设，在湖北武汉建设种质资源保护中心。

1)珍稀特有物种增殖放流站建设

依托库区现有条件，改扩建涪陵、万州、秭归和夷陵 4 个珍稀特有水生动物放流站，包括建设催产孵化车间及设施、混凝斜管沉淀塔、循环水系统、水温调节系统、水质在线监测系统、数据库、流水养鱼池等，满足珍稀特有物种人工增殖放流的需要。

2)珍稀特有物种人工增殖放流

规划人工放流水生生物 23 种。近期为胭脂鱼、达氏鲟、大鲵、岩原鲤、黑尾近红鲌、长体鲂、厚颌鲂、四川白甲鱼、宽口光唇鱼、华鲮、鲈鲤、细鳞裂腹鱼、齐口裂腹鱼、短须裂腹鱼等 14 种；远期为云南鲴、方氏鲴、四川华鳊、长薄鳅、大渡白甲鱼、短身白甲鱼、圆口铜鱼、高体近红鲌、汪氏近红鲌鱼等 9 种。

放流任务主要由涪陵、万州、秭归和夷陵 4 个珍稀特有水生动物增殖放流站承担。各放流站应根据放流种类的生理生态学特点，合理确定放流规格、地点和时间。放流规格一般应达到 8～10cm，较大型水生动物应达到 13～17cm，达氏鲟等大型鱼类放流规格应在 30cm 以上。放流苗种必须是本地种的原种子一代，无病害、无禁用药物残留。裂腹鱼类应选择库区支流上游水温相对较低的区域进行放流，大鲵应选择库区人迹罕至的支流小溪放流。放流在 4 月和 11 月集中进行，年放流苗种 200 万尾左右，年放流种类与数量根据水库生态环境及鱼类资源调查结果适时调整。放流过程必须有技术监督，并进行放流效果评价。

3)珍稀特有物种易地保护

活体库保护对象为白鲟、大鲵、达氏鲟、胭脂鱼、岩原鲤、鲈鲤、圆口铜鱼、长薄鳅、厚颌鲂、齐口裂腹鱼、华鲮、四川白甲鱼、黑尾近红鲌，共计 13 种。活体库数量原则上要求每个物种 500 尾以上，各种类数量依据可获得性确定。活体库建设配备鱼类培育车间、混凝斜管沉淀塔、循环水系统、水温调节系统、水质在线监测系统，在武汉基地建设室外鱼池。

4)濒危水生动物救护中心

救护对象包括白鲟、达氏鲟、胭脂鱼、中华鲟及大鲵等 5 种。根据上述物种的活动范围，救护水域涉及三峡水库及其上游长江干流的向家坝水利枢纽至库尾段。云阳县水生野生动物保护救助中心负责库首至库尾的长江干支流水域；长江上游国家级自然保护区珍稀特有鱼类驯养救护中心负责向家坝下横江口至重庆马桑溪的长江干支流水域。

5)珍稀特有物种种质资源保护

根据物种的现状，以及列入国家和地方保护物种名录、中国濒危动物红皮书名录的物种保护优先的原则，对三峡库区分布的47种长江上游特有鱼类、3种珍稀鱼类(包括1种特有种类)、4种两栖动物、1种爬行动物、1种哺乳动物等56种水生生物进行种质资源保护。建设种质资源保护中心1个，包括配子库、体细胞库、DNA样品库、基因组文库、组织样品库和标本库等6个专业库，配套建设分子及细胞生物学实验室和信息管理与共享平台。

(3)珍稀特有物种关键栖息地保护区建设

在嘉陵江、乌江、大宁河和香溪河下游段建立珍稀特有物种关键栖息地保护区4个，包括完善与扩建2个、新建2个，涉及秭归、兴山、巫山、涪陵、渝北及重庆主城区。

在加强库区水域已建自然保护区的管理(具体内容同陆域自然保护区)的基础上，保护江段总长度200km，其中核心区80km、缓冲区65km、实验区55km。与已有的保护区基础设施和能力建设项目相衔接，完善与扩建重庆市北碚嘉陵江胭脂鱼自然保护区渝北和重庆主城区段，保护江段50km；大宁河下游巫山段重庆市长江三峡巫山湿地自然保护区，保护江段60km。新建乌江下游涪陵段珍稀特有物种关键栖息地保护区，保护江段50km；香溪河下游珍稀特有物种关键栖息地保护区秭归和兴山段，保护江段40km。

建设内容包括设置界碑、界桩、标牌、保护管理点、监测点，建设科普宣传和实验室、救护暂养设施，购置资源调查和监测船、鱼类及其他水生生物资源调查和监测仪器设备、化学实验仪器设备等。

(4)生境和物种保护管理能力建设

加强库区19区县及重庆主城区渔政管理能力建设，依据各区县生境修复与保护范围的大小，将支持强度分为两个等级：一级包括长寿、涪陵、万州、丰都、忠县、云阳、巫山、巴东、秭归、夷陵等10个区县；二级包括巴南、武隆、石柱、开州、巫溪、奉节、江津、渝北、兴山等9个区县及重庆主城区。对支持强度一级的区县、支持强度二级的区县每年分别给予一定的水域生境和物种保护的管理能力补助，共补助10年。补助费用用于增加执法人员、购置和维护执法设备等，提升监管能力，控制库区涉水工程建设、采砂及非法捕捞等人类活动的不利影响，有效保护水库水域生境和珍稀特有鱼类资源。

(四)生态渔业

围绕渔业资源增殖和重要渔业资源自我更新能力建设目标，针对性地开展人工增殖放流，并依托渔业资源管理科技支撑体系，构建现代可持续渔业模式。将渔业资源的保护、恢复和可持续利用三位一体进行考虑，以渔业资源恢复和水域环境改善为目标，以渔业可持续利用，以及增加、拓展移民就业为重点，进行渔业增殖、可持续捕捞和现代渔业加工体系建设，配合科技支撑和渔政管理，促进三峡库区生态渔业健康发展。

根据三峡水库的功能和特点，按照“重点禁、干流增(捕)、岸边种(养)”的布局原则，进行渔业功能分区，划为禁渔区、捕捞区和养殖区。其中，禁渔区为三峡大坝前与港口码头周围

3km 范围内，长江干流，一、二级支流的航道；此外神农溪、香溪河、大宁河、梅溪河、磨刀溪、汤溪河、小江、乌江等主要支流的上游部分江段，划为经济鱼类繁殖保护区，实施全年禁捕；捕捞区为禁渔区以外的水域；养殖区为库区周边区域。在库区渔业功能区划的基础上，以渔业资源恢复、水域环境改善为基础，以渔业可持续利用和移民就业为重点，开展资源增殖与捕捞渔业、生态渔业支撑体系建设等。

(1)增殖放流与捕捞渔业

1)增殖放流苗种繁育体系建设

增殖放流苗种繁育体系建设是三峡水库渔业资源增殖的基础，既可保证放流鱼类的种质，又可避免外地购置带来的生态风险(如外来物种入侵、病害等)。在三峡重庆库区扩建或新建鱼苗繁育场 10 个，分布于巫山、奉节、云阳、万州、开州、忠县、丰都、石柱、涪陵、武隆等区县，共蓄养常规鱼亲本 3160 组，名特鱼亲本 30650 组，育苗总量为 16.7 亿尾。湖北库区新建鱼苗繁育场 4 个，分布于秭归、夷陵、兴山、巴东等区县，共蓄养常规鱼亲本 1240 组，名特鱼亲本 13050 组，育苗总量为 6.1 亿尾。鱼苗繁育场设施同时满足培育大规格鱼种的需要。

2)人工增殖放流

人工增殖放流是扩大物种种群数量、恢复渔业资源最直接和有效的措施。增殖放流种类包括三峡库区有分布的鲢、鳙、草、鲤、鲫、瓦氏黄颡鱼、长吻鮠、鳜、黑尾近红鲌、岩原鲤、白甲鱼、齐口裂腹鱼等经济鱼类和部分长江上游特有鱼类，以及适量的土著蚬类、螺类、蚌类等。经济鱼类放流规格为每尾 50g 左右，名特种类每尾 30g 左右。2015 年前，每年放流大规格鱼种 1400 万尾，螺蚬适量；2015 年及以后初定每年放流鱼种 1700 万尾，视情况确定螺蚬放流规模，依据渔业资源状况调整人工放流规模。放流时间以每年 11 月为宜，放流的同时加强监管以保障其效果。放流地点原则上不在水产种质资源保护区、重要经济鱼类的产卵场等水域进行，宜选择香溪河、神农溪、大宁河、梅溪河、磨刀溪、汤溪河、小江等较大支流的上游和库湾，采用多点分散投放方式。

3)可持续捕捞渔业

加强渔政管理能力建设，提高水库渔业管理能力，取消网箱养鱼和拦库汊养殖，规范渔业作业方式，取缔有害渔具渔法，根据捕捞对象的生物学特点科学确定捕捞规格、捕捞场所、捕捞季节等技术参数，加强捕捞配额管理，建立小渔船退出机制，引入专业渔业捕捞公司，实现库区渔业资源可持续利用。至 2015 年，渔船总数控制在 4000 艘以内，其中重庆库区 2500 艘、湖北库区 1500 艘。2020 年前，商业化的小渔船基本退出库区捕捞。

通过保护和增殖天然渔业资源，优化捕捞策略，2015 年捕捞产量达到 1.5 万 t，2016—2020 年捕捞产量上升并维持在 3 万 t。与此同时，渔获物结构得到改善，四大家鱼等大型种类的捕捞个体平均达到 10 斤以上，占渔获比例达到 50%以上。

4)渔港建设

三峡工程运行后,水库宜渔面积扩大、生物生产力提高,实施资源增殖与保护措施后,库区渔业产量将大幅度提高,同时随着专业渔业捕捞公司的介入,捕捞方式规模化、现代化,亟须开展渔港建设。在重庆库区的万州和涪陵、湖北库区的秭归建设3个重点渔港,并分别配套建立1～2个设施先进、有一定市场竞争力的水产品加工企业。渔港应达到年容纳大型渔船300艘、年卸货4万t、卸鱼3万t的能力。码头占用岸线总长5200m,港池100万m^2,相邻陆域8万m^2。

(2)生态渔业支撑体系建设

1)三峡库区渔业资源可持续利用研究基地建设

以农业部长江中上游渔业资源环境重点野外科学观测试验站为基础,由相关单位合作在重庆北碚区建立集库区渔业资源养护、鱼类种质资源库保护和渔业资源增殖保护研究于一体的三峡库区渔业资源可持续利用研究基地。重点开展库区渔业资源养护、渔业资源增殖、捕捞技术、繁殖栖息地保护、重要经济土著鱼类的繁育与保种、生态渔业管理等服务于库区生态渔业的研究。新建项目包括试验基地、现代化养鱼车间、鱼类保种池及相关的配套设施,购置研究相关仪器设备、渔业调查船,建设码头。

2)水产品质量安全体系建设

在重庆市北碚区建设国家二级标准渔业质量监督与检测中心站1个,在库区万州、涪陵和秭归建设集水产品质量安全检测、环境监测和病害防治体系于一体的分站3个,形成监测网络。该体系由国家和地方共同筹建,地方资金按国家西部开发政策配套。

3)技术培训体系建设

依托当地现有科研机构或职业学校,以万州和巴东为重点,建立渔业技术培训基地,共培训73100人次。到2020年,库区渔民全部接受综合渔业专业技术培训,其中40%的渔民达到技工水平。

(五)外来物种入侵防治

对外来入侵种信息掌握不全、监测与预警方法落后和治理方法缺乏针对性等问题,开展外来入侵种本底调查与编目,普查三峡库区外来入侵种的种类、数量和分布区域,评估其对库区生态环境的潜在影响。在此基础上建立科学的监测和预警信息系统,合理布局,开发和推广快速检测和鉴定技术,建立外来入侵种信息数据库。针对重点入侵种,制定清除或控制方案。

(1)外来物种调查

调查三峡库区外来入侵种的种类、数量和分布区域,评估其对库区生态环境的潜在影响。分析三峡库区外来入侵种的分布格局,根据现实危害和潜在影响等因素对外来入侵种进行分级评估,据此进行成本效益评算,确定优先治理对象名单。

(2)建立监测预警信息系统

将潜在的入侵物种列为高风险监测对象，针对贸易往来频繁的国家和地区，收集高风险的病虫害、草害等资料，分析其起源、分布、传播途径与危害程度，建立三峡库区外来入侵物种信息数据库系统和早期预警系统。加强外来入侵物种的监测能力建设，开展技术培训，完善跨省市的协调管理机制。

(3)重点区域和重点入侵物种的综合治理

库区水域的外来入侵种防治应与水体富营养化治理、水体污染防治等相结合，保护水库水体及主要次级河流，重点开展水葫芦等水生入侵种的综合治理，治理过程中应避免使用大量杀虫剂、除草剂等造成次生污染。

水库消落区是库区陆域与水域之间的过渡性生态系统，具有生态脆弱性和不稳定性特征。该区域内外来物种入侵的防治应与消落区植被恢复、湿地多样性保护等相结合，重点保护水库消落区植物的正常演替。在消落区重点开展喜旱莲子草等湿生入侵种的综合治理。

生态屏障区是三峡库区生物多样性最丰富的区域之一。外来入侵种防治应与生态屏障区的生态建设和植被恢复紧密结合。重点开展苏门白酒草、加拿大一枝黄花、松材线虫、橘小实蝇等陆生入侵种的综合治理。

第八节 重要支流水土保持

一、水土流失现状

(一)水土流失类型和面积

三峡库区水土流失类型主要有水力侵蚀和重力侵蚀。水力侵蚀主要为面蚀和沟蚀，面蚀主要分布在紫色砂泥岩丘陵区、岩溶槽谷区及花岗岩中丘区；沟蚀主要分布在岩性软弱的变质岩、页岩和花岗岩类出露区，重力侵蚀主要为滑坡、崩塌等，此外还有泥石流等混合侵蚀类型。

根据 2007 年水利部水土保持公告和流域水土流失动态监测成果，三峡库区生态屏障区外水土流失 2.53 万 km^2，占土地面积的 48.6%。其中，轻度流失 0.58 万 km^2，占水土流失面积的 22.8%；中度流失 0.88 万 km^2，占 34.8%；强烈流失 0.73 万 km^2，占 29.0%；极强烈流失 0.28 万 km^2，占 10.9%；剧烈流失 0.06 万 km^2，占 2.5%。中度以上水土流失面积占总面积的 77.2%，土壤侵蚀模数为 2596t/(km^2 · m)。

(二)水土流失成因

(1)自然因素是水土流失发生发展的基础

生态屏障区外重要支流山丘区面积大，山高坡陡，地形破碎，降雨集中，易蚀岩层和土壤分布广泛，水土流失面积占总面积的比例达到40%以上。库区广泛分布的紫色土抗蚀能力差，是土壤严重侵蚀的潜在因素。降水量大，多年平均降水量在1200mm左右，降水时空分布不均，5—10月降水量占全年降水量的80%以上，暴雨集中，强度大，为水土流失提供了侵蚀外营力。

(2)人类生产建设活动加剧水土流失

1)人口增长过快，陡坡耕作严重

新中国成立以来，人口急剧增加，人均耕地占有量不足，人地矛盾加剧，加上不合理的耕作方式，坡耕地面积占耕地面积54.6%，造成植被破坏、陡坡种植现象较为普遍，导致水土流失加剧。

2)移民后靠安置加剧水土流失

三峡水库蓄水后，淹没了大量良田好地，加上移民安置占地，该区域内人均占有耕地面积下降，坡耕地比重增加。三峡工程移民大部分采取就地后靠，工程移民进一步加剧了人地矛盾，导致区域人口超载，大量生态用地改为生产用地，加剧水土流失，降低环境承载能力。

3)生产建设项目产生新的水土流失

近年来，库区城镇建设、道路建设、工矿建设等生产建设活动频繁，各类建设项目大量扰动、占压地表植被，改变原地貌，破坏水土保持设施，并产生大量的弃土弃渣，造成新的水土流失。

(三)水土流失危害

(1)面源污染，恶化水库水质

水土流失导致土壤中大量的氮、磷、钾，以及残存农药中的有机磷、有机氮等进入库区水体，造成农业面源污染，影响水库水质。同时，农村生活污染源也是三峡水库面源污染的主要来源之一，农村居民的生活污水、生活垃圾和分散式畜禽养殖污染物随意处置的现象随处可见，大多未经无害化处理，这些污染物质随着水土流失进入库区，恶化水库水质。

(2)破坏土地资源，危及粮食安全

重要支流流域土壤土层薄，一般只有20～40cm，形成1mm土壤平均需要20～40年的时间，而水土流失导致土壤每年流失厚度可达3mm，土壤破坏的速度百倍于成土速度。一些水土流失严重的地方土壤被冲蚀殆尽，出现“石化”现象，丧失利用价值，危及当地粮食安全。据2008年调查，重庆市巫山县耕地中，土层厚度小于30cm的占31.5%，30～100cm的占36.5%，100cm以上的仅占12.4%。

(3)制约地方经济发展，影响移民安稳致富

2008年，区域坡耕地面积占耕地面积的65.52%，是水土流失的主要策源地。严重的水土流失破坏了农业生产条件，加剧了水旱自然灾害，导致区内农业生产力下降，土地承载力和环境容量降低，制约地方经济发展，影响移民安稳致富。

(4)泥沙淤积江河湖库,影响水利工程效益发挥

水土流失产生大量的泥沙,淤积江河湖库,直接影响到水利工程的效益和寿命,使预期的防洪能力难以得到充分发挥,势必增加洪水发生的频次和危害程度。据巫山县 10 座中小水库的淤积调查资料,1998—2008 年,淤积总共减少库容 62.2%;秭归县茅坪乡刘家沟水库相比于 2003 年,2008 年减少库容 20%。

二、水土流失存在的问题

(一)水土保持投入不足,治理进度缓慢

三峡库区生态屏障区外水土流失面积 2.53 万 km^2,坡耕地面积达 56.21 万 hm^2,大于 25°的坡耕地 10.44 万 hm^2,大量的坡耕地没有得到有效治理,水土流失仍然十分严重,部分地方石漠化现象十分严重。但是,每年水土流失治理仅 480km^2 左右,治理进度与实际需求严重不符。2008 年,三峡库区水土保持重点工程每平方公里国家补助 12 万元,修 1 亩高标准梯田一般需要 4000 元以上,国家补助每亩坡改梯不到 1/3。水土流失多为贫困地区,地方财力困难,群众收入很低,单位面积的投资标准过低,在一定程度上影响工程质量和效益。

(二)水土流失带来的面源污染没有得到有效控制

水土流失导致大量土壤中的氮、磷、钾,以及残存农药中的有机磷、有机氮等进入库区水体,造成农业面源污染,影响水库水质。虽然一些单一措施在保持水土、恢复植被方面能发挥一定的作用,但未能从根本上解决水土流失带来的农田面源污染问题。

(三)人地矛盾突出,农业生产基础条件差

屏障区外重要支流流域山高坡陡,陡坡耕地面积大,部分地方人均基本农田减少,加上农村产业结构单一,致使区内土地垦殖率提高,超过了环境承载力。据统计,2008 年三峡库区生态屏障区外农业人口密度达到 229 人/km^2,耕园地 124.48 万 hm^2,垦殖指数达到 0.24,人口的增加和生态用地的减少,降低了生态系统自我调节和修复功能。大量耕种的坡耕地水土流失严重,使耕地土层变薄,甚至出现“石化”现象。劳动生产基础条件差,导致生产效率低下,劳动强度大,农民收入低。

(四)移民安稳致富的基础还较为薄弱

要实现库区移民安稳致富,一条很重要的渠道是发挥区域资源优势,培育具有库区特色的经果林产业,开辟群众增收致富的新门路。通过生态农业示范园等规模经营方式,可吸纳部分移民就业,但大多数移民仍将在一定时期内以户为单元从事农业生产活动,如何扶持这部分移民发展绿色产业,保障他们享受均等化服务,实现共同致富,在后续工作中需要考虑结合坡耕地治理发展经济果木林,促进农民增收,为建设稳定和谐新库区创造条件。

三、水土流失治理措施

(一)水土流失治理思路

针对水土流失治理进度难以达到保护三峡水库水质要求的问题,选取与三峡水库水质保护密切相关、生态屏障区外的40个重要支流实施相关措施,涉及流域面积3.70万km^2。采取水土保持小流域综合治理措施,提高土壤肥力和抗蚀能力,拦蓄和减缓地表径流,涵养水源,有效发挥削减面源污染的作用,保护三峡水库水质;改善农业生产条件,提高土地利用率,促进农业生产结构调整,加快库区农村经济发展和移民安稳致富的步伐;增强调蓄洪水的能力,减轻洪涝和干旱灾害损失,促进防洪安全。

(二)重点片区划分

在三峡库区生态屏障区外主要支流两岸,根据饮用水水源地、人口相对集中、坡耕地面积大等条件,选择水土流失严重的重要支流划分重点片区,共划分23个重点片区,涉及库区19区县及重庆主城区的217个乡镇。土地总面积2.25万km^2,水土流失面积1.03万km^2,总人口792.39万人,农业人口535.03万人。

在23个重点片区,实施以小流域为单元的水土流失综合治理,水土流失工程治理的林草措施与配套植被恢复措施相衔接,主要布置在小流域内的荒山荒坡和疏残幼林地上。综合考虑地貌、水土流失、经济社会条件、生产发展或土地利用方向、治理措施布局等因素,分三个水土流失类型区制定针对性水土保持措施。

中低山中强度水土流失类型区(Ⅰ):包括秭归县、兴山县、巴东县、夷陵区、巫山县、巫溪县、奉节县、云阳县和开州,地带性土壤为山地黄壤和山地黄棕壤土;森林植被主要以常绿针阔叶林为主;地貌以低、中山为主。该区的水土保持以坡耕地改造和荒山荒坡造林为重点,调整农业生产结构,注重发展经果林。对直接入库的支沟实施沟道防护工程,防治泥沙直接入库。

低山中度水土流失类型区(Ⅱ):包括万州区、忠县、石柱县、丰都县、涪陵区、武隆区和长寿区,地带性土壤为黄壤、黄棕壤和紫色土;自然植被为亚热带常绿阔叶林,在酸性土壤多为马尾松疏林,在碱性土壤多为柏木纯林;地貌以低山和丘陵为主。该区的水土保持注重坡耕地水土综合整治,建设基本农田,完善坡面水系配套工程,提高土地生产力,增加人口环境容量;加强沟道防护措施,减少入库泥沙,控制面源污染。加强现有植被的封育管护,促进生态修复。

丘陵轻度水土流失类型区(Ⅲ):包括渝北区、巴南区、江津区、重庆市等七区,土壤以紫色土和黄壤土为主;植被以常绿阔叶林为主体,幼龄、中龄林较多;地貌以丘陵和低山为主。该区的水土保持围绕城镇化发展,实施坡耕地改造,发展城郊型和旅游观光型小流域治理模式,提高群众收入;加强水土保持监督管理,落实水土保持"三同时"制度,严格控制人为水土流失。

(三)水土流失综合治理工程

水土流失综合治理工程措施体系包括:重要支流实施坡面治理工程(包括坡改梯工程,林草工程—水土保持林、经果林、种草、植物篱),小型水利水保工程(蓄水池、排灌沟渠、沉沙池、田间道路),沟道防护工程(谷坊、拦沙坝、塘堰整治),生态修复工程(封禁管护、疏林补植、封禁碑牌、围栏、沼气池、圈舍)等,建立水土流失综合治理工程措施体系。

按照划分的三个水土流失类型区,各自选择2～3个典型小流域开展水土保持初步设计,分别确定针对性的水土保持工程治理措施配置方案。其中,类型区(Ⅰ)选择秭归县杨林桥、巴东县神农溪、巫山县干溪沟,类型区(Ⅱ)选择万州区宝塔河、涪陵区罗家河,类型区(Ⅲ)选择渝北区肖家湾、江津区稿子等。

(四)配套能力建设

(1)水土保持监测能力建设

监测站点布设:在全国水土保持监测网络基础上,依托已成立的长江流域水土保持监测中心站、重庆市水土保持生态环境监测总站、湖北省水土保持监测中心,以及渝北、涪陵、万州、宜昌、恩施监测分站,开展水土保持监测。截至2008年,已建成的全国水土保持监测网络系统监测点有11个,其中湖北省5个,重庆市6个。按照每个重点片区至少布设一个监测点的要求进行。

监测内容和方法:监测内容包括区域水土流失动态变化、水土流失过程和径流泥沙、水土流失治理情况及效益、水土流失危害等。监测方法包括区域宏观监测、地面微观监测,区域性大尺度监测采用遥感调查手段。

监测管理:按照《水土保持监测技术规程》(SL 277—2002)的规定与有关要求,水土保持监测实行年报制度。经各监测点、分站、总站、中心站逐级汇总,上报水利部水土保持监测中心审核,编制并发布年度监测公报。区域水土流失动态监测每5年进行一次,结合年度监测公报,将调查成果予以全面公告,并建立三峡库区水土保持监测数据库和信息管理系统,实现数据共享。

(2)科技示范区建设

从水土流失综合治理、面源污染防治、生态农业建设、水土保持监测科研试验等方面建设4类10个科技示范区。

水土流失综合治理示范区:在巴东县、涪陵区和云阳县分别选择一条小流域,建设高标准的水土流失综合治理示范区。主要开展坡耕地综合整治及开发、沟道综合治理、坡面径流调控、优质经果林建设等技术示范。

面源污染防治示范区:在秭归县、长寿区分别选择一条小流域,建设高标准的面源污染防治示范区。主要在坡耕地面源污染综合治理技术、农村生活面源污染防治、生态清洁小流域措施布局与配置等方面开展示范。

生态农业建设示范区：在渝北区、万州区分别选择一条小流域，建设生态农业示范区。主要在水土保持型观光旅游、农果牧复合生态农业等方面开展示范。

水土保持监测科研示范区：结合水土保持监测站点网络建设，在渝北、涪陵、秭归三区县分别建设集水土保持监测、科研、试验于一体的监测试验基地，提高水土保持监测水平。

（五）配套植被恢复措施

配套植被恢复措施重点是在三峡库区生态屏障区外重要支流重点片区沿支流两岸通过生态林的新建、改造和封育，改善植被组成、结构与空间分布，尤其是乔木、灌木和草本植被的综合配置，构建多重植被缓冲系统，提高其保持水土、削减支流农业面源污染的能力。配套植被恢复措施重点片区划分与生态屏障区外重要支流水土流失工程治理重点片区划分相一致。

新造经济林主要位于区域内的缓坡耕地及立地条件较好的坡地，主要针对干果、水果和生物质能源等品种的栽培和规模化生产，对区域内低产经济林或不符合产业发展方向的品种进行必要调整，不仅可以提高经济林产量和果农的经济收益，还可以通过减少耕作和施肥量，降低水土流失量和农业面源污染物。

第六章　库区地质灾害防治研究

三峡库区地形地质条件复杂，暴雨集中，加之人类活动影响频繁，历来是地质灾害易发多发地区，如巫山、奉节、巴东等区县。三峡库区大规模的城镇搬迁建设、基础设施恢复重建以及经济社会快速发展进行的开发建设活动，对库区局部地质环境产生了影响。三峡水库蓄水运行后，水位抬升，库水涨落频率和幅度加大，改变了水库岸坡水文地质条件，库岸将面临一个较长时期的再造过程，可能导致滑坡、塌岸的发生。三峡工程建设以来，国务院高度重视三峡库区地质灾害防治工作，安排专项资金用于三峡库区地质灾害防治。已完成的库区地质灾害防治工程经受了135m、156m、175m历次蓄水考验，没有发生重大地质灾害险情。

三峡水库蓄水至175m后，库岸水文地质条件发生变化，水位涨落频度加大，将加剧对库岸边坡稳定的影响，且影响是长期的；原规划有些实施监测的项目可能转为治理项目，还可能出现一些新的需要防治项目；四期移民迁建工程也有一些新的高边坡需要防护；已治理项目还有一定的监测维护期，需要落实维护经费；库区部分地区还存在一些需要进一步勘察研究的工程地质问题。因此，按照三峡水库移民可持续发展对地质安全保障提出的新要求，确保地质环境能与移民群众长久安稳生活、库区经济社会可持续发展相互协调，今后相当长时间内，仍需要加强地质灾害防治工作。

第一节　库区地质灾害防治现状及面临的问题

一、库区地质灾害防治现状

三峡库区滑坡、崩塌、危岩体研究最早始于1956年，主要研究范围为链子崖及新滩一带。1982年鸡扒子滑坡和1985年新滩大滑坡发生后，库区地质灾害防治研究范围扩大、深度增加，研究手段和技术方法均有所提高。国务院1993年8月颁布的《长江三峡工程建设移民条例》规定："新城选址，必须对水源、地震、滑坡、防洪、环境影响等进行科学论证，并进行必要的水文地质和工程地质勘察工作"。根据条例规定，长江委编制了《长江三峡工程水库淹没处理及移民安置规划大纲》（1994年6月），其中规定"对城镇新址周围潜在威胁大的滑坡和不稳定岸坡要及早布设变形监测网，从蓄水开始前进行监测。对蓄水可能诱发的滑坡、塌岸、浸没区由长江委提出地质勘察报告，经专家鉴定后，报三峡建委移民局（后合并于三峡办）审批，在移民补偿总投资中预留监测、治理和处理经费，将来根据实际情况，适时实施。”

随着三峡库区移民迁建工程的展开，对迁建区内地质灾害体进行防治已经变得迫在眉睫。在三峡工程初步设计及工程建设期库区地质勘察工作中，长江委原综合勘测局对全库区进行了1∶10000的第四纪地质测绘工作，对滑坡、崩塌体进行了专项调查。1997年，原三峡建委移民局组织长江委等相关单位，对部分淹没涉及城集镇重要部位出现明显变形的崩滑体进行了地质勘察和工程治理工作。2000年11月，长江委编制了《长江三峡工程库区淹没处理及移民安置崩滑体处理总体规划报告》。1997—2001年，库区各区县对迁建区内部分地质灾害项目进行了工程地质勘察与工程防治工作，这批地质灾害防治项目是分别以个案的形式提出和报批的，为应急项目，虽比较零散，但具有示范作用。

2001年7月，国务院决定在135m蓄水前两年内，安排40亿元专项资金用于三峡库区地质灾害防治工作。2001年11月，原国土资源部在《长江三峡工程库区淹没处理及移民安置崩滑体处理总体规划报告》的基础上，编制完成了《地灾防治总体规划》)。为了进一步明确规划与蓄水的关系，将其中第一批实施的涉及二期蓄水必须防治的近期项目定为二期地质灾害防治（2001—2003年），对涉及三期蓄水（坝前水位156m）后到四期蓄水（坝前水位175m）前必须防治的项目，定为三期地质灾害防治（2003—2009年）。

二期、三期地质灾害防治规划任务，主要包括崩滑体工程治理、塌岸工程防护、避险搬迁、监测预警、高切坡防护与超深基础处理等。因各种原因，对部分规划的崩塌、滑坡、危岩体工程治理和搬迁避让及塌岸防护等项目进行了防治措施调整。二期、三期地质灾害防治规划和实施情况见表6-1、表6-2。

表6-1　三峡库区二期地质灾害防治规划和实施情况

序号	类别		规划			实施		
			总数	湖北	重庆	总数	湖北	重庆
1	滑坡、崩塌、危岩体工程治理/处		198	56	142	173	44	129
2	滑坡、崩塌、危岩体搬迁避让	数量/处	232	55	177	54	12	42
		人口/人	21497	6243	15254	13282	2511	10771
3	滑坡、崩塌、危岩体专业监测预警/处		129	38	91	129		
4	滑坡、崩塌、危岩体群测群防监测/处		1216	254	962	1216		
5	塌岸工程防护	数量/段	81	22	59	75	22	53
		长度/km	84.025	31.9	52.125	79.9	31.9	48
6	高切坡防护	数量/处	214			214		
		面积/万 m^2	11.7			11.7		

注：表中数据引用三峡地质灾害防治指挥部有关资料。

表 6-2　　三峡库区三期地质灾害防治规划和实施情况

序号	类别		规划			实施		
	总数		总数	湖北	重庆	总数	湖北	重庆
1	滑坡、崩塌、危岩体工程治理/处		372	117	255	247	84	163
2	滑坡、崩塌、危岩体搬迁避让	数量/处	370	113	257	93	16	77
		人口/人	46496	10769	35727	21457	3583	17874
3	滑坡、崩塌、危岩体专业监测预警/处		122	37	85	122		
4	滑坡、崩塌、危岩体群测群防监测/处		1977	348	1629	1833		
5	塌岸工程防护	数量/段	365	24	341	235	22	213
		长度/km	169.5	26.4	143.1	135.13	25.08	110.05
6	高切坡防护	数量/处	1270	239	1031	1270	239	1031
		面积/万 m^2	411.83	105.09	306.74	411.83	105.09	306.74
7	高切坡监测	专业监测/处	700	123	577	700	123	577
		群测群防/处	2874	492	2382	2874	492	2382

注:表中数据引用三峡地质灾害防治指挥部相关资料。

在二期、三期地灾治理中共完成工程治理崩滑体 420 处,其中城集镇 231 处,农村居民点及其他 189 处,有效治理了对移民迁建城集镇安全构成较大威胁的崩滑体;有效实施了避险搬迁;对受蓄水影响的城市和乡镇所在地,以及少量农村集中居民点所在地不稳定库岸段进行了初步防护;建成了专业监测预警系统和县、乡、村三级群测群防监测预警系统,对库区 3000 多处崩滑体和塌岸、2874 处高切坡实施了有效的监测预警,保护了库区重要基础设施正常运行和长江航运安全,保证了建设期库区人民生命财产安全。

中国工程院于 2008 年 3 月组织实施了三峡工程论证及可行性研究结论阶段性评估工作,评估认为:三峡库区安置百万移民成功应对了严峻地质灾害挑战,并取得了初步成功经验;三峡工程前期论证和可行性研究对三峡库区地质灾害的估计和建议基本正确,为三峡库区移民开发和建设奠定了基础;三峡库区地质灾害治理基本成功,保证了三峡工程按期逐步蓄水、移民顺利安置和库区城乡建设与发展。

二、库区地质灾害防治可持续发展面临的问题

从已有的水库地质灾害防治经验和三峡库区地质灾害防治现状来看,后续地质灾害防治有以下几个方面的问题:

①淹没处理及移民安置崩滑体处理规划、总体地灾防治规划、三期地灾防治规划和三期高切坡防护规划均为一个阶段性的目标(表 6-3),对三峡水库 175m 蓄水后的状况只是预测性的。根据相关文献,水库滑坡等地质灾害在水库运行期的很长一段时间内仍有可能发生,水库蓄水初期更为突出。因此,三峡水库建成后的相当长时间内,仍然面临着由水库蓄水诱

发的滑坡等地质灾害威胁。

表 6-3　　三峡库区地质灾害防治规划对照表

规划名称	规划完成时间	规划范围
《长江三峡工程库区淹没处理及移民安置崩滑体处理总体规划报告》(长江委)	2000 年 11 月	以三峡水库土地征用线(即坝前水位 175m 接 5 年一遇洪水设计回水水面线)作为水库蓄水影响控制线,凡前缘高程处于该线以下的,可能因水库蓄水而引起的地质灾害,都列入该规划范围内
《三峡库区地质灾害防治总体规划》(国土资源部)	2001 年 11 月	水库坝前 175m 水位蓄水影响区和库区移民安置区(含专业设施复建区)
《三峡库区三期地质灾害防治规划(崩塌、滑坡、塌岸)》(国土资源部)	2003 年 12 月	水库坝前 175m 水位接 20 年一遇洪水回水水面线;库区内移民安置区;重大专业设施复建区(港口、码头、桥梁、重要复建公路)
《三峡库区三期地质灾害防治规划(高切坡防护规划)》(三峡办)	2003 年 12 月	城(集)镇移民搬迁安置规划区内的高切坡,农村移民集中居民点的高切坡,镇外迁建工矿企业职工住房和已投入使用生产用房处的高切坡,重大专业项目复建区的高切坡

②三期地灾防治规划项目共计 2977 处。其中,滑坡、崩塌体总计 2686 处,仅 355 处采取工程措施得到了治理。未采取工程治理措施的一部分项目,在三峡工程 175m 蓄水运行条件下,有可能产生危害,需要进行工程治理;已经实施监测预警的项目,有可能由监测预警改变为工程治理。

③《长江三峡库区城镇塌岸处理规划》(2001 年 7 月)中,规划的塌岸处理长度为 462km,二期、三期治理库岸长度之和为 278km,占 60.17%,其余未采取工程治理措施的一部分库岸,需要研究和评估其稳定性与危害性;此外,三峡库区未专门进行过针对 133 个城镇及镇外企业库岸的大比例尺工程地质测绘,仍需要加深对上述库段地质条件的认识。

④四期移民迁建工程中也必然有一些新的高切坡需要防护,且防护方法有待改善。库区还有部分集镇正在开工建设,一些移民工程(如桥梁、码头等)正在分期施工,这些工程建设将不可避免地会产生新的高切坡,需实施工程防护,以保证三峡移民工程的圆满完成和库区社会安定、经济持续发展。根据湖北省、重庆市移民局 2007 年 9 月的初步调查资料,三峡库区还有岩质高切坡约 190 处、土质高切坡约 371 处和土岩混合高切坡约 610 处,需要进行防护。

⑤经济社会发展,对三峡库区地质灾害防治提出了更高要求,三峡库区原来一些规划为监测、不治理或仅进行初步治理的滑坡、崩塌体等地质灾害的治理提上议事日程。另外,随着三峡工程库区生态环境保护工作推进,还将出现一些新情况,需要研究和解决。

第二节 地质灾害防治原则、范围及方案

按照保障库区地质环境与移民群众长久安稳生活、库区经济社会可持续发展相互协调的总体要求，衔接移民安置期间实施的二期、三期地质灾害防治成果，总结已实施地质灾害防治成效，分析 2008 年试验性蓄水期间发生变形库岸的发生规律，尤其是与水位变化的关系，按照以人为本、安全第一的原则，以保障库区迁建城集镇与重要基础设施安全、库区经济社会可持续发展为目标，提出三峡库区地质灾害防治体系，包括防治原则、防治范围、防治方案。

一、地质灾害防治总体原则

地质灾害（滑坡、崩塌、危岩体、塌岸、高切坡等）防治是一项综合性系统工程，应从综合效益出发，将工程治理同库区经济社会发展密切结合，将局部目标同库区整体发展利益密切结合，将治理保护同开发利用密切结合。为了保证地质灾害防治安全可靠、经济合理，综合考虑治理的目的等相关因素，应遵循以下原则：

（1）依法依规、科学治理

地质灾害治理应严格遵守国家相关法律、法规，依据相关技术规程、规范，科学合理地研究制定可行的治理方案。

（2）统筹考虑、综合治理

地质灾害治理应充分考虑灾害体类型、成因、水库水位变动规律、水文地质和工程地质条件的变化、稳定性、灾害区建（构）筑物和施工影响等因素，分析灾害体的有利和不利因素、发展趋势及危害性采取不同的工程治理措施，有效减轻直接和次生灾害。

（3）整体规划、治早治小

三峡库区地质灾害类型多样，部分灾害体规模庞大，失稳破坏模式复杂，危害对象多且损失大 。地质灾害治理工程论证及实施周期较长，应根据灾害体特点，整体规划、应急先行，在灾害体变形相对较小阶段，充分利用土体自身的强度进行综合治理，以达到治早治小的目的。

（4）因地制宜、动态设计

地质灾害治理方案应结合灾害体所在地的地形条件，充分考虑当地水电、交通、通信等施工条件，因地制宜布设治理措施。及时收集监测资料，复核并优化治理方案；及时跟踪施工过程，根据施工情况及地质条件变化调整治理方案，以实现治理工作的动态化设计。

（5）技术可行、经济合理

地质灾害治理工程方案应遵循技术上可行，经济上合理，工期上合适的原则，力求安全可靠、简单易行，充分利用当地劳动力资源、材料、施工技术等方面优势，尽量节省工程投资。

二、地质灾害防治范围和保护对象

按照三峡水库移民可持续发展对地质安全保障提出的新要求，以为移民安稳致富与促进库区经济社会发展、库区生态环境建设与保护提供安全保障为原则，三峡库区地质灾害防治范围为移民安置区和生态屏障区。防治对象包括滑坡体、崩塌体、危岩体、塌岸、四期移民迁建高切坡及其影响人口，175m 试验性蓄水影响对象等。

在具体对象上，充分衔接二期、三期地质灾害防治规划，已规划、已治理项目部分出现问题局部变形破坏；已规划、未治理工程出现问题较大范围的变形。新增项目按照合理界定规划治理对象，监测预警、避险搬迁、工程治理等原则和方法确定。

三、地质灾害防治方案

地质灾害（滑坡、崩塌、危岩体、塌岸、高切坡等）防治是多种措施综合作用的结果，其目的是以最少投资、最短工期达到设计基准期内安全运行，并满足所有预定功能要求、安全性和耐久性要求。地质灾害防治工作按照滑坡体、崩塌体、危岩体工程治理、地质灾害避险搬迁、塌岸防护、高切坡防护及完善地质灾害监测预警系统五个方面分别实施，具体防治方案研究工作如下：

（一）滑坡、崩塌体、危岩体防治

①全面清理移民安置区和生态屏障区内滑坡、崩塌体、危岩体，对二期、三期规划治理项目且已安排投资的，对存在安全隐患的，由原治理单位、原资金渠道进行处理；对二期、三期规划避险搬迁项目未完成的，应按原方案抓紧实施；对二期、三期监测预警项目，经稳定性评价，确定需避险搬迁或治理的应纳入；对未纳入二期、三期处理的生态屏障区项目，需要处理的，纳入处理范围，提出处理方案。

②进一步完善已治理滑坡、崩塌体、危岩体管护措施。

③滑坡、崩塌体、危岩体治理方案应考虑生态环境保护要求。

④采取避险搬迁方案的滑坡、崩塌体、危岩体与塌岸项目，应确定影响范围内搬迁实物指标，提出避险搬迁规划方案。避险搬迁人口应与生态屏障区迁移人口规划相协调。

⑤对库区一些重大的、复杂的滑坡、崩塌、危岩体，继续进行勘察和科学研究，提出处理建议。

（二）塌岸防护

①对迁建城集镇、农村居民点、镇外工矿企业、重要专业项目涉及的岸坡开展地质勘察工作，确定重点防治范围；对改（扩）建居民点和工业园区范围内的岸坡，也要进行评估，确定防治范围。

②塌岸防护应按照相关规范进行，并与保护库容、岸线综合利用、库区生态环境保护和市政景观相结合。

(三)高切坡防护

移民迁建区建设项目,应依山就势,避免大挖大填,确保人民生命财产安全。2009 年后新建项目形成的高切坡,按照“谁引发谁治理”的原则处理。

主要内容:

①核查四期移民迁建形成的高切坡,评估其稳定性及危害程度,确定需要治理项目的位置和规模。

②按照有关规定,分别对岩质、土质和岩土混合高切坡,提出处理方案。

③对已完成治理的高切坡,进一步完善监测系统和管护措施。

(四)滑坡、崩塌、危岩和塌岸监测预警

(1)监测预警系统完善

对库区各区县级地质灾害监测站、省市地质环境总站、三峡库区地质灾害防治工作指挥部(三峡库区地质灾害监测重点站),当前已建和拥有的全库区 GPS 控制网、RS 监测网、局域网、广域网、信息系统、监测仪器设备、通信工具、交通工具、宣传培训等进行全面梳理和分析评价。在此基础上,进行 10 年监测,全面提升库区地质灾害监测预警能力和技术水平,保护库区人民生命财产安全。对滑坡体、崩塌体、危岩体、塌岸等分别完善监测预警系统,落实应急预案和措施。

(2)群测群防监测预警和专业监测预警

提出灾害地质体的名称、地理位置、坐标、灾害地质体规模、稳定状态,影响对象及经济损失等,估算所需经费。

对于其中危害性大的重要灾害地质点,实施专业监测,提出专业监测预警项目名单。

对于二期、三期专业监测和群测群防项目进行调整,将需要进入工程治理、搬迁避让的项目调入,将升级为专业监测预警的项目纳入专业监测预警名单。以区县为单位整合形成统一的后续监测预警规划和项目名单。

(3)全面建立三级群测群防监测网和专业监测网

同时,需要建立新纳入规划的群测群防监测点和专业监测点,对已损坏的二期、三期群测群防监测点和专业监测点进行必要维修和重建。

(4)地质灾害信息系统建设

建立数据库,统一数据标准接口和规范,将基础数据、实时监测数据、历史灾害数据以及应急资源数据整合分类,统一进行数据存储、分析和计算,实现基础数据统一汇聚和管理,通过数据各层级、各平台实现数据交换与共享,充分利用数据价值,建立完整的信息系统。

地质灾害防治信息系统建设包括:三峡库区地质灾害防治空间信息管理及服务体系建设,地质灾害防治信息化标准建设,1∶10000 灾害地质图编绘,雷达与数字航摄监测系统建设,数据中心建设,突发地质灾害风险识别及应急响应系统建设,智能安全防护系统建设,系

统管理、维护、优化、升级。

(五)三峡库区突发地质灾害应急处置

已建水库统计表明,高水位蓄水初期,库区会有一定数量的老滑坡复活、新滑坡产生、塌岸并伴有涌浪灾害,且具有突发性。由于突发性崩塌、滑坡发生时间、空间难以准确预测,因此,对库区突发地质灾害险情灾情应急处置极为关键。

分别以区县、省(市)和全库区为单位,开展本辖区三峡库区突发地质灾害应急处置。内容包括应急机构、应急队伍、应急管理、应急预案、应急处置程序、应急监测预报、应急搬迁转移、应急抢险救灾、应急调查勘察、应急工程治理、应急预警指挥系统、应急装备与应急能力建设、应急经费、应急保障等。

第三节　地质灾害防治措施

随着三峡工程地质灾害防治工作持续开展,形成了较为完善的治理流程和思路,以及相关指导性规程规范,尤其是三峡库区地质灾害防治工作领导小组办公室组织编制的《三峡库区地质灾害防治工程设计技术要求》,为三峡库区地质灾害防治提供了重要治理标准。治理工程根据地质灾害的类型、规模、稳定性,并结合地质灾害区的工程地质条件、危害对象、周围环境和施工条件,本着技术可行,经济合理的原则,选用主动减载措施(如排、削方等),被动阻滑措施(如抗滑桩、锚索、锚杆、挡土墙等),并结合必要的监测预警、避险搬迁,进行综合防治。

一、滑坡、崩塌、危岩体治理

(一)工程治理项目

(1)滑坡、崩塌、危岩和库岸稳定性分级

1)滑坡体稳定性与判别标准

按照滑坡体总体稳定状态,可将其分为:稳定(A),基本稳定(B),潜在不稳定(C),不稳定(D)四级,各类定性判定标准见表 6-4。

表 6-4　　滑坡体稳定性分类与判别标准

稳定性类别	定义	定性判别标准
稳定(A)	在设计工况和特殊工况条件(暴雨等)下均是稳定的	滑体地面坡度平缓(不大于 10°),前缘临空低缓(一般小于 5m,坡度小于 15°),滑面起伏较大,且倾角平缓(不大于 10°),滑坡体透水性良好,剪出口一带有泉群分布且处于稳定状态,现今无变形迹象,无新的堆积体加载来源,经实地调查和定性分析,无导致滑坡体复活的主要动力因素,且人为因素很弱或不存在

续表

稳定性类别	定义	定性判别标准
基本稳定(B)	在设计工况条件下是稳定的,在特殊条件下其稳定性有所降低,有可能局部产生变形,但整体仍是稳定的	滑体地面坡度较缓(10°～20°),前缘临空比较低缓(高度15～30m,坡度15°～20°),滑面形态起伏,滑面平均倾角不大于20°,滑坡体透水性较好,处于稳定状态,现今无整体变形迹象,无新的堆积物加载来源,滑坡前缘已形成河流侵蚀的稳定坡型。经分析和实地调查,无导致滑坡体复活的主要动力因素弱,且人为因素很弱或不存在
潜在不稳定(C)	在现状条件下是稳定的,但安全储备不高,略高于临界状态。在设计工况条件下其向不稳定方向发展,在特殊工况条件下有可能失稳	滑体平均坡度中等(20°～30°),滑坡前缘临空较陡(高度30～50m,坡度20°～30°),滑体内沟谷切割中等。滑面形态为靠椅状或平面状,滑面平均倾角20°～30°,滑面阻抗比0.4～0.6。滑坡体透水性一般,滑距不太远,能量释放不充分。滑坡后缘有加载堆积或有一定数量的危岩体为加载来源,滑坡前缘受冲刷尚未形成稳定坡型有局部坍塌产生,整体尚无明显变形迹象。经实地调查和定性分析,在一般工况条件下是稳定的,但是安全储备不高,在特殊工况条件下有可能整体失稳
不稳定(D)	在现状条件下即近于临界状态,且向不稳定发展。在设计工况条件下将失稳	滑体坡面平均坡度较陡(大于30°),滑坡前缘临空较陡(高度大于50m,坡度大于30°),滑体内沟谷切割较浅。滑面呈靠椅状或平面状,滑面平均倾角大于30°,滑面阻抗比小于0.4。滑坡结构松散,透水性差。滑距短,滑坡残留体保留较多,剪出口以下脱离滑床体积较少。滑坡有加载来源。滑坡前缘受冲刷,有坍塌产生。近期滑体上有明显变形破坏迹象。变形迹象为滑坡变形配套产物:后缘弧形裂缝或塌陷,两侧羽状开裂,前缘鼓胀、鼓丘等。经实地调查和分析,滑体目前接近于临界状态,且正在向不稳定方向发展,在特殊工况条件下有可能大规模失稳

对灾害地质体稳定性评价以地质综合评判定性分析为主。

2)崩塌分类与判别标准

崩塌、危岩体地质灾害具有高速运动、高冲击能量和发生地点与时间的随机性、难以预测性以及运动过程复杂的特点。因此,发生在道路沿线、工业与民用建筑设施附近的崩塌落石,常会导致交通中断、建筑物毁损和人身伤亡事故。

崩塌多产生于由软硬相间岩层组成的高而陡峻的斜坡地段,岩体节理裂隙发育,坡度一般大于55°,高度大于30m以上,坡面多不平整,上陡下缓。其堆积体稳定性参照滑坡稳定性判别标准确定。崩塌分类见表6-5。

表 6-5 崩塌分类

划分依据	类型	特征说明
形成机理	滑移式崩塌	多为软硬相间岩层，有倾向临空面的结构面，坡度通常大于 55°，滑移面主要受剪切力作用，运动形式为滑移
	倾倒式崩塌	发生于黄土、直立岩层，结构面多为垂直节理和直立层面，地貌为峡谷、直立岸坡、悬崖，主要受倾覆力作用，运动形式为倾倒
	拉裂(坠落)式崩塌	多见于软硬相间的岩层，结构面多为风化裂隙和重力拉张裂隙，上部有突出的悬崖(悬空或悬挑式岩块)，受重力作用拉张、折断塌落
	臌胀式崩塌	岩性为黄土、黏土、坚硬岩层下有较厚软岩层，上部垂直节理发育，下部为近水平结构面，地貌为陡坡，下部软受垂直挤压发生臌胀，并伴有下沉、滑移、倾斜
	错断式崩塌	岩性为黄土、坚硬岩石，垂直裂隙发育，通常无倾向临空面的结构面，地貌为大于 45°的陡坡，受自重引起的剪力作用产生错落
规模与处理难易程度	Ⅰ类	山高坡陡；岩层软硬相间，风化严重；岩体结构面发育、松弛且组合关系复杂，形成大量破碎带和分离体；山体不稳定，破坏力强，难以处理
	Ⅱ类	介于Ⅰ类与Ⅲ类之间
	Ⅲ类	山坡较陡；岩层单一，风化轻微；岩体结构面密闭且不甚发育或组合关系简单，无破碎带和危险切割面；山体稳定，斜坡仅有个别危石，破坏力小，易于处理

注：1. 参考中国建筑工业出版社《工程地质手册》第四版；2. 三峡库区地质灾害防治工作指挥部 2004 年 12 月《三峡库区三期地质灾害防治工程地质勘察技术要求》。

3)危岩体分类与判别

危岩体是指位于陡崖上的岩石，参差不齐的岩体或个别岩块。危岩体地质灾害具有高速运动、高冲击能量和发生地点与时间的随机性、难以预测性以及运动过程复杂的特点。因此，发生在道路沿线、工业与民用建筑设施附近的崩塌落石，常会导致交通中断、建筑物毁损和人身伤亡事故。危岩体分类见表 6-6。

表 6-6 危岩体分类

划分依据	类型	特征说明
危岩体体积/万 m^3	小型危岩	<1
	中型危岩	1～10
	大型危岩	10～100
	特大型危岩	>100

续表

划分依据	类型	特征说明
危岩体顶端距陡崖（坡）脚高度/m	低位危岩	≤15
	中位危岩	15～50
	高位危岩	50～100
	特高位危岩	>100

（2）纳入规划治理的滑坡、崩塌、危岩体

根据初期工作调查以及历年治理资料统计，预计需要继续防治的工作如下：工程治理滑坡、崩塌和危岩共355处，灾害地质体总体积64774万m^3，共威胁177m以上14.47万人。其中，湖北省76处，灾害地质体13085万m^3，威胁2.01万人；重庆市279处，灾害地质体51689万m^3，威胁12.46万人。

355处滑坡、崩塌和危岩中，涉水（前缘高程低于175m，下同）160处，不涉水195处；分布于城集镇150处，农村集中居民区205处；影响道路（交通主干道）的185处，与航运（道）安全有关的61处。

1）进入治理的总数、分布特征和影响对象

二期、三期规划范围以外的新增且为工程治理滑坡、崩塌和危岩共191处，灾害地质体总体积22908万m^3，共威胁177m以上8.32万人。其中，湖北省37处，体积6596万m^3，威胁0.62万人；重庆市154处，体积16312万m^3，威胁7.70万人。

191处滑坡、崩塌和危岩中，涉水75处，不涉水116处；分布于城集镇77处，农村集中居民区114处；影响道路（交通主干道）的106处，航运安全的24处。

2）施工期监测和工程效果监测

①施工期监测。

施工期监测是保障施工安全的重要措施，用以了解由于工程扰动对灾害地质体稳定性的影响程度，以及时指导施工、调整工程部署、控制工程施工进度。主要监测方法包括：地表大地形变监测、裂缝位移监测、建筑物变形监测、深部位移监测、地下水监测、孔隙水压力监测等。

②效果监测。

当防治工程竣工后，通过对布设在灾害地质体及各防治工程上的监测工程进行一段时期的监测，获取防治工程治理后的监测数据，用以判断评价防治工程治理效果。

工程治理项目的效果监测措施包括地表大地形变监测、裂缝位移监测、建筑物变形监测、深部位移监测、地下水监测、孔隙水压力监测、治理工程变形及应力监测等。

工程治理项目总体规划监测周期包括待施工期监测、施工期监测和工程效果监测。

3)工程后期维护

①已建工程维护。

工程后期维护是确保治理工程长期发挥功效的必要措施。库区二期、三期治理工程项目后期工程维护主要由两省市负责组织,各参建单位及当地人民政府实施。由于维护费用紧缺(二期、三期治理项目未核定工程维护费),已建工程维护费仅限于定期巡查、零星修补恢复,以维持治理工程功效。对于较大规模工程设施受损毁坏,限于人力资金原因无力进行全面整修加固完善。规划区已实施治理工程多位于人口相对集中的城集镇及重要设施附近,经多年运行,受水库效应及人类工程活动影响,治理工程设施会不同程度地受损,今后随着工程设施使用年限延续及人类工程活动加剧,将对防治工程完整性产生影响。因此,需对已建工程加强后期工程维护管理,安排专项资金,从组织领导、队伍建设、经费使用等方面确保工程维护工作顺利进行。

对前期所有已建治理工程(包括二期、三期未纳入后续规划的全部已建工程)均应采取有效措施进行维护,以保障其充分发挥功效。维护内容主要包括:损坏工程修复、排水沟道疏通、监测站点保护以及坡面绿化工程养护等。

②拟建工程维护。

对拟建工程治理项目应该全部纳入后期维护范围。根据地质灾害分布现状及前期地质灾害防治工作经验,成立以区县地质灾害防治中心及各乡镇治理工程所在辖区乡镇主管领导为主的工程维修工作小组,全面负责领导规划区地质灾害治理工程检查维修,针对治理工程分布地域特点,分别组织专门队伍分片包干巡视和进行工程维修,以确保治理工程正常运行,发挥功效。日常巡查检修周期为每月一次,雨季及库水位急剧变化期间,视情况加密。巡查检修重点为排水沟道转折段、护坡坡顶及下部水位削落带、挡墙顶底部、抗滑桩顶等易损坏部位。

(二)工程治理措施

滑坡、崩塌及危岩体工程治理措施研究是在充分分析灾害体稳定性现状的基础上,查清工程地质条件,研究论证合理的工程治理方案。在实际工程运用中,应因地制宜,可组合使用,主要工程治理措施及适用条件总结如下。

(1)排水工程

1)地表排水工程

降雨与崩滑体变形有密切关系时,宜采用地表排水工程。

2)地下排水工程

当久雨、地下水活动与滑坡变形密切相关时,一般宜采用地下排水工程。当勘查表明由于给水度很小而地下排水效果不佳时,亦可不设置地下排水工程。

3)排水工程应与其他工程措施配套使用

当地质条件和水文条件复杂时,排水工程对滑坡稳定系数提高值可不作为设计依据,但可作为安全储备加以考虑。

4)排水工程应充分考虑滑坡体变形对排水工程的拉裂、剪裂等影响

工程运行期间,应进行及时维护并预留维护费用。排水工程一旦被破坏,导致地表水、地下水集中入渗,会带来不利后果。

(2)削方减载工程

①削方适用于中小型滑坡及中小型崩塌。当滑坡滑面为圆弧形,滑体后部厚度大于前缘甚多且整体性较好时,削方效果尤为显著。

②对于厚度大的崩滑体,在锚固、抗滑桩等方案施工技术达不到或效果不佳的情况下,应考虑后方削方方案或削锚、削挡结合方案。

③对于处于正在移动的滑坡体,开挖大型挖孔桩是十分危险的,应首先采用削方、压脚等工程使之减缓变形。

④对于塑流型、暴雨型滑坡,由于其变形机制所决定,削方效果不佳,不宜采用。

⑤当滑动块体较为破碎或分割成多个块体,或滑面近于平面时,削方效果不大,不宜采用。

(3)回填压脚工程

回填压脚是通过工程措施在滑坡体坡脚处提供足够的工程自重,以增加滑坡抗滑能力,提高其稳定性。

①前缘地形平坦滑坡。对剪出口位于库水位以下且地形平坦的滑坡,回填压脚可起到提高其稳定性、保护库岸和处理弃渣等综合功效。

②已有较大变形滑坡。

③巨厚层滑坡。

(4)重力挡墙

适宜于规模小、厚度薄的中小型滑坡治理。

(5)抗滑桩工程

①广泛应用于滑坡治理工程。

②对于巨厚滑坡体,当施工技术及经济合理性达不到要求时,不宜采用。

③对正在移动的滑坡体,不宜开挖大型抗滑桩孔,尤其是不宜连续开挖。

(6)预应力锚索

预应力锚索是对滑坡体主动抗滑的一种技术。通过预应力施加,增强滑带的法向应力和减少滑体下滑力,有效增强滑坡体的稳定性。

①广泛应用于崩塌滑坡地质灾害防治工程。其施工简便快捷,对崩滑体扰动小,补偿快,而且能主动施加不同方位、不同程度的抗力,在地灾防治中具有很大优势。

②囿于目前的施工技术与能力,对于厚度大的崩滑体,其应用受到一定限制。

(7)格构锚固

①格构锚固技术是利用浆砌块石、现浇钢筋混凝土或预制预应力混凝土进行坡面防护，并采用锚杆或锚索固定的一种滑坡综合防护措施。

②广泛适用于滑坡的护坡和小型滑坡的治理。

二、塌岸治理

(一)工程治理项目

(1)塌岸主要类型和发育规律

塌岸是指大规模滑移型岸坡(归为滑坡类)、大规模崩塌型岸坡(归为崩塌类)之外的小规模岸坡坍塌、失稳地质现象和地质事件。

塌岸主要类型按动力成因一般可分为侵蚀型、侵蚀剥蚀型、冲蚀磨蚀型等。按其变形一般分为:坍塌型、坍滑型、崩塌型、崩解型、流砂型等。

库区松散堆积型库岸分为土质岸坡和混合岸坡两种,土质岸坡和混合岸坡由多种成因类型的第四系松散松软堆积层组成,主要是崩坡积、冲积和冲积与崩积坡积的混合堆积,物质组成以碎块石夹土、土夹碎块石为主,部分为冲积黏性土、砂卵石。

松散堆积型库岸塌岸型式较复杂,多为侵蚀型、冲磨蚀型、崩解型、坍塌型、坍滑型、流砂型等。厚层土质岸坡则可能产生滑移型。

岩质库岸中,奉节县城以西及巴东县城以东至秭归香溪老镇间城镇库岸大多为侏罗系地层,岩性为长石石英砂岩、石英砂岩与红色砂岩、泥岩等互层,软硬相间,其中软岩易产生快速风化,硬岩中一般发育多组裂隙。奉节县城～巴东县城间城镇库岸多由三叠系巴东组岩石构成,一般具有岩石较为软弱、岩体比较破碎的特点。秭归新县城、宜昌太平溪镇库岸岩石为岩浆岩,其全风化、强风化层厚度较大。

软岩库段宜产生侵蚀和剥蚀为主的塌岸;上硬下软结构库段可能产生侵蚀和崩塌型塌岸;硬岩库段可能产生小规模崩塌型塌岸。岩质库岸塌岸宽度受岩性及结构面控制,一般较小,但长江两岸奉节至巴东间城镇,岩质库岸多由软弱、破碎的三叠系巴东组地层组成,除产生侵蚀～剥蚀型塌岸之外,也较容易产生一定规模的崩塌和滑移塌岸型式,因而塌岸宽度可能较大。

(2)塌岸防治范围及对象

纳入工程治理的不稳定库岸(塌岸)166 段,共计库岸长度 150.58km,共威胁 177m 以上人口 12.86 万人。其中,湖北省 32 段 28.84km;重庆市 134 段 121.74km。

166 段不稳定库岸(塌岸)中,分布于集镇的库岸有 127 段,分布于农村的有 39 段;对公路有影响的有 67 段,危及航运的有 17 段。

1)新增防护对象

二期、三期规划以外新增工程防护的不稳定库岸(塌岸)157 段,共计库岸长度 143.5km,共威胁 177m 以上 12.17 万人。其中,湖北省 32 段 28.84km,重庆市 125 段 114.66km。

157 段不稳定库岸(塌岸)中,分布于集镇的库岸 120 段,分布于农村的有 37 段;对公路有影响的有 70 段,危及航运的有 19 段。

2)二期监测预警纳入治理的对象

《地灾防治总体规划》(二期规划)中纳入工程治理的不稳定库岸(塌岸)地质灾害点共计 2 段,总长 2.05km。为重庆市项目。

3)三期监测预警纳入治理的对象

《三峡库区三期地质灾害防治规划(崩塌、滑坡与塌岸)》中规划为监测预警因其不稳定需纳入工程治理的库岸(塌岸)共计 7 段,总长 5.04km,受威胁人数合计 0.62 万人。为重庆市项目。

(二)工程治理措施

以塌岸区地形地质条件、地质构造和自然环境为基础,结合防护对象重要性、规划用途、区位等,主要工程治理措施及适用条件总结如下。在实际工程运用中,应因地制宜,可组合使用。

(1)地表排水工程

土质岸坡、混合岸坡和破碎风化强烈的岩质岸坡。

(2)挡土墙工程

当岸坡下伏较完整基岩不深(一般小于 6m)时,可采用挡土墙结构。考虑施工要求及经济等条件,挡土墙高度一般不超过 6m。

(3)护坡工程

土层较厚且坡度较缓的土质岸坡或混合岸坡。

(4)抗滑桩工程

①土质岸坡护坡支挡工程一般不宜采用抗滑桩,仅在土质较厚(不小于 10m)设置挡土墙墙高超过 8m,墙基仍不能坐落在基岩上时,可考虑采用抗滑桩方案。

②具有软弱夹层的顺层岩质岸坡经稳定性计算有下滑失稳条件时,可采用抗滑桩予以加固。

(5)放坡回填工程

在工程布置上,放坡回填处理原则上应与建设用地要求、沿江道路、港口码头建设、滑坡治理等项目统筹兼顾、结合消落带整治、岸线综合利用和城市景观建设综合考虑。

(6)回填冲沟处理

回填冲沟处理方案在工程布置上,原则上应与建设用地要求、沿江道路、港口码头建设、滑坡治理、冲沟排洪（泥石流）等项目统筹兼顾、结合消落带整治、岸线综合利用和城市景观建设综合考虑，同时应充分考虑冲沟原有的排水功能。

三、移民安置区高切坡治理

（一）工程治理项目

（1）高切坡类别划分

三峡库区高切坡分为岩质高切坡、岩土质高切坡、土质高切坡三类。

Ⅰ类：岩质高切坡是指由基岩组成，且坡高不小于15m的高切坡。

库区基岩主要为沉积岩，详细命名主要考虑如下两个坡体结构要素：

①按岩层倾角大小分为：缓倾（岩层倾角小于30°）、中倾（30°～60°）、陡倾（大于60°）高切坡；

②按岩层倾向与高切坡倾向夹角关系分为：顺向（倾向夹角小于30°）、斜向（30°～60°）、侧向（60°～120°）和反向（大于120°）高切坡。

岩质高切坡按下述顺序分类命名："岩层倾角"类型＋"岩层倾向与高切坡倾向夹角"类型＋"岩质高切坡"字样，如"中倾斜向岩质高切坡"。

对于接近三峡坝区等地区少量出现的火成岩类等块状岩体高切坡，可直接用块状花岗岩高切坡命名。

Ⅱ类：岩土质高切坡是指由基岩和土体、土石混合体或碎裂岩体组成，以基岩为基座，且坡高不小于10m，其中土质切坡高度不小于2m的高切坡。

按基岩占切坡面面积的比例命名，大于50％的，称"以岩体为主的岩土质高切坡"；小于50％的，称"以土体为主的岩土质高切坡"。

Ⅲ类：土质高切坡是指由土体、土石混合体，以及滑坡堆积体组成，且坡高不小于8m的高切坡。

土质高切坡按土的分类类别命名。

其中岩质高边坡又细分为三个亚类，具体划分见表6-7。

表6-7　高切坡分类

高切坡类型		判定条件		
		介质及其组合类型	高切坡结构特征	可能变形破坏方式
Ⅰ	Ⅰ1	层状岩体或均质块状岩体	块状岩体，存在不利结构面组合	局部掉块
	Ⅰ2		层状岩体，岩层平缓或反倾，并有内倾结构面	局部塌落
	Ⅰ3		存在优势外倾结构面或不同外倾结构面的组合线	有滑移破坏可能性

续表

高切坡类型	判定条件		
	介质及其组合类型	高切坡结构特征	可能变形破坏方式
Ⅱ	岩土质	上部为土体,下部为岩石	上部土层可能局部变形或沿基岩界面滑动
Ⅲ	土质(不含松散回填土和弃土)	各类残、坡、洪、冲积物,结构相对均匀	有局部变形或滑动可能性

(2)高切坡失稳危害程度划分

根据《地质灾害防治条例》关于地质灾害等级划分标准《长江三峡工程库区淹没处理及移民安置崩滑体处理总体规划报告》关于高切坡破坏可能造成的损害程度,结合库区实际情况,高切坡失稳危害程度按其直接威胁生命安全的居民人数及直接经济损失大小,划分为很严重、严重、较严重、不严重四个等级。

很严重:直接威胁居民生命安全 300 人以上,或直接经济损失在 1000 万元以上。

严重:直接威胁居民生命安全 100 人以上 300 人以下,或直接经济损失在 500 万元以上 1000 万元以下。

较严重:直接威胁居民生命安全 50 人以上 100 人以下,或直接经济损失在 200 万元以上 500 万元以下。

不严重:直接威胁居民生命安全 50 人以下,或直接经济损失在 200 万元以下。

(3)高切坡安全等级划分

三峡库区高切坡防护工程安全等级按边坡失稳危害程度、边坡高度及高切坡类型划分为三级(表 6-8)。

表 6-8 高切坡防护工程安全等级

边坡类型	边坡高度/m	高切坡失稳危害程度	安全等级
Ⅰ1、Ⅰ2	≥30	很严重	一级
		严重、较严重、不严重	二级
	≥15	很严重	二级
		严重、较严重、不严重	三级
Ⅰ3	≥30	很严重、严重	一级
		较严重、不严重	二级
	≥15	很严重	一级
		严重	二级
		较严重、不严重	三级

续表

边坡类型	边坡高度/m	高切坡失稳危害程度	安全等级
Ⅱ	≥15	很严重、严重	一级
		较严重、不严重	二级
	≥10	很严重	一级
		严重	二级
		较严重、不严重	三级
Ⅲ	≥15	很严重、严重	一级
		较严重、不严重	二级
	≥8	很严重	一级
		严重	二级
		较严重、不严重	三级

(4)纳入治理规划的高切坡

规划在三峡库区20个区县地方调查及申报的基础上,按照《三峡工程后续工作规划库区地质灾害防治高切坡防护规划工作细则》的标准经现场调查后形成。

各区县移民局按照《三峡工程后续工作规划纲要》的规定,组织人员对移民乡(镇)在四期移民工程建设中形成的高切坡进行摸底调查。申报高切坡1764处,涉及140个乡镇(街区),现场核实为871处;央企高切坡24处,合计895处。从本次规划调查结果分析,三峡工程后续工作规划库区高切坡防护规划的895个高切坡主要分布特征见表6-9。

表6-9 三峡工程后续规划库区高切坡分布特征 单位:个

省(市)、区(县)	规划高切坡	分布在城(集)镇	分布在农村居民点	分布在镇外迁建工矿企业	专业复建区	
					分布在码头	分布在桥梁
夷陵	12		12			
秭归	85	19	44		1	21
兴山	59	13	24	4	3	15
巴东	70	36	20		2	12
湖北小计	226	68	100	4	6	48
巫山	49	26	3		10	10
巫溪	2	1	1			
奉节	66	21	14	4		27
云阳	103	54	34		5	10
开州	67	36	25	4		2
万州	77	38	14	7	10	8
石柱	8	2	4		1	1

续表

省(市)、区(县)	规划高切坡	分布在城(集)镇	分布在农村居民点	分布在镇外迁建工矿企业	专业复建区	
					分布在码头	分布在桥梁
忠县	58	32	20	3		3
丰都	74	25	21	4	2	22
涪陵	76	26	30	10		10
武隆	24	9	4		3	8
长寿	20	7	5	2	2	4
渝北	8	5	2			1
巴南	6			5		1
主城七区	3	3				
江津	4	3				1
重庆小计	645	288	177	39	33	108
央企	24	24				
库区合计	895	380	277	43	39	156

1)主要分布在城(集)镇移民搬迁安置规划区内

受经济社会发展和产业转移等因素的影响,库区移民建设主要集中在城(集)镇。虽然在前期的高切坡防护治理工程主要集中在城镇,但在四期移民过程中,搬迁移民、占地移民和进城(集)镇农村移民房屋的修建、基础设施复建、迁建学校、医院等公益单位、迁建单位住宅和办公及生产用房处的建设,仍然形成大量的高切坡。分布在城(集)镇的高切坡共 356 个,约占总数的 40.9%。

2)其次是分布在农村移民集中居民点

分布在农村移民集中居民点的高切坡共 277 个,约占总数的 31.8%。

3)分布在镇外迁建工矿企业处的高切坡数量较少

由于镇外迁建工矿企业职工的住房和已投入使用的生产用房处的高切坡在前几期高切坡治理项目中大多已经得到处理,遗留到规划的数量很少。分布在镇外迁建工矿企业处的高切坡共 43 个,约占总数的 4.9%。

4)分布在专业项目复建区内的高切坡

按《三峡工程后续工作规划库区地质灾害防治高切坡防护规划工作细则》,专业项目复建区包括:港口码头,大型变电站,重大邮电通信、广播电视台(站),天然气储气设施、设备,大型桥梁。在规划调查中,大型变电站,重大邮电通信、广播电视台(站),天然气储气设施设备等专业复建工程均在前期已经完成,而随着三峡水库 2006 年汛后蓄水至 156m 水位进入初期蓄水运行,2008 年具备 175m 水位蓄水条件并开始试验性蓄水运行,为满足库区人民的出行需求,开始修建沿江的库周公路和乡镇码头,在桥梁和码头处新形成了大量的高切坡。

符合防护规划要求的桥梁处高切坡为156个，码头处高切坡为39个，两者合计共195个，约占总数的22.4%。

(二)工程治理措施

根据每个高切坡具体的地形地质条件、稳定性现状、破坏危险性的情况，初步拟定的防治工程措施主要包括削坡、锚喷、格构锚、挡墙和少量抗滑桩，以及排水等辅助措施。针对具体高切坡，采取其中单项或多项综合的工程措施。

①削坡：对于岩土体结构松软、破碎，地形和建筑用地允许的地方，首先选择削坡减缓坡度的工程措施。

②锚喷：为防止岩块崩落，减缓岩体风化作用，对于无滑移控制性顺坡向结构面的岩质高切坡，采用素喷、锚喷和挂网锚喷等护坡措施；对于存在滑移破坏可能性的岩质、岩土质高切坡，可增加锚索或预应力锚索等加固措施护坡。

③格构锚固：对于强风化破碎岩质高切坡，或结构密实的土质类高切坡，根据《建筑边坡工程技术规范》(GB 50330—2002)的规定，采用格构锚固措施进行加固处理。

④挡墙：对于土质高切坡和强风化破碎岩质高切坡，切坡高度一般不大于10m时，按规范采用重力式挡墙；当存在滑移破坏可能性时，采用锚杆(索)挡墙、肋板式锚杆挡墙支护措施。

⑤抗滑桩：对于影响规模较大、危害严重、地质条件复杂、稳定性差、介质松软、存在潜在滑坡的高切坡，适当布置抗滑桩或桩墙复合结构措施加固。

⑥排水措施：除上述工程措施外，一般应在高切坡的坡顶可能破坏范围外缘和坡底线部位设置排水沟，或结合市政建设布置排水系统，以利于高切坡的稳定。

⑦绿化护坡：为了防止水土流失、构建适宜的人居环境，宜在格构网格内种植花草等观赏植物、在喷射混凝土坡面上种植爬山藤类植物，当高切坡坡角较缓且边坡整体稳定或基本稳定时，可单独采用绿化护坡。

四、地质灾害避险搬迁

三峡库区人口稠密，垦殖度高，生态环境脆弱。实施避险搬迁，有利于库区生态文明建设和环境改善，也有利于构建和谐库区目标的实现。根据相关部门调查，生态屏障区仍有大量不稳定地灾体分布。随着库区经济社会的发展，国家对三峡工程的战略定位也有了重大调整和提升，移民对生存环境的要求也愈来愈高。因此，为避免地质灾害对人民群众生命财产安全造成威胁，改善库区生态环境，对受不稳定滑坡、崩塌、危岩体等威胁的居民实施避险搬迁是非常必要的。

(一)滑坡、崩塌、危岩体避险搬迁

(1)避险搬迁项目需求情况

三峡库区湖北省与重庆市需要纳入滑坡崩塌危体防治(避险搬迁)的项目共1939处，其

中，湖北 491 处，重庆 1448 处。

(2)二期、三期规划避险搬迁遗留问题

1)二期避险搬迁有关遗留问题

①规划情况。

二期避险搬迁，共规划 232 处 21497 人，其中，湖北 55 处 6243 人，重庆 177 处 15254 人。

②重庆市提出二期搬迁规划项目规划人数存在问题，要求增加 14337 人。

2006 年 7 月 27 日，重庆市三峡地防办向三峡库区地质灾害防治工作领导小组办公室报送了《关于请求将三峡库区二期地质灾害防治实际需避险搬迁人数纳入移民整体规划实施搬迁的请示》，提出国土部二期规划重庆市避险搬迁规划的项目 177 处，规划避险搬迁人数 15254 人(其中城镇人数 70 人)。而重庆市"实际需实施避险搬迁项目 165 处(177 处规划项目中有 12 处已实施搬迁、已治理或不需搬迁)，涉及 7979 户 29591 人"，需增加 14337 人。

对上述情况，重庆市认为："由于二期地质灾害防治工作启动比较仓促，国家在编制规划时来不及对避险搬迁的项目进行现场调查，也未考虑灾害体影响范围内搬迁人口的自然增长及人口流动等变化因素。重庆本次上报的搬迁人数，是经专业队伍在对每个灾害体的稳定性作了定性分析评价，对影响范围进行了现场界定的基础上，逐个灾害点逐户调查统计的，并对每个搬迁群众进行登记造册，调查结果比较真实地反映了实际情况。"

2)三期避险搬迁有关遗留问题

三期规划为避险搬迁两省(直辖市)提出有遗留问题纳入避险搬迁的崩塌、滑坡和危岩以及不稳定库岸(塌岸)等地质灾害点总计为 87 处(段)。其中湖北 9 处(段)，重庆 78 处(段)。

①滑坡、崩塌和危岩。

三期规划为避险搬迁两省(直辖市)提出有遗留问题纳入解决的滑坡、崩塌、危岩等地质灾害点共计 85 处，总方量 22514 万 m^3，其中湖北 9 处 1268 万 m^3；重庆 76 处 21246 万 m^3。

②不稳定库岸(塌岸)。

三期规划为避险搬迁两省(直辖市)提出有遗留问题纳入解决的不稳定库岸(塌岸)共计 2 段，总长 0.8km。全部为重庆市。

(3)规划避险搬迁的滑坡、崩塌、危岩体项目

1)避险搬迁条件

规划为避险搬迁项目必须符合以下条件：

①稳定性预测评价为潜在不稳定、不稳定的滑坡、崩塌与危岩，并对居民构成威胁和危害的。

②经技术可行性和经济合理性论证后，搬迁方案优于工程治理方案的。

③二期、三期规划为监测预警，经过监测，其稳定性恶化并符合上述搬迁避让条件的。与其他规划交叉重叠的处理：生态保护带和 175m 蓄水影响区域人口纳入地灾处理规划统

一考虑。

2)避险搬迁地质灾害体的确定

通过对滑坡、崩塌、危岩体的甄别,对以下情况予以剔除:

①位于生态屏障区范围以外的;

②位于新城、新集镇规划区内的;

③避险搬迁地灾体范围不详的;

④地灾体范围明显与地形矛盾的;

⑤二期、三期已纳入避险搬迁的;

⑥现状与预测均为稳定的;

⑦已纳入以前各期工程治理的。

根据以上规定,经过筛选后确定列入地质灾害防治避险搬迁规划崩、滑体处数。

3)影响对象及数量的确定

根据确定的避险搬迁项目和区县、市提供的崩、滑体分布图与滑坡、崩塌、危岩体范围,对照1∶2000影像图和现场实物调查成果确定避险搬迁滑坡、崩塌、危岩体内的实物数量,主要指标为搬迁人口、房屋面积与土地面积。

①滑坡、崩塌、危岩避险搬迁对象及人口。

按前述原则与规定,生态屏障区范围内列入地质灾害防治避险搬迁的滑坡、崩塌、危岩体共1302处(湖北260处,重庆1042处),搬迁规划总人数10.89万人(湖北2.04万人,重庆8.85万人),房屋431.1万m^2。其中涉水地灾体586处(湖北140处,重庆446处)。

按规划原则,对二期、三期监测预警项目的监测资料进行了统计分析,对变形有加重趋势或已产生较严重变形的滑坡、崩塌与危岩体,且不宜采取工程治理措施的均列为避险搬迁项目。根据统计,由二期、三期监测预警项目转入项目占41%(主要是群测群防项目)。

②受影响土地实物指标。

受影响的土地主要是规划避险搬迁的涉水崩塌、滑坡、危岩体范围内的土地。据调查,需避险搬迁的崩塌、滑坡和危岩体影响范围内有收益土地14.29万亩。

③受影响设施实物指标。

受三峡工程175m水位试验性蓄水影响的土地主要是避险搬迁的涉水崩塌、滑坡、危岩体范围内的设施。

避险搬迁涉水崩塌、滑坡、危岩体范围内设施,包括道路442处302.25km、桥梁17座459延米、电力线路207条197.95km、通信及广电线路315处329杆千米、人行渡口34处。

按所在地质灾害体预测稳定性评价分,175m水位试验性蓄水后预测稳定性评级为潜在不稳定(C级)的设施包括道路173条109.07km、桥梁5座135延米、电力线路79条67.48km、通信及广电线路129处121.88杆千米、人行渡口8处;评级为不稳定(D级)的设施包括道路269条193.18km、桥梁12座324延米、电力线路128条130.47km、通信及广电线路186处207.12杆千米、人行渡口26处。

(4)避险搬迁人口搬迁去向与生产安置

1)避险搬迁人口安置去向

根据以人为本、确保安全,统筹兼顾、着眼长远的规划原则,为解决人民群众长期居住安全问题,计划对规划避险搬迁滑坡、崩塌体上人口撤离滑坡及其影响区。避险搬迁人口采取进城(集)镇和进居民点方式进行安置。

为保证避险搬迁人口生活水平不下降、不低于当地平均水平,并为发展留有余地,综合考虑居民意愿、就业能力以及环境容量、产业吸纳能力、生态环境保护等因素,确定避险搬迁人口去向。

2)避险搬迁人口生产安置

通过产业发展扶持(生态工业园、物流业、旅游业及生态农业园)、社会保障、职业及普通教育扶持、就业扶持等综合措施,解决避险搬迁人口的生产安置问题。

(5)避险搬迁受影响土地处理措施

根据土地受影响程度和具体情况的不同,采取不同的处理措施:

①对受影响变形的土地,待其基本稳定后,进行整理,完善配套设施。

②对毁损的土地,根据毁损的实物指标量,按照国家有关标准进行合理补偿。

③避险搬迁人口中进城(集)镇安置人口退出的土地不进行处理。

④受三峡工程175m水位试验性蓄水影响的土地,须待其变形或毁损发生后,按照规定程序进行调查、核实数量、估算损失,进行处理。

(6)避险搬迁受影响设施处理措施

1)指标

根据地质灾害体稳定性分类标准,结合2008年试验性蓄水影响调查情况分析,稳定性评级为不稳定(D级)崩塌、滑坡和危岩体范围内的设施按照损毁、垮塌考虑;稳定性评级为潜在不稳定(C级)崩塌、滑坡和危岩体范围内的设施按照损坏、变形考虑;稳定性评级为基本稳定(B级)崩塌、滑坡和危岩体范围内的设施损失不予考虑。

①需恢复重建的设施包括道路193.18km、桥梁324延米、电力线路130.47km、通信及广电线路207.12杆千米,人行渡口26处;

②需加固修复的设施包括道路109.07km、桥梁135延米、电力线路67.48km、通信及广电线路121.88杆千米、人行渡口8处。

2)处置措施

①三峡工程175m水位试验性蓄水期间,应加强对水库蓄水影响处理区和待观察区内设施的管理,出现险情及时进行标识、提示,保障蓄水安全。

②受三峡工程175m水位试验性蓄水影响的设施,其影响发生后,按照规定程序进行调查、核实,进行勘察设计,进行恢复重建或加固维修处理。对恢复重建方案中提高等级、标准建设发生的投资,应进行投资分摊。

③三峡工程 175m 水位试验性蓄水期间，应对水库影响处理区内的 110kV 以上电力线路、50m 以上大中型公路桥梁进行监测。

(二)受蓄水影响涉及的塌岸、小规模涉水滑坡避险搬迁处理

塌岸、小规模涉水滑坡避险搬迁规划，在认真分析 2008 年试验蓄水后现场调查资料的基础上，对临库未纳入工程治理的零星第四系岸坡进行了塌岸预测，并对塌岸预测范围内的受影响实物指标进行了避险搬迁，是对滑坡、崩塌及危岩体避险搬迁的补充。

(1)蓄水诱发的小型滑坡、塌岸情况

纳入避险搬迁的库岸坍塌、小型崩滑体变形共 489 处（1569.57 万 m^2），其中库岸坍塌 254 处（塌岸区 81.32 万 m^2，其中包括毁损 49.48 万 m^2、变形 31.84 万 m^2），小型崩滑体变形 235 处（1488.25 万 m^2）；已列入二期、三期地质灾害防治塌岸、崩滑体 118 处（包括工程治理崩滑体 3 处、避险搬迁坍岸 5 处、崩滑体 64 处，监测坍岸 2 处、崩滑体 44 处）。

(2)受影响实物指标

2008 年库岸坍塌 254 处、小型崩滑体变形 235 处；移民迁移线以上受损房屋 124.80 万 m^2；土地征用线以上有收益土地 8474.73 亩；移民迁移线以上受损、受影响各类设施 262 处。

1)房屋及居住安全受影响情况

移民迁移线以上受影响总房屋 124.80 万 m^2。其中，需重建房屋 39.1 万 m^2，需维修轻微变形房屋 85.70 万 m^2（不含二期、三期地灾防治范围内人口和房屋）。

2)土地受影响情况

因库岸坍塌、崩滑体变形影响土地 8474.73 亩，其中已毁损土地 1916.62 亩，已发生变形的有收益土地 5775.39 亩，库尾汛后受影响土地 782.72 亩。

3)专业项目受影响情况

受影响专业项目，主要包括移民迁移线以上受损与受影响的专业设施、受影响的专业项目功能和农村库周交通三个部分。

①专业设施受损、受影响情况。

a)专业设施受损情况。

受库岸坍塌、崩滑体变形、地面沉陷影响，移民迁移线以上出现垮塌的公路 20 段 6.54km、码头渡口 14 处、10kV 以上电力线路 5 处 7.33km、通信干线 11 处 10.90km、广播电视干线 1 处 2.20km、取水设施 1 处、其他 10 处。

移民迁移线以上损坏、出现严重变形的公路 58 段 19.84km、码头渡口 21 处、10kV 以上电力线路 31 处 45.96 km、通信干线 13 处 11.60 km、广播电视干线 4 处 6.52 km、取水设施 8 处、其他 30 处。

b)专业设施受影响情况。

距水面高度不够的跨江和沿江架空电力线路 22 处 53.09km、电信线路 22 处 43.30km、

广播电视线路10处10.67km。其中1992年4月4日以前修建的电力线路18处47.95km、广播电视线路1处0.6 km,其他均为1992年4月4日以后修建。

②专业项目功能受影响情况。

移民迁移线以下原公路与桥梁被试验性蓄水淹没、新公路与桥梁未完建、已采取临时功能恢复措施的项目包括:修建便道11处15.04km,架设临时桥梁1处,修建简易码头2处,群众正常生产生活受影响的被淹取水设施35处,其他10处。

③农村库周交通受影响情况。

农村库周交通受影响包括移民迁移线上设施受损和功能受影响两部分。农村库周交通功能受影响是指农村库周交通未建或在建项目影响农村居民出行。移民迁移线上库周交通受损的设施共34处;功能受影响已采取临时性恢复功能措施项目包括:设置车行和人行便道22处41.41km,桥梁7处,汽渡1处,渡口45处。

(3)处理措施

1)房屋及居住安全受影响处理

移民迁移线以上受塌岸影响主体结构破坏(垮塌、损坏和严重变形)的房屋(不含二期、三期地灾防治范围内人口和房屋)采取易地重建;轻微变形的房屋、尚未变形的房屋(不含二期、三期地灾防治范围内人口和房屋)监测使用,其中轻微变形的房屋给予维修;对已应急避险撤离的居住人口给予过渡期补助。

2)土地受影响处理及生产安置

土地征用线以上受塌岸毁损的有收益土地给予补偿、补助;对乌江库尾、嘉陵江库尾汛后土地淹没线以上受影响耕地给予一季青苗补助;农村房屋受损(指垮塌、损坏、严重变形)的人口安置按出村组易地搬迁建房与生产安置处理。

3)专业项目受影响情况

受塌岸影响的专业项目按受损程度进行重建、加固处理或维修处理;对受损的农村库周设施进行加固维修。

五、地质灾害监测预警

突发地质灾害应急准备与响应是控制、减轻地质灾害可能造成的人身伤害、财产损失及环境破坏的有效措施,也是有效防治地质灾害、保障公共安全的重要手段。因此,做好地质灾害防治应急工作,是关系国家经济发展全局和人民群众生命财产安全的大事,是全面落实科学发展观、构建社会主义和谐社会的重要内容,是各级人民政府坚持以人为本、执政为民、全面履行政府职能的重要体现。三峡库区现代化建设进入新的阶段,改革和发展处于关键时期,加之三峡工程进入175m水位正常运行期,影响地质安全的因素增多,应急管理已成为政府管理工作中一项不可回避的重要工作。加强三峡库区突发地质灾害应急能力建设、应急预案和应急工作规划的制定,可以极大地提高突发事件应急管理的效率和水平。

根据《中华人民共和国突发事件应对法》《国务院关于全面加强应急管理工作的意见》《国家突发公共事件总体应急预案》《国家突发地质灾害应急预案》，落实《“十一五”期间国家突发公共事件应急体系建设规划》关于“建立健全应急管理体系，提高处置突发性事件能力”的要求，重点是加强应急基础能力建设。

(一)应急工作现状

国土资源部建立有全国汛期地质灾害防治应急指挥系统，其中，三峡库区应急分队负有对库区特大级地质灾害应急防治的指导责任。

湖北省、重庆市人民政府参照国务院地质灾害应急防治总指挥系统的组成和职责，结合当地实际情况，分别成立了相应的地质灾害应急防治的组织体系，负责大型地质灾害应急防治工作的指挥和部署。

为防治三峡库区地质灾害，国家成立了三峡库区地质灾害防治工作领导小组和下设的办公室；与此对应，重庆市、湖北省人民政府分别成立了三峡库区地质灾害防治工作领导小组，下设办公室；库区26个区县(市、自治县)人民政府设立了三峡库区地质灾害防治工作领导小组，下设办公室。领导小组也是当地行政区域内三峡库区突发性地质灾害应急处置的指挥机构，各级领导小组办公室是负责应急处置的具体组织、协调、指导和监督三峡库区地质灾害防治工作。

库区各区县设立了三峡库区地质灾害抢险救灾应急指挥部，成员部门由区县应急办、国土资源局、财政局、发改局、卫生局、公安局等多个部门组成，指挥长由区县人民政府分管国土资源工作的副区县长担任；指挥部下设办公室，办公室主任由区县国土资源局局长担任，负责具体日常工作。

目前，应急监测预警队伍由省(市)地质环境总站、库区各区县地质环境监测站、库区5个专业监测单位和群测群防组织承担，救灾抢险由应急指挥部组织人员实施。

应急工作在管理上实行群专结合，但应急体系人员流动，基层技术人员和应急设施缺乏，部门之间、县乡之间、条块之间、预防与处置之间衔接不紧密，多方协同处置突发地质灾害力量薄弱，存在人员、信息、资源等难以快速集成等情况，应急资金往往不能落实。

(二)主要任务目标

建成覆盖新三峡库区突发地质灾害的应急预案体系；健全按地质灾害级别分级管理、分工负责，条块结合、属地管理为主的应急管理体制，落实党委领导下的行政领导责任制；加强应急管理机构、应急队伍、应急监测预警与信息传输、应急处置和应急指挥能力的建设；构建统一指挥、反应灵敏、协调有序、运转高效的应急管理机制；完善应急技术标准和管理制度，建设突发地质灾害预警预报信息系统和专业化、社会化相结合的应急管理保障体系，形成自下而上报险报灾、自上而下指导、信息畅通、反应快捷、政府主导、部门协调、军地结合、全社会共同参与的应急管理工作格局。

(三)应急体系建设

(1)健全应急组织体系,建设应急队伍

1)应急组织体系和职责

国务院国土资源行政主管部门负责全国地质灾害防治工作的组织、协调、指导和监督。在出现超出事发地省级人民政府处置能力,需要由国务院负责处置的特大型地质灾害时,根据国务院国土资源行政主管部门的建议,国务院成立临时性地质灾害应急防治总指挥部,负责特大型地质灾害应急防治工作的指挥和部署。

原国土资源部建立全国汛期地质灾害防治应急指挥系统。

湖北省人民政府和重庆市人民政府参照国务院地质灾害应急防治总指挥系统的组成和职责,结合当地实际情况,分别成立了相应的地质灾害应急防治的组织体系,负责大型地质灾害应急防治工作的指挥和部署。

三峡库区地质灾害防治工作受到国务院的高度重视,由国家发展改革委、财政部、国土资源部、三峡办、水利部、住房城乡建设部、监察部、审计署、湖北省人民政府、重庆市人民政府、中国气象局、三峡总公司共 12 个部门(或单位)组成的三峡库区地质灾害防治工作领导小组,领导小组下设办公室;与此对应,重庆市人民政府和湖北省人民政府分别成立三峡库区地质灾害防治工作领导小组,下设办公室;库区 26 个区县(市、自治县)人民政府设立三峡库区地质灾害防治工作领导小组,下设办公室。领导小组是该行政区域内三峡库区突发性地质灾害应急处置的指挥机构,各级领导小组办公室是负责应急处置的具体组织、协调、指导和监督三峡库区地质灾害防治工作。

三峡库区是我国地质灾害多发区,为在发生地质灾害或出现地质灾害险情时抢险救灾的需要,库区各县(市、区、自治县)针对地质灾害发育特点,形成了统一领导、分工负责,分级管理、属地为主、快速反应的应急管理体系,设立了县(市、区、自治县)级地质灾害抢险救灾应急指挥部。分别有区县国土资源局、民政局、公安局、应急办、发改局、经贸局、安监局、教育局、财政局、建设局、交通管理部门(交通局、公路养护段)、水利水电局、卫生局、食品药品监管局、旅游局、乡企(煤炭)局、供电局、电信局、气象局等部门为成员单位。

2)应急队伍的建设

防范地质灾害的应急重点应是对发现的险情及时作出准确判断和避灾防灾处置,以减少或消除突发地质灾害对人民生命财产造成的人员伤亡和危害。实现准确、及时地判断突发地质灾害险情,提出合理避灾防灾处置方案,制定和修订防治预案,需要对地质灾害险情组织应急调查(勘查)、应急监测、险情状态和风险评估、危害范围与规模及时间预测、防治措施方案和应急预案的制定等,指导防灾和协助救灾,这是一项专业技术难度较大且急迫的工作,需要专业应急队伍来承担,避免以往的应急临时调配(人员、技术装备、基础资料、信息等资源),出现应急队伍难以快速齐备集聚现场和应急能力不足的现象。

按照统一领导,分级负责,属地管理的原则,建议在现有应急指挥机构的基础上,构建国家级、省级、区县级三峡库区突发地质灾害应急中心，分级履行专业应急队伍职责。

①技术支撑单位。

地质灾害的防治涉及多学科知识，需要社会合力支持，在应急时就更加迫切，提高综合判断和应急处置的能力。各级地质灾害应急指挥机构，根据所管辖区内掌握其地质环境情况和技术实力，选择作为本级三峡库区突发地质灾害应急处置工作的技术支撑单位，成为预备应急队伍。技术支撑单位参与应急调查、应急监测、风险隐患分析、灾害评估、救援探测等抢险救援工作。

②专家系统建设。

各级应急指挥机构及有关部门可根据实际需要建立专家库，聘请有关专家组成专家组，为应急管理提供决策咨询和工作建议，必要时参与现场应急处置工作。

③抢险救援队伍。

抢险救援主要是灾情发生后，在各级人民政府的领导下，各级应急指挥机构立即构建现场指挥部，下设综合协调组、专家技术组、抢险救灾组、医疗救护组、转移安置组、安全保卫组、后勤保障组、新闻报道组、善后处理等现场处置工作小组，开展现场处置工作。并组建一支机敏、灵活、富有战斗力的抢险救援队伍，抢险救援人员包括公安、消防、武警、医疗、预备役部队和民兵等，武警、预备役部队和民兵是处置突发地质灾害的骨干和突击力量。

④群测群防监测预警应急系统。

三峡库区监测预警网络以形成了由县、乡、村三级政府组织监督，区县监测体系由县、乡、村三级监测网组成，各负其责，责任到人，群专结合。群测群防人员既是发现地质灾害前兆的先头兵，又是防灾避险的积极分子，初步形成了县级、乡级、村级防灾救灾组织，在群测群防点发生地质灾害灾(险)情后的现场临时应急的先期处置，参与抢险救援。

(2)应急能力建设与应急装备配置

防治地质灾害，首先须了解防治对象的属性和表现特征，捕捉影响地质体稳定的因素及其变形的发展情况，应急监测与调查则是了解险情状况最有效的方法。加强应急能力建设，为应急中心配置必要的应急设备是应急工作的基本保证条件。

1)应急监测系统建设

针对突发地质灾害发生过程的表征，应急监测采用有效快捷的监测手段，获取地质灾害现场地面变形位移、诱发因素的降雨、灾害体规模测算、地物状态与统计等信息。从点到面实现远控的实时监测和应急调查测量，及时掌握临灾形迹征兆，考虑配置应急监测调查设备，提高应急分析监测预警能力。

2)应急指挥移动通信信息平台建设

突发地质灾害的应急指挥，需要及时了解险情(或灾情)现场动态和防灾救灾准备等情况，根据险情或事件发展做出准确判断和应急指挥，组织和调配防灾力量，采取应对应急措施，尽可能避免或减少人员伤亡和财产损失及不良的社会影响。因此，在险情或灾情发生时，快捷直观、真实全面地掌握各方面信息和决策指令传达与反馈，是落实防灾救灾应急的关键环节和应变的基本保证。应急指挥移动通信信息平台可实现现场数据快速采集与传输、数据处理、远程会商、信息系统资源利用、信息直观表达等应急指挥信息汇集与交互功能。

3)应急辅助装备配置

地质灾害应急工作力求预防地质灾害发生和地质灾害的扩展，工作重点是预警险情和处置险情，以配合政府组织的抢险救灾。根据工作的性质特点，应急基本装备除上述应急监测设备和指挥移动通信信息平台外，辅助装备主要配置交通工具、报警装置、通信设备和人员防护装备。

(3)应急辅助决策指挥系统建设

全面、及时、准确掌握突发公共事件信息，是抢险应急行动的重要环节。欲快捷获取防灾有关的各方面信息，须实行地质灾害监测网、防汛监测网、气象监测网、地震监测网、三峡水库调度水情、三峡工程生态与环境监测信息网等相互链接、资源共享，并连接政府网，及时传送地质灾害险情灾情、汛情、气象、地质灾害防治和预警等信息，及时让决策者知晓专业分析研究预测的地质灾害可能发生突发事件的时间、地点、范围、程度、危害及趋势信息，各级人民政府、有关部门针对各种可能发生的突发事件，开展风险分析，发布可能发生的突发事件类别、预警级别、起始时间、可能影响范围、警示事项、应采取的措施和发布机关等，防患于未然，做到早发现、早报告、早处置。告示预警信息的调整和解除。

在已建信息系统与预警指挥系统基础上，按地质灾害防治信息系统建设的总体框架，结合突发地质灾害风险识别及应急响应系统建设，建立各类专业监测网的信息互联和接入政府网安全机制，开发各类专业监测网信息互联接口和信息交流规则模块，建立地质灾害预警支持及应急指挥逻辑模型与管理模块，充分利用已建地质灾害信息系统与预警指挥系统的各项功能和各类监测网络，按应急指挥的需要，开发应用软件，建立应急指挥主题数据库，提供应急辅助决策指挥支持。

(4)预防和预警机制建设

1)预防预警体系建设

三峡库区地质灾害监测预警工程的实施，建立了三峡库区地质灾害群专结合的监测网络，基本形成了以预防为主的地质灾害监测、预报、预警体系，政府主管部门组织的地质灾害险情灾情调查、避灾防御和地质灾害防治规划运行规范。但仍须进一步建设预防预警体系，加强险情灾情应急监测预警能力建设，实现各部门间的防灾信息共享，制定三峡库区地质灾害预测预报技术标准和应急监测指南等，促进防御能力和水平的提高。

2)应急监测预警工作程序的制定

依据《中华人民共和国突发事件应对法》《地质灾害防治条例》《国家突发地质灾害应急预案》和相关规定，充分调研三峡库区地质灾害防治应急管理需求，完善《三峡库区地质灾害防治崩塌滑坡专业监测预警工作职责及相关工作程序的暂行规定》(三峡地防办,2007年),健全和补充制定应急监测预警工作程序。

3)编制年度地质灾害防治方案与应急预案

根据《国家突发地质灾害应急预案》要求,县级以上地方人民政府国土资源主管部门会同本级地质灾害应急防治指挥部成员单位,依据地质灾害防治规划,每年年初拟订本年度的地质灾害防治方案。由于地质灾害的预测十分困难,需要对地质灾害易发区常巡查,了解地质灾害的隐患,制定应急预案,具体辖区内主要灾害点的分布,威胁对象和范围,明确重点防范期,制定有效的地质灾害防治措施,确定地质灾害的监测、预防责任人。

4)地质灾害险情巡查与灾害隐患应急对策

地质灾害险情巡查是发现灾害隐患和了解险情程度的有效手段,地方各级人民政府国土资源主管部门要充分发挥地质灾害群测群防和专业监测网络的作用,应急中心会同各监测机构进行定期和不定期的检查,加强汛期和库区水位调节期对地质灾害重点地区的监测和防范,发现险情时,要及时向当地人民政府和上一级国土资源主管部门报告。协助当地县级人民政府及时划定灾害危险区,设置危险区警示标志和应急监测标志,确定预警信号和撤离路线。根据险情变化及时提出应急对策,组织群众转移避让或采取排险防治措施,情况危急时,应强制组织避灾疏散。

5)编制和发放"防灾明白卡"和"避险明白卡"

为提高群众的防灾意识和能力,地方各级人民政府要根据当地已查出的地质灾害危险点、隐患点,将群测群防工作落实到具体单位,落实到乡(镇)长和村委会主任以及受灾害隐患点威胁的村民,要将涉及地质灾害防治内容的"明白卡"发到村民手中。

对巡查或报告发现新的地质灾害危险点、隐患点,及时编制和发放"明白卡",使预防不留死角,应急工作做到早防治。

6)建立县、乡、村三级应急抢险体系

在政府的统一领导下,建立县、乡、村三级应急抢险体系,定期应急抢险演练。以三峡库区群测群防体系为基础,通过广泛宣传、培训干部和群众对突发事件防灾应急避险抢险知识,定期对县、乡、村三级应急抢险骨干人员进行演习培训,加强专业应急救援队伍与非专业应急救援队伍的合作,联合演练和培训,提高基层组织临灾应急抢险协同能力。

(四)应急管理

(1)制度建设

1)建立地质灾害预报预警制度

库区各地地质灾害防治机构,注意气象部门对灾害性天气预报和水利水文部门对江河水库水情的实报及预报,加强合作,提供应急处置所需气象分析资料和水文资料,联合开展地质灾害气象预报预警工作,为应急处置及时提供信息服务。

规范应急监测信息采集、记录报告与信息发布,各类预报预警结果及时报告本级人民政府，由政府通过媒体向社会发布。

2)建立地质灾害速报制度

发现地质灾害险情或灾情，应按规定及时上报，结合库区不同通信和交通情况，制定切实有效的速报制度，确定各级上报时限要求和速报的内容。

3)判别地质灾害险情灾情级别与地质调查

地质灾害灾情按危害程度和规模大小分为特大型、大型、中型、小型四级，地质灾害险情按监测预警可能发生概率大小和时间排序分为注意级、警示级、警戒级、警报级四级。级别判定应经地质调查和技术会商，使抢险应急科学合理。

4)建立健全突发事件应急管理培训制度

抢险救灾需要经常演练，才能临危不乱，当地干部群众的配合与支持十分必要。应有目的、有计划地培训库区地质灾害应急抢险人员和基层干部及群测群防骨干，使突发事件应急管理的培训形成制度，有利于应急抢险救灾的高效实施。

(2)应急预案管理与更新

1)预案管理

可能发生地质灾害地区的县级以上地方人民政府负责管理地质灾害防治工作的部门或机构，应当会同有关部门参照国家突发地质灾害应急预案，制定本行政区域内的突发地质灾害应急预案，报本级人民政府批准后实施。省(市)的应急预案应当报国务院国土资源主管部门备案。

2)预案编制

依据国家突发地质灾害应急预案的有关规定，三峡库区地质灾害应急预案分省、县、乡三级，库区地质灾害应急预案由同级人民政府组织编制与颁布实施，并报上一级主管部门备案。

预案包括三峡水库蓄水、降水、汛期、日常运行期突发地质灾害应急预案，重点城集镇突发地质灾害应急预案，严重隐患点突发地质灾害应急预案等。

3)预案发布

三峡库区突发地质灾害应急预案报同级人民政府组织审查后发布实施。

4)预案更新

每年 3 月底前更新同级三峡库区突发地质灾害应急预案，报同级人民政府组织审查，并根据评审结果进行修订或更新后报上级人民政府批准，同级对批准的预案发布实施。

(3)应急处置程序的建立与启动

应急处置一般分两大部分，一是临滑预警和突发险情的应急处置，二是灾情发生后的应急处置和救援。并按险情灾情大小，采取不同的应急处置程序。

1)应急处置范围

针对范围内所发生险情和灾情的地质灾害，尤其需要注意新生的地质灾害所发生险

(灾)情的应急处置。

2)应急处置原则

按照“属地管理,分级处置”的原则,三峡库区突发地质灾害应急处置实行省(市)、县(市、区、自治县)、乡镇(街道)三级管理。特大型突发地质灾害的应急处置由省(市)级负责,大、中型突发地质灾害的应急处置由县(市、区、自治县)负责,小型突发地质灾害的应急处置由乡镇(街道)负责,各级逐级指导下级开展应急处置工作。

3)突发地质灾害应急处置程序和启动机制

①信息报警。

现场监测责任人、监测员或当地群众发现地质灾害灾(险)情后,向乡镇(街道)地质灾害值班人员报告灾害信息,乡镇(街道)第一时间派员赴现场进行应急处置;符合规划条件的突发地质灾害,由镇(街道)按照“分级处置”的有关规定将报警信息上报县(市、区、自治县)、省(市)级和国家三峡库区突发地质灾害应急指挥机构。

特大型和大型地质灾害信息在4h内上报,中型和小型地质灾害信息12h内上报。

②现场初步调查。

乡镇(街道)派员了解突发事件位置是否符合规划范围,突发事件性质(险情或灾情)、威胁或危害对象、规模、变形情况、成灾的人员伤亡和财产损失,同时调查是否与三峡水库蓄水涨落有关,属新生地质灾害还是已发现隐患点,灾害点高程,已采取的应急措施,反映请求支援的工作内容等。

③应急调查和应急勘查。

省(市)、县(市、区、自治县)三峡库区突发地质灾害应急指挥机构根据报告的现场初查结果,立即组织应急调查,对中型及以上地质灾害险情和灾情可组织技术支撑单位和成立专家组参与应急调查。

通过应急调查认定,根据灾害地质体目前稳定情况、变形趋势及防治需要,需进行且可以进行应急勘查的,可尽快实施应急勘查。

④应急监测预警。

a. 立即在崩滑体外围架设测地机器人、全站仪、激光测距仪等,以崩滑体上突出的地形地物点为监测目标实施连续(实时)监测。

b. 立即在崩滑体前方、斜前方适当位置架设三维激光扫描仪,实施应急测量和应急监测,建立灾害地质体三维数字模型,形成灾害地质体平面图、立体图和纵、横剖面图,进行稳定性分析计算、涌浪计算、险区划分、防灾工作布置和决策。

c. 应急监测单位应进行实时监测和现场24h值守,加强监测时程曲线预测;加强宏观变形监测及临滑短临前兆巡查及视频监测,及时分析预测并快速提供相关监测数据、分析曲线和相关判据,及时向现场专家组和远程专家组汇报、会商,力争及时准确预报崩滑体大规模崩滑的时间。

⑤应急专家会商。

充分依靠有经验专家组成的现场专家系统，依靠专家的综合类比经验判断，以宏观变形特征、短临前兆特征，监测变形速率为主进行分析判断，审定所圈定的险区范围，快速确定灾害地质体目前所处的变形阶段和预警级别，若已接近临滑状态，短临前兆特征已出现，十分紧急，则立即通知政府职能部门发布红色预警并立即撤离险区人员，并采取其他相关应急措施。若此时已能进行远程会商，则专家远程参与会商。

⑥应急决策指挥。

a. 迅速建立远程应急指挥系统。

对于大型、特大型地质灾害险情和灾情，以应急监测预警指挥车为依托，立即建立现场视频传输系统、远程会商和远程指挥系统、决策支持系统，以便于中央、国土资源部、省市领导可以实时观察现场情况并进行远程决策指挥。

b. 现场应急决策指挥、抢险救援。

现场指挥部应立即召开现场会议，听取专家组的汇报，立即进行应急决策指挥，进行抢险救援。

⑦险情红色预警应首先采取的防范措施。

a. 陆地上地质灾害防范。

立即撤离位于陆上险区内的所有人员，包括崩滑体上、崩滑体下滑危及的范围内、陆上涌浪灾害波及范围内的所有人员。设立警示标志，严禁进入险区。

b. 水上涌浪灾害防范。

立即发布红色预警险情航行通告，不允许上下游过往船驶入涌浪险区，立即撤离险区内所有船舶，保护涌浪灾害波及范围内港口码头和其他水上设施。做好水上应急救助准备。

⑧应急抢险工程治理。

对危害对象无法避让的突发地质灾害险情，必须实施保护的，在灾害地质体稳定状态及实施条件可能的情况下，可采取应急抢险工程措施消除险情。对需要完全消除地质灾害隐患的，在应急抢险工程措施对灾害地质体已初步控制基础上，下一步可实施工程治理以便根治。

⑨编制应急报告。

应急抢险结束后，应编制地质灾害应急抢险报告，内容包括：地质灾害基本情况、成因、引发原因、稳定性、发展趋势、危险区和影响区范围、应急抢险措施及后期工作建议。在大型以上地质灾害应急处置过程中，还应编制监测和应急处置时报或续报，及时报告地质灾害发展程度和应急处置进展情况。

4）应急处置程序的编制和颁布

省（市）级三峡库区突发地质灾害应急指挥机构依法统一编制应急处置程序，适时更新，及时颁布。

(五)应急保障

(1)应急资金保障

按照有关规定建立三峡库区地质灾害应急专项资金,把地质灾害应急专项资金列入年度财政预算,实行专户管理,专款专用,确保突发地质灾害抢险救灾、搬迁避险、灾民救济等经费急需。

经费估算包括应急体系建设的4个方面(应急队伍建设与管理费用、应急能力建设和应急装备配置、应急辅助决策指挥系统建设、预警预报机制建设),应急管理的3个方面(制度建设、应急预案管理与更新、应急处置程序的建立),应急处置的3个方面(应急避让转移、应急监测调(勘)查、应急工程治理)和应急抢险救灾的应急经费。

(2)应急队伍、物资、装备保障

加强地质灾害专业应急防治与救灾队伍建设,确保灾害发生后应急防治与救灾力量及时到位。专业应急防治与救灾队伍、乡镇、村、组应急救援志愿者组织等,平时要有针对性地开展应急防治与救灾演练,提高应急防治与救灾能力。

区县人民政府要储备灾民安置、医疗卫生、生活用品等方面的必要的抢险救灾专用物资,保证抢险救灾物资供应。

(3)通信与信息传递

加强地质灾害监测、预报、预警信息系统建设,充分利用现代通信手段,把有线电话、卫星电话、移动手机、无线电台及互联网等有机结合起来,建立地质灾害应急防治信息网,并实现各部门的信息共享。

(4)宣传、培训和演习

区县、乡镇等各级人民政府要加强公众防灾、减灾知识的宣传和培训,对广大干部和群众根据应急预案,结合实际,定期或不定期地组织开展应急抢险救灾演习,提高应急准备、指挥和响应能力。

(5)地质灾害应急科学研究

各级人民政府有关部门和单位要开展地质灾害应急防治与救灾方法、技术的研究,开展应急调查、应急评估、地质灾害预报预警的研究;加大对地质灾害预报预警科学研究和技术开发的工作力度和投资,同时开展有针对性的应急防治与救灾示范工作。

六、地质灾害防治工程技术总结及科学研究

三峡工程是一个复杂的系统工程,一些问题需要较长时期认知,在三峡水库新的生态系统形成初期,对生态环境问题的认知仍待提高。因此,需要加强对科技支撑项目研究,以提高科学认知,支撑相关生态环境问题的解决。三峡库区大量崩滑地质灾害防治工程的实施,汇集了全国许多优秀的专业队伍,吸引了许多知名学者、专家参与和指导,取得了丰硕的成

果，积累了丰富的经验。在不断总结库区崩滑地质灾害防治经验基础上，已推出了崩滑地质灾害防治的地质勘查、变形监测、工程设计和施工、工程竣工验收，以及监理和管理等系列技术标准或规定，填补了地区性乃至全国性崩滑地质灾害防治专业技术标准化空白。同时培养了一大批崩滑地质灾害勘察设计、施工专业队伍，普及了崩滑地质灾害防治知识，增强了库区人民防灾减灾意识。

(一)三峡库区复杂动水条件下山体滑坡和岸坡坍塌规律研究

(1)主要研究内容

1)三峡水库运行期库岸水文地质条件研究

建库前，长江水位是峡谷地区岸坡地下水的排泄基准面。水库运行后，库水位是新的排泄基准面，从库首到库尾相对于建库前有不同程度的升高(最大升幅达 110 m 左右)，且频繁大幅度地升降，地下水的补给、径流和排泄条件随之发生巨大变化，甚至一些含水层会因为与库水补给、排泄关系的变化而改变承压、无压含水层的性质。结合岸坡变形规律研究的需要，针对不同河段、不同地层结构、不同地貌形态的水文地质单元，研究三峡水库运行后复杂动水条件下岸坡的水文地质特征，概化出与复杂动水条件对应的动态水文地质模型和基本条件。

2)复杂动水条件下三峡水库岸坡变形规律研究

按地貌形态、地层结构、动态水文地质条件等进行分类。针对不同类型的典型滑坡等岸坡地质体，根据所概化的动态水文地质模型，研究复杂动水条件和暴雨入渗条件下的地下水流场及其动态变化规律，以及岸坡的变形发展规律。

3)复杂动水条件下三峡水库岸坡稳定性及破坏规律研究

针对不同分类的典型滑坡等岸坡地质体，根据复杂动水条件下岸坡的变形规律，研究岸坡失稳规律和模式，针对不同形态和结构的岸坡提出其稳定性对水库水位变化的限制条件。

4)实施阶段专题研究

明确实施阶段进一步开展复杂动水条件下三峡水库岸坡变形破坏规律研究的目标任务和研究大纲。

(2)初步成果

三峡库区复杂动水条件下岸坡变形规律研究工作取得如下重要的定性成果。

①随着三峡水库的建成和运行，在水库淹没范围内，原来的江岸变为库岸。与水库水位复杂变动过程相对应，各地段岸坡涉水段高程、长度范围及时间不同，地层结构与地表水的关系，以及地下水的补给、径流和排泄条件都发生复杂而显著的变化。

②三峡水库复杂水位过程对岸坡变形的影响在不同地段由于淹没水深、地貌形态、地层结构的不同而表现出不同的程度和规律，水位上升过程对岸坡变形规律的影响最复杂，而水位下降过程，以及水位短时间的急剧升降过程对岸坡变形的促进作用更为明显。

③三峡水库复杂水位过程是一些重点地段岸坡稳定的重要影响因素，其与暴雨条件的

叠加影响更有可能诱发岸坡失稳。岸坡破坏是岩土体在与水库复杂动水条件相应的渗流场长期作用下，逐渐削弱稳定性，由暴雨、水库水位突然变化等偶然因素诱导发生的结果。

④由于复杂动水条件对岸坡变形与破坏的影响具有时间累积效应，而且受水位变动条件、地貌形态、地层结构以及暴雨条件等诸多因素的影响，应该开展相应的系统性和定量规律的研究工作。

⑤研究工作最终目标为：

a. 识别水文地质条件在建库前后明显改变的区域和岸坡条件；

b. 识别变形与稳定对库水位条件敏感的岸坡类型和区域；

c. 进一步揭示动水位和暴雨条件下岸坡变形的规律和时间效应；

d. 提出动水位和暴雨条件下岸坡破坏模型及预测理论与方法；

e. 预测可能出现重大岸坡失稳现象的条件和区域，建立监测和预警系统；

f. 提出完善水库调度运行调度方案的建议。

(二)三峡水库滑坡监控关键技术研究

(1)课题研究的意义

开展三峡水库滑坡监控关键技术研究的目标旨在紧密结合三峡水库蓄水运行后水库滑坡的特点，开展相关先进理论、方法与关键技术的系统研究，获得库水位变动、降雨及地震作用下各类三峡水库滑坡的变形失稳与灾变机制；研发三峡水库滑坡的监测关键技术；建立水库滑坡岩土体力学特性变化与变形失稳追踪的动态反馈分析方法；提出三峡水库滑坡灾害的发生、发展演化及灾变过程的预测预警技术；揭示水库滑坡灾害体与防治工程结构的相互作用机理，发展和完善滑坡灾害治理的防治工程关键技术。使这些研究方法和技术互为补充，形成库水位变动、强降雨及地震条件下三峡水库滑坡灾害机制分析、监测、动态反馈分析、预测预警及防治的系列关键技术，为三峡水库运行期防灾减灾工作和库区经济的可持续发展提供科学技术支撑。

(2)研究内容

围绕三峡水库蓄水运行后水库滑坡长期安全监控的需要，对库水变动、降雨联合作用以及地震诱发三峡水库滑坡的变形失稳机制、监测关键技术、动态反馈分析技术、预测预警技术、防治工程关键技术等方面开展系统研究。

(3)研究成果

研究所得到的主要结论可分为以下 5 个方面：

1)三峡库水位变动、降雨及地震诱发水库滑坡的变形失稳机制研究

通过对三峡库水位变动、降雨及地震诱发水库滑坡的变形失稳机制研究，可得到以下结论：

①通过对三峡库区区域地貌特征、水文气象条件及三峡库区滑坡水文地质特征的分析

总结，在一般滑坡定义的基础上，给出了三峡库区水库滑坡的准确定义。

②通过对三峡水库蓄水运行后的水库滑坡时空分布规律的系统深入的研究，根据滑坡分类的原则与思路，采用综合分类法提出了以监测预报为主的三峡库区水库滑坡分类体系。根据该分类体系，可以方便准确地建立起三峡库区水库滑坡的监测监控系统，为滑坡的预测预报提供参考。

③通过三峡库区水库滑坡在库水位涨落和降雨条件下的长期变形特征及规律的系统研究，可得到一般性认识如下：

a. 水库滑坡的变形受库水位变化和降雨的影响明显，不可忽略。

b. 水库滑坡的变形与库水位变化和降雨具有较强的对应性，但在时间上具有略滞后性。一般说来，库水位变化和降雨两者之一发生改变时，都会给滑坡带来一定程度上的影响。至于谁的影响大，则需视具体情况而定，水位变化(降低或上升)的速度、降雨量的大小、降雨的持续时间、地下水的渗流速度等都是影响水库滑坡变形的重要因素。

c. 水库滑坡的变形与降雨在空间上也具有较强的对应性，即降雨量越大的地方滑坡变形越显著。在暴雨过程中，地质灾害发生的频率以暴雨中心为最多，中心附近次之，稍远的地区频率更低。

d. 在水库滑坡变形过程中，滑坡体的前缘变形受库水位的影响要比滑坡体的中缘及中后缘大。而且滑坡的变形对库水位的大幅下降反应明显，而对库水位的骤升反应相对迟缓一些。

e. 水库滑坡在变形过程中还具有不均一性，就是说滑坡体不同位置的变形是不一样的，而且变形得较为明显。

④根据对周期性库水涨落及降雨条件下三峡库区泄滩滑坡的渗流特性研究结果，可得到如下结论：

a. 当三峡库区处于 139m、156m、175m 蓄水位时，滑坡体中基质吸力在 24h 降雨以及雨后 144h 过程中不断降低。

b. 滑坡体中的暂态饱和区出现在坡面及坡脚，坡面的暂态饱和区厚度较小(小于 1.5m)，在整个 24h 降雨过程中变化不大。雨停后，地表积水及渗入边坡的雨水仍在向边坡体下部运移，边坡体的饱和非饱和渗流场仍在不断变化，位于坡顶的暂态饱和区变小、消失。

c. 降雨停止后，坡脚的暂态饱和区和暂态水压力不断增大，达到最大值。随后，随着地下水的排泄，坡脚的暂态饱和区和暂态水压力也开始变小。这就是降雨入渗引起的地质灾害具有滞后发生的原因。

d. 泄滩滑坡在降雨作用下入渗率保持不变，且等于降雨速率。降雨可以全部渗入边坡。

e. 库水位变化对滑坡体非饱和区的基质吸力和暂态水压力也有一定的影响，不可忽视。

f. 在库水位下降过程中，滑体中的渗流场发生了变化，原饱和区域在坡脚 145m 上部出现了非饱和区，且随着水库水位下降速率的降低，坡脚 145m 上部非饱和区的范围变大。

g. 随着水库水位下降速率的降低，相应的等水位线下部向边坡体上游移动。这说明饱和流场中的水压力也在降低。

h. 非饱和区范围扩大，饱和区水压力降低均对边坡稳定性有利。因此，应在可能的情况下，选择较小库水位的下降速度，以确保边坡稳定性的降低范围最小。

⑤利用非饱和土力学理论的极限平衡分析法对泄滩滑坡在库水位变化及降雨入渗过程中的稳定性研究表明：

a. 泄滩滑坡的稳定性系数在降雨及雨后 72h 的过程中，不断降低，在雨后 72h 至雨后 144h 的过程中缓慢回升。

b. 泄滩滑坡稳定性系数的最小值，不是出现在 24h 强降雨期间，而是在雨后 72h，滞后于降雨。这就是常见的边坡失稳滞后于降雨的现象。

c. 随着库水位升高，泄滩滑坡的稳定性系数不断降低。而降雨对稳定性的影响程度则随库水位的升高而增大。这是由于库水位越高，边坡的稳定性越低，降雨的影响就越大。

d. 基于非饱和土力学理论得到降雨引起泄滩滑坡稳定性系数降低的幅度为：139m 水位时稳定性系数降低幅度为 0.046，156m 水位时稳定性系数降低幅度为 0.047，175m 水位时稳定性系数降低幅度为 0.055。由此可见随着库水位的升高，滑坡稳定性系数的降低幅度增加。

e. 选择的库水位下降速度越小，泄滩滑坡稳定性系数降低幅度越小，对滑坡稳定性越有利。因为库水位下降的时间越长，越有利于边坡中的地下水排水，孔隙水压力降低，基质吸力增加，从而有利于边坡稳定性的提高。

f. 深入研究了地震滑坡的产生机理、地震滑坡评价方法及水库滑坡在地震载荷作用下的动力响应，得到了系列具特色的研究成果。

2）三峡水库滑坡监测关键技术研究

通过对三峡水库滑坡监测关键技术研究，可得到以下结论：

①在对三峡水库滑坡监测技术广泛调研基础上，针对库区内水库滑坡分类和地质特征，提出了基于 GPRS 网的无线监测系统，并给出了建立该系统的设计和实施方法。

②通过对三峡库区泄滩滑坡的监测成果分析，可得到如下结论：

a. 泄滩滑坡体的渗透性良好，但是滑带、滑坡影响带和基岩的渗透性相对较弱。

b. 蓄水过程中，滑坡体的水位上升速度滞后于水库水位的上升速度（逆向渗流）。

c. 蓄水后，泄滩滑坡前缘开始发生变形，变形速度自前缘至中部（新公路处）逐渐减小，中、后缘基本上不存在变形。

d. 蓄水是诱发泄滩滑坡变形的主要原因。虽然蓄水期的逆向渗流有利于滑坡稳定，但是从监测成果来看，这种稳定作用是暂时的和相对的。

e. 从变形趋势曲线来看，雨季的变形速度略大于旱季的变形速度，但是由于滑坡体变形量不大，这一结论需要进一步证实。

f. 体积含水量变化和降雨强度有关，测点越接近地表，体积含水量受降雨影响越大，离地表越远，受降雨影响越小。降雨量低于一定值时，离地表远的测点体积含水量无明显变化。

g. 降雨时地表基质吸力变化与降雨有明显的对应关系，降雨量越大，基质吸力下降越明显，离地表近的部位基质吸力变化幅度比离地表远的部位大，降雨量较小时，离地表远的测点基质吸力的变化具有一定的滞后。由于白天和晚上地表蒸发强度的差异，每天早、晚基质吸力存在一定的波动。

h. 降雨时地表体积含水量及基质吸力变化很快，受现场条件和项目经费等因素限制，本书体积含水量及基质吸力监测采用人工读数，读数时间间隔较长，不一定能监测到一个降雨周期内体积含水量的极值，对监测结果有一定影响。如要进一步分析滑坡地表降雨入渗规律，采用自动监测是必要的。

③提出了基于 GIS 的水库滑坡监测信息管理与分析系统，该监测系统能方便地实现地质地理信息管理、监测信息管理和监测信息分析三大功能。

3)基于三峡水库滑坡监测的动态反馈分析技术研究

通过对三峡水库滑坡监测的动态反馈分析技术研究，可得到以下结论：

①基于试验均匀设计，利用 FLAC 有限元软件及 BP 神经网络对水库边坡进行了数值模拟和位移预测研究，得到的 BP 神经网络不但很好地反映样本数据之间的映射关系，而且还具有泛化性能，在边坡位移预测中具有很好的精度，表明 BP 神经网络对水库边坡位移预测是可靠的。

②通过对 BP 神经网络、遗传算法及免疫遗传—神经网络算法三者对水库边坡参数反演效果的比较研究，得出免疫遗传—神经网络算法是精度最高的反演方法；利用免疫遗传—神经网络算法对三峡库区泄滩滑坡进行渗透参数预测与反演分析，得到了不同库水位条件下的泄滩滑坡渗透系数具体值，反演结果与实测结果对比表明反演结果是准确的、有效的。

③利用模型辨识及参数辨识方法，得到了能有效描述水库滑坡岩土体蠕变特性的黏弹性蠕变模型和非线性黏弹塑性蠕变模型；以泄滩滑坡为例，基于位移实测结果和 FLAC 有限元数值模拟结果，利用免疫遗传—神经网络算法进行了位移反分析研究，得到了泄滩滑坡的岩土体蠕变模型参数及力学参数。

4)三峡水库滑坡预测预警关键技术研究

通过对三峡水库滑坡预测预警关键技术研究，可得出以下结论：

①分别分析研究了水库滑坡预测预警的确定性预报模型、统计预报模型、工程地质预报模型和非线性预报模型，指出了这些模型之间的差别、优缺点和适用条件；根据三峡库区的实际情况，提出了水库滑坡失稳的判别准则。

②对滑坡预测参数中雨情和水文地质条件进行了研究，表明滑坡环境的雨情和水文地质条件都是预测滑坡失稳破坏的控制参数。

5)三峡水库滑坡防治工程关键技术研究

通过对三峡水库滑坡防治工程关键技术研究，可得到以下结论：

①归纳总结了三峡库区各区县滑坡地质灾害特点，提出了三峡库区滑坡需要重点研究

和防治的主要问题；研究指出了三峡库区滑坡地质灾害防治工程所存在的主要问题，讨论了水库滑坡防治的一般原则，提出了适用于三峡库区水库滑坡的防治措施。

②通过总结三峡库区水库滑坡治理方案及效果，得到了水库滑坡的治理经验如下：

a. 库区水库滑坡的治理方案都是根据具体的工程地质条件、气象水文条件、滑坡物质组成、地下水位变化、降雨等因素，通过三峡水库各种运行工况的稳定性计算，综合考虑所得出的治理措施。

b. 水库的治理方案通常都是综合性的，很少有单一的治理措施。一般地，在多种可行的治理方案中，通过技术经济比较、有效性与合理性论证等手段，选择出最优的滑坡治理方案，并辅以相应的监测工程来印证方案的有效性。三峡库区水库滑坡治理过程中，常用的治理方案主要有：抗滑桩＋护坡工程治理方案；混凝土阻滑键＋排水工程治理方案；抗滑桩＋挡土板治理方案；抗滑桩＋（预应力）锚索治理方案；抗滑桩＋排水工程治理方案；格构锚杆＋砌石护坡＋挡土墙＋排水工程治理方案；回填压脚＋排水工程治理方案；后缘减载＋植被护坡＋锚索＋抗滑桩治理方案；后缘减荷＋排水工程＋抗滑桩＋回填反压治理方案；回填压脚＋排水工程＋抗滑桩＋护坡治理方案。

c. 在三峡库区水库滑坡治理的过程中，对地震因素的考虑不够，在今后的水库滑坡治理过程中需要加强考虑地震因素所带来的影响，在充分考虑地震作用效应条件下，选择合理的水库滑坡治理方案。

③分析研究了滑坡—防治结构的相互作用机理，以三峡库区万州区的二层滑坡为例，利用极限平衡法和有限元法比较计算了滑坡的推力，比较了有无防治结构的计算结果，分析了滑坡—防治结构的相互作用效果。

④以三峡库区电厂滑坡为例，系统深入研究了滑坡—防治结构在库水位变动、降雨及地震作用下的响应问题，对滑坡进行了七种不同工况下的稳定性评价，得出了各种工况下的稳定系数；利用有限元方法计算分析了滑坡—防治结构在不同工况下的作用效果，并进行了滑坡的推力计算和抗滑桩内力计算，证明了防止结构的有效性。

⑤分别介绍了抗滑桩和挡土墙防治结构的优化设计内容及过程，以三峡库区仁沱滑坡为例，计算分析了滑坡的稳定性，通过综合分析提出了两种滑坡治理方案，并通过分项工程设计和方案比选，得出了以抗滑桩＋排水工程为主的防治措施为最优滑坡治理方案；通过有限元数值模拟分析，对抗滑桩的各参数进行了有效优化，得到了最经济最有效的抗滑桩设计参数，并利用治理后稳定性分析结果，证实了该防治方案的合理性和有效性。

⑥利用结构可靠度分析理论，对三峡库区仁沱滑坡进行了滑坡治理前后的失效性计算，得到了滑坡在治理前后的失效概率，得出了与滑坡稳定性评价相吻合的分析结果；研究表明，基于可靠度分析理论的滑坡可靠度评价比稳定性评价结果更为精确实用，可靠度评价与稳定性评价联合使用可以起到互补的作用，以便更好地服务于水库滑坡的预测与防治工程中。

(三)地质灾害治理新技术和新方法研究

(1)课题研究背景和目的意义

我国是世界上地质灾害最严重的国家之一,尤其是西部大开发中突发性地质灾害问题突出,滑坡工程数量多,治理难度大,存在问题多。国家科学技术部、国土资源部等在"八五""九五"和"十五"计划期间,组织了对地质灾害治理和监测预报的科技攻关,初步解决了我国地质灾害治理的技术难题,以三峡工程库区地质灾害的预防和治理为龙头,地质灾害监测预警技术体系已形成,我国地质灾害治理技术水平不断提高,总体上呈现出如下发展趋势:

①地质灾害数量急剧增多,范围与规模扩大,建筑边坡、交通边坡、矿山边坡、水利边坡与地灾滑坡治理数量与质量都达到了空前的水平。

②边(滑)坡工程治理的科学技术水平不断提高。首先是新型的支护方法与支挡结构类型不断涌现,如锚固技术和加筋挡墙与水泥灌浆、高陡度锚杆框架、预应力锚索框架技术、预应力锚索框架辅以加筋草墙技术等手段的出现与逐步成熟。研究开发轻型化、机械化、小型化和工厂化的应急处置措施和新材料、新工艺是今后的发展方向。其次是稳定分析方法与支挡结构设计计算方法迅速进步,经典计算方法日趋成熟,适应性极广的数值计算方法悄然兴起,为边(滑)坡地质灾害的抢险救灾与治理工程设计提供了强有力的工具。

③监测手段快速发展,尤其是GPS高科技手段的应用,极大地推动了边(滑)坡动态设计、信息化施工方法及地质灾害预报工作的发展。地质灾害遥感调查正由示范性实验阶段步入全面推广的实用性阶段。监测理论和技术方法有长足发展,设备精度、监测设备性能已具有较高水平,并开发了部分高精度(微米级位移识别率)、自计、遥测、自动传输的监测设施。未来,将充分综合运用光学、电学、信息学、计算机和通信等技术(诸如光纤技术—BOTDR、时域反射技术—TDR、激光扫描技术、核磁共振技术、NUMIS、GPS技术、合成孔径干涉雷达技术—InSAR及互联网通信技术等),进一步开发经济适用、有效可行的地质灾害监测新技术,提高精度、准确性和及时性,最大程度地减小地质灾害造成的损失。

尽管我国地质灾害治理水平飞速发展,但也应清醒地认识到,与其他建筑工程相比,地质灾害防治工程技术水平仍然较低,在勘察、设计、施工及监测预报上尚有许多实际问题急需解决。

勘察方面:对潜在地质灾害的早期辨识差。对如何辨别滑动面的研究不够,常有错划和漏划现象,尤其是对可能滑动的潜在滑面缺乏合理的分析方法;地勘报告中给出的碎石土的渗透系数差异很大,强度参数准确性差;同时,缺少监理,勘察工作不细致,工作量不实,也是导致勘察结果不符合实际的原因之一。

设计方面:我国滑坡灾害防治理论和设计计算方法还很落后。比如目前的三峡库区地质灾害防治工程设计存在如下问题:库区水位下降时浸润线的确定问题,目前尚没有科学的方法;渗透力计算中的问题,现行国内规范在计算上有错误;现行传递系数法稳定分析计算公式问题,存在着较大的计算误差,有的误差达到30%;滑带碎石土的抗剪强度问题,对库区碎石土遇水后的抗剪特性还不够了解，取值依据不够充分；结构内力计算方法不够严密，如稳定分析中抗滑桩沿桩身的力的分布假定有随意性，目前采用的抗滑桩断面和深度越来越大，预应力锚索长度越来越长，很不经济，造成治理费用过高。

监测预警方面：国外监测预警技术已发展到一个较高的水平。采用了全自动、多参数监测的遥测台网，已运用3S技术进行地质灾害空间分析、模型预报和预警系统研究。国内在上述方面尽管还存在较大的差距，但近年来，国家铁路局、交通运输部等个别研究所及少数矿区已尝试采用小型遥测台网进行滑坡灾害的监测预报。2002年，中国地震局地壳所在三峡库区又率先建立了用于地质灾害监测预警的多参数无线遥测台网，建立了基于3S技术和地面变形监测台网的滑坡监测网。

中国地质调查局2003年部署的地质调查计划项目“地质灾害监测预警关键技术方法研究与示范”，通过该项目的实施，在重庆市巫山县建设了基于GPS地表变形监测、固定式钻孔倾斜仪深部位移监测、时间域反射（TDR）监测技术、孔隙水压力监测、光纤应变分析仪（BOTDR）等技术方法的地质灾害实时监测预警示范站；通过地质灾害监测技术优化集成以及GPRS无线传输、监测信息互联网实时发布等预警关键技术的研究、示范运行，实现了地质灾害监测数据实时采集、传输、处理、发布，提高了我国地质灾害监测预警技术水平。目前，边（滑）坡的监测预警已成为地质灾害防治的主要手段之一，仅三峡库区就有数百个滑坡，数千个边坡正在进行监测，投入资金巨大。目前的监测主要还是位移监测，得到监测位移后，如何判断高边坡、滑坡何时产生破坏，如何根据位移变化来进行预报，尤其是临滑预报是一个世界难题，其难度不亚于地震的临震预报。其关键问题是当前在突发性地质灾害形成机理与预测预报理论研究难以突破，突发性地质灾害监测指标体系和判据还处于起步阶段，突发性地质灾害监测关键技术研究没有过关。

我国地域辽阔，是世界上地质灾害最严重的国家之一。由于气候条件变化、地震活动加剧、城市化和工业化高速发展，地质灾害发生总数呈现上升趋势。尤其是西部地区大开发建设过程中，地质灾害问题更为突出。比如三峡工程库区地质灾害的类型主要是滑坡和崩塌（含危岩体，以下简称“崩滑体”），水库两岸已查出3337处，其中前缘在175m水位以下的崩滑体约1500处。水库蓄水后，在库水作用下，已有崩滑体稳定性有不同程度下降，同时也将产生大批老崩滑体的复活，部分库岸的稳定性也受到严重的影响，将产生新的崩滑体和塌岸，有可能造成严重灾害。比如2009年4月重庆云阳长江右岸出现重大滑坡险情，总体积约360万m^3的滑体随时有下滑入江的可能，滑坡体内11户55人实施了紧急疏散转移，考虑对长江航运安全构成潜在威胁，开展了严密监测。此外，约1800处地质灾害分布在移民迁建区，绝大多数为移民工程新产生的崩塌滑坡。

可见，必须提高勘察、设计质量，确保工程的可靠性，同时若采用合理的计算模式和恰当的计算参数，在保证安全的前提下，减少治理投资，其社会效益、经济效益不可估量。继续大力开展地质灾害防治工程新方法新技术研究十分必要，也十分紧迫。本书就是在这样的背景下产生的，其目的是针对目前三峡库区地质灾害治理过程中存在的问题，开展地质灾害治理新技术新方法研究和总结，为地质灾害防治提供相关技术支持，尽可能地减少灾害损失，其社会效益、经济效益巨大。

(2)主要研究内容

针对三峡地区地质灾害防治中存在的问题，本书主要研究内容如下：

①针对传统边滑坡稳定分析方法中存在的问题，对边坡的安全系数定义、不平衡推力法的适用性与常用极限平衡条分法的分析与选用进行研究，以便为规范的修订提供科学依据。

②对边滑坡稳定性分析新方法——有限元强度折减法的基本理论、破坏判据、本构关系与强度准则进行深入探讨，全面系统地阐述和发展有限元强度折减法的基本理论，提高其计算精度，扩大其应用范围。

③研究库水作用下的边滑坡稳定性分析方法，包括确定浸润线位置的解析法、数值法及渗流作用下的稳定分析方法。以解决当前库水作用下的库岸滑坡计算问题，并提出水平排水孔治理滑坡的计算方法。

④研究三峡库区碎石抗剪强度试验方法以及碎石含量与含水量对抗剪强度的影响，提出碎石土强度参数确定的实用方法。

⑤配合岩质边坡设计要求，研究岩体结构面抗剪强度的试验方法，并进行现场试验，研究提出现场原位抗切试验与规范取值相结合确定结构面强度参数确定新方法。

⑥应用有限元强度折减法研究考虑支挡结构与岩土体的共同作用的边滑坡支挡设计计算新方法，包括抗滑桩推力、抗力与结构内力计算、锚索桩与格构锚索框架的计算。

(3)取得的主要结论和创新性成果

通过本书的研究，得出以下结论及创新性成果。

①针对我国在边(滑)坡稳定分析中存在的问题，对边坡的安全系数定义、不平衡推力法的适用性与常用极限平衡条分法的分析与选用进行了研究，得到了多项创新性成果。

a. 不同的安全系数定义会引起边(滑)坡的稳定安全系数与作用在抗滑桩上推力的不同，造成边(滑)坡设计的混乱，因而必须对边(滑)坡安全系数作出统一的定义。笔者认为按照传统的计算方法采用目前国际上使用的强度储备安全系数是较合理的，也符合边(滑)坡受损破坏的实际情况，因此建议一般情况下采用强度储备安全系数作为边(滑)坡的稳定安全系数。

b. 用不平衡推力法显式计算推力时，用的是不严格的超载系数；用不平衡推力法隐式计算推力时用的是强度储备系数。显式解求得的推力近似等于隐式的 F 倍，推力计算安全系数与坡体稳定系数相差越大，两种公式计算的误差越大，在安全系数等于 1 时，两者计算的结果相同。建议采用隐式进行滑坡的稳定性评价和支挡结构的推力计算。

c. 不平衡推力法的计算结果不是极小值解，其结果一般都大于 $M—P$ 法，偏于不安全，只有当滑面满足连续光滑的条件，且条分数目足够多的情况下，才能满足极小值的条件，此时的结果与瑞典法吻合。对于圆弧滑面，条分取得合理时，不平衡推力法隐式一般仍可得到与简化 Bishop 法比较接近的结果。

d. 不平衡推力法计算的误差大小，取决于滑面控制点处滑面的倾角变化，该变化越大，误差越大，当该变化值为负值时，其对稳定系数的影响可以忽略不计。

e. 滑面控制点处滑面倾角的变化对误差的影响与控制点的位置有关，在滑动段与抗滑段的交界附近，误差对倾角的变化很敏感，而在滑坡的后缘误差对倾角变化的敏感度要小一些。

f. 对于光滑连续的滑面，不平衡推力法隐式可以无条件使用。对于由折线形组成的滑面，不平衡推力法的使用应有限制条件，超过这个限制其误差太大不能使用，应采用其他方法进行分析。对于折线形滑面该限制条件是：滑面中所有控制点处的倾角变化值必须小于10°，若满足该条件其误差可控制在 3%以内。

g. 通过对库水作用下的滑坡稳定分析方法进行研究发现，渗透力（或动水压力）与土条中的水重和周边静水压力是一对平衡力，计算中只能取其中之一。浸润线以下，建议用渗透力和浮重的概念考虑问题，这样处理可使问题简化。

h. 通过对常用极限平衡条分法的比较分析表明，各种严格法稳定安全系数计算结果都较相近，当滑面为圆弧面时，误差在 1%～2%；当滑面为一般滑面，误差大致在 1%～4%。各种严格解法的计算结果一般不会超过 10%。各种非严格法，除简化 Bishop 法和不平衡推力法外，各种方法都有较大误差，常用的瑞典法误差高达 20%以上。尽管瑞典法在我国应用很广，但不宜推广应用。简化毕肖普法计算结果最接近严格条分法，其误差很小，大量的算例证明简化毕肖普法计算结果总是十分接近严格条分法而被广泛应用，成为非严格条分法的佼佼者，但只适用于圆弧滑面。

②对边（滑）坡稳定分析新方法——有限元强度折减法的基本理论进行了系统研究，提高了该方法的计算精度，扩大了该方法的应用范围。

a. 研究了有限元强度折减法中边坡失稳的判据。目前在这方面尚没有一致的认识，一般认为边坡整个滑面上都达到极限平衡状态，就是整体失稳破坏，因而建议把滑面上塑性区贯通作为整体失稳的判据。该研究指出，材料进入塑性不等于破坏，屈服与破坏是材料变形破坏过程中的两个不同阶段。土体进入塑性只是破坏的开始，土坡破坏是一个塑性应变从坡脚开始，发展到一定程度后发生突变的渐进破坏过程。破坏过程中屈服和非屈服单元之间的应力相互调整转移，应变协调发展，最后形成一局部塑性应变剪切带，边坡整体不能继续承载。由此研究提出将边坡滑面塑性应变（或位移）突变作为边坡整体失稳的标志，同时证明了此时有限元静力计算正好不收敛。当然，这一判据不适用于由于数值计算本身的失误而引起的计算不收敛。

b. 对用有限元强度折减法计算土坡稳定安全系数的计算精度和屈服准则进行了系统研究。指出对于平面应变条件下的强度问题，平面应变摩尔—库仑匹配 DP 准则与传统摩尔—库仑准则等效，因而有较好的计算精度。为了使有限元强度折减安全系数与传统工程实践中的安全系数接轨，研究提出在平面应变条件下可采用摩尔—库仑匹配 DP 准则，在三维空间采用摩尔—库仑等面积圆 DP 准则。DP 准则中采用不同的 α、k 系数得到的安全系数是不同的，研究建立了不同 DP 准则之间的强度折减安全系数转换关系，采用此方法大大提高了有限元强度折减法计算边坡稳定安全系数的计算精度。

c. 岩质边坡稳定分析一直是边坡工程中的疑难问题，本书将有限元强度折减法应用于岩质边坡的稳定分析，采用低强度实体单元来模拟岩体软弱结构面，按照连续介质处理；采用无厚度的接触单元模拟硬性结构面的接触行为，建立岩质边坡非线性有限元模型，通过强度折减使边坡达到极限破坏状态，得到了具有贯通和非贯通结构面岩质边坡的破坏形式及相应的安全系数，为岩质边坡稳定分析开辟了新的途径。

d. 将强度折减法应用于三维边坡稳定性分析中，通过算例证明摩尔—库仑等面积圆屈服准则更适用于三维边坡稳定性分析，其计算精度可达到 1%，而在平面情况下其平均误差在 5%左右。

e. 对于存在多个潜在滑面的复杂滑坡，采用有限元强度折减法，通过依次约束剪出口的方式，准确搜索出了低于设定稳定安全系数的所有滑动面和剪出口。克服了传统方法确定复杂滑坡滑动面可能存在的错误和遗漏，可为滑坡治理方案的确定提供准确的依据。

f. 在深入探讨滑坡推力计算、安全系数定义、滑坡极限破坏特征的基础上，提出了应用有限元强度折减法进行滑（边）坡支挡结构设计的基本原则及其数值模拟技术，包括抗滑桩推力、抗力与结构内力计算、锚索桩与格构锚索框架的计算。首次结合实际工程进行了岩土与结构共同作用的支挡结构设计，给出了有别于传统方法的一种新的支挡结构设计方法，并在多项重大工程中得到了应用，取得了良好的工程效果。

③研究了库水作用下的边（滑）坡稳定性分析方法，提出了确定浸润线位置的解析法、数值法及渗流作用下的稳定分析方法，提出了水平排水孔治理滑坡的计算新方法。

a. 研究提出了库水作用下浸润线确定的实用方法。库水作用下的滑坡稳定分析的难点在于水压力如何确定。在这方面研究从包辛涅斯克非稳定渗流微分方程入手，将其简化为一维问题处理，通过拉普拉斯变换，导出了库水位下降时坡体内浸润线的计算公式。为了减小一维代替二维引起的误差，又结合有限元的分析结果对公式进行了修正。

b. 提出了以渗透力表述的边坡稳定分析条分法公式。以浸润线为基准，首次用流网的流线与等势线垂直的性质来确定土条边界上的静水压力，证明了条分法中渗透力与土条中的水重和周边静水压力是一对平衡力，得到了条分法中渗透力的计算公式。以渗透力取代土条中的孔隙水压力，推导出了用渗透力表述的边坡稳定分析的条分法公式。

c. 通过砂与砂＋土模型的试验对库水水位变化过程中岸坡坡体内浸润面位置的解析解进行了验证，结果表明：总体上看，解析解公式计算值大于试验值，误差都在 5%以内。误差随水位下降高度的增大而增大；当水位下降到一定高度后，误差随水平距离的增大而增大。在坡体后部浸润面位置的变幅不大，基本趋于稳定。

d. 采用 PLAXFLOW 模块进行数值解的求解，通过对比解析解、数值解及经验概化解的计算结果进行对比分析，表明解析解公式的计算结果总体上看十分接近数值解的计算结果，两者之间的误差最大不超过10%。经验概化解引起的误差较大，且随着水位下降高度的增加和土体渗透系数的减小，引起的误差不断增大，甚至到达80%以上。采用PLAXFLOW地下水渗流模块在地下水非稳态渗流计算中的优越性和适用性。

e. 利用PLAXIS程序能够和PLAXFLOW模块进行耦合计算的功能，结合有限元强度折减法，对库水位变化过程中水库岸坡的稳定性进行了分析，并针对浸润面位置经验概化解在稳定性分析中引起的误差进行了定量研究。通过分析发现，当水位下降到"最不利水位"时，对应的安全系数最小。实际工程中，应首先确定"最不利水位"，并以此作为工程稳定性的校核点。同时，水位变化速率越快、土体渗透系数越小，对水库岸坡的稳定性越不利。

f. 研究表明，按照浸润面位置经验概化解分析得到的安全系数均大于按照浸润面位置数值解分析得到的安全系数，两者之间误差的大小随渗透系数的减小和水位变化速率的增大不断增大。因此，实际工程中，如三峡库区内的水库岸坡，如果按照浸润面位置经验概化解进行稳定性评价，将过高地估计岸坡的安全性，使工程设计偏于危险，造成潜在的危害。

g. 采用"空气单元法"模拟水平排水孔，以水平排水孔内节点处的流速作为控制条件确定合理的渗透系数，较好地模拟了水平排水孔的排水疏干作用及其对水库岸坡稳定性的提高。由于水平排水孔的排水疏干作用，使坡体内的地下水能够顺利地排出，因此能有效地提高岸坡的稳定性。相比于水平排水孔孔径对其排水效果的影响，水平排水孔孔长对其排水效果的影响更为明显。实际工程中为了提高水平排水孔的导水性能，故建议优先考虑适当地加长水平排水孔的孔长。

④研究了三峡库区碎石抗剪强度试验方法以及碎石含量与含水量对抗剪强度的影响，提出基于碎石含量和液性指数的碎石土强度参数确定的实用计算公式。

a. 碎石土的抗剪强度随含水量的增加是降低的。当碎石含量小于临界含石量时，黏聚力c随含水量的增加而增加，摩擦角基本保持不变；当碎石含量大于临界含石量时，黏聚力随含水量的增加而减小，摩擦角出现显著增加的趋势，当含石量超过70%时开始逐渐减小。

b. 含水量不同，碎石引起强度变化的临界含石量也不同。当细粒土处在坚硬状态和硬塑状态时，其临界含石量为20%左右；当细粒土在可塑状态时，其临界含石量为40%左右。

c. 含石量对黏聚力和内摩擦角的影响程度是不同的。含石量对黏聚力的影响系数受细粒含水量的影响较小，其范围在0.19～0.30变化；含石量对内摩擦角的影响系数受细粒含水量的影响较大，其变化范围在0.09～0.45变化。

d. 在大量试验数据分析的基础上，提出了确定碎石土强度参数的计算公式。

$$c_{P_s}=\begin{cases} c_c & (P_s \leqslant A) \\ c_c-\dfrac{(P_s-A)}{1-A}\times(c_c-c_s) & (P_s>A) \end{cases}$$

$$\phi=\begin{cases} \phi_c & (P_s \leqslant A) \\ \phi_c+\dfrac{(P_s-A)}{1-A}\times(\phi_s-\phi_c) & (P_s>A) \end{cases}$$

式中：c_c、ϕ_c——纯土时的黏聚力和内摩擦角；

c_s、ϕ_s——碎石含量为80%时的黏聚力和内摩擦角；

A——临界含石量，当$I_L<0.25$时取0.2，当$I_L>0.25$时取0.4。

I_L——细粒土的液性指数；

P_S——含石量。

⑤研究了岩体结构面抗剪强度的试验方法，并进行了现场试验，研究提出了现场原位抗切试验与规范取值相结合确定结构面强度参数确定新方法。

a. 通过广泛调查研究、现场原位试验及室内试验，提出了更加合理、实用的边坡岩体结构面实用分类方法和一般岩质边坡结构面抗剪强度参数确定方法，可为修编《建筑边坡工程技术规范》(GB 50330—2002)提供可靠依据。

b. 针对一般岩质边坡，定量研究了控稳结构面抗剪强度参数 c、φ 值对边坡稳定性的影响，提出了现场原位抗切试验确定 c 值、用规范确定 φ 值的参数确定新方法。适宜在坡高25m以下的岩质边坡中应用，可大幅度节省试验费用和工作量。

c. 首次提出了基于复变量求导法(CVDM)反演岩土参数的计算方法并完成了相应的程序编制工作。该方法具有较高的计算精度和搜索速度，有效解决了应用监测位移反算岩土强度参数的难题。

(四)重点区域潜在地质灾害防治的科研论证

地质灾害防治项目主要考虑了土质岸坡稳定问题，而对秭归县、巴东～万州段较多的基岩顺向岸坡没有涉及；鉴于历史上顺向岸坡地带地质灾害频发的事实，不能排除在三峡水库运行过程中发生基岩滑坡的可能性。一旦出现岩质岸坡的失稳下滑，将直接威胁到沿岸广大人民生命财产安全与长江航道安全，后果不堪设想。为全面了解三峡库区沿江基岩顺向岸坡地质特征，建议对上述顺向岸坡段进行全面地质调(勘)查研究，排查潜在地质安全隐患，并进一步采取有针对性的防范措施。

另外，针对三峡库区现实存在的奉节三马山城区、巫山县城区和巴东黄土坡～西瀼坡城区等三个潜在地质灾害重点防治区，也应开展进一步的科研论证工作。

第七章　资金需求估算及筹措方案研究

三峡水库移民可持续发展涉及移民安稳致富和促进库区经济社会发展、库区生态修复与环境保护、库区地质灾害防治等内容，解决主要问题的对策措施所需资金量巨大。因此，需要对资金需求进行针对性的分析研究，科学合理地确定资金估算的原则、依据、标准和方法。同时，在资金筹措方面，也要系统分析相关资金的用途，考虑与国家和地方相关经济社会发展规划、行业规划、专业规划相衔接，依靠中央、地方以及市场等多种主体，通过项目共建、投资分摊等多渠道筹措，提出资金筹措的原则、建议来源和筹措方式。

第一节　资金需求估算内容

针对规划的各类工程建设项目和补偿补助措施，需要根据项目特点进行资金估算。因此，工程建设项目的资金需求规划，不仅要对工程建设的投资估算进行研究，还要确定分摊原则和标准，提出需要从三峡水库可持续发展规划中解决的资金需求；补偿补助项目的资金需求规划，不仅要对各项补偿补助措施与相关政策的前后衔接和延续性进行研究，还要确定各项补偿补助措施的费用标准。

一、原则和依据研究

(一)估算原则

三峡水库移民可持续发展对策措施涉及内容多、地域范围广、时间跨度长、政策性强，投资估算既要立足现有政策框架体系和任务，又要衔接实施阶段相关标准，协调各个专业专题。要正确合理地编制好投资估算，须遵循以下原则：

①依法依规、科学合理。以研究措施、项目和主要工程量、任务量为基础，依据国家有关法律法规、行业相关规范、标准、定额，分项、分专题按行业计算。投资计算需要项目专业属性，合理确定有关费用标准。

②前后衔接，实事求是。补偿补助标准既要考虑与三峡工程建设期移民政策的衔接，也要结合新情况、新目标，采用合理的补偿补助标准，如与房屋单价、基础设施、城集镇迁建占地移民安置补助、生态屏障区农村相关转移人口生产安置、库区地质灾害防治等与建设期移

民实施存在时间或政策连续性的项目，需要考虑与实施相关补偿相衔接。

③区别对待，合理分摊。对于涉及国家有关部门正常职能和正常任务的项目，或属于国家和地方公共财政投资政策的规划任务，以原渠道投资为主，与之衔接，不重复计列投资；对于直接服务于移民安稳发展项目，如生态农业园建设、支流渡口渡改桥、生态屏障区建设、消落区保护与整治、移民安置区高切坡防护等，全部计列投资；对兼有其他功能或有其他资金来源的工程，如移民生态工业园建设扶持、农业服务体系建设扶持、旅游业和物流业发展扶持、骨干交通建设扶持、污染防治与水质保护等，按其相关性，合理分摊投资。

④总体控制、深化落实。项目在实施时，要按照相关程序规定，完善项目前期工作，履行审批或核准手续，进一步核定建设任务、内容和投资规模，在总体框架内，可适当调整项目投资。

(二)估算依据

估算依据主要分三类：一是针对工程建设涉及的行业规范及标准，主要包括水利水电工程建设征地移民安置规划设计规范、水利水电工程设计概(估)算编制规定及相关行业编制投资概估算的有关规范及标准；二是针对补偿补助涉及的政策及法规文件，主要包括国家、湖北省、重庆市层面关于困难学生助学政策、养老保险、社会保障、城乡医疗保险、新型农村合作医疗制度、城镇居民基本医疗保险制度、失业保险等有关政策及法规文件；三是具有代表性工程的概估算、结(决)算等规划设计文件，主要包括给与三峡工程移民安置规划设计相关的规划设计资料，以及具有代表性的已建、在建工程的设计概算、施工预算、工程竣工结(决)算、项目单价分析等相关规划设计文件。

(1)相关行业规范及标准

①《水利水电工程建设征地移民安置规划设计规范》(SL 290—2009)；

②《水利工程设计概(估)算编制规定》(水总〔2002〕116 号)及配套的《水利建筑工程概算定额》等；

③《公路工程基本建设概算预算编制办法》(JTG B06—2007)及配套的《公路工程概算定额》和《公路工程预算定额》；

④《公路基本建设工程投资估算编制办法》(交公路发〔1996〕611 号)；

⑤《市政工程投资估算指标》(建标〔2007〕163 号)；

⑥《市政工程投资估算编制办法》(建标〔2007〕164 号)；

⑦《防护林造林工程投资估算指标(试行)》(林计发〔2008〕232 号)；

⑧《土地开发整理项目预算定额标准》(财建〔2005〕169 号)；

⑨《水土保持工程概(估)算编制规定》(水总〔2003〕67 号)及配套的《水土保持工程概算定额》；

⑩《重庆市水利工程设计概(估)算编制规定》(渝水基〔2005〕56 号)；

⑪《重庆市建设工程费用定额》(渝建发〔2008〕18 号)；

⑫《重庆市市政工程计价定额》(2008)；

⑬《重庆市安装工程计价定额》(2008)；

⑭《湖北省建筑安装工程费用定额》(鄂建〔2003〕44 号)；

⑮《湖北省市政工程消耗量定额及统一基价表》(2008)；

⑯《湖北省安装工程消耗量定额及单位估价表》(2008)；

⑰《工程勘测设计收费标准》(计价格〔2002〕10 号)；

⑱其他有关行业编制投资估算的规范及标准等。

(2)有关政策及法规文件

①《国务院关于建立健全普通本科、高等职业学校和中等职业学校家庭经济困难学生助学政策体系的意见》(国发〔2007〕13 号)；

②《关于中等职业学校农村家庭经济困难学生和涉农专业学生免学费工作的意见》(财教〔2009〕442 号)；

③《重庆市 2007 年 12 月 31 日以前被征地农转非人员基本养老保险试行办法》《重庆市 2008 年 1 月 1 日以后新征地农转非人员基本养老保险试行办法》(渝府发〔2008〕26 号)；

④《湖北省人民政府办公厅关于做好被征地农民就业培训和社会保障工作的意见》(鄂政办发〔2009〕39 号)及《宜昌市城区被征地农民基本养老保险办法》(宜昌市人民政府令第 128 号)；

⑤《湖北省城镇灵活就业人员基本养老保险暂行办法》(鄂劳社文〔2003〕189 号)；

⑥《重庆市人民政府关于开展城乡居民合作医疗保险试点的指导意见》(渝府发〔2007〕113 号)；

⑦《重庆市人民政府关于加快建立新型农村合作医疗制度的意见》(渝府发〔2005〕102 号)；

⑧《湖北省人民政府关于全面推进新型农村合作医疗制度建设的指导意见》(鄂政发〔2008〕22 号)；

⑨《湖北省人民政府关于建立城镇居民基本医疗保险制度的意见》(鄂政发〔2008〕25 号)及《宜昌市城镇居民基本医疗保险实施办法》(宜昌市人民政府令第 134 号)；

⑩《重庆市失业保险条例实施办法》(渝府发〔2004〕29 号)；

⑪《湖北省失业保险实施办法》(湖北省人民政府令第 235 号)；

⑫其他有关政策及法规文件等。

(3)相关规划设计文件和工程造价资料

①《长江三峡工程水库淹没处理及移民安置补偿投资计算细则》(1993 年)；

②《长江三峡工程库区移民安置规划和投资概算调整报告》(2007 年)；

③《长江三峡工程库区移民安置规划调整城集镇防洪个案处理报告》(2007 年)；

④《长江三峡工程库区城集镇用地面积复核及基础设施概算调整报告》(2007 年)；

⑤《三峡工程库区移民补偿投资价格指数》(2008 年);

⑥《三峡库区文物保护规划》(国三峡委发办字〔2000〕15 号、国三峡委发规字〔2005〕104 号);

⑦《三峡库区文物保护项目专项审计报告》(信永中和会计师事务所,2007 年 11 月 20 日);

⑧有关典型规划设计资料;

⑨具有代表性的已建、在建工程的设计概算、施工预算、工程竣工结(决)算、项目单价分析等资料等。

二、主要基础价格

(1)人工预算单价

按行业和属地原则,确定人工预算单价,水利工程主要按水总〔2002〕116 号文计算;市政、安装工程主要按重庆市市政和安装工程费用定额的人工基价计算;公路工程主要按湖北省、重庆市公路工程人工预算有关规定计算;水土保持工程主要按水土保持概估算规定计算;其他工程主要参照水利工程人工预算单价。

(2)主要材料预算价格

主要采用 2008 年四季度《渝东建设工程造价信息》《重庆工程造价信息》《宜昌工程造价信息》等,该阶段主要工程项目全库区采用统一的材料预算价格。

三、资金需求估算方法与内容

(一)主要单价分析方法

根据项目类型及项目深度,不同类型的项目采取不同的单价分析方法。

①结合项目实际情况,参照已建或在建类似工程确定综合单价;

②根据规程规范测算典型单价,或者采用指数系数推算单价;

③按照国家相关政策确定,或者参照相关政策规定,采用人均补偿补助标准或平均补偿补助标准拟定单价;

④根据市场调研或供应商报价,确定单价;

⑤根据项目的投资分摊原则,按总投资和分摊比例计列。

(二)项目划分与费用构成

(1)项目划分

主要按规划项目进行分类估算,并分别执行相应的行业规程规范和标准。按项目划分,分为移民安稳致富和促进库区经济社会发展、库区生态修复与环境保护、库区地质灾害防治等三个部分(表 7-1)。

表 7-1　　三峡库区移民可持续发展项目划分明细

序号	一级标题	二级标题	三级标题
1	移民安稳致富和促进库区经济社会发展	产业结构战略调整与发展扶持	生态农业及生态农业园建设扶持
			移民生态工业园建设扶持
			服务业发展与扶持
		库区教育培训和促进劳动力就业结构调整	职业教育
			技能培训
			就业扶持
			基础能力建设扶持
		库区移民安置社会保障	库区移民安置社会保障
		基础设施建设与完善	公路交通
			航道整治
			农田灌溉
			移民迁建城集镇基础设施完善
		社区建设与公共服务设施完善	社区建设与公共服务设施完善
		自然与历史文化遗产保护	自然与历史文化遗产保护
		其他扶持措施	城集镇迁建占地移民安置补助
			生态屏障区农村相关转移人口生产安置
			其他完善措施
2	库区生态修复与环境保护	污染防治与水质保护	水源地保护
			点源污染防治
			农村农业面源污染防治
			流动源污染防治
			重要支流水体修复与水华控制
			消落区生态环境保护
		生态屏障区建设	土地生态功能建设
			植被恢复与生态廊道建设
			相关人口转移
			农村居民点环境改善
		库区生态与生物多样性保护	陆生生态与生物多样性保护
			水库水生生态与生物多样性保护
			生态渔业
			外来物种入侵防治
		重要支流水土保持	重要支流水土保持
		关键技术研究与示范	关键技术研究与示范

续表

序号	一级标题	二级标题	三级标题
3	库区地质灾害防治	滑坡崩塌危岩体(工程治理)	滑坡崩塌危岩体(工程治理)
		滑坡、崩塌和危岩体防治(避险搬迁)	滑坡、崩塌和危岩体防治(避险搬迁)
		塌岸防护	塌岸防护
		高切坡防护	高切坡防护
		滑坡崩塌危岩体和塌岸(监测预警)	滑坡崩塌危岩体和塌岸(监测预警)

(2)费用构成

规划投资包括直接费、其他费和预备费三部分。

1)直接费

直接费包括工程建设费、补偿补助费两类。工程建设费按项目类型,根据相应行业的有关规定,计列建筑工程费、设备及安装费和独立费;补偿补助费按补偿补助的项目和对象,依据相关政策和标准估算。

2)其他费

其他费主要指直接费中未计列的实施管理费、科学研究费、前期勘测规划费、咨询费、监理费等。鉴于规划重要内容为移民规划、水利规划及相关内容,主要依据《水利水电工程建设征地移民安置规划设计规范》(SL 290—2009)和《水利工程设计概(估)算编制规定》,统一以直接费为基数计取。各分项规划投资只计列直接费部分,其他费在规划总投资中统一计列。

实施管理费:主要指移民实施机构和项目管理单位的综合管理费用(具体单项工程的建设管理费用已在直接费中计列,其他费中不再计列),暂统一按直接费的2%计列。

科学研究费:主要指规划实施中,进行必要的研究所需的费用,按直接费的0.1%计列。

前期勘测规划费:主要指项目建议书阶段和可行性研究阶段开展的勘测规划费用,按直接费的1.5%计列(具体工程建设项目在初步设计及以后阶段的勘测设计费,已在直接费中计列,其他费中不再计列)。

咨询费和监理费:分别按直接费的0.1%、1%计列。

3)预备费

由于涉及行业较多,各行业对投资估算的预备费均有明确的取费规定,一般在10%左右。鉴于本次规划投资额巨大,为提高资金使用效率,预备费可考虑统筹使用,因此将各项目的预备费统一计算(各分项规划的直接费中不再计列预备费)。预备费暂按6%计列(约为各项目常规计费标准的一半),并只考虑以直接费为基数。

(三)主要编制内容和方法

(1) 移民安稳致富和促进库区经济社会发展

1)产业结构战略调整及发展扶持

生态农业园建设扶持:主要按照水利工程和农田基本建设的投资估算编制规定,以不同类型生态农业园典型设计成果为基础,分析各类型生态农业园的综合单价,并估算投资。种植业结构调整和品种改良、蔬菜基地以及生态渔业,根据荒地改造为耕地综合单价60%~70%补助,确定补助投资;对完善库区农业服务体系所需的必备仪器、装备等进行补助,并按生态屏障区农业用地面积和农业人口数量进行分摊。

移民生态工业园建设扶持:根据生态工业园接收的移民和生态屏障区农村相关转移人口劳动就业数量,按照城市、县城迁入地不同的扶持标准(3.1亿~2.5亿元/km^2),分别计算基础设施建设补助费、环保设施建设补助费,同时,按人均0.5万元标准计列园区重点产业项目扶持费;对生态屏障区农村相关转移人口,按人均1万元的扶持标准,计列转移人口产业扶持一次性补助费。

服务业发展与扶持:根据扶持的物流项目、旅游项目建议书或可行性研究报告计列的基础设施总投资,按一定比例计列基础设施建设补助。根据商贸服务业需恢复建设的商业网点面积,按城市、县城、集镇门面房的综合单价,计算扶持费用。

2)教育培训与促进劳动力就业结构调整

参照国家和地方有关教育培训的资助标准,按照教育培训的目标要求,在国家现行助学政策基础上,计列增加的职业教育资助、技能培训补助、就业扶持和基础能力建设扶持的补助。

3)移民安置社会保障

以2008年的工资水平,按照相关政策和对象的人口性别、年龄结构,估算补助的基本养老保险、医疗保险个人缴费。

4)公路及航道设施建设与完善

按照公路及水运行业的投资估算编制规定,并参考库区类似项目,确定各类交通设施的综合单价。对骨干交通项目,根据相关性,按一定比例分摊投资。

5)农田灌溉设施建设与完善

采用水利行业的投资估算编制规定,通过典型分析,并参考库区近期类似工程项目建设标准,确定主要综合单价,根据主要工程量估算投资。

6)城集镇防洪设施完善

以《长江三峡工程库区移民安置规划调整城集镇防洪个案处理报告》为基础,采用单位建设面积防洪投资标准,测算新增加需要完善防洪设施的城镇建成区面积,估算投资。

7)社区建设与公共服务设施完善

按照规划确定的社区房屋、占地、基础设施项目及工程量,采用《长江三峡工程水库移民补偿投资测算报告》中有关补偿标准(按移民价格指数折算),计算补助投资,并扣减已在《长江三峡工程库区移民安置规划和投资概算调整报告》中计列的部分社区文化室和卫生室补助投资。

8)自然与历史文化遗产保护和完善

采用文物保护概估算编制定额,并参考库区类似已实施项目的建设标准,根据任务量估算投资。

9)移民迁建城集镇基础设施完善、其他扶持措施等

主要依据《长江三峡工程水库移民补偿投资测算报告》《长江三峡工程库区移民安置规划和投资概算调整报告》,以及湖北、重庆两省(直辖市)人民政府及移民部门在移民搬迁实施过程中出台的有关规定,确定补偿标准(按移民价格指数折算),估算规划需补助的投资,并扣减已在初步设计概算、移民安置规划和投资概算调整中计列,以及已纳入个案解决的投资。

(2) 生态修复与环境保护

1)污染防治和水质保护

点源污染防治项目主要采用市政工程投资估算的有关规定,并参考库区近期已实施同类项目分析主要项目综合单价;主要设备和装置采用厂家咨询与现有装置调研相结合的方法,确定综合单价。面源污染主要依据典型设计成果,参考库区近期实施的同类项目确定综合单价。流动源污染防治项目、重要支流水体修复与水华控制项目主要参考库区近期实施同类项目分类估算各类措施的单价。在与《三峡库区及其上游水污染防治规划(修订本)》及其相关“十二五”规划相衔接的基础上,按照确定的新增项目和工作内容的主要建设规模,估算投资。

2)消落区生态环境保护

对岸线环境综合整治类项目,主要采用水利行业的投资估算编制规定,根据工程量和单项工程单价估算投资;对保留保护、生态修复、卫生防疫和水库清漂等项目,在典型设计的基础上,按照扩大指标估算投资。

3)生态屏障区土地生态功能建设

主要按照土地开发整理项目的有关规定和标准,参考典型单项设计成果,分析土地整理综合单价,并根据工程量估算投资。

4)植被恢复与生态廊道建设

采用林业部门的有关规定和投资估算标准,根据规划的工程量估算投资。配套种苗工程按照典型设计,并参照林业部门的相关标准估算投资。植被恢复与配套种苗工程投资列入面源污染防治规划。

5)生态屏障区相关人口转移

根据规划确定的生态屏障区相关人口转移数量,计算相应的住房安置及生产安置费用。

建房费参照迁入地城镇经济适用房和三峡移民补偿标准，搬迁费参照三峡移民补偿标准计算，其中地质灾害避险搬迁人口（含 175m 蓄水影响的转移人口）的住房安置费用计入地质灾害防治规划。生态屏障区相关转移人口的生产安置费用（包括就业扶持、技能培训、社会保障等）计入移民安稳致富部分。

6）生态屏障区农村居民点环境改善

主要采用市政工程定额，对不同类型的居民点环境设施建设进行典型设计，确定综合指标及人均投资标准，并按不同类型居民点的人口规模分类估算投资。

7）库区生态与生物多样性保护

重要生境修复项目主要采用水利行业投资估算编制规定，并根据典型工程设计成果估算投资；其他项目主要参考库区近期已实施类似项目，确定工程单价，估算投资。水域珍稀特有物种活体库和种质资源保护中心建设、三峡库区外来物种入侵防治不同级别监测站建设主要依据相关定额、典型工程进行投资估算。

8）重要支流水土保持

主要按照水利部门水土保持项目的有关规定，采用水土保持工程和水利工程概估算编制规定，计算主要治理措施的综合单价，并根据库区典型小流域措施配置情况测算的主要工程规模，估算投资。重要支流水土保持投资列入面源污染防治规划。

9）关键技术研究与示范

中国科学院重庆市三峡生态环境研究院建设、关键技术研究与示范，参照国内相关项目标准估算。

（3）库区地质灾害防治

工程治理项目，通过对库区三期地质灾害防治工程中崩塌滑坡治理工程、库岸治理工程、高切坡治理工程已下达的投资进行分类统计和分析，按移民价格指数折算至 2008 年价格，分类测算综合单价，并根据测算的地质灾害体规模，估算投资；避险搬迁项目，采用库区已实施，或已明确的转移人口搬迁安置补偿标准，估算投资；监测预警项目通过对已实施的三峡库区三期地质灾害防治监测预警工程的投资经费进行分类统计和分析，测算综合单价，估算监测预警投资。

第二节　资金需求及筹措方案

一、资金需求测算

根据上述方法，经测算，三峡水库移民可持续发展需要直接投资 987.17 亿元（表 7-2）。

表 7-2　　三峡水库移民可持续发展投资汇总　　单位:亿元

序号	项目	湖北（含坝区）	重庆	中央统筹（含中央直属企业）	小计
1	移民安稳致富和促进库区经济社会发展	81.35	348.74	23.72	543.81
2	库区生态修复与环境保护	44.46	251.30	7.74	303.50
3	库区地质灾害防治	21.44	93.92	24.50	139.86
合计		147.25	783.96	55.96	987.17

二、资金筹措方案

(一)中央政府投入

新中国成立以来,兴建了一大批大中型水库,在防洪、发电、灌溉、供水、生态等方面发挥了巨大效益,有力地促进了国民经济和社会发展,大中型水库移民为此做出了重大贡献。党中央、国务院高度重视水库移民工作,为了帮助移民改善生产生活条件,先后设立了库区维护基金、库区建设基金和移民后期扶持基金等政府性基金,努力解决水库移民遗留问题。

(1)大中型水库移民后期扶持基金

为了帮助移民改善生产生活条件,国家先后设立了库区维护基金、库区建设基金和库区后期扶持基金,努力解决水库移民遗留问题,对保护移民权益、维护库区社会稳定发挥了重要作用。但由于扶持政策不统一、扶持标准偏低、移民直接受益不够等多种原因,2006 年水库移民的生产生活条件依然普遍较差,有相当多的移民仍生活在贫困之中。为帮助水库移民脱贫致富,促进库区和移民安置区经济社会发展,保障新时期水利水电事业健康发展,构建社会主义和谐社会,国务院于 2006 年出台了《关于完善大中型水库移民后期扶持政策的意见》(国发〔2006〕17 号),对后期扶持政策进行了完善,设立了大中型水库移民后期扶持基金(简称“后期扶持基金”)。主要用于解决水库移民的温饱问题以及库区和移民安置区基础设施薄弱的突出问题;加强库区和移民安置区基础设施和生态环境建设,改善移民生产生活条件,促进经济发展,增加移民收入,使移民生活水平不断提高,逐步达到当地农村平均水平。

后期扶持基金扶持范围为大中型水库的农村移民。其中,2006 年 6 月 30 日前搬迁的水库移民为现状人口,2006 年 7 月 1 日以后搬迁的水库移民为原迁人口。在扶持期内,中央对各省、自治区、直辖市 2006 年 6 月 30 日前已搬迁的水库移民现状人口一次核定,不再调整;对移民人口的自然变化采取何种具体政策,由各省、自治区、直辖市自行决定,转为非农业户口的农村移民不再纳入后期扶持范围。对纳入扶持范围的移民每人每年补助 600 元,对 2006 年 6 月 30 日前搬迁的纳入扶持范围的移民,自 2006 年 7 月 1 日起再扶持 20 年;对 2006 年 7 月 1 日以后搬迁的纳入扶持范围的移民,从其完成搬迁之日起扶持 20 年。

后期扶持资金能够直接发放给移民个人的应尽量发放给移民个人，用于移民生产生活补助；也可以实行项目扶持，用于解决移民村群众生产生活中存在的突出问题；还可以采取两者结合的方式。具体方式由地方各级人民政府在充分尊重移民意愿并听取移民村群众意见的基础上确定，并编制切实可行的水库移民后期扶持规划。采取直接发放给移民个人方式的，要核实到人、建立档案、设立账户，及时足额将后期扶持资金发放到户；采取项目扶持方式的，可以统筹使用资金，但项目的确定要经绝大多数移民同意，资金的使用与管理要公开透明，接受移民监督，严禁截留挪用。

(2)国家重大水利工程建设基金

国家重大水利工程建设基金(以下简称“重大水利基金”)是国家为支持南水北调工程建设、解决三峡工程后续问题以及加强中西部地区重大水利工程建设而设立的政府性基金。

1992 年，全国人大通过兴建三峡工程议案后，国务院决定全国(西藏、贫困地区的农业排灌用电、县及县以下的孤立电网除外)用电加价 0.3 分/度，与葛洲坝电厂上交的利润一并作为三峡工程建设基金，专项用于三峡工程建设。1993 年由财政部发文开始在全国(除规定免征地区)范围内征收三峡工程建设基金(以下简称“三峡基金”)。三峡基金是三峡工程建设过程中最为稳定和重要的资金来源。2009 年财政部印发《国家重大水利工程建设基金征收使用管理暂行办法》。该办法称，2010 年 1 月 1 日起，三峡基金停止征收，三峡基金将转化为全国重大水利工程建设基金，基金使用方向由三峡扩展到全国重大水利工程建设及相关工作，主要用于支持我国重大水利工程建设及相关工作。尽管使用范围扩大，但三峡工程作为我国最大的水利工程项目必将是全国重大水利工程建设基金投入的重点，是三峡水库移民可持续发展重要资金来源。基金征收基础和征收标准与三峡基金保持一致，即除湖北省、西藏地区外，从全国各省、自治区的用电中每度征收 0.4～1.5 分，用于支持大中型水库后续建设。

重大水利基金按下列原则筹集和分配：

①三峡基金向重大水利基金平稳过渡，保持其现行征收政策基本不变；

②南水北调和三峡工程直接受益省份筹集的重大水利基金，专项用于南水北调工程建设和三峡后续工作；

③南水北调和三峡工程非直接受益省份筹集的重大水利基金，留给所在省份用于本地重大水利工程建设。

(3)库区维护基金

负责水库管理、维护和防汛工作而不缴纳水费的水电站均须建立库区维护基金，库区维护基金是为了促进水电事业的发展，加强库区维护工作，逐步解决部分库区的遗留问题而设定的基金，其应用于解决水电站在正式投产后运行、使用过程中出现的问题，主要有以下几个方向：

①由于水库运行而造成的库区移民的生产、生活的困难补助；

②水库防护工程的维护；

③库区移民的人畜饮水、提水灌溉工程和交通设施的维护。

(4)库区建设基金

库区建设基金属于政府性基金，用于解决1985年底以前投产的中央直属水库农村移民遗留问题。库区建设基金征收范围，是有水库移民安置任务的省(区、市)和中央直属水库受益地区的北京、天津、上海。库区建设基金征收对象，是指有关省级电力公司销售电量中除农业生产和农民生活以外的电量。

库区建设基金的使用如下：

①除北京、天津、上海市外，各省(区、市)征收的库区建设基金原则上用于本地区。对按规定标准足额提取库区建设基金后仍有缺口的少数省(区、市)，缺口资金可从中央财政预算安排的库区建设基金和北京、天津、上海三市征收的库区建设基金中予以补助。

②库区建设基金坚持“适当集中，保证重点，统筹安排，专款专用”的原则，重点用于贫困移民所需的基础设施项目建设、生产项目开发、解决水库移民问题所必需的规划费、科技推广费、支付代征库区建设基金手续费，以及经财政部批准的其他专项支出。

(二)地方财政投入

地方财政支出主要包括地方行政管理和各项事业费，地方统筹的基本建设、技术改造支出，支援农业生产支出，城市维护和建设经费，价格补贴支出等。

(三)其他渠道投入

(1)三峡总公司及长江电力税收优惠返还库区

三峡总公司及长江电力是三峡枢纽的经营者和管理者，并因此享受国家税收及补贴优惠政策。国家将税收优惠返还给三峡总公司的目的在于支持三峡工程建设。2008年，三峡工程全部发电机组已经投入商业运营。截至2009年末，三峡工程建设任务将全部完成。本着收益与支出对等的原则，三峡总公司作为三峡工程的受益者，应将国家的税收优惠返还集中纳入三峡水库移民可持续发展筹资体系中。

1)所得税优惠返还

根据财政部和国家税务总局制定的三峡电力产品税收优惠政策，三峡总公司、长江电力发电形成的企业所得税在2009年全部投产前100%缴入中央金库，作为三峡基金，由财政部直接返还给三峡总公司用于三峡工程建设。鉴于三峡总公司及长江电力作为水库运营方对库区后续工作的责任，建议建设任务完成后将这部分税收优惠资金纳入后续工作规划资金集中管理体系，以支持库区后续建设。

2)增值税优惠返还

根据财政部、国家税务总局《关于三峡电站电力产品增值税税收政策问题的通知》，三峡电站对外销售电力产品的增值税负担超过8%部分，实行即征即退政策，用于三峡建设。此项税收优惠初衷在于支持三峡建设，在三峡工程完工后建议将这部分资金转为用于后续工作规划任务。

水电企业的生产经营特点是固定资产等前期投资额非常大，建设周期长，后期生产成本相对较低。而我国实行“生产型”增值税，购进的固定资产进项税额不能抵扣，水电企业能够享受的抵扣增值税项目很少，水电企业存在实际增值税负偏高的问题。根据税收调整设想，水电行业的增值税率未来将有可能统一按照8%增收。因此三峡总公司和长江电力的增值税税收优惠返还只能作为后续工作规划潜在的资金来源渠道之一。

(2)电价市场化增收上缴

在我国，水电价格普遍低于火电价格，而三峡电价又低于其他电站水电价格。而长期固定电价也违背了三峡电价市场化定价的定价机制。三峡电价具有提价的依据和提价的空间。三峡电价提价带来的收入源于三峡，理应用于支持三峡水库移民可持续发展。

目前我国火电基本转向标杆电价，水电则还沿用成本核算方式。水电平均上网电价为0.27元/度，火电则为0.37元/度，水火价格比仅为72.97%。而三峡库区水电价格仅为0.25元/度，与水电平均价格相差2分/度，与火电平均价相差10分/度。而根据2003年《国家发展改革委关于三峡水电站上网电价和输电价格有关问题的通知》(以下简称《通知》)，三峡水电上网电价应随三峡电力到有关省市的落地电价变化，而近年来各地电价普遍上涨，三峡水电上网电价则未能按规定相应增长。

目前新一轮电价调整框架方案已经确定，预计发电企业的上网电价将整体以涨价为主。考虑到目前三峡上网电价过低，不仅未能达到火电平均水平，且低于水电平均水平，违背了《通知》的定价机制，导致资源价值低估。三峡水电价格上调十分必要。保守考虑将三峡水电价格调整到目前尚未上调的水电、火电价格的平均水平，三峡水电价格每度亦有2～10分的涨价空间。

(3)长江电力利润上缴

三峡总公司将三峡电站资源委托长江电力运营，长江电力的利润来源以三峡为基础，同时享有国家给予的一系列税收等优惠政策。本着权责对等和收益分配原则，三峡总公司及长江电力作为三峡工程运营收益的享有者，应当将一定比例的国有股利润统筹安排用于三峡水库移民可持续发展。

按照三峡总公司与长江电力股份的股权结构，国务院国有资产监督管理委员会享有三峡总公司100%股权，而三峡总公司享有长江电力股份62.07%的股份，因此，长江电力应将属于国有62.07%的利润除去法定计提及再投资部分后返还库区用于三峡水库移民可持续发展。

(4)市场化引导资金

三峡水库移民可持续发展投资不能也不应仅仅依靠政府性资金投入，积极引导市场资金参与到三峡水库移民可持续发展建设中来是三峡水库移民可持续发展筹资的重要内容。

三峡水库移民可持续发展应利用申请设立产业投资基金、通过税收及补贴优惠吸引个体投资、提供银行配套优惠贷款等多种渠道引导和筹集市场资金参与三峡后续工作。

1)产业投资基金

产业投资基金是针对特定区域或特定产业进行扶持的引导性资金，是促进地区及产业发展的重要金融工具之一，产业基金的发展需要得到地方人民政府的扶持与推动。为了有效鼓励金融创新，天津、上海和北京都专门针对产业基金提供了优惠政策。为吸引产业基金到当地落户，推动当地产业和经济的发展，京津沪三地在基金开办费用、税收政策、人才引进政策和办公环境等方面为产业基金提供了优惠和便利。例如，三地为不同规模的产业基金提供200万～1500万元的开办费用资助；为产业基金及基金公司员工提供税收优惠，一定期限内免征企业所得税并减征部分个人所得税；为吸引高级金融人才，给予落户及住房政策优惠；同时，三地都为产业基金办公费用提供了补贴。

重庆市应当参考产业基金发展较好的京津沪三地制定优惠政策。同时考虑到重庆市经济、金融和专业人才基础与其他三个直辖市相比相对较弱，重庆市应进一步加大政策优惠力度。

2)税收补贴优惠吸引市场投资

库区经济发展除需要政府投入外，更需要充满活力的市场资金进入。但目前库区经济环境客观条件不具备优势，税收及补贴等优惠措施并不突出，对市场资金吸引力不足。

以重庆市为例，目前的优惠政策主要包括企业所得税、关税、进口增值税的减免，对于新产品及符合产业、环保要求企业和雇用库区移民企业的财政补贴以及农业价格补贴。除针对三峡总公司及长江电力股份有限公司的税收优惠外，与中西部其他地区相比，其优惠幅度及范围上并未有特殊优势。而随着各地新政策的出台，库区的原有优势政策也逐渐弱化。如原针对库区的所得税减免政策由于优惠幅度低于随后施行的西部开发税收政策，原来的“特惠”已变为“普惠”。

建议国家针对目前库区人多地少、资源匮乏以及生态环境脆弱性、产业空虚，地区经济亟待重建的特殊情况，有针对性地制定更具吸引力的优惠政策，吸引市场资金投资库区，减轻政府责任。同时，给予地方更多的自主设立优惠政策的权利，更好地制定适应当地经济发展需要的促进政策。

3)银行优惠贷款

一般来说，政策性银行贷款利率较低、期限较长，是取得政策性贷款的主要渠道。主要银行有国家开发银行、中国进出口银行、中国农业发展银行。

①国家开发银行。

国家开发银行2008年度报告显示，其年末贷款余额主要分布在电力、公路及公共基础设施上，其总额占总贷款余额的64.77%。其支持对象与三峡库区发展息息相关，且目前贷款行业重点与三峡水库移民可持续发展中进一步改善交通、水利等基础设施的任务是一致的。库区仍应积极争取国家开发银行的政策性贷款，利用其贷款周期长、利率低、额度大、不占用地方金融资源等特点，带动更多商业性贷款资金投入库区后续工作。

②中国进出口银行。

中国进出口银行自 1996 年开始在重庆市开展出口信贷业务，主要涉及汽车摩托车、机械制造、冶金、船舶、建筑工程等产业。重庆市分行 2007 年 6 月成立后进一步加大了对重庆地区的投资。

西南铝业(集团)有限公司、隆鑫控股有限公司、力帆集团、宗申产业集团等一批符合进出口银行信贷重点的进出口骨干企业已经利用进出口银行信贷支持其发展壮大。基于进出口银行重庆分行出口卖方信贷业务每年增长 20%以上战略部署，未来将有更多进出口企业有望得到贷款支持。这对于三峡水库移民可持续发展中关于库区产业结构调整及发展目标的实现十分有利。

③中国农业发展银行。

作为农业政策性金融机构，中国农业发展银行重庆市分行落实"314 总体部署"，加大了对重庆市农业和农村经济发展的支持。农村产业化龙头企业贷款和农村基础设施薄弱、农业综合开发是农业发展银行的主要贷款方向。三峡水库移民可持续发展对农村饮水、农田灌溉等设施建设及生猪、奶牛、山羊、鱼类等养殖，柑橘、榨菜、中药、花椒等独具重庆特色的农业种植以及加工项目的发展可积极争取农业发展银行的贷款优势。

三、资金使用计划

(一)资金总体规模

三峡水库移民可持续发展，包含移民安稳致富和促进库区经济社会发展、库区生态环境建设与保护、库区地质灾害防治等三部分，资金规模 987.18 亿元。

(二)资金筹措依据及来源

资金筹措与国家和地方相关经济社会发展规划、行业规划、专业规划相衔接，资金来源有项目共建、投资分摊、多渠道筹措。

(1)资金筹措原则

国家投入资金主要用于移民融入社会化、市场化和城镇化过程中的基础性、保障性和公益性项目，解决移民搬迁安置遗留问题，支持库区生态环境建设与保护，有效防治地质灾害及长江中下游重点影响区相关问题处理。

地方人民政府承担发展的主要责任，与移民安稳致富相关的地方经济发展项目，主要由地方政府采用市场运作等方式筹集资金，国家给予一定扶持；库区农村饮水等已列入国家相关行业规划、专业规划的项目，充分利用已有资金渠道解决。

(2)资金筹措依据

三峡水库可持续发展研究涉及移民安稳致富、生态环境保护、地质灾害防治、流域治理和工程管理等内容。不同规划应对的问题成因不同，协调处理问题的主要牵头单位有所差异，进而规划资金的来源渠道和方式也应有所不同。

1)移民安稳致富和促进库区经济社会发展筹资依据

①三峡移民安稳致富和经济发展问题成因。

三峡移民安置持续时间长达17年，三峡移民安置规划及实施期正处于我国计划经济体制向市场经济体制转轨的变动期，其间国家出台了一系列新的法律法规和移民政策，对部分规程规范进行了重大修改。为保持政策的连续性，维护库区稳定，三峡工程移民政策一直未做相应调整。三峡工程移民平均补偿标准远低于同期其他水库移民标准。而从1993年工程正式开工建设到2009年建设完成，我国物价水平和固定资产价格均呈现出螺旋上升的趋势。移民恢复生产生活的成本大大提高。

②解决三峡移民安稳发展的紧迫性。

三峡移民补偿主要针对有形资产，对经营性资产价值没有充分考虑。导致部分原依靠经营或出租门面为生的移民，搬迁后生活水平下降，成为不稳定群体，严重影响了移民安稳致富、社会稳定，也不符合构建和谐社会的要求，需要继续建立健全生态及工业园产业，扶植移民服务业，促进移民增收。

③三峡移民安稳致富和库区经济发展的主要资金来源。

三峡移民是为了满足三峡工程的建设需要产生的特殊群体，三峡移民问题很大程度上是因为历史条件限制对一些问题的认识不足所造成的。三峡工程建设期间，国家对大中型水库移民补偿标准、范围、方式均有了进一步的认识和调整，而三峡移民的补偿标准一直未做调整，三峡移民补偿存在前期不足的现象。

三峡工程是国家战略的一部分，三峡移民安稳致富对区域和流域的经济发展、社会稳定均有重大影响。三峡移民安稳致富需要得到国家相关财政资金的支持。

2)库区生态建设与环境保护筹资依据

①三峡库区生态及环境问题成因。

由于三峡工程的建设，库区原有生态系统平衡被打破，生态完整性受到影响，生态系统十分敏感脆弱。同时，库区人多地少矛盾随着三峡工程的建设更为突出，经济的快速发展对生态及环境形成巨大压力。

三峡工程建设对库区生态及环境问题的影响主要表现在以下三个方面：

a.三峡工程建坝引起水域环境改变，影响水生生物繁衍生息。

三峡建坝后，水库内水流流速显著减缓，生物栖息环境发生变化，导致原栖息于该江段的一些物种不能适应，数量减少，甚至消失。

b.三峡工程建设加剧了库区人地矛盾，导致陆地生态系统恶化。

三峡工程的建设使库区相当一部分优质农田被淹没，人地关系变得更加紧张。后靠移民迫于生存压力，过度开垦土地和砍伐林木，导致地区水土流失严重，草坡和裸地面积增加，使陆地生态系统进一步恶化。

c. 三峡水库导致局部水域的污染加重。

水库的兴建使水体流速减缓，复氧和扩散能力下降，水体自清作用下降，导致库区的污染负荷压力增大，容易出现水域富营养化现象，威胁饮水安全。

②解决三峡库区生态及环境问题的紧迫性。

三峡工程建设以来，国家各有关部门和地方人民政府采取了一系列生态环境建设和保护措施，取得了阶段性成果，但库区不合理的开发造成的生态退化、水土流失加剧等生态环境问题没有得到根本的解决，主要体现在库区削减污染负荷的压力巨大，库区重要支流水土流失仍然严重，库区生态系统脆弱、不利于水库水质保护三个方面。库区生态环境与国家对三峡库区的目标定位存在较大差距，鉴于库区的生态环境敏感、脆弱且易污染易破坏的特点，三峡库区生态环境的建设与保护亟须得到加强。

③解决三峡库区生态及环境问题的主要资金来源。

从问题成因上看，三峡库区生态及环境问题由于三峡工程的兴建而加剧，其后续治理理应由中央安排专项资金。从问题的特点上看，生态系统重建及环境保护是一项系统工程，需要跨地区、跨部门的协调能力和长期、大额的资金支持，非地方之力可以完成。同时由于其非营利性特征，生态及环境建设属于政府职能，相关的工作要以国家投入为主。

因此中央应承担三峡水库移民可持续发展责任，利用自身统筹和资金规模优势，充分发挥公共投资职能，安排专项资金支持三峡水库移民可持续发展中有关生态及环保的项目。

3)库区地质灾害防治规划筹资依据

①三峡库区地质灾害问题成因。

三峡工程的建设尤其是高位蓄水后改变了岸坡的原水文地质条件，加剧了库岸边坡的不稳定，增加了原地质隐患发生的可能性。其次，三峡水库建设形成了新的尚未进行工程治理的滑坡、崩塌、危岩体，搬迁安置中也形成新的尚未治理的高切坡，在库区地质环境比较脆弱、断裂带较多、中小地震频繁的情况下，导致诸多新的不稳定因素和安全隐患。

②解决三峡库区地质灾害问题的紧迫性。

地质灾害影响范围广、破坏力大。一旦发生，将对全国社会稳定及经济发展造成严重影响。而水库一旦失事，由此造成的人员和财产损失甚至有可能超过地震。因此，地质灾害防治新的规划建设应尽快筹划开展。

③解决三峡库区地质灾害问题的主要资金来源。

从问题的成因上看，三峡的建设使得库区原本不稳定的地质环境波动性更为加剧，并增加了新的地质安全诱导因素和隐患，中央理应为三峡建设所带来的不利影响担负相应责任。从问题的特点看，鉴于地质灾害本身的复杂性、随机性，其防治具有长期性和艰巨性，尤其是库区这样的地质脆弱区，地质环境复杂，地方财力承担地质灾害防治工作面临很大困难。中央财政是解决三峡库区地质灾害防治问题的首选。从问题解决的历史经验看，在三峡工程建设阶段，中央投入的防治专项资金对库区地质灾害治理已经起到了积极的效果，地质灾害发生频率得到有效控制。

因此，在三峡水库移民可持续发展期间，中央财政应在总结建设期地质灾害防治经验的基础上，进一步对三峡库区地质灾害进行全面持久的防治投资，提升库区减灾防灾的保障能力和综合效益，支持三峡工程长久持续发挥综合效益和国家经济社会的可持续发展。

(三)资金筹措来源建议

三峡水库移民可持续发展涵盖工作内容多、投入巨大，资金必须依靠中央、地方和市场等多种渠道来进行筹措。根据现有政府性基金政策体系及未来对政府性基金管理设想，三峡水库移民可持续发展可以依靠和使用的政府性基金主要是国家重大水利工程建设基金。

为保障三峡水库移民可持续发展所需资金的稳定性、规划性，使资金来源与规划支出规模更具匹配性，同时也考虑到国家整体战略规划大局，建议各年基金总盘用于三峡部分的比重在三峡水库移民可持续发展近期规划启动阶段，即 2010—2011 年，保持 35%～40%的水平；在近期规划全面开展阶段及远期规划开始阶段，即项目任务重，资金需求量大的 2012—2016 年，保持 45%～50%的水平；在三峡水库移民可持续发展远期的 2017—2020 年逐渐减少资金支持，总体保持 40%～45%水平。

三峡水库移民可持续发展总资金规模 987.18 亿元，从上述几种来源渠道可以看出，资金总体上能够满足可持续发展需要。

第八章　保障机制研究

三峡水库移民可持续发展规划是一项具有特定目标和特定任务的综合规划，涉及内容多、地域范围广、时间跨度大、政策性强，研究制定健全的保障机制是规划任务顺利完成的重要保障。为指导各项工作有序开展，顺利完成规划任务，实现规划目标，以三峡水库移民可持续发展规划任务体系为基础，建立涵盖组织保障机制、实施保障机制和政策保障等方面的保障机制体系，明确各级人民政府及相关部门工作职责，提高规划实施推进效率，是十分重要的。

第一节　组织保障

为有效衔接三峡工程建设期管理体制，建议维持现行的三峡工程建设管理体制不变，并按现行管理体制和方法开展三峡水库移民可持续发展工作。在国家层面，仍由三峡建委统一领导和协调，国务院相关部委按职责参与；省级人民政府负责各自行政区域内三峡水库移民可持续发展规划的实施组织，相关市、县、区人民政府在省级人民政府的领导下按照规定的权限负责具体实施各自行政区域内的相关工作；财政、纪检、监察、审计、稽查等相关部门负责对规划实施工作的监督检查。

一、国家统一领导协调

三峡水库移民可持续发展工作由三峡建委统一领导和协调。三峡建委下设三峡办，作为办事机构，具体负责日常工作，主要职责包括：组织提出三峡工程的有关政策建议，起草有关法规草案，就三峡工程重大问题与有关省、直辖市和中央有关部门进行协调；研究制定三峡工程移民工作管理办法；负责三峡建委全体会议以及办公会议的准备工作，督促、检查会议决定事项的落实。管理三峡库区移民搬迁安置工作，监督移民搬迁安置规划的实施；管理三峡工程移民科研、移民工程建设及监理、三峡工程淹没区及迁建区文物保护以及移民概算资金中安排的环境保护和地质灾害治理工作；组织、指导三峡工程移民培训工作。负责三峡工程（枢纽工程、输变电工程和移民工程）稽查工作；组织三峡工程验收工作；组织协调湖北省、重庆市以及安置外迁移民的省、直辖市纪检监察部门对移民资金进行监督检查等。

三峡办内设 9 个职能司（局），根据其相应职责，移民安置规划司承担三峡水库移民可持续发展规划牵头工作，监督规划的实施和调整，重点指导三峡库区经济社会发展和移民安稳致富、科研等工作，参与协调三峡库区地质灾害防治工作，促进三峡库区经济发展和社会稳定；水库管理司重点负责库区生态环境建设与保护类规划实施；资金计划司重点管理三峡水库移民可持续发展规划等资金计划、审批及下达，确保资金按期拨付和按规定使用；综合司、技术与装备司、经济技术合作司、外迁协调司、稽查司、监察局等部门按照部门职责协调配合规划等相关工作。

二、国务院有关部委分工负责

国务院有关部委按照职责分工，加强对三峡水库移民可持续发展规划实施的指导、管理和监督。

（一）项目审批管理

按照规划分类进行指导和管理，三峡办会同国务院有关部门制定实施规划编制大纲，指导实施规划编制工作，做好与有关行业及专业规划的衔接。其中，政策性补偿补助项目，由三峡办会同财政部等有关部门审核后实施；高切坡治理、相关科学研究和其他费用类项目，由三峡办商财政部后安排实施。

在年度项目实施过程中，三峡办会商国家发展改革委、财政部等有关部门，提出三峡水库移民可持续发展规划的年度实施指导意见，明确基本原则、任务目标、建设规模、重点内容和有关要求；有关省（直辖市）人民政府依据年度实施指导意见提出年度项目实施方案，报三峡办和财政部；三峡办会同财政部、国家发展改革委等有关部门进行项目合规性审核和综合平衡后，由三峡办会同财政部联合下达年度实施项目计划，并抄送国家发展改革委。

在资金使用管理方面，由财政部制定三峡水库移民可持续发展规划资金使用管理具体规定。

（二）实施监督管理

与三峡工程建设期相比，三峡水库移民可持续发展阶段的工作内容与目标、投资主体更加多元化，项目类型、实施计划、项目运行管理等方面也发生了显著变化，因此财政、纪检、监察、审计、稽查等相关部门均要按职责参与规划实施工作的监督检查、审计稽查。

在国家层面，三峡建委三峡工程稽察办公室组织对三峡水库移民可持续发展实施情况的稽察，稽察结果抄送国家发展改革委、财政部等有关部委。国家发展改革委、财政部、审计署、国家监察委等部委，按职责依法对三峡可持续发展规划实施情况进行稽察、审计和监督检查。

在职责和具体工作方面，国家层面重点是顶层设计，负责总体把握规划实施方向和审批年度计划，控制总体进度目标、计划和实施进度。地方层面则是严格执行国家下达的任务计划，组织编制年度项目申报计划并进行合规性审核，编制实施性进度计划实施完成和承担项目实施任务。

在监督管理具体过程方面，按照事前审核审批、事中检查和控制、事后评估考核三个阶段开展工作。事前审核审批阶段，重点是组织对各类主体申报的项目从合规性、目标可达性、规模与效益合理性、年度任务和资金、绩效目标、项目风险等方面进行审核；事中检查和控制阶段，重点是年度计划项目执行情况进行监督检查，包括年度项目进度、资金使用、项目风险防控、阶段性验收与评估等内容；事后考核评估阶段，重点组织进行项目实施效果评估、资金使用绩效评价，以及相关管理与技术总结等。

三、地方人民政府组织实施

湖北省、重庆市等省级人民政府负责本行政区域内规划实施工作，是三峡水库移民可持续发展规划具体组织实施的责任主体，负责组织编制本省（直辖市）库区实施规划、组织项目申报和审核、编制年度计划和任务下达等管理工作，细化和制定相关配套政策和保障措施；组织完成本省（直辖市）各项规划任务，实现移民安稳致富、生态环境建设与保护、地质灾害防治等各项规划目标。在两省（直辖市）人民政府的领导下，地市、县区级人民政府按照授权和职责具体承担规划项目的实施工作。同时，各级地方人民政府按要求履行监督管理职责，自觉接受上级监督检查。

第二节　实施保障

按照统筹兼顾、突出重点，国家扶持、多元投入，分轻重缓急、分步实施的原则，对实施过程中的规划任务与资金保障、程序合规性等方面进行监督管理。

一、资金保障

中央财政资金扶持和补助重点及比例依据项目类型确定。其中，基础性、保障性和公益性等项目，以中央财政投资为主；产业扶持类项目以社会投资为主，中央财政资金主要发挥引导作用。通过引入多元化的投资主体，使中央财政资金在三峡水库移民可持续发展工作中发挥更大效益。

为进一步加强专项资金使用管理，提高资金使用的安全性和有效性，全面实现规划目标，建议由财政部门会同移民主管部门，制定各类项目的资金补助标准和比例，形成专项资金使用管理办法。

为进一步加强三峡水库可持续发展中工程建设项目投资控制，减少工作环节，规范工程概算调整和预、决（结）算编审工作，准确反映资金拨付和使用情况，提高资金使用效益，结合湖北、重庆三峡水库移民可持续发展工作实际，制定三峡工程建设项目投资控制管理办法。

地方人民政府发展改革委、财政部、三峡水库移民管理部等部门共同委托具有相应资质的中介机构承担三峡水库移民可持续发展规划项目建设全过程的跟踪审计工作，包括但不限于工程造价预测、投资控制、资金拨付与使用监控、资金使用效益分析、概算调整与结（决）

算审查等工作内容，相应跟踪审计成果作为发展改革部门审核概算调整、财政部门审批决（结）算、三峡水库移民管理部门监管的重要依据。

二、程序保障

三峡水库移民可持续发展规划可由三峡办会同国家发展改革委、财政部联合组织编制，经三峡建委审议后，报国务院批复。三峡办会同国务院相关部委、地方依据职责组织编制相关的实施规划，经批准后严格执行。

（一）计划管理

在规划实施过程中，根据总体规划和实施规划，按整体推进、分年实施的方式，制定分期、分年度实施方案，分别落实移民安稳致富、生态环境建设与保护、地质灾害防治等具体建设项目。

（二）建设管理

建设项目实施期间，应严格履行基本建设程序。委托具有相应资质的单位承担勘测设计、咨询、地质灾害危险性评估和环境影响评价、水土保持等技术性工作，同时要加强协调，防止重复建设。审批或核准时，重点对建设任务、内容和投资规模等进行审核。严格履行项目法人责任制、招标投标制、工程监理制和合同管理制。建设项目完工后，及时组织验收和竣工结（决）算。资金使用管理单位严格按照国家档案管理规定，及时收集、整理、归档有关文件资料，建立健全档案。审计、稽查、监督检查和综合监理等按职责全程参与。

项目法人制：采用直接投资方式的非经营性项目，通过招标等方式选择项目管理单位或者实行“代建制”，负责项目的建设实施，建成后移交项目使用单位。采用资本金注入方式的经营性项目，实行法人责任制，依法组建法人，已有法人的除外。

招标投标制：工程建设项目按照国家有关招标投标的法律法规开展招投标工作，项目法人应委托具有相应资质或能力的机构承担招标代理业务。

监理制与合同制：依据规划项目类型确定监理方式。其中，工程建设类项目按照国家有关规定，由项目法人依法委托具有相应资质的机构承担工程监理任务；避险搬迁、居民迁移等移民安置类项目，除其中涉及工程建设的必须依法履行工程监理制度外，还应参照大中型水利水电工程建设征地移民安置补偿要求，执行综合监理制度，以确保居民迁移安置有序、合规和实效。同时，项目法人在组织项目实施期间委托的任何第三方勘测、规划设计、咨询、监理等单位均依法签订合同，并严格执行。

概算调整审批制：采用直接投资、资本金注入方式的工程建设项目，在建设过程中需要调整项目概算的，由项目单位提出调整方案，按规定程序和权限报原概算审核部门批准。概算调增超过批复概算10%的，一般应当经概算批复的同级审计部门审计后，由原概算审核部门根据同级审计部门的审计结果，审批概算调整方案；项目投资概算节余的，在完成竣工决算后，按投资比例返回，作为基本预备费使用。

(三)统计信息报告制度

建立健全三峡水库移民可持续发展规划统计信息报告制度。其中,三峡办负责统计信息的归口管理,按有关规定发布统计信息;两省(直辖市)人民政府和国务院有关部门应按期汇总本地区和本行业相关统计信息,报送三峡办。

(四) 阶段评估

为加强对规划执行情况的督促和检查,实时评价效果,确保规划投资质量及效益,在规划实施进程过半时,开展一次全面的中期评估,对规划措施和近期目标实现程度进行评估,并结合经济社会发展环境变化情况采取针对性的加强和调整措施,确保总体规划远期目标的实现。规划任务完成验收后,进行综合的后评估,全面评价规划实施效果。

第三节　制度保障

三峡工程建设期间,国家制定了一系列政策措施,为三峡工程建设和百万移民搬迁安置任务的顺利完成提供了有力支撑,促进了库区经济社会发展。为确保三峡水库可持续发展规划目标的实现,需要延续行之有效的政策措施,并制定一些新的配套政策。

国务院有关部门和省、直辖市要研究制定促进移民安稳致富、加强库区生态环境建设与保护、有效防治地质灾害等的政策措施,加大扶持力度,为后续工作规划实施创造良好的政策环境。

(一)移民受益机制

三峡水库移民可持续发展规划以项目为载体,力求变“输血”为“造血”,解决移民的长远发展问题。项目的收益分配,直接关系到移民的切身利益和帮扶效果。因此,为更好地使扶持项目发挥对移民发展的促进作用,需要结合实际情况,研究适合库区和外迁安置区的农业产业化经营模式,对不同模式中移民投入和效益进行对比分析;对资产帮扶的扶持方式,研究经营管理方式和效益分配关系,制定确保移民集体和移民受益的保障措施;对旅游、物流等第三产业的扶持,分析财政资金补助下的企业、移民村集体与移民之间的投入关系,提出合理利益分配机制。

(二)要素保障机制

一是创新土地供给和利用方式,助力重点产业、重大项目实施。地方人民政府统筹安排用地规划指标,对符合条件的重大产业项目提前预支新增建设用地计划指标。探索对口协作地区城乡建设用地增减挂钩节余指标和耕地占补平衡指标异地调剂使用。对通过兼并重组、转型升级等方式盘活利用闲置土地,超额完成处置任务的部分给予用地指标奖励。二是整合各类资金支持,把钱花在刀刃上。集中财力干大事,加大中央预算内资金对库区基础设施建设的支持力度。在财政部下达的新增债务限额内,对库区符合债券发行条件的项目予以优先支持。三是全力做好引才、育才、用才、留才，为就业发展提供广阔舞台和温馨环境。在职称评审、岗位竞聘等方面向库区基层一线人员倾斜，激励机关事业单位人员特别是基层公务员、教师、医护人员、科技人员扎根库区。支持库区优秀人才返乡创业，搭建技术、资金、政策等一揽子支持平台。

（三）分类导向考核评价机制

对标中央和省（直辖市）目标任务和指标体系，强化对县域经济水平、村镇（街）基层治理、可持续发展能力、生态环境保护、地质安全保障等方面的评价，强化绩效考核结果运用，有效引导各地区科学发展、加快发展。

（四）持续加强对口支援机制

各对口支援省市、部门和单位要把对口支援三峡库区的工作重心转移到三峡水库移民可持续工作上来，确保对口支援力度不减，促进库区经济社会发展和可持续规划工作的顺利开展。

第九章　实施验证

自2011年6月国务院批准实施三峡后续工作规划以来，各项工作有序推进，成效不断显现，有力促进了移民安稳致富和库区经济社会发展，保障了三峡库区生态安全和地质安全，增添了人民群众新生活的幸福指数，得到了社会各界好评。本章从三峡后续工作规划的实施组织、实施内容和实施效果三个方面进行阐述。

第一节　实施组织

为保障三峡后续工作实施的顺利进行，实施组织是其中重要的一环。良好的实施组织不仅保障了有序推进，还提高了工作成效。

一、加强组织领导和分工，落实实施主体和责任

(一)2011—2018年

为指导三峡后续顺利有序实施，规范实施管理，提高资金使用效益，完成规划任务，实现规划目标，2011年12月三峡办印发了《三峡后续工作规划实施管理暂行办法》(国三峡办函综字〔2011〕138号)。作为规划实施的责任主体，湖北省三峡后续工作领导小组、重庆市移民局也相继于2012年印发了《湖北省三峡后续工作规划实施管理细则(试行)》(鄂三峡后续〔2012〕1号)、《重庆市三峡后续工作规划实施管理暂行办法》(渝移发〔2012〕39号)。

按照《三峡后续工作规划实施管理暂行办法》，三峡后续工作实行"统一领导、分省(直辖市)负责、以县(区)为基础"的管理体制。三峡办负责三峡后续工作规划的组织实施、综合协调、监督管理；财政部、发展改革委等有关部门按照职责分工，加强对规划实施的指导、监督和管理；湖北、重庆、湖南、江西等有关省(直辖市)人民政府是三峡后续工作规划实施的责任主体，负责本省(直辖市)规划实施管理，制定配套政策和措施，完成本省(直辖市)各项规划任务，实现规划目标。

湖北省三峡后续工作实行"省政府领导、省三峡后续工作领导小组办公室综合协调管理、相关部门各司其职、县(区)政府具体实施"的管理体制。省三峡后续工作领导小组全面负责三峡后续工作，统筹安排规划实施，审定实施规划和年度项目实施方案，制定有关重大

政策，研究解决有关重大问题。重庆市三峡后续工作实行“市政府全面负责、移民部门综合管理、相关部门各司其职、区县（自治县）政府具体实施”的管理体制。重庆市成立市三峡后续工作领导小组，市领导小组负责统筹安排规划实施，审定实施规划和年度项目实施方案，制定有关重大政策，研究解决其他重大问题。

（二）2018 年至今

2018 年国务院机构改革，将三峡建委及其办公室并入水利部，设立了三峡工程管理司，承担三峡后续工作规划的组织实施、综合协调和监督管理职责。湖北省、重庆市及其区县的三峡水库移民机构撤并入地方水利机构，根据职责分工承担行政区域内三峡后续工作规划组织实施等相关工作。

2023 年 8 月，为进一步规范和加强三峡后续工作规划实施管理，水利部商国家发展改革委、财政部修订完成《三峡后续工作规划实施管理办法》，进一步明确，三峡后续工作实行统一领导、行业指导、分省（直辖市）负责、区县为基础的管理体制。水利部负责三峡后续工作规划的组织实施、综合协调、监督管理。国务院有关部门按照职责分工，加强对三峡后续工作规划实施的指导、监督和管理。有关省（直辖市）人民政府是三峡后续工作规划实施的责任主体，负责本省（直辖市）规划实施管理，制定相关配套政策和措施；负责完成本省（直辖市）各项规划任务，实现移民安稳致富、生态环境建设与保护、地质灾害防治等各项规划目标。

二、加强规划编制与管理，做好顶层设计和引领

（一）规划动态调整

在已批复三峡后续工作规划的基础上，根据国家和地方经济社会发展情况，与时俱进，及时对规划进行调整和完善。

（1）《三峡后续工作规划优化完善意见》

为了适应党的十八大以来的形势发展变化，贯彻落实以习近平同志为核心的党中央一系列治国理政新理念新思想新战略，妥善处理三峡库区的突出矛盾，2014 年 12 月，国务院国函〔2014〕161 号文批准实施《三峡后续工作规划优化完善意见》。优化完善后重点支持三峡库区水污染防治和库周生态安全保护带、城镇功能完善和城镇安全防护带、重大地质灾害防治和地质安全防护带，集中开展城镇移民小区帮扶以及优势特色产业发展等项目（以下简称“三带一区”）。

（2）《三峡后续工作规划“十四五”实施方案》

为全面实现规划目标，2020—2022 年，水利部商财政部等有关部门和相关省市，以习近平新时代中国特色社会主义思想为指导，深入贯彻党的二十大精神，立足新发展阶段，贯彻新发展理念，构建新发展格局，围绕更好地实现三峡后续工作规划战略目标，以“保安全、惠

民生、促发展”为主线，着力补短板，强弱项，综合施策，推进三峡库区高质量发展，编制了《三峡后续工作规划“十四五”实施方案》。2022 年 10 月，水利部以水三峡〔2022〕376 号文印发实施。

（二）滚动建设实施项目库

《三峡后续工作规划实施管理暂行办法》（国三峡办函综字〔2011〕138 号）第五条明确规定：三峡后续工作规划实施要编制实施规划，建立项目库，采取滚动方式进行管理。实施规划主要由有关省（直辖市）人民政府负责编制，报三峡办备案。

2012 年 3 月，三峡办组织编制了《三峡库区后续工作实施规划（2011—2024 年）编制大纲》，以国三峡办函综字〔2011〕28 号印发。大纲提出，实施规划按 3 期编制，具体是第一期为 2011—2014 年（规划期 4 年），第二期为 2015—2017 年（规划期 3 年），第三期为 2018—2020 年（规划期 3 年）。为确保三峡后续工作规划有序实施，根据三峡办、水利部的安排和部署，湖北省、重庆市分别编制 2011—2014 年实施规划、2015—2017 年实施项目库、2018 年规划项目库、2019 年规划项目库，以及 2020—2022 年、2021—2023 年、2022—2024 年、2023—2025 年、2024—2025 年等实施项目库，并分别批复实施。

三、加强项目管理，确保项目落地取得实效

（一）绩效管理

按照《中共中央 国务院关于全面实施预算绩效管理的意见》和《三峡后续工作专项资金绩效管理暂行办法》的相关要求，县级以上财政部门和三峡后续工作管理部门对后续资金开展绩效目标管理、绩效监控、绩效评价、评价结果运用等全过程绩效管理工作。为切实加强三峡后续工作项目绩效目标管理，在项目库建设阶段，合理设定绩效目标，确保入库项目符合相关政策要求；在年度项目实施方案申报审核中，各级管理部门把绩效目标设定作为必备要件，严格审核把关；在项目组织实施过程中，各级管理部门同步做好绩效运行监控与评价工作，建立健全绩效评价结果反馈制度和绩效问题整改责任制，加强绩效评价结果应用，确保取得预期成效。重点加强政策指导和宏观管理，进一步简政放权，按照“放管服”的要求，压实地方各级的管理责任，加强事中事后监管，加强调查研究，及时协调解决实施中的困难和问题，确保三峡后续工作规划实施的各项政策措施落到实处，确保项目实施成效，高质量地完成三峡后续工作规划目标任务。

根据重庆市财政局和原移民局 2016 年 3 月印发的《重庆市三峡后续工作专项资金使用管理办法》，市和区县移民管理部门应根据财政部门关于开展财政预算绩效评价工作的有关要求，牵头组织实施专项资金使用情况的绩效评价工作，强化绩效评价结果运用，建立绩效评价结果与年度专项资金安排挂钩机制。

根据湖北省财政厅、水利厅、自然资源厅 2019 年印发的《湖北省三峡后续工作专项资金使用管理办法》，市区县财政部门会同同级水利、自然资源部门对专项资金预算实行全过程

预算绩效管理。项目实施结束后按规定组织绩效考评，下年度分配资金时将绩效考评成绩作为资金分配重要依据。

(二)审批管理

(1)分类管理及分级管理

三峡后续工作规划实施按照工程建设项目、政策性补偿项目、科学研究项目，分类进行管理。依据资金与项目挂钩，项目与规划挂钩的原则，实行分类管理，按照各项规划所确定的任务组织实施。工程建设项目是指三峡后续工作规划中移民安稳致富和促进库区经济社会发展有关产业结构调整及发展扶持、基础设施建设与完善、生态环境建设与保护、地质灾害防治等投资项目。政策性补助项目是指移民培训和教育、社会保障等项目。科学研究项目是指相关科学研究和效益拓展类项目。

三峡后续工作规划项目实行中央、省(直辖市)、区县分级管理，主要由地方人民政府审批。其中工程建设项目审批按照基本建设管理有关规定执行；政策补助项目(地质灾害避险搬迁项目由区县国土部门会同移民部门认定，经区县人民政府同意后上报省(直辖市)国土资源和移民局批准后)由省(直辖市)移民部门会同省(直辖市)财政部门组织有关区县制定项目实施方案，由省(直辖市)人民政府同意报三峡办会同财政部等审核后实施。科研类项目由省(直辖市)三峡水库移民部门报三峡办审定。

(2)年度项目实施

三峡后续工作项目是按照“分期滚动编制、分年具体实施”的原则开展，三峡办会商发展改革委、财政部等有关部门，提出年度实施指导意见，地方人民政府据此提出年度项目实施方案。经三峡办会同财政部、国家发展改革委等有关部门进行项目合规性审核和综合平衡后，由三峡办和财政部联合下达，并抄送国家发展改革委。

2014 年后，国务院部署简政放权，《国务院关于改革和完善中央对地方转移支付制度的意见》(国发〔2014〕71 号)和财政部相关预算管理等文件相继发布，三峡办及时简化了三峡后续工作项目合规性审核权限，将每年申报的全部项目由三峡办负责合规性审核改为分类审核、各负其责。规划项目划分为项目法和因素法两类管理，涉及“三带一区”重点项目、跨地区跨流域、外部性强以及三峡办确定的其他重大项目，按项目法管理；其余项目按因素法管理，由地方根据实际情况和相关规定自主安排项目和资金。由此，地方人民政府的项目安排决策权进一步扩大，极大地激发了地方主体活力和积极性。

2018 年机构改革后，三峡后续工作规划项目分为中央对地方政府性基金转移支付项目和列入中央部门预算项目。列入中央部门预算项目，按照中央部门预算项目管理有关规定执行。中央对地方政府性基金转移支付项目继续建立项目库，采取年度滚动方式管理。由有关省(直辖市)三峡后续工作管理部门负责建设，水利部进行合规性审核。纳入项目库的项目，应完成项目建议书或实施方案审批，近期实施项目应完成可行性研究报告或相应深度实施方案审批。

（三）资金管理

（1）出台相关管理文件

2011年12月，财政部印发了《三峡后续工作专项资金使用管理暂行办法》（财企〔2011〕400号）；2012年6月，财政部和三峡办印发了《三峡后续工作专项资金补助标准》；2015年12月，财政部和三峡办印发了《三峡后续工作专项资金使用管理办法》（财农〔2015〕229号）；2022年10月，财政部、水利部对《三峡后续工作专项资金使用管理办法》进行了修订，以财农〔2022〕80号文予以印发。省市层面，2012年2月重庆市财政局印发了《重庆市三峡后续工作专项资金使用管理暂行办法》，2016年3月重庆市财政局和重庆市原移民局印发了《重庆市三峡后续工作专项资金使用管理办法》。2016年，湖北省财政厅、湖北省原移民局、国土资源厅印发了《湖北省三峡后续工作专项资金使用管理办法》；2019年10月，湖北省财政厅、水利厅和自然资源厅印发了《湖北省三峡后续工作专项资金使用管理办法》。上述文件对进一步加强三峡后续工作专项资金使用管理，提高资金使用的安全性和有效性，全面实现三峡后续工作规划目标发挥了重要作用。

（2）项目法和因素法分配

专项资金由财政部会同三峡办负责管理，采取项目法和因素法两种方式分配。“三带一区”重点项目、跨地区跨流域、外部性强以及三峡办确定的其他重大项目，采取项目法分配；具有地域管理信息优势的项目，归类打捆，按优化完善后的二级规划类别，根据年度预算控制数、规划确定的有关省（直辖市）及相关类别资金规模等因素，切块分配，由有关省（直辖市）统筹安排使用；专项资金中的地质灾害防治项目资金（不含中央本级）由国土资源部负责安排，并由财政部会同国土资源部、三峡办分年度按因素切块下达地方财政部门，由其会同相关政府部门按规定用途安排使用。

三峡办将地方因素法项目和具有地域管理信息优势的项目合规性审核权下放到省级管理部门，地方主管部门仅须向三峡办报送二级规划类别预算汇总表、区域绩效目标表和每个项目的合规性审核表，极大地减少了申报成本和工作量。同时，进一步做实项目库，保证年度项目前期准备工作扎实有效，提高了项目实施方案的科学性和准确性。按照财政部要求，三峡办将因素法项目按规划二级类别打捆，资金切块分配，由财政部于每年10月按不低于当年预算总额的70%提前下达下一年度专项资金预算至省级财政部门，由省级后续工作管理部门会同财政部门提前分配使用，更好地保证了项目建设的资金时效。

（3）下放专项资金补助标准制定权

财政部和三峡办联合印发的《三峡后续工作专项资金补助标准》（财企〔2012〕120号）规定了规划六大类下约130个科目的补助标准，项目投资差额部分由地方自行筹资解决。由于库区绝大多数区县是国家级贫困县，且经济发展水平、自然资源禀赋差异较大，同一类项目在不同地域建设成本差异较大，导致一些项目资金不足难以按期开工，有的项目形成半拉子工程，造成了国家专项补助资金的结存。

经商财政部同意，废除了补助标准相关文件，在不突破各省(直辖市)规划补助总额前提下，由省(直辖市)级人民政府自行制定补助标准，加大对重大项目投入力度，促进了项目投资的多元化，大幅提高了资金使用效益。以往专项稽查和检查中多次发现的项目“报大建小”“虚报冒领”等违规情况也明显减少。

(4)明确已批复项目及资金的调整权

三峡后续工作项目涵盖地方经济发展、生态环境保护、地质灾害防治等多个领域，实行多元化投资，部分项目因立项或审批时间较长，地方已经使用其他资金完成，或者一些已批复项目因征地、拆迁或地质状况发生变化等不能实施，需要取消或变更建设内容、增减建设规模、变更建设地点等。对此，按照国务院和财政部有关文件精神，三峡办主动商湖北省、重庆市等人民政府，于 2016 年 3 月进一步明确了已经批复项目及资金调整的权限。即对 2016 年及以前年度已批复项目的调整，由省级机构按照有关规定办理；2017 年度以后已批复项目的调整，实行分类分级审批；调整后的结余资金，由省级机构会同有关部门调剂使用。根据重庆市财政局和原移民局 2016 年 3 月印发的《重庆市三峡后续工作专项资金使用管理办法》，市和区县三峡后续工作管理部门应牵头抓好已批复项目的组织实施，提高资金使用效益，项目单位应当加快建设和预算执行进度，确保建设任务按期完成。对因各种原因收回的专项资金、项目暂时无法实施的专项资金、项目实施完成或者终止不需继续使用的专项资金，作为结转结余资金，按照财政部关于结转结余资金管理的相关规定处理，收回的专项资金，优先保障继续用于三峡后续规划项目。区县必须及时提出使用安排建议，按相关程序报市及中央有关部门审批安排到新项目。根据 2019 年 10 月湖北省财政厅、水利厅和自然资源厅印发的《湖北省三峡后续工作专项资金使用管理办法》，市县财政部门要按照《中华人民共和国预算法》有关精神，加快专项资金预算执行进度，确保资金高效使用。结转结余资金，按照财政部、省人民政府关于结转结余资金管理的相关规定处理。

(四)建设管理

三峡后续工作项目实施应按照项目管理的相关规定，严格执行项目法人责任制、招标投标制、建设监理制、合同管理制、竣工验收制、责任追究制等。工程建设项目开工应当满足国家规定的条件。

采用直接投资方式的非经营性项目，应由县级以上人民政府或其授权部门确定项目法人，或实行“代建制”通过招标投标确定项目法人。采用资本金注入等方式的经营性项目，应由企业作为项目法人，实行独立核算、自负盈亏。

实施规划项目的管理机构要严格项目的勘察、设计、施工、监理、咨询评估等单位的资质审查，实行市场准入和退出机制。严禁禁入单位和挂靠单位参与项目建设，严禁转包和违规分包工程。在三峡后续工作规划项目审查、审核时可委托有资质的中介机构作为项目决策投资评估单位或技术支撑单位，投资评估单位和技术支撑单位负责项目的论证和评估工作，评估费用由项目法人(项目业主)纳入项目投资。

三峡后续工作规划实施情况实行进度报告,水利部负责进度统计归口管理,有关省(直辖市)三峡后续工作管理部门和国务院有关部门应按期汇总本地区和本部门相关进度信息,报送水利部。

工程建设项目按批准的设计方案建成后,应当按照国家有关规定进行竣工验收,并在竣工验收合格后及时办理竣工财务决算。

三峡后续工作资金使用管理单位应严格按照国家档案管理规定,及时收集、整理、归档有关文件资料,建立健全档案。

四、加强监督检查,推动建成三峡后续工作优质工程

监督检查是有序推动三峡后续工作的重要手段,是认真落实三峡后续工作主体责任的重要内容。三峡后续工作自实施开始,由三峡建委三峡工程稽察办公室对三峡后续工作规划实施稽查,发展改革委、财政、审计、监察等部门依据职能分工,对三峡后续工作规划实施进行稽查和监督检查。2012 年 9 月,三峡办印发了《三峡后续工作稽察暂行办法》,以加强对三峡后续工作的监督。三峡后续工作稽查包括:对三峡后续工作规划项目前期工作、建设管理、资金管理等进行稽查,对管理效能进行综合评价,对项目实施成效及目标实现程度进行绩效评价。三峡办对监督检查发现的重大问题抄送有关地方人民政府及有关部门。地方人民政府及有关部门要加强问题整改,整改不到位的按有关规定处理。各级地方人民政府要加强对本地区三峡后续工作规划实施的监督检查,并自觉接受上级监督检查。

实施过程中,三峡办、水利部以稽查为主要手段,以问题为导向,主动适应"放管服"改革新变化、新要求,构建上下联动、相互配合的三峡后续工作监督检查机制。全面建立三峡后续工作项目实施进度报告制度,定期了解项目实施情况,并委托中介机构开展项目实施情况日常监测和三峡库区移民安置社区帮扶综合监测,对发现的问题及时督促有关方面研究解决。发挥综合协调部门优势,持续开展项目实施及资金使用专项检查,会同水利、环保、国土等部门联合开展汛期和蓄水期巡库检查,不定期开展消落区专项整治,开展污水处理设施项目建设及投入运行情况综合监测,开展水库生态屏障区造林绿化工程检查验收国家级核查,开展三峡库区移民安置区高切坡防护和试验性蓄水影响处理工作监督检查等。

2021—2022 年,水利部印发并修订《三峡后续工作项目监督检查实施方案》问题清单,为开展三峡后续工作监督检查提供依据。持续加强三峡后续工作事中事后监管,对项目实施和专项资金使用情况开展内审调查、暗访检查,深入开展转移支付专项资金绩效评价,保障项目管理效能持续提升。

与此同时,根据十八大以来党风廉政建设的新要求,各级三峡后续工作管理部门不断推进在党风廉政建设过程中加强专项资金项目风险防控的各项工作。经过几年的建设,建成了较为完善有效的三峡后续工作项目廉政风险防控体制机制。三峡办各司局和各省(直辖市)都认真梳理了项目管理的全过程廉洁风险点,有针对性地从项目决策、合规性审核、前期

招投标、现场管控、资金拨付、质量安全管理、物资采购等各环节制定管控制度，以规章制度和办理流程的形式予以固化，扎牢制度笼子，形成了一批有针对性、有操作性、真正管用的规章制度和管控办法，初步建立了相互制衡、运转高效的管控机制。各省（直辖市）人民政府和各市、区县人民政府及其监察机关，对稽查、审计、检查等发现的问题进行进一步调查核实，对相关人员的履职情况及责任进行了明确划分，将所有问题都落实到岗到人，并依纪依法严肃追究了相关责任人的责任。

正是由于三峡办、水利部的协调，和各省（直辖市）、相关部门的高度重视和精心组织，确保了三峡后续工作项目的实施有序、规范，未发生重大安全生产事故和质量事故；资金使用管理基本合规，未发现重大违法违纪问题。

五、开展规划实施情况评估，确保规划任务和目标实现

为加强对规划执行情况的督促和检查，实时评价效果，确保规划投资质量及效益，国务院批复的《三峡后续工作总体规划》提出了开展阶段评估的要求，在规划实施进程过半时，开展一次全面的中期评估，对规划措施和近期目标实现程度进行评估，并结合经济社会发展环境变化情况针对性采取加强和调整措施，以确保总体规划远期目标的实现。

为指导三峡后续工作规划顺利有序实施，规范实施管理，提高资金使用效益，完成规划任务，实现规划目标，三峡办出台了《三峡后续工作规划实施管理暂行办法》（国三峡办函综字〔2011〕138 号），明确提出“三峡后续工作规划实施要加强动态监测，建立覆盖三峡后续工作规划主要任务目标完成实现情况的动态跟踪监测评价体系”。项目跟踪监测评价是对项目决策、准备、实施、竣工和运营过程中某一阶段或全过程进行评价的活动。

为全面、系统评估三峡后续工作规划的实施情况、实施成效和经验，2020 年 2 月水利部三峡司印发《三峡后续工作规划执行情况评估工作大纲》。水利水电规划设计总院按照水利部总体安排，成立工作组，在水利部三峡司的领导下，在各有关省（直辖市）及交通运输部开展自评估工作基础上开展规划执行情况评估工作，提出了《三峡后续工作规划执行情况评估报告》。评估按照新时期高质量发展、生态文明建设、乡村振兴战略和长江经济带发展等新形势、新要求，系统分析规划项目与投资执行情况，客观评价规划任务目标完成情况，梳理分析规划实施成效与规划投资拉动作用，综合研判三峡工程实施以来库区经济社会发展状况、库区及外迁安置移民生产生活状况、工程对库区及中下游地区生态环境、河势稳定与地灾发展状况等方面的总体形势，系统查找规划实施中出现的突出问题和薄弱环节，综合分析后提出了有关建议。

第二节 实施完成情况

三峡后续工作规划自 2011 年实施以来，按照“统一领导、省（直辖市）负责、以县（区）为基础”的管理体制，在各级管理部门的共同努力下，规范有序推进，规划执行顺利，实施成效

显著，取得了重要阶段性成果，有力促进了三峡移民安稳致富，生态环境保护工作不断加强，地质安全得到保障。

一、规划目标完成情况

三峡后续工作实施以来，一大批关系三峡库区的经济社会发展和民生、安全、生态等重要项目建设完成，支持解决了三峡库区移民安稳致富、生态环境保护、地质灾害防治等方面的许多问题。

（一）移民安稳致富和促进库区经济社会发展

紧密围绕促进三峡库区经济发展、民生改善和社会稳定，全面推进三峡移民安稳致富。通过支持发展生态农业、建设生态工业园和扶持现代服务业，促进了库区产业结构战略调整，解决了移民群众稳定就业和持续增收问题；通过高职教育、技能培训和就业扶持，促进了劳动力就业结构战略调整，增强了劳动力市场竞争能力，提高了移民生存与发展的能力；通过城镇移民小区综合帮扶，着力改善了大部分移民小区的人居环境，提高了居民生产生活水平，逐步达到当地其他居民的生产生活水平；通过完善库区基础设施和公共服务设施，改变了相关设施功能不完善、标准偏低的情况，适应了经济社会发展要求，提高了城乡居民的人居环境和生活质量，促进了移民群众尽快适应新的生产生活环境，增强了社区的凝聚力，维护了库区社会稳定；通过自然与历史文化遗产保护，保持文化多样性，加强文化凝聚力，促进了库区社会文明和经济发展。

截至2020年底，移民安稳致富和促进库区经济社会发展需实施项目2060个，已完工1802个，占87.48%；在建258个，占12.52%。

（1）产业结构战略调整及发展扶持

产业结构战略调整及发展扶持分为生态农业和生态农业园建设与扶持、移民生态工业园建设与扶持、服务业发展与扶持（包括现代物流业发展与扶持、旅游业恢复与发展扶持）等。

支持和促进库区调整产业结构，建立资源节约型、环境友好型社会，规划产业项目节能降耗、节水减排主要指标达到国内先进水平；为库区移民和生态屏障区转移劳动力提供就业岗位40万个以上；为扶持对象人均收入和生活水平达到全面小康社会目标提供有力支持。

生态农业及生态农业园建设与扶持目标为：生态农业园建设全面完成，现代农业产业体系基本建立，服务体系健全，产能效益充分显现。规划总扶持29.75万亩。

移民生态工业园建设与扶持的目标为：以生态工业园区为载体，积极有序发展新一代节能环保、新能源、生物、新材料等新兴产业，形成结构优化、技术先进、清洁安全、吸纳就业能力强、具有库区特色的产业体系，为库区移民提供就业岗位30万个。规划任务为：在湖北省、重庆市库区各区县建设生态工业园21个，其中新建3个、扩建7个、原有园区提升改造（包括园中园）11个。

现代物流业发展与扶持的主要任务为：在现有基础上完善物流设施，引导库区建立现代物流体系，为移民提供新的就业岗位。在库区重点支持秭归、万州、涪陵等区县建设枢纽性物流园区、物流基地和专业物流配送中心等项目。

旅游业恢复与发展扶持的主要任务为：根据旅游资源可持续利用和生态环境保护要求，按照“一轴、两极、三区”的总体旅游布局，重点扶持库区 18 个区县旅游景区的 35 个项目。

截至 2020 年底，安排实施生态农业发展扶持项目 68 个，完成建设 20.21 万亩，占规划建设面积 29.75 万亩的 67.93%。重点对农业园或种植基地开展了土地整治、生产设施建设，对其田间道路、灌站、渠系等基础设施以及生产机具、设备进行了配套，涉及蔬菜、脐橙（柑橘）、茶叶、中药材、特色水果、特色养殖、花卉苗木等农业产品，对诸如柑橘、核桃、魔芋等部分特色农产品深加工进行了扶持，开发了部分果园和茶园的旅游观光功能。但生态农业类项目实施进度总体较慢，实施情况不理想，宜机化水平有待进一步提高，部分特色农产品深加工能力不足。

生态工业园类项目总体实施进度较好，安排实施生态工业园扶持项目 127 个，完成生态工业园区 132.6km^2，占规划建设面积 142.01km^2 的 93%，生态工业园的基础设施和环保设施得到较好配套改善。支持了宜昌、万州、开州、云阳、涪陵、长寿、江津等 24 个生态工业园，扶持或配套建设了相关生态工业园的对外连接路、园内道路、桥梁、水电气各类管网、场平等基础设施和污水处理厂站、垃圾收运体系、园区绿化等环保设施。

安排扶持旅游景区项目 83 个，扶持三峡库区优势旅游产品和景区，夷陵三峡人家、秭归屈原故里、巴东神农溪、巫山神女峰、奉节天坑地缝、云阳龙缸、万州青龙瀑布群、开州汉丰湖、忠县石宝寨、丰都名山等 47 个旅游景点的道路、码头、电力、游客接待中心、停车场等基础设施得到完善，相应景点的环境也得到修复改造，完成原规划扶持任务的 106.82%。

实施完成物流园区 22.84km^2，占规划 8 个物流园区建设面积 25km^2 的 91%，支持建设秭归、云阳、万州、开州、忠县、丰都等区县的物流园（港区）道路、场坪、码头、货场、仓库等基础设施。

(2)教育培训和促进劳动力就业结构调整

教育培训与促进劳动力就业结构调整总体目标为：至 2020 年，库区三峡移民和生态屏障区农村相关转移人口新增劳动力全面普及中等职业教育，人均受教育年限超过全国平均水平。适龄劳动力技能培训全覆盖，就业服务体系健全，就业和适应能力显著提高，结构显著改善，困难群体得到帮扶，实现移民群众就业有着落的目标。

具体包括，库区移民和生态屏障区农村相关转移人口基本达到高中阶段教育，毛入学率达到 90%，中职在校生的比例略高于普通高中；移民和生态屏障区相关转移劳动力技能培训适应产业结构调整需求。职业教育对象初次就业率达到 98%，技能培训对象训后初次就业率达到 90%，移民和生态屏障区农村相关转移劳动力调查失业率低于 5%，稳定就业率达到 80%以上。生态屏障区农村劳动力向二、三产业和区外转移就业率达到 70%以上；消除农村移民零转移就业和城镇移民零就业家庭。

主要任务包括职业教育、技能培训、就业扶持、基础能力建设扶持 4 个方面。具体为，补助移民和生态屏障区相关转移人口中适龄人口 12.57 万人接受中、高等职业教育；对移民和相关转移人口开展二、三产业初、中、高级技能培训 99.78 万人次，对后靠农村移民适龄劳动力 1.40 万人开展生态农业技能培训。支持移民安置区改进社区就业服务体系；支持 1 万人自主创业；支持中小企业吸纳 1 万名移民就业；购买 7.27 万个公益性岗位；结合国家在库区已定点的优质职业教育学校，与培训任务相结合，支持建设实训基地 21 个；加强师资队伍建设。《优化完善意见》提出，教育培训与促进劳动力就业结构调整相结合，统筹该类规划资金，支持高等职业教育、技能培训和就业扶持，适当补助淹没学校迁建的投资缺口。

截至 2020 年底，累计对 7.07 万人接受中、高等职业教育进行了补助，规划任务完成率为 56.25%；完成技能培训 68.82 万人次，完成率为 68.01%；支持自主创业人数 857 户，完成率为 8.56%；购买公益性岗位 1.12 万个；建设实训基地项目未实施，但通过对购买设备进行补助的形式支持了库区区县实训基地及培训学校能力建设。

该类项目的实施提升了库区移民人均受教育年限、高中教育阶段毛入学率等指标，职业教育对象初次就业率及技能培训对象训后初次就业率分别为 93.6%和 87.8%，距离规划目标要求仍存在一定差距。

(3)基础设施建设与完善

1)公路交通设施建设与完善

公路交通类建设的目标为：生态屏障区移民安置村优化后的集中居民点均能与等级公路连接，路面硬化率达到 95%以上，形成较为完善的农村交通网络。进一步改善提高生态工业园区、重点旅游景区的对外连接通道，完善水上交通基础设施，缓解县城与高速公路连接通道瓶颈现象。主要任务为：改扩建及新建道路 6264.48km，110 处渡口进行渡改桥，10 个重点区县码头及接待设施建设。

截至 2020 年底，三峡后续工作扶持建设农村集中居民点对外道路共计 3697km，任务完成率 63.08%，实施情况较好，未实施的部分基本已被“村村通”“乡村振兴”以及三峡后续工作中的农村移民安置区精准帮扶等覆盖；新建及改扩建连接生态工业园区道路已实施 72km，完成率 49.66%，与规划任务差距一半，但结合地方自己实施的项目，各区县工业园区对外连通的问题均已基本解决；新建及改扩建连接旅游景区道路已实施 163km，完成率 39.25%，与规划任务差距较大，但结合地方自己实施的项目，重点景区对外连通的问题已基本解决；已实施渡改桥项目车行桥 53 座，任务完成率 91.83%，实施情况较好，基本实施完成；人行桥只实施了 4 座，任务完成率 7.69%，与规划任务有差距，但实际需求已发生变化、相关内容也有其他专项覆盖；已建成重点区县码头及接待设施 11 个，任务完成率 110.00%，全部完成规划任务；迁建城镇对外交通新建及改扩建连接道路已实施 337.4km，任务完成率 211.80%，实施效果很好。

公路交通领域整体实施进度较快，已批复项目实施情况整体顺利，已建成项目对于农村交通网络的完善、工业园及旅游景区的对外连接、水上基础设施的完善、城集镇与高速路连通等都发挥了较大的积极作用，规划目标完成情况较好。

2)航道整治建设与完善

航道整治的目标为，采取措施减少库区对长江干流回水变动区航道的不利影响，进一步改善蓄水后支流通航条件。主要任务为：干流变动回水区炸除碍航礁石 29.47 万 m^3、布设航标 277 座；56 条支流航道治理；干支流进行疏浚 400 万 m^3，每年 40 万 m^3，整治两坝间航道、通航设施完善，扶持建设葛洲坝下游公路桥等。其中，干流部分及两坝间由交通运输部组织实施，支流整治由重庆、湖北负责，疏浚由交通运输部与地方共同实施。

截至 2020 年底，交通运输部炸除变动回水区碍航礁石 48.12 m^3，规划任务完成率为 163.28%；两省（直辖市）完成了 22 条支流的航道整治，规划任务完成率为 39.29%，与规划任务差距较大；航道疏浚整治工程量总计 475.09 万 m^3，实施情况较好，完成了每年 40 万 m^3 的规划目标；宜昌庙嘴长江大桥（葛洲坝下游公路桥，现称至喜长江大桥）已建成通车，较好地推动了葛洲坝封闭管理，满足了国家反恐要求。

航道整治任务整体推进较为顺利，特别是交通运输部多项任务提前完成、年度疏浚任务已超量完成。项目实施后改善了干流回水变动区航道。支流航道整治工作进度较慢。

3)农田灌溉设施建设与完善

农田灌溉类任务的主要目标为：生态屏障区耕园地灌溉设施配套率达到 90%，生态屏障区节水灌溉措施普及率达到 60%。主要任务为：整治 65 座小型水库、新建及整治山坪塘 27990 口、石河堰 1640 条、泉水堰 88 条、蓄水池 106343 口等水源工程，整治骨干渠道 2137km，新修延长渠道 421km，配套田间工程 79.42 万亩。

截至 2020 年底，三峡后续工作累计扶持库区整治 4 座小型水库，新建及整治山坪塘 1477 口、石河堰 15 条、泉水堰 11 条、蓄水池 2434 口等水源工程，整治骨干渠道 188.34km，新修延长渠道 238.82km，配套田间工程 30079 亩；从规划任务完成率看，除新修延长渠道、新建及整治泉水堰完成率为 56.73%、12.50%外，其余各项任务完成率均低于 10%，与规划任务差距很大。该类项目进度总体较慢，实施较少主要原因包括一方面地方水利及农业部门实施的农田灌溉工程对该类任务已有所覆盖；另一方面库区产业结构优化调整后，实际需求内容、数量与规划已有出入。

4)移民迁建城集镇基础设施完善

主要目标为：移民城集镇防洪功能完善，中央直属军工企业及宜煤集团基础设施功能恢复，库区受影响城集镇取水设施改造，库区电网改造与完善，城镇拓展区建设，城镇基础设施建设，城镇安全通道建设等。

具体各项任务为：移民城集镇防洪功能完善，规划防治山洪 53.21km^2；库区受影响城集镇取水设施改造，部分集镇的 13 处取水设施改造、搬迁建设重庆市万州三水厂。城镇拓展区建设，支持秭归金缸城新区、兴山县城城东区等 10 个县城（城市）的拓展新区基础设施建设。城镇基础设施建设，支持秭归、万州等区县城镇相关连接通道，秭归香溪长江公路大桥等建设；支持秭归、万州等区县水源工程及配套给水管网工程建设。城镇安全通道建设，支持万州牌楼大桥、丰都名山大桥、宜昌市庙嘴长江大桥等建设，支持奉节、兴山等县城的安全出口通道建设。

截至2020年底，12个区县防洪均已达到国家标准，较好地完成了规划目标；完成了秭归金缸城新区、兴山县城等10个县城的拓展新区基础设施，建设道路157.88km，实施情况较好；秭归、巴东、万州等区县均完成了连接道路建设，秭归香溪长江公路大桥建成通车，实施情况较好；秭归、万州、开州、丰都、涪陵等区县均开展了水厂或配套设施给水工程建设，实施情况较好；万州牌楼长江大桥、丰都名山大桥和宜昌市庙嘴长江大桥已建成通车，实施情况较好；已完成万州、涪陵、兴山、巴东等10个区县的安全出口通道建设，建设道路共计179.91km，完成规划目标。

该类任务总体完成情况较好，已实施的项目基本解决了移民迁建城集镇基础设施建设中存在的问题，进一步提高了移民迁建城集镇整体防洪能力等目标。拓展区建设、安全通道建设等也较好满足了城镇功能完善、安全保障水平提高等总体目标。

(4)城镇移民小区综合帮扶

1)移民小区综合帮扶

规划对库区321个城镇移民小区，以小区为单元进行综合帮扶。一是消除居住安全隐患，对统建房和关破企业下岗职工集中安置房结构进行加固，对破损脱落并影响小区安全的房屋外墙进行维修改造，对漏水的房屋屋顶、外墙和破损的落水管进行修复，落实移民统建房维修基金。二是完善基础设施，完善小区路网结构和对外交通，修复小区损坏路面，维修改造小区供水管网及设施，维修改造缺损或堵塞的排水沟和排洪沟，按有关标准补齐或修复消防、安防、配电、照明设施，实施水电气分户改造。三是完善环保设施，维修和完善小区雨污管网，全面实施雨污分流改造，实现生活污水全收集、全处理，维修改造小区破损或堵塞的化粪池，配套完善小区环卫设施，优化绿化布局，拆除占绿、毁绿的违章建筑物。四是完善公共服务设施，配套完善社区综合性管理服务用房，合理配置幼儿园(含托儿所)、卫生站、停车场、农贸市场、便民店和文化健身活动场地，扶持建设社区老年日间照料中心，建设应急避难场所，完善应急设施。五是就业与创业扶持和商贸设施建设，扶持建设休闲文化旅游、农副产品交易、特色餐饮等商业街和专业市场，以及粮棉油糖肉等重要生活物资储备设施，通过人员培训等方式支持小区群众就业创业等。

截至2020年底，批复实施城镇移民小区综合帮扶项目涉及294个小区、规划任务完成率91.59%，帮扶小区面积16621.67万m^2，人口184.88万人。完成小区生活污水入管收集量18.34万t/d，小区生活污水总量17.48万t/d，垃圾收集点覆盖率96.89%。城镇移民小区综合帮扶受益居民人口166.25万人，当地人均可支配收入36194元，小区人均可支配收入25072元，解决小区移民就业人数86539人，新增小区居民就业岗位61979个，小区居民失业人数 10933 人，领取居民最低生活保障人数 21428 人。

2)城集镇社区建设及商贸服务业发展与扶持

根据《优化完善意见》，“城集镇社区建设”和“商贸服务业发展与扶持”的内容和投资整合到城镇移民小区综合帮扶，统筹实施。

截至 2020 年底，城集镇社区建设已批复各类设施 114 个，总建筑面积 18.63 万 m^2。其中建成养老院 18 所，完成规划任务量的 120%；社会福利院 8 所，完成规划任务量的 57%；救助站 12 所，完成规划任务量的 100%。与规划任务相比，商贸服务业发展与扶持类项目已实施项目较少。

(5)公共服务设施完善

迁建城集镇、半淹城市和县城公共服务设施满足移民群众生活和社会发展需求，教育、文化体育、医疗卫生、市政公用等公共服务体系基本建立，城集镇整体功能进一步完善。

主要任务为：扶持迁建城市、县城扩容和完善托儿所、幼儿园、小学、初中等，并完善集镇小学功能设施，扩容与完善托儿所、幼儿园、小学各 74 所，初级中学 24 所，集镇小学 103 所。规划教育设施建筑面积共计 141.16 万 m^2；文化体育设施规划对 12 座迁建城市、县城新建或扩建体育场(馆)各 1 所，每所建筑面积城市 6000m^2、县城 4000m^2，共 12 所，建筑面积合计 5.20 万 m^2。规划建设青少年文化活动中心共 16 处，每处建筑面积城市 3000m^2，县城 2000m^2，建筑面积合计 3.40 万 m^2；图书馆和文化馆各 1 处，每处 3000m^2，建筑面积合计 0.60 万 m^2。文化体育设施共计规划建筑面积 9.20 万 m^2；医疗卫生规划对每区县扶持一所重点医院，扶持项目以医院业务用房建设为主，对半淹城市、县城规划扶持建设卫生所 7 所，每所建筑面积 1000m^2。规划对 12 座迁建城市、县城扶持建设 1 所殡仪馆。医疗卫生设施共计规划建筑面积 15.79 万 m^2；市政公用设施规划公共厕所 392 处、垃圾转运站 77 处、公共停车场 76 处。建筑面积每处公共厕所 60m^2、垃圾转运站 200m^2、公共停车场 500m^2。市政公用设施共计规划建筑面积 8.92 万 m^2。规划对客运站、白蚁综合治理与防治、救灾物资储备中心等进行扶持。另外，《优化完善意见》提出加大对库区学校、医院的建设力度，支持奉节、云阳、涪陵等区县学校、医院等公共服务设施建设。

截至 2020 年底，已批复实施公共服务设施完善项目 217 个，总建筑面积 247.07 万 m^2。具体完成情况为：建设幼儿园、小学及中学等 160 所，完善教育设施 130.15 万 m^2，完成数量和面积分别占规划任务的 58%和 92%；建设体育馆(场)、青少年活动中心、图书馆和文化馆等 31 所，完善文化体育设施 8.75 万 m^2，完成数量和面积分别占规划任务的 103%和 95%；建设卫生所、医院、殡仪馆等 23 所，完善医疗卫生设施 83.88 万 m^2，完成数量和面积分别占规划任务的 61%和 531%；建设公共厕所、垃圾转运站、公共停车场等 329 处，完善市政公用设施 20.82 万 m^2，完成数量和面积分别占规划任务的 60%和 233%；建设客运站 2 座，建筑面积 1.33 万 m^2，完成数量和面积分别占规划任务的 17%和 103%；建设防灾救灾物资储备设施 7 处，建筑面积 2.14 万 m^2，完成数量和面积分别占规划任务的 58%和 97%。

(6)自然与历史文化遗产保护和完善

自然与历史文化遗产保护和完善工作聚焦重要自然遗产保护、物质文化遗产保护、消落区地下文物抢救性发掘保护、非物质文化遗产保护、大遗址保护、建设库区文化生态保护区、文物征集保护和三峡移民纪念馆支持等7个重点方向。

该类任务目标为：通过规划的实施，使库区生态屏障区自然遗产、物质文化遗产、消落区地下文物得到有效保护，库区的非物质文化遗产得以传承发展，库区文化多样性得以维持和增强；进一步为构建一条沿江自然遗产长廊、传统文化遗产保护与展示的长廊、国家级文化生态保护区和生态文明建设示范区的构架提供基础性支撑体系，实现对百万移民的人文关怀，为移民重建精神家园，提升社会凝聚力、向心力、发展力；同时，为库区文化产业、旅游产业及服务业、特色名品开发等提供优质的硬件物质基础和创新资源，促进社会文明和经济同步发展及城乡统筹发展，以不断提高居民生活水平和文化消费水平；进而让自然和历史文化遗产作为库区的名片亮起来，让收藏在博物馆、纪念馆和展示中心里的文物活起来，让遗产与旅游深度融合起来，让库区宝贵遗产世代传承、焕发新的光彩。

截至2020年底，自然遗产保护仅实施1个项目，规划任务完成率为3%；保护生态屏障区地面文物44处共4.33万m^2，规划任务完成率为15%；保护历史文化名镇2个，长度1.1km，完成规划任务的50%；实施已搬迁保护文物复建区9个，完成率为75%；复建淹没区古建筑10处共0.61万m^2，规划任务完成率为32%；发掘消落区地下文物10.87万m^2，规划任务完成率为76%；建设非物质文化遗产展示中心7处共2.12万m^2，规划任务完成率为138%；实施大遗址保护7处，文化生态保护区7处，规划任务完成率为23%；建设博物馆、文物库房等场馆6.03万m^2，数字化博物馆2座，完成规划任务。

与规划任务相比，非物质文化遗产展示中心、文物库房、博物馆和数字化博物馆建设等已完成，已搬迁保护文物复建区、消落区地下文物发掘等实施情况较好，其他实施情况差距较大。

(7)其他扶持措施

三峡工程移民涉及人口多、范围广，情况复杂。其他扶持措施主要解决的是涉及移民切身利益的共性问题，对地方人民政府上报的一批涉及移民搬迁安置的个案问题进行处理。

其他扶持措施包括城集镇迁建占地移民安置补助、生态屏障区农村相关转移人口生产安置、其他完善措施三类任务。《优化完善意见》明确将城集镇迁建占地移民安置补助与“进城集镇安置农转非移民社会保障”资金统筹使用，主要用于支持移民创业等方面；取消生态屏障区农村相关转移人口生产安置类别；其他完善措施按原规划，主要解决的是涉及移民切身利益的共性问题，对地方人民政府上报的一批农村库周交通功能恢复、城镇移民小区功能完善及移民信访反映突出的移民搬迁安置的个案问题进行处理。

截至2020年底，安排实施个案问题处理项目83个，其中已完工项目82个，占98.80%；在建项目1个，占1.20%。通过后续项目的实施，两省(直辖市)实施规划中提出的移民搬迁安置遗留个案问题基本得到解决。

(二)库区生态环境建设与保护

三峡库区生态环境建设与保护重点是水库水域、消落区、生态屏障区,兼顾入库重要支流和影响区。截至2020年底,库区生态环境建设与保护需实施项目1561个,其中已完工项目1277个,占81.81%;在建项目282个,占18.06%;待建项目2个,占0.13%。

(1)污染防治与水质保护

1)水源地保护

规划主要是对生态屏障区、重要支流的集镇和农村集中居民点实施集中式饮用水水源地保护项目257项,保障库区577万人的饮用水水源地环境安全。

截至2020年底,实施集中式饮用水水源地保护74项,规划任务完成率为28.79%,与规划任务差距较大。其中,重庆实施66项,完成率为30.14%,湖北实施8项、完成率为21.05%。

2)点源污染防治

规划生态屏障区污染控制未覆盖区新增污水处理和垃圾处理设施完成100%;生活污染源治理,新建污水处理设施和配套污水收集管网、污泥稳定化处理设施175项,新增污水日处理规模约76万t;新建垃圾收集中转站、垃圾处置装置、渗滤液处置和生活垃圾资源化利用设施等181项,新增垃圾日处理规模13330t。入库排污口整治,实施入库排污口综合整治项目107项。工业企业点源污染防治,拟关闭影响生态屏障区和重要支流的工业企业125家。工业园环保设施建设,在湖北省、重庆市库区各区县扶持生态工业园21个。

截至2020年底,生活污染源治理方面,新建垃圾收集中转站、垃圾处置装置、渗滤液处置和生活垃圾资源化利用设施55项,规划任务完成率为30.39%。新增污水日处理规模约40.42万t,规划任务完成率为53.18%。实施新建污水处理设施、污泥稳定化处理设施298项,已经完成规划任务。

入库排污口整治,该领域实施入库排污口综合整治项目11个,规划任务完成率为10.28%。其中,湖北未实施该任务,重庆实施入库排污口综合整治项目11个,完成率为11.34%。

工业企业点源污染防治,主要实施了重庆长寿乙炔厂原址污染场地、重庆海因斯化工有限公司原址污染场地环境治理修复共2个项目。

工业园环保设施建设,实施工业园污水处理设施9个。

3)面源污染防治

该类任务实施的目标为,生态屏障区农药和化肥使用量削减至2008年的70%左右,农村农业面源污染负荷削减至2008年的50%左右,畜禽粪便无害化处理率达90%以上,资源化利用率75%以上。削减重要支流重点片区农村农业面源污染负荷30%左右。

生态屏障区面源污染类的整体监测统计情况较差,与规划目标差距较大。难以严格对规划提出的生态屏障区范围内主要污染物排放量、入湖污染物排放量、农药和化肥全年施用量等相关指标进行评估。依据相关统计公报，采用库区区县的相关指标对面源污染的治理效果进行总体评估，2017 年三峡库区农药和化肥全年施用量分别为 511.5t 和 10.4 万 t，分别比 2008 年分别削减 3.87%、26.08%，农药和化肥全年流失量分别为 33.5t 和 0.92 万 t，分别比 2008 年分别削减 4.29%、26.66%。

4)流动源污染防治

规划流动源污染防治项目 61 项。其中，船舶废弃物接收工程 31 项、船舶废弃物集中治理工程 12 项、化学品船舶洗舱基地工程 3 项、水运事故环境应急工程 15 项。

截至 2020 年底，该类别实施 9 项，规划任务完成率为 14.75%。其中，重庆实施 8 项、完成率为 18.60%，湖北仅实施 1 项、完成率为 5.56%。分类别来看，船舶废弃物接收工程实施 8 项，船舶废弃物集中治理工程实施 1 项，化学品船舶洗舱基地工程和水运事故环境应急工程未实施。

(2)消落区生态环境保护

规划完成保留保护 217.72km²；完成植被恢复 26.98km²，完成规划湿地多样性保护 31.14km²；完成消落区重点卫生防疫控制 87.19km²；完成规划岸线环境综合整治工程项目共 104 个，面积 26.16km²，岸线 234.2km。

截至 2020 年底，该类别实施保留保护 122.41km²、规划任务完成率为 56.2%，植被恢复 27.84km²、完成率为 103.19%，湿地多样性保护 28.09km²、完成率为 90.2%，重点卫生防疫控制 616.96km²、完成率为 707.6%，实施岸线环境综合整治面积 81.4km²，岸线 293.51km。

(3)生态屏障区建设

1)植被恢复

植被恢复目标为，生态屏障区森林覆盖率达到 50%以上，重要支流的重点片区林草覆盖面积增加 94.10 万亩，植被恢复 135.38 万亩，生态廊道建设 17.34 万亩。

截至 2020 年底，根据三峡水库生态屏障区造林绿化工程检查验收国家级核查结果，三峡库区生态屏障区森林覆盖率达到 50%，总体达到目标值。植被恢复已完成 169.82 万亩，规划任务完成率为 125.44%。生态廊道建设 6.22 万亩、完成率为 35.87%。重要支流重点片区林草覆盖面积增加 223.21 万亩，规划任务完成率为 237.21%。

2)水土保持

规划水土流失治理 96.62km²，坡改梯 299.52km²，生态修复 1408.42km²。重要支流水土流失治理 9635km²。

截至 2020 年底，生态屏障区水土流失治理面积中规划使用三峡后续资金水土流失治理已完成 102.84km²，规划目标及任务已完成。坡改梯已完成 32.30km²、完成率为 10.78%。生态修复已完成 39.49km²、完成率为 2.80%。重要支流水土流失治理完成较少，任务完成距目标值较远。

3)陆生生物多样性保护

规划保护珍稀濒危植物群落及动物栖息地8.77万亩;新建森林生态系统类型自然保护区3个,面积100.6万亩;完善或扩建自然保护区个数11个,面积277.59万亩;新建森林公园4个,面积16.21万亩;完善或扩建森林公园6个,面积25.63万亩。

截至2020年底,建设珍稀濒危植物群落及动物栖息地1.86万亩;新建自然保护区和森林公园的相关工作尚未开展;规划完善或扩建自然保护区个数11个,已完成3个,面积602.02亩;规划完善或扩建森林公园6个,目前已完成2个,面积13.65万亩。

4)农村居民点环境改善

规划改善生态屏障区居民点9173个,新建连接道路303.03km,改建连接道路1022.45km;精准帮扶村(农村社区)个数968个。

截至2020年底,农村居民点环境改善项目已完成1301个。完成新建连接道路413.54km、完成率为136.47%。完成改建连接道路1339.16km、完成率为130.98%。已完成建设农村社区服务中心(就业帮扶中心)数量797个,面积为12402.71m^2;2016年后统筹实施的精准帮扶(含美丽乡村)项目已完成238个,完成率为24.59%。

(4)库区水生态修复与生物多样性保护

规划开展重要支流水体修复与水华控制项目178项,其中污染水体修复110项,水华控制68项。建设水库清漂设施19处。人工鱼巢建设2200个,建设珍稀特有物种增殖放流站4处,珍稀特有物种人工增殖放流每年放流200万尾左右,对13种珍稀特有物种实施易地保护(建设活体库3000m^2),对5种濒危水生动物实施救护,建设种质资源保护中心1个,建立相应保护区4个。扩建或新建育苗繁育场10个,人工增殖放流3100万尾以上,建设3个重点渔港。

截至2020年底,水体修复与水华控制项目完成率较低,水体修复和水华控制项目批复完成12项;水库清漂项目批复27项,达到规划目标,清漂数量达99.84万t;珍稀特有物种人工增殖放流、种质资源保护中心建设任务达到规划要求。人工鱼巢建设551个、完成率为25%;珍稀特有水生生物关键栖息地保护区建成1个、完成率为25%。批复人工增殖放流9293万尾,实际完成人工增殖放流13319万尾,超额完成;批复渔港建设5个,已完成规划任务。

(5)关键技术研究

关键技术研究主要包括规划库区污染防治与水质保护关键技术研究与示范、消落区生态环境保护关键技术研究与示范、生态屏障区及重要支流生态恢复关键技术研究与示范、库区生态与生物多样性保护关键技术研究与示范和研究能力建设五个方面的内容。

(三)库区地质灾害防治

围绕完善三峡库区地质灾害防治长效机制,按照“预防为主、监测为要、避险搬迁为先、工程治理突出重点"的工作要求，进一步加强了三峡库区地质灾害防治工作。其中由自然资源部门组织实施滑坡、崩塌、危岩体、塌岸等地质灾害的工程治理及其监测预警系统建设，开展地质灾害相关研究；由三峡移民管理部门负责对受地质灾害威胁影响人口实施避险搬迁，及时对受175m试验性蓄水影响的人口、房屋、设施等进行避险搬迁补偿和功能恢复，对移民安置区高切坡实施工程治理并进行安全监测。截至2020年底，地质灾害防治需实施项目5311个，已完工5160个，占97.16%；在建73个，占1.37%；待建78个，占1.47%。

(1)滑坡、崩塌、危岩体工程治理

规划滑坡崩岸危岩体治理数量355处，体积64800万m^3，受影响人口144700人。

截至2020年底，实际滑坡崩岸危岩体治理数量270处，完成率为82%。滑坡崩岸危岩体治理体积68904.96万m^3，完成率为106%。受影响人口177000人，完成率为122%。

(2)地质灾害避险搬迁

规划滑坡危岩体避险搬迁人口10.9万人，175m蓄水影响避险搬迁人口17800人。

截至2020年底，实际滑坡危岩体避险搬迁人口5.97万人，完成率为55%。175m蓄水影响避险搬迁人口31608人，完成率为178%。

(3)塌岸防护

规划工程防护不稳定库岸(塌岸)166段/150.58km，塌岸受影响人口防护128626人。

截至2020年底，实际实施塌岸防护66处，长度51.7km，塌岸受影响人口防护42000人。

(4)移民安置区高切坡防护

规划防护高切坡895处，面积2029267m^2。

截至2020年底，实际实施高切坡防护336处，面积160.1万m^2。

(5)监测预警及应急抢险

规划专业监测182处，群测群防5084处，监测预警受保护人口71.9万人。

截至2020年底，实际实施专业监测228处，群测群防4883处。

(6)地质灾害研究

自然资源部对此高度重视，组织相关单位就监测信息的分析应用、滑坡机理、软件平台等方面开展了相关专题研究。

二、规划目标与实施完成情况差异分析

三峡后续工作规划编制的基准年是2008年，随着时间推移，规划的实施背景和条件已经发生了较大变化。特别是党的十八大对全面建成小康社会提出了新的明确要求，中央相继作出了全面深化改革、加快实施主体功能区战略、推进新型城镇化、建设长江经济带等一系列重大决策部署。规划实践中出现了一些不需实施、不能实施或预期实施效果不佳的情

况，导致了规划目标与实施完成情况之间产生了一些差异。主要表现为：一是规划批准后国家陆续出台了一些新的政策，覆盖了原规划的一些具体措施，或者地方利用其他资金渠道已经基本解决，不需要再按原规划组织实施；二是原规划中针对具体人群的部分资金补助政策，虽然能够保障直接受益，但可能引起攀比和新的不平衡，存在较大社会稳定风险；三是原规划中部分内容的类别划分过细、措施过于分散，难以形成集聚效应，影响规划实施效果。具体而论，主要涉及生态屏障区相关人口转移、社会保障、半淹企事业单位基础设施建设与完善等方面，根据实际情况，对其进行调减。主要加强“三带一区”建设，即加强水污染防治和库周生态安全保护带建设、城镇功能完善和城镇安全防护带建设、重大地质灾害治理和地质安全防护带建设、城镇移民小区综合帮扶。

第三节　实施效果

三峡后续工作规划实施以来，移民安稳致富和库区经济社会发展持续向好，移民收入较快增长，基础设施和公共设施不断完善；库区生态环境持续改善，生态服务功能逐步显现；库区地质灾害防治有力，地质安全得到有效保障。实施效果充分说明了研究和规划的正确性。

一、典型案例

（一）移民安稳致富和促进库区经济社会发展

（1）湖北省秭归县屈原镇西陵峡村精准帮扶项目

1）项目基本情况

屈原镇西陵峡村位居长江南岸，地处长江三峡——西陵峡的核心区域。全村有 6 个村民小组，685 户，1758 人。全村面积 13.4km^2，农村经济总收入 2010 万元，农民人均纯收入 4320 元。该项目总投资 2359 万元，全额申请三峡后续工作专项资金补助。项目于 2017 年 3 月 30 日开工，2019 年 12 月 25 日竣工。主要建设内容包括生态文化、生态环境、生态农业等方面，其中：新改建四季沟至链子岩景观平台道路 3300m，两处停车场 1808.67m^2，柑橘品种改良 1830 亩，新建葡萄庭院 37 家，实施民居风貌改造 33 户，轮渡服务站 1 处，厕所改造 100 户，新修旅游码头步游道 400m 等（图 9-1）。

2）项目效益

该项目实施后，西陵峡村特色产业得到加快发展，基础设施得到完善，全村人居环境得以改善，实现了农村公路通组到户，硬化率达到 90%；村内架设饮水管网 5 万多米，自来水入户率 100%，安全饮水全面覆盖；电网改造全面完成，供电能力提档升级；厕所革命全面消除旱厕；绿化覆盖率达到了 82%，庭院绿化达标率 90%。西陵峡村被湖北省住建厅评为“宜居村庄”，湖北省原移民局评为“三峡工程后续移民示范村”、宜昌市级“生态村”示范村。真正达到了“望得见山，看得见水，记得住乡愁”的境界。

图 9-1　秭归县屈原镇西陵峡村精准帮扶项目

(2)重庆市巫山县新县城移民安置神女小区综合帮扶项目

1)项目基本情况

巫山县神女小区是巫山新县城高唐街道下辖的社区，居民人口 3850 人，移民人口 3370 人。为提高巫山县移民生活质量，切实解决移民就业、创业需求，巫山县抓住三峡后续工作规划实施的历史机遇，秉承民生优先，让民众获得幸福感的思想，策划申报了“巫山县新县城移民安置神女小区综合帮扶项目”，项目总投资 2238 万元，全额申请三峡后续工作专项补助资金。该项目于 2015 年 9 月开工，2017 年 8 月完工。项目主要内容包括实施移民居住房屋维修整治、门面房改造，小区道路、消防设施、污水管网、环卫设施、文体活动广场等社区基础设施完善和居住环境改造等(图 9-2)。

2)项目效益

项目的实施进一步完善了移民小区基础设施和公共服务设施,极大改善了高唐街道移民群众的居住环境和生产生活条件,房屋安全隐患基本消除,内外道路畅通便捷,环境优美宜居,整体面貌得到较大改观,便民利民服务网络得到完善,实现基本公共服务均等化。同时通过项目实施,小区人气商气总体提升,就业创业环境优化,保障移民收入持续增长、库区安居乐业、和谐稳定,获得了当地老百姓的一致好评。

图 9-2　巫山县新县城移民安置神女小区综合帮扶项目(高唐一美食街段)

(3)重庆小桔灯移民生态文旅小镇建设项目

1)项目基本情况

重庆小桔灯移民生态文旅小镇建设项目位于万州区陈家坝街道向坪社区,以古红桔为文化载体,通过废弃小学及民房改造、环境美化和旅游配套设施完善,修建一座聚集苏和坪遗址文化、小桔灯文化、峡江文化、红桔历史文化为一体的休闲旅游度假目的地。项目总投资1.85亿元,其中三峡后续工作专项补助资金9600万元。项目于2021年7月开工,分两期建设,一期项目于2022年10月建成,二期项目计划于2023年12月底全面建成运营。项目实施主要内容包括移民旧房(民宿)改造,建设小桔灯游客接待中心、古红桔博物馆、群众文化活动广场,新改建旅游消防通道、游步道、渡口改建、消防瞭望塔,整治生态湿地、库岸,以及完善水电、排污等附属配套设施等(图9-3)。

图9-3 重庆小桔灯移民生态文旅小镇建设项目

2)项目效益

重庆小桔灯移民生态文旅小镇已成为万州一处热门的滨江生态旅游休闲度假区。该项目的建设发挥了三峡后续工作资金的撬动作用,吸引了其他社会资金注入,带动了移民安置村及周边自然村的发展，盘活了三峡渔村，带动了移民群众就业增收。同时也通过提升景区服务能力和品质，打造创造生态自然、环境优美、健康安全、功能完善、设施完备，全年龄层皆可游的滨江生态文化旅游区，成为三峡旅游新标杆。

（二）库区生态环境建设与保护

（1）湖北省秭归县木鱼岛至尖棚岭岸线环境综合整治工程

1）项目基本情况

秭归县木鱼岛至尖棚岭岸线环境综合整治工程是三峡后续工作支持的库区生态环境和经济发展的重大项目。该项目占地面积 37hm^2，总投资 16385 万元，治理库岸总长 5.12km。项目于 2017 年 3 月开工建设，2020 年 10 月建成并对外开放。项目实施主要内容：木鱼岛至尖棚岭 175m 以下消落区库岸防护，175m 至滨湖路区域景观环境配套，木鱼岛生态修复工程等，恢复重建景观廊桥一座，建成木鱼岛天问公园、银杏沱望江公园、6km 沿江生态绿道及供电照明、供水、污水收集、公厕、安防监控等（图 9-4）。

图 9-4　秭归县城木鱼岛至尖棚岭岸线环境综合整治工程

2)项目效益

该项目的实施,一是解决了县城沿江库岸的安全问题,通过工程治理,崩岸和滑坡隐患消除,保障了三峡水库蓄退水的安全运行。二是提升了消落区和库岸生态环境。通过布设沿江污水收集管网,项目区所有生活污水输送到污水处理厂规范处理,解决了收集不彻底的问题,改善了县城近岸的水生态环境;通过生态修复,消落区自然复绿快,库岸线绿树成荫花繁叶茂,岸线美、水质清。三是拓展了市民活动和旅游休闲空间。配套公园、景观和休闲设施的建设,让市民和游客有更多的休闲游玩场所,市民的获得感、幸福感显著增强,城市的内在品质和外观形象同步提升,同时吸引了更多游客来秭归观光旅游,有效促进了旅游产业的发展。

(2)重庆市奉节县新县城库岸综合整治工程

1)项目基本情况

为了确保县城17万人的居住安全,奉节县启动实施了新县城库岸综合整治工程。按照“整体立项、分段设计审批、分期实施”的原则,奉节县分别于2011年、2012年和2015年争取了集城市地质灾害防治、库岸岸线整治、城市防洪、消落区治理、城市交通完善为一体的城市库岸综合整治工程。工程分干溪沟至清水煤场、清水煤场至李家大沟、李家大沟至长江大桥三段,项目总投资12.03亿元,其中三峡后续工作专项补助资金9.53亿元。该项目于2011年4月开工,2016年12月完工。项目实施主要内容:库岸防护治理7.77km,消落区治理面积51.1万m^2,冲沟治理新建排洪箱涵1.8km,新建城市道路8.45km(图9-5)。

2)项目效益

通过实施库岸整治,维护了库岸稳定,保障了城镇安全,改善了人居环境,提升了城市形象,保护了三峡水库水质,给库区留下了一批优良资产,促进了移民安稳致富和社会稳定和谐,极大地促进了经济可持续发展。

图 9-5　奉节县新县城库岸综合整治工程

(3)重庆市云阳县两江假日酒店至一棵树库岸环境综合整治项目

1)项目基本情况

云阳县两江假日酒店至一棵树库岸环境综合整治项目总投资 15344 万元，其中三峡后续工作专项补助资金 9083 万元，该项目于 2016 年 6 月开工建设，2018 年 7 月竣工。项目实施主要内容：对沿江 3.58km 的库岸进行工程治理；建成了城市自行车道、跑步道、漫步道等便民道路 10 余公里，增加公厕、廊架、驿站等公共空间 7 处，新增城市绿化面积 30 余万 m^2。其中：月光草坪面积达 300 余亩，是西南片区最大草坪、长江三峡最大的草坪公园(图 9-6)。

2)项目效益

通过该项目的实施，防止了水土流失，确保了岸线稳定，保护了三峡库区生态环境，助推了云阳宜居工程的建设，完善了城市基础设施，成为库区城市建设的亮点。同时还为移民提供了公园保洁、管理等就业岗位，为移民安稳致富和促进库区经济社会发展发挥积极作用，提高了移民满意度和幸福感。

图 9-6　云阳县两江假日酒店至一棵树库岸环境综合整治项目

(三)库区地质灾害防治

(1)湖北省巴东县黄土坡滑坡整体避险搬迁项目

1)项目基本情况

巴东县黄土坡滑坡体位于三峡库区巴东县信陵镇，属巨大深层古滑坡堆积体，滑坡面积135万 m^2，总体积约6934万 m^3，威胁着近2万居民的生命和财产安全。2008年4月，中央政治局常委、时任国务院副总理李克强在恩施州调研时对巴东黄土坡滑坡搬迁作出了先期减载搬迁5000人的重要指示。2009年2月，湖北省召开省政府常务会议正式启动实施巴东黄土坡滑坡整体避险搬迁工程，在县城对岸建设神农溪小区安置滑坡区群众。三峡后续工作支持预备费29500万元用于黄土坡整体避险搬迁工程。2017年4月30日巴东县黄土坡滑坡整体避险搬迁工程圆满收官。项目实施主要内容包括新址征地320.71hm^2，搬迁居民4475户15713人，搬迁行政事业单位74家，搬迁工矿企业12家，搬迁单位133家，拆除房屋总面积68.4万 m^2。巴东县神农溪小区见图9-7。

2)项目效益

黄土坡滑坡整体避险搬迁新址在县城江北神农溪小区，按照“结构合理、功能配套、以人为本、着眼安全”的理念进行整体规划建设。黄土坡滑坡居民安置区主要由乐乡园、北京园、云开园、楚峡园、凤凰园组成。根据居住功能配套和区域长远发展需要，小区内规划有教育、医疗卫生、商业服务、文体、社区服务、市政公用等公益公共服务设施。小区内给排水设施、水电、路灯、电视、通信、菜市场、公厕、停车场、购物中心、卫生室等基础设施全部配套，商业、环卫、社区等服务均已到位。一个“宜居、宜业、宜游、宜发展”的神农溪小区犹如长江北岸上的一颗璀璨明珠，冉冉升起。

图 9-7　巴东县黄土坡滑坡整体避险搬迁项目

(2)重庆市奉节县安坪镇藕塘滑坡整体避险搬迁项目

1)项目基本情况

奉节县安坪镇藕塘滑坡整体避险搬迁项目总投资 75784 万元,其中三峡后续专项资金 40523 万元。该项目于 2014 年 10 月开工,2016 年 6 月完工。项目实施主要内容:新址征地 38.36hm^2;建设基础设施、对外交通、安坪集镇码头;搬迁居民 1006 户 4380 人,搬迁 11 家机关事业单位、6 家小型企业、21 家微型企业、208 家短线个体工商户、25 处村组副业;拆迁房屋 177582.7m^2;生产安置人口 1744 人(图 9-8)。

2)项目效益

2016 年 6 月,藕塘滑坡整体避险全面实施完成,迁建新区基础设施全部建成并投入运行,一座定位为溪谷、橙乡、水镇的美丽风情小镇已经建成,确保库区受地质灾害影响区移民群众生命财产安全,保障长江航运安全,库区居民总体满意度达 91.6%。

图 9-8　奉节县安坪镇藕塘滑坡整体避险搬迁项目

(3)重庆市武隆区羊角场镇危岩滑坡避险搬迁项目

1)项目基本情况

武隆区羊角场镇危岩滑坡综合防治与避险搬迁项目总投资 130298 万元，其中三峡后续专项资金 65734 万元。该项目于 2016 年 3 月开工，2017 年 11 月完工。项目实施主要内容：新址征地 199.67hm^2；建设基础设施、对外交通；搬迁居民 1843 户 7569 人，搬迁 70 家机关企事业单位，246 家个体工商户，36 处村组副业设施；拆迁房屋 46.12 万 m^2；生产安置人口 3109 人(图 9-9)。

2)项目效益

武隆区羊角镇危岩滑坡整体避险搬迁全面完成，搬迁城镇功能得到较好恢复发展，群众生产生活有了新的提高。城镇和农村人口密集区域岸段得到有效整治并保持基本稳定，城镇库岸综合整治后的安全防护能力、基础设施水平、生态景观效果等得到明显提升。地质灾害监测预警、工程治理与避险搬迁相结合的安全防护体系进一步完善，潜在地质灾害得到有效监控，不可预见险情出现时可及时避让。

图 9-9 武隆区羊角场镇危岩滑坡避险搬迁项目

二、实施成效

（一）库区经济实力显著增强，移民生产生活条件持续改善，移民群众获得感、幸福感不断增强

聚焦移民安稳致富突出困难和问题，加大扶持力度，取得显著成效。一是有力促进库区经济快速发展，特色产业加快培育和发展。经过多年的建设和引导，已建设完工的农业园区的道路、水利设施等基础设施条件普遍得到改善，对产业发展的支撑能力得到增强。茶叶、

柑橘(脐橙)、蔬菜、肉牛、榨菜等优势特色产业较快发展,培育形成了夷陵茶叶、奉节脐橙等一批特色农业品牌。以生态工业园为载体的特色工业进一步集聚,旅游业发展已成为三峡库区亮丽名片,三次产业结构调整为 8.7∶41.6∶49.7,服务业比重持续上升,产业结构趋于优化。二是移民生产生活条件显著改善,获得感不断增强。三峡后续工作着力解决移民民生短板,解决移民“急愁盼”的突出困难和问题。通过库区城镇移民小区综合帮扶和农村移民安置区精准帮扶,完善了小区路网结构,修复了损坏路面,维修改造供水管网及设施,修改改造缺损或堵塞的排水沟和排洪沟,按照有关标准补齐或修复消防、安防、配电、照明设施,实施水电气分户改造等措施,移民群众生产生活条件显著改善,居住安全得以保障,道路交通条件不断提升,生活环境显著提升,公共服务配套、服务设施能力提高,便民利民服务网络不断完善。库区城镇移民小区发展滞后、农村移民安置区发展不平衡问题得到缓解,移民小区整体面貌得到较大改观,城镇移民小区和农村移民安置区居民平均可支配收入均持续增长,增速均高于湖北省、重庆市同期城镇居民或农村居民可支配收入增长率。三是文化遗产保护全面推进,三峡文脉得以保护传承。文化遗产资源得到可持续性保护,库区文化记忆得以保留,为“三峡移民精神家园”提供了有效载体,也丰富了文化旅游内涵。生态屏障区地面文物保护、历史文化名镇街道风貌整治、已搬迁文物复建区维修和环境整治等物质文化遗产保护工作全面实施,消落区地下文物考古发掘保护取得重要进展,地级博物馆体系不断完善,非物质文化遗产研究和传承条件极大改善,为促进文旅融合发展奠定了良好基础。

(二)筑牢长江上游重要生态屏障,消落区生态功能和水环境质量整体得到改善,库区生态服务功能逐步显现

库区污染治理能力和水平得到全面提高。生态屏障区乡镇生活污水处理设施实现全覆盖,新增污水日处理规模约 99.62 万 t。城镇生活垃圾无害化处理率超过 95.9%,新增垃圾日处理规模 13.72 万 t。绝大部分区县工业废水处理率超过 95%,船舶油污水和生活污水上岸处理率、船舶生活垃圾上岸处理率基本达到 100%。库区水环境质量稳中向好,库区流域和湖库污染防治工作稳步推进,长江干流库区段水质总体维持在Ⅱ、Ⅲ类水平,支流回水区水体总体为中营养状态,富营养化趋势得到初步遏制。

生态屏障区森林覆盖率目标已经完成。三峡库区生态屏障区与重要支流植被恢复项目已实施新造、改造生态林与经济林、封育补造生态林共计 278.59 万亩,三峡库区生态屏障区森林覆盖率由 29.5%提高到 50%以上,已完成三峡后续规划目标。库区城镇库岸安全保障增强,消落区趋于稳定,通过实施岸线环境综合整治、保留保护和生态修复等工程,进一步提高了岸坡稳定性,减小了库岸发生地质灾害的概率。通过建立病媒生物、水源监测检测与评价体系,完善突发公共卫生事件应急系统,建立疫情收集与预防体系,为有效预防消落区疫情暴发奠定了扎实的基础。生态修复效果显著,生态综合效益逐步显现。通过完善或扩建自然保护区和森林公园等陆生生物多样性项目、植被恢复和水土保持项目的实施,自然生态系统得以有效恢复,生态屏障区生物多样性、碳汇等显著增加,生态屏障功能逐步显现。水

生生物生境恢复，水生态系统维持平衡。随着清漂机械化作业程度提高，累计清漂98.94万t，基本实现辖区范围内漂浮物不出境，辖区水域“江清岸洁”的目标；通过重要支流水体生态修复和水域生物多样性保护等措施，逐渐恢复水生生物生境；推动了水生生物群落结构进一步优化，库区及上游江段“四大家鱼”产卵规模呈增加趋势，维持水生态系统平衡。

(三)地质灾害防治成效显著，库区地质安全有效保障

三峡库区集中大规模地质灾害防治工作已基本完成，使库区百余座移民城镇、大量移民工程设施的地质安全和长江航运的安全得到加强和保障，使库区地质灾害得到了有效控制，切实保护了库区人民群众的生命财产安全，改善了库区群众生存环境，发挥了显著的社会效益和经济效益，工程效果良好，库区地质灾害防治工作成效显著。库区灾害监测预警体系覆盖面广，运行状况良好，未发生因滑坡、崩塌、危岩体等重大地质灾害造成人员伤亡的事故，地质灾害防治工作有力保障了三峡水库安全运行和库区人民群众生命财产安全。

已实施的避险搬迁工作彻底解除了地质灾害威胁，对于保障受威胁的生命财产安全具有重要作用。巴东县城黄土坡滑坡、奉节县安坪镇藕塘滑坡和武隆区羊角镇危岩滑坡等重大地质灾害的整体避险搬迁以及受175m试验性蓄水影响人口的避险搬迁，成效显著。

因移民迁建引起的高切坡工程治理工作已经全面完成，各项进展顺利，高切坡治理成效显著。目前，经过治理的高切坡均纳入监测预警体系，工程运行状况良好。

第十章 展 望

发展是动态的，是第一要务，也是解决中国所有问题的总钥匙。三峡水库移民及三峡库区的发展，尤其是可持续发展更是动态的，新时期，国家和重庆市、湖北省经济社会的发展为三峡库区的发展带来了新机遇。

第一节 库区迎来发展新机遇

进入21世纪的第3个10年，三峡库区迎来了我国新发展阶段，迎来了长江经济带发展全面深入、乡村振兴与巩固拓展脱贫攻坚成果有效衔接、扎实推动共同富裕等新机遇，尤其党的二十大提出的共同富裕目标，这些对三峡水库移民及库区可持续发展提出了新要求。

一、“十四五”规划的新机遇

（一）中华人民共和国国民经济和社会发展第十四个五年规划和二〇三五年远景目标纲要

纲要主要阐明国家战略意图，明确政府工作重点，引导规范市场主体行为，是我国开启全面建设社会主义现代化国家新征程的宏伟蓝图，是全国各族人民共同的行动纲领。

（二）重庆市国民经济和社会发展第十四个五年规划和二〇三五年远景目标纲要

纲要深入贯彻《中共中央关于制定国民经济和社会发展第十四个五年规划和二〇三五年远景目标的建议》《成渝地区双城经济圈建设规划纲要》和习近平总书记对重庆提出的系列重要指示要求，根据《中共重庆市委关于制定重庆市国民经济和社会发展第十四个五年规划和二〇三五年远景目标的建议》编制，主要阐明战略意图和工作重点、引导规范市场主体行为，是未来十五年重庆市经济社会发展的宏伟蓝图，是重庆市各族人民共同奋斗的行动路线，是履行经济调节、市场监管、社会治理、公共服务和环境保护职责的重要依据。

(三)湖北省国民经济和社会发展第十四个五年规划和二〇三五年远景目标纲要

纲要根据《中共湖北省委关于制定全省国民经济和社会发展第十四个五年规划和二〇三五年远景目标的建议》编制，主要阐明全省发展战略意图，明确政府工作重点，引导规范市场主体行为，是湖北省开启全面社会主义现代化建设新征程的宏伟蓝图，是湖北省人民加快“建成支点、走在前列、谱写新篇”的行动纲领。

(四)“十四五”长江经济带发展实施方案

为支撑和指引长江经济带高质量发展，2021 年 9 月，国家发展改革委印发实施《“十四五”长江经济带发展实施方案》，提出了生态环保、绿色低碳、创新驱动、综合交通、区域协调、对外开放、长江文化等重点任务，归纳起来主要有以下四点：强化生态环境系统保护修复，推动经济绿色低碳发展，促进城乡区域协调发展，保护传承弘扬长江文化；明确到 2025 年，长江经济带生态环境保护成效进一步提升，经济社会发展全面绿色转型取得明显进展，支撑和引领全国高质量发展的作用显著增强。

二、全面推动长江经济带发展的新机遇

推动长江经济带高质量发展是关系国家发展全局的重大战略。2016 年以来，习近平总书记一直心系长江经济带发展，站在历史和全局的高度，从中华民族长远利益出发，亲自谋划、亲自部署、亲自推动长江经济带高质量发展。先后四次主持召开长江经济带发展座谈会，从上游重庆到中游武汉，再到下游南京、南昌；从“推动”到“深入推动”，再到“全面推动”“进一步推动”，长江经济带发展这一国家重大区域发展战略的顶层规划一天天清晰起来，各项要求一步步得到落实推进。

(一)长江经济带发展座谈会

2016 年 1 月 5 日，习近平总书记在重庆主持召开推动长江经济带发展座谈会时强调，长江是中华民族的母亲河，也是中华民族发展的重要支撑；推动长江经济带发展必须从中华民族长远利益考虑，把修复长江生态环境摆在压倒性位置，共抓大保护、不搞大开发，努力把长江经济带建设成为生态更优美、交通更顺畅、经济更协调、市场更统一、机制更科学的黄金经济带，探索出一条生态优先、绿色发展的新路子。

(二)深入推动长江经济带发展座谈会

2018 年 4 月 26 日，习近平总书记在武汉主持召开深入推动长江经济带发展座谈会，他指出，现在，我国经济已由高速增长阶段转向高质量发展阶段。新形势下，推动长江经济带发展，关键是要正确把握整体推进和重点突破、生态环境保护和经济发展、总体谋划和久久为功、破除旧动能和培育新动能、自身发展和协同发展等关系，坚持新发展理念，坚持稳中求进工作总基调，加强改革创新、战略统筹、规划引导，使长江经济带成为引领我国经济高质量

发展的生力军，要从加强组织领导、调动各方力量、强化体制机制、激发内生动力等方面加大推动长江经济带发展的工作力度。

（三）全面推动长江经济带发展座谈会

2020 年 11 月 14 日，习近平总书记在南京主持召开全面推动长江经济带发展座谈会，提出推动长江经济带高质量发展的五项任务，赋予长江经济带“谱写生态优先绿色发展新篇章，打造区域协调发展新样板，构筑高水平对外开放新高地，塑造创新驱动发展新优势，绘就山水人城和谐相融新画卷，成为我国生态优先绿色发展主战场、畅通国内国际双循环主动脉、引领经济高质量发展主力军”新的历史使命。

（四）进一步推动长江经济带高质量发展座谈会

2023 年 10 月 12 日，习近平总书记在南昌主持召开进一步推动长江经济带高质量发展座谈会，提出要完整、准确、全面贯彻新发展理念，坚持共抓大保护、不搞大开发，坚持生态优先、绿色发展，以科技创新为引领，统筹推进生态环境保护和经济社会发展，加强政策协同和工作协同，谋长远之势、行长久之策、建久安之基，进一步推动长江经济带高质量发展，更好支撑和服务中国式现代化。

三、乡村振兴战略的新机遇

中共中央、国务院关于实现巩固拓展脱贫攻坚成果同乡村振兴有效衔接的意见（2020 年 12 月 16 日）指出，打赢脱贫攻坚战、全面建成小康社会后，要进一步巩固拓展脱贫攻坚成果，接续推动脱贫地区发展和乡村全面振兴；到 2025 年，巩固拓展脱贫攻坚成果，乡村振兴全面推进，脱贫地区经济活力和发展后劲明显增强，乡村产业质量效益和竞争力进一步提高，农村基础设施和基本公共服务水平进一步提升，生态环境持续改善，美丽宜居乡村建设扎实推进，乡风文明建设取得显著进展，农村基层组织建设不断加强，农村低收入人口分类帮扶长效机制逐步完善，脱贫地区农民收入增速高于全国农民平均水平；到 2035 年，脱贫地区经济实力显著增强，乡村振兴取得重大进展，农村低收入人口生活水平显著提高，城乡差距进一步缩小，在促进全体人民共同富裕上取得更为明显的实质性进展。

（一）脱贫攻坚如期完成

2021 年 2 月 26 日，习近平总书记在全国脱贫攻坚总结表彰大会上庄严宣告，经过全党全国各族人民共同努力，在迎来中国共产党成立一百周年的重要时刻，我国脱贫攻坚战取得了全面胜利，现行标准下 9899 万农村贫困人口全部脱贫，832 个贫困县全部摘帽，12.8 万个贫困村全部出列，区域性整体贫困得到解决，完成了消除绝对贫困的艰巨任务。

2021 年 7 月 1 日，习近平总书记在庆祝中国共产党成立 100 周年大会上，代表党和人民庄严宣告，经过全党全国各族人民持续奋斗，我们实现了第一个百年奋斗目标，在中华大地上全面建成了小康社会，历史性地解决了绝对贫困问题，正在意气风发向着全面建成社会主义现代化强国的第二个百年奋斗目标迈进。

(二)乡村振兴接续跟上

脱贫摘帽不是终点,而是新生活、新奋斗的起点。打赢脱贫攻坚战、全面建成小康社会后,要在巩固拓展脱贫攻坚成果的基础上,做好乡村振兴这篇大文章,持续推进脱贫地区发展和群众生活改善。

党的十九大报告提出了实施乡村振兴战略。要坚持农业农村优先发展,按照产业兴旺、生态宜居、乡风文明、治理有效、生活富裕的总要求,建立健全城乡融合发展体制机制和政策体系,加快推进农业农村现代化。

中共中央、国务院关于实施乡村振兴战略的意见(2018 年 1 月 2 日)指出,实施乡村振兴战略,是党的十九大作出的重大决策部署,是决胜全面建成小康社会、全面建设社会主义现代化国家的重大历史任务,是新时代"三农"工作的总抓手。到 2035 年,乡村振兴取得决定性进展,农业农村现代化基本实现。农业结构得到根本性改善,农民就业质量显著提高,相对贫困进一步缓解,共同富裕迈出坚实步伐;城乡基本公共服务均等化基本实现,城乡融合发展体制机制更加完善;乡风文明达到新高度,乡村治理体系更加完善;农村生态环境根本好转,美丽宜居乡村基本实现。到 2050 年,乡村全面振兴,农业强、农村美、农民富全面实现。

2019 年 3 月 8 日,习近平总书记在参加十三届全国人大二次会议河南代表团审议时,与各位代表深入交流,就推进乡村全面振兴作出重要论述:乡村振兴是包括产业振兴、人才振兴、文化振兴、生态振兴、组织振兴的全面振兴,是攻坚战也是持久战,必须一步一个脚印往前走,久久为功求实效。

(三)立法促进乡村振兴

2021 年 4 月 29 日,第十三届全国人民代表大会常务委员会第二十八次会议通过了《中华人民共和国乡村振兴促进法》,自 2021 年 6 月 1 日起施行。

全面建设社会主义现代化国家,实现中华民族伟大复兴,最艰巨最繁重的任务依然在农村,最广泛最深厚的基础依然在农村。乡村振兴促进法是党中央关于乡村振兴重大决策部署的法律体现。乡村振兴促进法立足新发展阶段,全面总结了近些年来我国"三农"工作的法治实践,是一部"三农"领域的基础性、综合性法律。

贯彻实施乡村振兴促进法,既要注重全面系统,也要突出重点和关键。一要因地制宜促进乡村产业发展,促进农村一、二、三产业融合发展,确保粮食安全,进一步增加农民收入、提高农民生活水平。二要培养造就新型职业农民队伍,广泛依靠农民、教育引导农民、组织带动农民,投身乡村振兴、建设美好家园。三要传承好农村优秀传统文化,倡导科学健康的生产生活方式,引导特色鲜明、优势突出的乡村文化产业发展。四要加强农村生态环境保护,推行绿色发展方式和生活方式,加强农业面源污染防治,持续改善农村人居环境。五要加强农村基层政权建设,巩固和确保党长期执政的基层基础。六要保障好维护好农民的合法权益,解决好农民群众关心关切的利益问题,让农民吃上长效"定心丸"。

四、推进共同富裕的新机遇

2021 年 8 月，习近平总书记在中央财经委员会第十次会议上的讲话指出，要扎实推进共同富裕。

（一）共同富裕的内涵及分阶段目标

改革开放后，中国共产党深刻总结正反两方面历史经验，认识到贫穷不是社会主义，打破传统体制束缚，允许一部分人、一部分地区先富起来，推动解放和发展社会生产力。党的十八大以来，党中央把握发展阶段新变化，把逐步实现全体人民共同富裕摆在更加重要的位置上，推动区域协调发展，采取有力措施保障和改善民生，打赢脱贫攻坚战，全面建成小康社会，为促进共同富裕创造了良好条件。现在，已经到了扎实推动共同富裕的历史阶段。共同富裕是社会主义的本质要求，是中国式现代化的重要特征。我们说的共同富裕是全体人民共同富裕，是人民群众物质生活和精神生活都富裕，不是少数人的富裕，也不是整齐划一的平均主义。到“十四五”末，全体人民共同富裕迈出坚实步伐，居民收入和实际消费水平差距逐步缩小。到 2035 年，全体人民共同富裕取得更为明显的实质性进展，基本公共服务实现均等化。到 21 世纪中叶，全体人民共同富裕基本实现，居民收入和实际消费水平差距缩小到合理区间。

（二）推进共同富裕应坚持的原则

要把握好以下四个原则，一是鼓励勤劳创新致富，幸福生活都是奋斗出来的，共同富裕要靠勤劳智慧来创造。二是坚持基本经济制度，要立足社会主义初级阶段，坚持“两个毫不动摇”。要坚持公有制为主体、多种所有制经济共同发展，大力发挥公有制经济在促进共同富裕中的重要作用，同时要促进非公有制经济健康发展、非公有制经济人士健康成长。三是尽力而为、量力而行。要统筹需要和可能，把保障和改善民生建立在经济发展和财力可持续的基础之上。四是坚持循序渐进。共同富裕是一个长远目标，我们要有耐心，实打实地把一件事一件事办好，提高实效。

（三）推进共同富裕的思路

总体思路是，坚持以人民为中心的发展思想，在高质量发展中促进共同富裕，正确处理效率和公平的关系，构建初次分配、再分配、三次分配协调配套的基础性制度安排，加大税收、社保、转移支付等调节力度并提高精准性，扩大中等收入群体比重，增加低收入群体收入，合理调节高收入，取缔非法收入，形成中间大、两头小的橄榄型分配结构，促进社会公平正义，促进人的全面发展，使全体人民朝着共同富裕目标扎实迈进。一是提高发展的平衡性、协调性、包容性，二是着力扩大中等收入群体规模，三是促进基本公共服务均等化，四是加强对高收入的规范和调节，五是促进人民精神生活共同富裕，六是促进农民农村共同富裕。

五、党的二十大精神指引

中国共产党第二十次全国代表大会于2022年10月16—22日在北京举行。这是在全党全国各族人民在迈上全面建设社会主义现代化国家新征程、向第二个百年奋斗目标进军的关键时刻召开的一次十分重要的大会，是一次高举旗帜、凝聚力量、团结奋进的大会。其主要精神包括以下几个方面。

(一)党的二十大的主题

高举中国特色社会主义伟大旗帜，全面贯彻习近平新时代中国特色社会主义思想，弘扬伟大建党精神，自信自强、守正创新，踔厉奋发、勇毅前行，为全面建设社会主义现代化国家、全面推进中华民族伟大复兴而团结奋斗。这是党的二十大的主题，明确宣示了我们党在新征程上举什么旗、走什么路、以什么样的精神状态、朝着什么样的目标继续前进的重大问题。

(二)新时代新征程中国共产党的使命任务

从现在起，中国共产党的中心任务就是团结带领全国各族人民全面建成社会主义现代化强国、实现第二个百年奋斗目标，以中国式现代化全面推进中华民族伟大复兴。党的二十大对全面建成社会主义现代化强国两步走战略安排进行了宏观展望，即从二〇二〇年到二〇三五年基本实现社会主义现代化，从二〇三五年到21世纪中叶把我国建成富强民主文明和谐美丽的社会主义现代化强国，重点部署了未来5年的战略任务和重大举措。这是一项伟大而艰巨的事业，前途光明，任重道远。

(三)中国式现代化的中国特色和本质要求

在新中国成立特别是改革开放以来长期探索和实践基础上，经过党的十八大以来在理论和实践上的创新突破，我们党成功推进和拓展了中国式现代化。中国式现代化，是中国共产党领导的社会主义现代化，既有各国现代化的共同特征，更有基于自己国情的中国特色。

党的二十大概括了中国式现代化的中国特色，即中国式现代化是人口规模巨大的现代化，是全体人民共同富裕的现代化，是物质文明和精神文明相协调的现代化，是人与自然和谐共生的现代化，是走和平发展道路的现代化。

党的二十大对中国式现代化的本质要求作出科学概括：坚持中国共产党领导，坚持中国特色社会主义，实现高质量发展，发展全过程人民民主，丰富人民精神世界，实现全体人民共同富裕，促进人与自然和谐共生，推动构建人类命运共同体，创造人类文明新形态。这个概括是党深刻总结我国和世界其他国家现代化建设的历史经验，对我国这样一个东方大国如何加快实现现代化在认识上不断深入、战略上不断成熟、实践上不断丰富而形成的思想理论结晶，我们要深刻领会、系统把握，特别是要把这个本质要求落实到各项工作之中。

(四)“五位一体”建设的重大部署

在经济建设上，要完整、准确、全面贯彻新发展理念，加快构建新发展格局，着力推动高质量发展，构建高水平社会主义市场经济体制，建设现代化产业体系，全面推进乡村振兴，促进区域协调发展，推进高水平对外开放，推动经济实现质的有效提升和量的合理增长。

在政治建设上，要发展全过程人民民主，加强人民当家作主制度保障，全面发展协商民主，积极发展基层民主，巩固和发展最广泛的爱国统一战线。

在文化建设上，要推进文化自信自强，建设社会主义文化强国，建设具有强大凝聚力和引领力的社会主义意识形态，广泛践行社会主义核心价值观，提高全社会文明程度，繁荣发展文化事业和文化产业，增强中华文明传播力和影响力，铸就社会主义文化新辉煌。

在社会建设上，要坚持在发展中保障和改善民生，扎实推进共同富裕，完善分配制度，实施就业优先战略，健全社会保障体系，推进健康中国建设，不断实现人民对美好生活的向往。

在生态文明建设上，要推进美丽中国建设，加快发展方式绿色转型，深入推进环境污染防治，提升生态系统多样性、稳定性、持续性，积极稳妥推进碳达峰碳中和，促进人与自然和谐共生。

六、推动高质量发展的新机遇

高质量发展，就是能够很好满足人民日益增长的美好生活需要的发展，是体现新发展理念的发展，是创新成为第一动力、协调成为内生特点、绿色成为普遍形态、开放成为必由之路、共享成为根本目的的发展。

推动高质量发展，坚持发展是第一要务，人才是第一资源，创新是第一动力。

牢牢把握供给侧结构性改革这条主线，不断改善供给结构，提高经济发展质量和效益。

加快建设现代化经济体系，推动农业、制造业、服务业高质量发展，加强基础设施建设，推动形成优势互补、高质量发展的区域经济布局。

充分发挥国内超大规模市场优势，逐步形成以国内大循环为主体、国内国际双循环相互促进的新发展格局，提升产业链供应链现代化水平。

努力在推动高质量发展过程中办好各项民生事业、补齐民生领域短板，以共建共治共享拓展社会发展新局面。坚持对内开放和对外开放相结合，以更高水平开放促进更高质量发展。

七、完善水电开发利益共享机制的新机遇

2019 年 3 月，国家发展改革委、国家能源局、财政部、人力资源和社会保障部、自然资源部和国家宗教事务局联合印发了《关于做好水电开发利益共享工作的指导意见》。

坚持以人为本、移民为先，通过完善政策、创新方式，使移民安置工程从“老大难”工程变为富民工程、和谐工程，使移民群众从单纯的工程建设贡献者变为工程建设的合理受益者，更多更公平地共享工程建设成果。部分水电工程实行的农村移民资产入股安置模式为农村移民建立了长期分享工程收益的机制，使移民能够获得无形资产损失的补偿，可在工程运行期间获得可观的收益，使移民由非自愿移民变为自愿移民，由开发性移民变为参与性移民，

真正分享工程建设带来的利益。上述模式的研究和应用还处于初级阶段，尚需要在实践中不断地摸索和总结。除此之外，未来水利水电工程还将进一步探索股权共享、建立发展基金、税收共享、优惠电价或税费、特许使用权费等多种方式，以期解决当地政府及企业、移民及安置区居民与项目业主的利益冲突。

第二节 可持续发展展望

回顾已取得的成就和经验，反思还存在的问题和教训，抓住面临的新机遇和新形势，展望美好的未来，三峡水库移民可持续发展在建设移民美丽家园，实现工业化、城镇化、农业现代化同步发展，做好产业生态化、生态产业化，绘就金山银山美好蓝图的高质量发展道路上，以及建设数字孪生、智慧农业、智慧社区等方面可以大有作为。

一、建设移民美丽家园

创建“美丽家园”，对三峡库区和移民安置区经济发展方式转变和移民群众收入水平提高提出了更加具体的目标和要求，三峡库区以发展农业生产、改善人居环境、传承民族文化、培育文明新风为途径，构建与资源环境相协调的农村生产生活方式，打造“生态宜居、生产高效、生活美好、人文和谐”的示范美丽家园。

人居方面：完善基础设施和公共服务设施，开展村容村貌整治，打造拥有新设施、新环境、新风尚、新秩序的农村新面貌，使农村成为人们获得幸福感的美好家园。

人文方面：不断提高农民的教育、文化、道德水平，重建农村精神家园，丰富农村文化生活，形成崇尚文明、崇尚科学、健康向上的社会风气。同时，将农村传统文化与现代化有机结合起来，遵循保留特色，又具有现代风格的原则，着力追求人与自然和谐、乡愁与远方共存。

生态方面：将农村特有的自然物种延续，配置适宜当地气候、易活易管理的绿化植物，打造四季常绿、常年有花的美丽画卷，提高生活环境质量；同时，结合当地特色，发展生态旅游，促进农村持续发展。

产业方面：以现有产业格局为基础，按照市场导向、提质增效的思路，完善村庄“造血”功能，大力发展当地特色种植业与生态旅游业，开展生产合作方式，增加农民收入。

二、走生态绿色发展之路

长江拥有独特的生态系统，是我国重要的生态宝库。要高度重视三峡库区生态环境保护工作，将生态优先、绿色发展的理念贯穿于各个方面，促进长江流域生态环境不断改善，让中华民族母亲河永葆生机活力。

以产业生态化推动绿色发展。产业生态化是遵循自然生态有机循环机理，以自然系统承载能力为准绳，对区域内产业系统、自然系统和社会系统进行统筹优化，通过改进生产方式、优化产业结构、转变消费方式等途径，加快推动绿色低碳发展，持续改善环境质量，提升生态系统质量和稳定性，全面提高资源利用效率，促进人与自然和谐共生。

完善生态文明制度体系，强化制度的实施刚性。生态环境保护和经济发展从根本上讲是有机统一的，要完善经济社会发展考核评价体系，把资源消耗、环境损害、生态效益等能够体现生态文明建设状况的指标纳入其中并合理设置权重，使之成为推动产业生态化的指挥棒和硬约束。要不断完善和强化制度的实施刚性。一是重点对“无法可依、有法不依、违法不究、执法不严”等现象查漏补缺，加快形成系统完整的制度体系，推进生态治理现代化；二是强化制度实施刚性，构建长效监管机制，杜绝生态环保领域“违法者成本过低，守法者成本过高”现象。

增强企业环保责任意识，推广循环经济模式。循环经济是协调经济与环境发展的最佳经济发展模式，企业作为循环经济的实施主体，应当履行起相应的环境责任。企业在追求经济效益的同时，必须兼顾生态效益和社会效益，通过外部政策支持和内生动力培育，积极推广并参与到循环经济发展模式之中。产业园是循环经济实现产业生态化的重要载体，也就是在一定区域内，由若干个行业、企业与当地自然、社会系统组成的“经济—自然—社会”复合生态系统，在企业内部的生产流程中、产业园区上下游企业之间，对生产过程中产生的废弃物进行合理化选择和资源化利用，实现污染物减量排放和资源循环使用，变废为宝，让“垃圾”变成“放错地方的资源”，这样既能加快转变生产方式，又可以带来实实在在的经济效益。

提升社会公众环保意识，促进消费方式转变。随着生活水平不断提高，人们在消费过程中产生的废弃物日益增多，从而对生态环境带来较大威胁。生态环境与每个人都息息相关，是典型的“公共物品”，保护好生态环境是每个人的共同责任和普遍义务。要通过媒体宣传、舆论监督、典型示范、奖惩机制等多种途径，努力提升社会公众的环保意识，按照“人人参与、人人尽力、人人享有”的原则，鼓励社会公众主动参与生态文明建设，以“勤俭节约、低碳绿色、文明健康”为导向，在全社会倡导转变消费方式，从小事和身边事做起，在“衣、食、住、行”等各个领域都尽量做到“绿色化”。

以生态产业化推动绿色发展。生态产业化是恪守自然生态系统承载能力，按照产业化规律推进生态文明建设，促进生态资源在实现其经济价值的同时，也能更好体现其生态价值和社会价值，目的在于促进生态资源的保值增值和生态经济的良性发展。推动生态产业化发展，关键是要立足生态优势，更好发挥市场作用，持续把“生态＋”理念融入产业发展之中，因地制宜选准绿色产业发展方向，多措并举促进生态产品价值实现，切实将生态优势转变成为经济优势。

因地制宜选准绿色产业发展方向。从目前国内外的绿色产业体系发展实践看，已经形成了包括生态农业、乡村休闲、循环制造、绿色金融等在内的诸多模式。在学习借鉴和推广运用过程中，应秉持因地制宜原则，选准绿色产业发展方向。比如，立足良好的生态环境优势，大力发展生态农业，开发具有地方特色和比较优势的绿色有机农产品，同时强化农产品品牌建设，推进现代农业“三产融合”发展，通过做好“靠山吃山、靠水吃水”文章，有效延伸拓展产业链条和利润来源，不断提高良好生态环境的含金量和附加值。在提高经济发展质量的同时，改善人民生活水平，实现经济与生态共赢、发展与富民同步，从而更好地将“绿水青山”转化为“金山银山”。

多措并举促进生态产品价值实现。加大体制机制创新的力度、广度和深度，充分发挥好市场在资源配置中的决定性作用，更好发挥政府作用，推动有效市场与有为政府更好结合，鼓励各类市场主体通过多样化的交易活动，促进生态产品价值实现。比如利用大数据打造生态资源资产“一张图”信息管理平台，能随时掌握区域内生态资源资产的动态变化情况，并通过综合考虑生态产品类型、生态保护与产品开发成本、市场需求等因素，科学构建了生态产品价值核算体系。一方面，采取租赁、托管等多种方式收储和流转零散的生态资源，促进资源集约化和规模化。另一方面，将创新形成的优质生态资源资产包引入金融资本，借助信息管理平台开展抵押贷款和流转交易活动，为做大做强生态产业提供金融支持，形成了“资源收储、资本赋能、市场化运作”的完整闭环，打通了“资源—资产—资本—资金”的生态产业化转化通道。

产业生态化立足于产业与生态的融合发展，促进经济效益与生态效益、社会效益的有机统一。生态产业化则立足于区域的生态资源优势，把生态优势转化为经济优势。因此，走产业生态化与生态产业化协同发展之路，必须处理好经济发展与环境保护之间的关系，着眼长远发展而不破坏生态平衡，着手价值转化而非单纯保护生态，让生态环境蕴含的生态价值、经济价值和社会价值更加充分彰显出来，更好满足人民日益增长的美好生活需要。

三、推动数字经济健康发展

数字经济是继农业经济、工业经济之后的主要经济形态，是以数据资源为关键要素，以现代信息网络为主要载体，以信息通信技术融合应用、全要素数字化转型为重要推动力，促进公平与效率更加统一的新经济形态。数字经济发展速度之快、辐射范围之广、影响程度之深前所未有，正推动生产方式、生活方式和治理方式深刻变革，成为重组全球要素资源、重塑全球经济结构、改变全球竞争格局的关键力量。

第三节　可持续发展建议

一、加快建立生态补偿长效机制

三峡库区生态地位十分重要，环境保护任重道远。只有让受益者付费、保护者得到合理补偿，让三峡库区从良好的生态环境中得到相应的收益，才能促进保护者和受益者良性互动，形成加强生态建设的正循环。一是建议国家层面加快实施三峡库区生态补偿机制，建立三峡库区生态保护的长效机制。同时，以建立横向生态补偿机制为契机，借鉴有关地区做法，探索受益区与三峡库区之间的生态补偿机制。二是以三峡水库产生的巨大防洪效益，为长江中下游等地区提供重要淡水资源为主要依托，积极争取中央及长江中下游和南水北调等受益地区地方财政收入中的补偿资金用于水土保持、植被恢复、水污染防治、生态移民、特色产业扶持、基础设施和公共服务设施完善等项目，并设立永久性的对口支援政策。三是探索生态产品价值实现机制转化路径。建议及时启动生态环境评估工作，对三峡库区生态贡献值进行测算，以此为依据进一步完善生态效益补偿政策，将三峡库区通过生态涵养形成的生态资源转化为生态产品进行交易，由受益地区给予相应补偿，让库区能从生态涵养中得到相应收益。

二、巩固地质灾害防治长效机制

三峡库区地质灾害经过建设期转入正常运行期后，库区地质灾害防治方式从保蓄水的应急性防治向保运行的常态化管理转变。三峡水库逆季节 30m 落差的蓄退水对库岸造成的冲击是持续的、长期的，因蓄退水影响而导致的塌岸、滑坡具有长期性和不可预见性。地质灾害防治关乎库区移民群众的生命财产安全，也影响三峡水库兴利库容运用。需要建立地质灾害防治长效保障机制，确保有效预防，及时处置，有险即除，有灾即治。

三、完善产业支持政策

三峡库区经济社会发展虽然取得了长足的进步，但同长三角、珠三角、京津冀等发达地区相比，尚有较大的差距。为了缩小差距，促进实现共同富裕，三峡库区必须迎头赶上，加快高质量发展的步伐。建议国家充分考虑三峡库区的资源条件和发展现状，优先在库区布局符合生态环保要求的健康制造、电子信息、新能源等战略性新兴产业，鼓励和引导市场主体在库区投资兴建环境友好和带动作用强的项目，帮助库区提升造血功能，助力三峡库区与全国发展同步。建议国家出台政策鼓励东部沿海发达地区与三峡库区加强对口经济技术合作，在产业转移、人才、资本、技术、市场等方面加强合作，鼓励库区积极营造承接产业合作的良好“硬环境”和“软环境”，使库区潜在的资源优势转化为经济优势。

四、完善资金补助政策

一是延续征收国家重大水利工程建设基金。在 2025 年 12 月 31 日后，延续征收国家重大水利工程建设基金，为三峡库区实现生态优先、绿色发展提供稳定资金来源。二是设立三峡库区绿色发展基金。支持三峡库区生态环境保护，巩固三峡后续工作帮扶成果，夯实三峡库区绿色发展基础，维护库区社会稳定。三是建立三峡电站受益共享机制。建议从三峡发电收益中提取一定比例资金作为支持库区发展基金，专项用于库区生态环境保护、地质灾害防治和库区移民安稳致富。

POSTSCRIPT 后记

三峡水库移民可持续发展是一个永恒的课题，为探寻答案，先后有中国环境科学研究院、中国社会科学院、中国林业科学研究院、中国农业科学院、中国电子工程设计院、水利部中国科学院水工程生态研究所、中国水产科学研究院、复旦大学、南京大学、中国疾病预防控制中心、原国土资源部三峡库区地质灾害防治工作指挥部、中国地震局地震研究所、国务院发展研究中心、国家发展改革委宏观经济研究院和综合开发研究院（中国·深圳）、教育部职业技术教育中心研究所、人力资源和社会保障部社会保障研究所和劳动科学研究所、中国科学院武汉岩土力学研究所、重庆市地质灾害防治工程技术研究中心、交通运输部水运科学研究院以及长江水利委员会下属各单位，如长江科学院、长江水电集团、水土保持所等 20 多个单位参加研究工作。在前期大量研究的基础上，编者编制了有特定目标、解决特定问题的三峡后续工作规划，规划内容包括移民安稳致富和促进库区经济社会发展、生态环境建设与保护、地质灾害防治、三峡工程运行对长江中下游重点影响区影响处理、综合管理能力建设、综合效益拓展研究，涉及经济社会各个方面。规划成果得到国家发展改革委、教育部、财政部、人力资源和社会保障部、原国土资源部、原环境保护部、交通运输部、水利部等有关部委认可，2011 年经国务院批准后实施。

在本书编写过程中，通过查阅文献、现场调研、采访主要参与者等方式，对三峡水库移民可持续发展规划背景进行了剖析、过程进行了回顾、内容进行了判读，也参阅了不少当代学者的著述，吸收了一些成熟的观点和资料，在此谨向这些著述的作者表示由衷的感谢。

作　者

2023 年 11 月

图书在版编目（CIP）数据

三峡水库移民可持续发展规划回顾性研究 / 尹忠武等著 .
—武汉 ： 长江出版社，2022.12
ISBN 978-7-5492-8667-6
Ⅰ . ①三… Ⅱ . ①尹… Ⅲ . ①三峡水利工程－水库工程－
移民安置－研究 Ⅳ . ① D632.4

中国版本图书馆 CIP 数据核字 (2022) 第 251794 号

三峡水库移民可持续发展规划回顾性研究
SANXIASHUIKUYIMINKECHIXUFAZHANGUIHUAHUIGUXINGYANJIU
尹忠武等 著

责任编辑： 闫彬
装帧设计： 汪雪
出版发行： 长江出版社
地　　址： 武汉市江岸区解放大道 1863 号
邮　　编： 430010
网　　址： http://www.cjpress.com.cn
电　　话： 027-82926557（总编室）
027-82926806（市场营销部）
经　　销： 各地新华书店
印　　刷： 湖北金港彩印有限公司
规　　格： 787mm × 1092mm
开　　本： 16
印　　张： 21.25
字　　数： 570 千字
版　　次： 2022 年 12 月第 1 版
印　　次： 2024 年 12 月第 1 次
书　　号： ISBN 978-7-5492-8667-6
定　　价： 198.00 元